财务会计实务

CAIWU KUAIJI SHIWU

主编　徐　佳　李小金　丁贵娥

上海交通大學出版社
SHANGHAI JIAO TONG UNIVERSITY PRESS

内容提要

作为财会类专业核心课教材，本书吸收了会计理论的新成就，根据当前会计工作岗位对从业人员的财务会计知识和技能的要求，以会计职业能力培养为主旨，阐述了资产、负债、所有者权益、收入、费用和利润等会计要素在确认、计量、记录、报告等方面的基本理论、基本方法和基本操作技能。全书共分十六个项目，具体内容包括总论、货币资金、应收及预付款项、存货、固定资产、无形资产及其他资产、投资性房地产、金融资产、长期股权投资、流动负债、非流动负债、所有者权益、收入、费用、利润和财务报告。本书不仅可作为财经院校会计专业核心课教材，也可作为财政、税收、金融、审计和企业管理等专业的教学用书，还可供有关部门的会计、审计、经济管理、经济检查监督人员以及广大投资者了解企业会计活动自学使用。

图书在版编目（CIP）数据

财务会计实务 / 徐佳，李小金，丁贵娥主编．—上海：上海交通大学出版社，2024.2

ISBN 978-7-313-27995-8

Ⅰ．①财… Ⅱ．①徐… ②李… ③丁… Ⅲ．①财务会计—会计实务 Ⅳ．① F234.4

中国国家版本馆 CIP 数据核字（2024）第 034844 号

财务会计实务
CAIWU KUAIJI SHIWU

主　　编：徐　佳　李小金　丁贵娥
地　　址：上海市番禺路 951 号
出版发行：上海交通大学出版社
电　　话：021-6407 1208
邮政编码：200030
印　　制：北京荣玉印刷有限公司
经　　销：全国新华书店
开　　本：787 mm × 1092 mm　1/16
印　　张：20
字　　数：499 千字
版　　次：2024 年 2 月第 1 版
印　　次：2024 年 2 月第 1 次印刷
书　　号：ISBN 978-7-313-27995-8
定　　价：59.80 元

编委会名单

主　编

徐佳　李小金　丁贵娥

副主编

张　悦　岳竞媛　纪春媛　周思源

参　编

王玉华　张　瑞　佐　岩　佟　莉　康轶婷

在线课程学习指南

本书配套的是省级一流本科课程“财务会计实务”，读者可通过学堂在线进行在线学习。

一、加入课程

进入学堂在线官网（https://www.xuetangx.com），搜索“财务会计实务”，选择徐佳主讲的课程。

二、在线学习

进入课程页面后，点击“加入学习”即可开始在线学习。

前言 Preface

《财务会计实务》是会计学专业核心课程的必备教材，也是经济类专业基础课的必备教材。本书进一步加深读者对会计目标和会计信息质量要求的理解，并更加深入地阐述会计准则在会计实务中的具体应用、主要会计事项的确认要求、账务处理方法及财务报告的编制方法。《财务会计实务》系统地阐述了财务会计的基本理论知识和实际应用方法，具有较强的理论性、实践性和趣味性，能够帮助学习者巩固所学知识、强化学习者的实践操作能力。

本书以四项会计假设为前提，立足于我国现有的会计实务现状，按照会计要素的各个项目分项展开，最后归结到财务会计报告上来。本书编写团队由从教多年的一线教师组成，他们了解学生的实际情况和教学工作的实际需求，从而保证了教材的针对性和适用性。按照会计专业人才培养目标的要求，本书着重突出基本理论、基本方法和基本技能。同时，考虑到本书内容的完整性和学生继续学习的需要，本书对长期股权投资和所得税等难点内容也做了详细介绍，教师在教学过程中可根据实际情况对教学内容进行调整。

作为高等职业教育工作者，编写团队认真贯彻和执行在中国共产党第二十次全国代表大会上的报告中明确提出的“坚持为党育人、为国育才，全面提高人才自主培养质量”“培养造就大批德才兼备的高素质人才是国家和民族长远发展大计”等重要精神，与时俱进地进行教育教学改革，在充分理解新时代教材的要求和特点的基础上，合理地组织与编排教学内容，通过教材落实“立德树人”教学目标，不断提高人才培养质量，更好地服务于祖国和人民。

本书体现了如下特点。

（1）内容新颖，与时俱进。本书以会计的基本概念和方法为基础，在阐述会计基本理论与方法的同时，紧紧围绕我国财务会计改革现状，对财政部最新准则的重点内容做了系统的介绍。

（2）目的明确。本书在内容安排上，精选和提炼了企业经济活动的常规业务，注重会计理论与方法的实用性和适用性，启发思维，开阔视野，提高技能。

（3）由简到繁，由浅入深。本书的体系是依据人们对客观事物的认识规律构筑的，对内容的论述力求做到深入浅出、通俗易懂。书中的举例清晰明了，使教材内容既适合教师讲授，也便于学生自学；对难于理解的内容，书中均以事例或图示说明。

（4）适用范围广。本书不仅可作为财经院校会计专业核心课教材，也可作为财政、税收、金融、审计和企业管理等专业的教学用书，还可供有关部门的会计、审计、经济管理、经济检查监督人员以及广大投资者了解企业会计活动自学使用。

（5）与会计专业技术资格考试结合紧密。本书参考全国会计专业技术资格历年考试真题开发模拟仿真题加入典型练习。同时兼顾初级和中级职称，让用书者可以更灵活地选取所学内容，本书还配套相关考试资料，真正做到课证一体。

（6）配套资源丰富。本书配套省级精品在线开放课程《财务会计实务》，读者可在学堂在线上进行学习。如需电子课件、电子教案，可致电 13810412048 或发邮件至 2393867076@qq.com 获取。

由于编者水平有限，编写时间仓促，教材中出现的疏漏和不足的地方，恳请各位读者批评指正。

目 录 CONTENTS

项目一　总　论

财务会计是企业会计的一个分支，是通过对企业已经完成的资金运动进行全面系统地核算与监督，是以为外部与企业有经济利害关系的投资人、债权人和政府有关部门提供企业的财务状况与盈利能力等经济信息为主要目标而进行的经济管理活动。

学习目标

知识目标

①掌握财务会计的概念、特点和职能。

②掌握财务会计法规，了解会计分类。

能力目标

①能够准确运用财务会计基本技能。

②能够搜集国家颁布的财务会计规范。

素质目标

养成遵章守法、认真严谨的工作态度。

关键词

财务会计	financial accounting
会计假设	accounting assumption
会计要素	accounting elements
会计信息质量	quality of accounting information
资产	assets
负债	liabilities
所有者权益	owner’s equity
收入	income
费用	cost
利润	profit

思维导图

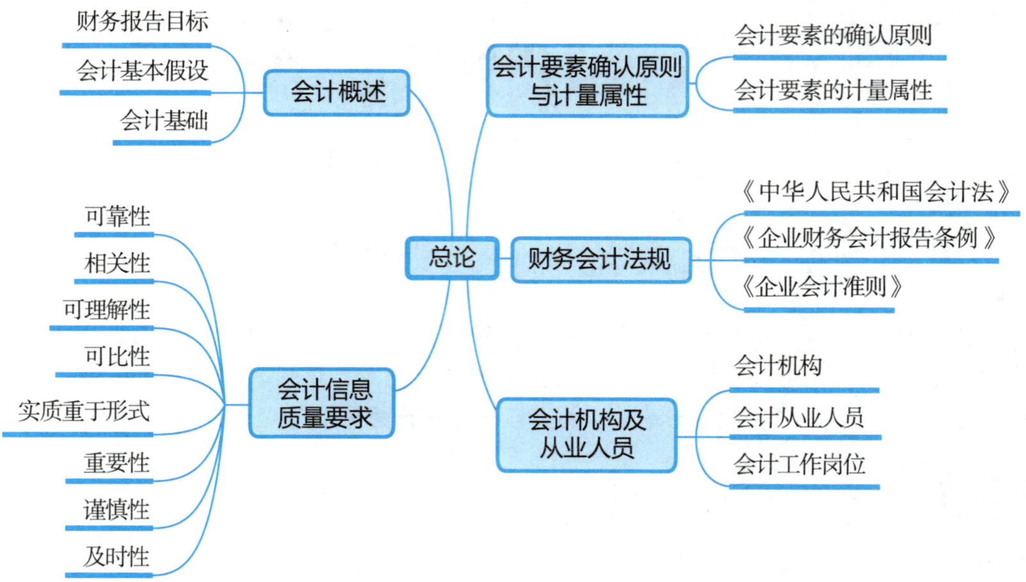

任务一 会计概述

会计是以货币为主要计量单位，采用专门的方法和程序，对企业和行政、事业单位的经济活动进行完整地、连续地、系统地核算和监督，是以提供经济信息和提高经济效益为主要目的的经济管理活动。企业的会计工作主要反映企业的财务状况、经营成果和现金流量，并对企业经营活动和财务收支进行监督。

一、财务报告目标

企业财务会计通过向企业外部会计信息使用者提供有用的信息，帮助使用者做出相关决策。承担这一信息载体和功能的是企业编制的财务报告，它是财务会计确认和计量的最终结果，是沟通企业管理层与外部信息使用者之间的桥梁和纽带。因此，财务报告的目标定位十分重要。财务报告的目标定位决定了财务报告应当向谁提供有用的会计信息，应当保护谁的经济利益，这是编制企业财务报告的出发点；财务报告的目标定位决定了财务报告所要求会计信息的质量特征、会计要素的确认和计量原则，这是财务会计系统的核心与灵魂。

财务报告目标有受托责任观和决策有用观两种。在受托责任观下，财务报告的目标是反映受托责任的履行情况，会计信息会更多地强调可靠性，会计计量主要采用历史成本；在决策有用观下，财务报告的目标是提供对经济决策有用的信息，会计信息会更多地强调相关性，会计计量会较多地采用除历史成本之外的其他计量属性。

我国企业财务报告的目标是向财务报告使用者提供与企业财务状况、经营成果和现金流量等有关的会计信息，反映企业管理层受托责任履行情况，这样有助于财务报告外部使用者做出经济决策。

财务报告外部使用者主要包括投资者、债权人、政府有关部门和社会公众等。满足投资者的信息需要是企业财务报告编制的首要出发点，将投资者作为企业财务报告的首要使用者，突显了投资者的地位，满足了保护投资者利益的要求，是市场经济发展的必然情况。如果企业在财务报告中提供的会计信息与投资者的决策无关，那么财务报告就失去了其编制的意义。根据投资者决策有用目标，财务报告所提供的信息应当如实反映企业所拥有或者控制的经济资源、对经济资源的要求权的变化情况；如实反映企业的各项收入、费用、利润和损失的金额及其变动情况；如实反映企业各项经营活动、投资活动和筹资活动等所形成的现金流入和现金流出情况等。从而有助于现在的或者潜在的投资者正确、合理地评价企业的资产质量、偿债能力、盈利能力和营运效率等，有助于投资者根据相关会计信息做出理性的投资决策，有助于投资者评估与投资有关的未来现金流量的金额、时间和风险等。除了投资者之外，企业财务报告外部使用者还有债权人、政府有关部门、社会公众等。由于投资者是企业资本的主要提供者，通常情况下，如果财务报告能够满足这一群体的会计信息需求，也可以满足其他使用者的大部分会计信息需求。

二、会计基本假设

会计基本假设是对会计核算所处时间、空间环境等所做的合理假定，是企业会计确认、计量和报告的前提。会计基本假设包括会计主体、持续经营、会计分期和货币计量。

（一）会计主体

会计主体，是指会计工作服务的特定对象，是企业会计确认、计量和报告的空间范围。为了向财务报告使用者反映企业财务状况、经营成果和现金流量，提供与其决策有用的信息，会计核算和财务报告的编制应当集中于反映特定对象的活动，并将其与其他经济实体区别开来。在会计主体假设下，企业应当对其本身发生的交易或事项进行会计确认、计量和报告，反映企业本身所从事的各项生产经营活动和其他相关活动。明确会计主体是开展会计确认、计量和报告工作的重要前提。

明确会计主体才能划定会计所要处理的各项交易或事项的范围。在会计工作中，只有那些影响企业本身经济利益的各项交易或事项才能加以确认、计量和报告。

明确会计主体才能将会计主体的交易或者事项与会计主体所有者的交易或者事项以及其他会计主体的交易或者事项区分开来。例如，企业所有者的交易或者事项是属于企业所有者主体所发生的、不应纳入企业会计核算的范畴，但是企业所有者投入企业的资本或者企业向所有者分配的利润，则属于企业主体所发生的交易或者事项，应当纳入企业会计核算的范畴。

会计主体不同于法律主体。一般来说，法律主体必然是一个会计主体。例如，一个企业作为一个法律主体，应当建立财务会计系统，独立反映其财务状况、经营成果和现金流量。但是，会计主体不一定是法律主体。例如，在企业集团的情况下，一个母公司拥有若干子公司，母公司与子公司虽然是不同的法律主体，但是母公司对子公司拥有控制权，为了全面反映企业集团的财务状况、经营成果和现金流量，就有必要将企业集团作为一个会计主体编制合并财务报表。

（二）持续经营

持续经营，是指在可以预见的将来，企业将按当前的规模和状态继续经营下去，不会停业，也不会大规模削减业务。在持续经营的前提下，会计确认、计量和报告应当以企业持续、正常的生产经营活动为前提。

企业是否持续经营在会计原则、会计方法的选择上有很大差别。一般情况下，应当假定企业将会按照当前的规模和状态继续经营下去。明确这个基本假设就意味着会计主体将按照既定用途使用资产、按照既定的合约条件清偿债务，会计人员就可以在此基础上选择会计原则和会计方法。如果判断企业会持续经营，就可以假定企业的固定资产会在持续经营的生产经营过程中长期发挥作用，并服务于生产经营过程，固定资产就可以根据历史成本进行记录，并采用一定的折旧方法，将历史成本分摊到各个会计期间或相关产品的成本中。如果判断企业不会持续经营，固定资产就不应采用历史成本进行记录并按期计提折旧。

如果一个企业在不能持续经营时仍按持续经营基本假设选择会计确认、计量和报告原则与方法，就不能客观地反映企业的财务状况、经营成果和现金流量，这样会误导会计信息使用者的经济决策。

（三）会计分期

会计分期，是指将一个企业持续经营的生产经营活动划分为连续的、长短相同的期间。会计分期的目的是按期编报财务报告，从而及时向财务报告使用者提供有关企业财务状况、经营成果和现金流量的信息。

在会计分期假设下，企业应当划分会计期间、分期结算账目和编制财务报告。会计期间通常分为年度和中期。中期，是指短于一个完整的会计年度的报告期间。由于会计分期，才产生了当期与以前期间、以后期间的差别，才使不同类型的会计主体有了记账的基准，进而孕育出折旧、摊销等会计处理方法。

（四）货币计量

货币计量，是指会计主体在会计确认、计量和报告时以货币作为计量单位，反映会计主体的生产经营活动。

在会计的确认、计量和报告过程中之所以选择货币为基础进行计量，是因为货币本身的属性。货币是商品的一般等价物，是衡量一般商品价值的共同尺度，具有价值尺度、流通手段、贮藏手段和支付手段等特点。其他计量单位，如质量、长度等，只能从一个侧面反映企业的生产经营情况，无法在量上进行汇总和比较，不便于会计计量和经营管理。只有选择货币尺度进行计量，才能充分反映企业的生产经营情况，因此，《企业会计准则——基本准则》规定，在会计确认、计量和报告时均选择货币作为计量单位。

三、会计基础

企业会计的确认、计量和报告应当以权责发生制为基础。权责发生制基础要求：凡是当期已经实现的收入和已经发生或应当负担的费用，无论款项是否收付，都应当作为当期的收入和费用，并记入利润表；凡是不属于当期的收入和费用，即使款项已在当期收付，也不应当作为当期的收入和费用。

在实务中，企业交易或者事项的发生时间与相关货币收支时间有时并不完全一致。例如，款项已经收到，但销售并未实现；或者款项已经支付，但并不是为本期生产经营活动而发生的。收付实现制是与权责发生制相对应的一种会计基础，它是以收到或支付的现金及其时点作为确认收入和费用等的依据。为了更加真实、公允地反映特定会计期间的财务状况和经营成果，基本准则明确规定，企业在会计确认、计量和报告中应当以权责发生制为基础。

目前，我国的行政单位会计采用收付实现制，事业单位部分经济业务或者事项的核算采用权责发生制。

任务二 会计信息质量要求

会计信息质量要求是对企业财务报告中所提供会计信息质量的基本要求，是财务报告中所提供的会计信息有利于投资者等信息使用者的决策应具备的基本特征，主要包括可靠性、相关性、可理解性、可比性、实质重于形式、重要性、谨慎性和及时性等。

一、可靠性

可靠性要求企业应当以实际发生的交易或者事项为依据进行确认、计量和报告，如实反映符合确认和计量要求的会计要素及其他相关信息，保证会计信息真实可靠、内容完整。

会计信息必须以可靠为基础，如果财务报告所提供的会计信息是不可靠的，就会对投资者等财务报告使用者的决策产生误导，甚至带来损失。为了达到可靠性要求，企业应当做到以下几点。

（1）以实际发生的交易或者事项为依据进行确认、计量，将符合会计要素定义及其确认条件的资产、负债、所有者权益、收入、费用和利润等如实反映在财务报表中。

（2）在符合重要性和成本效益原则的前提下，保证会计信息的完整性，包括应当编报的报表及其附注内容等，不能随意遗漏或者减少应予披露的信息。

（3）在财务报告中的会计信息应当是中立的。如果企业在财务报告中为了达到事先设定的结果或效果，通过选择或列示有关会计信息而影响决策和判断，那么这样的财务报告信息就是不中立的。

二、相关性

相关性要求企业提供的会计信息应当与投资者等财务报告使用者的经济决策需要相关，

这样有助于投资者等财务报告使用者对企业过去、现在或未来的情况做出评价或者预测。

会计信息是否有用，是否具有价值，关键是看其与使用者的决策需要是否相关，是否有助于决策或者提高决策水平。相关的会计信息应当能够有助于使用者评价企业过去的决策，证实或者修正过去的有关预测，因而具有反馈价值。相关的会计信息还应当具有预测价值，有助于使用者根据财务报告所提供的会计信息预测企业未来的财务状况、经营成果和现金流量。例如，区分收入和利得、费用和损失，区分流动资产和非流动资产，区分流动负债和非流动负债以及适度引入公允价值等，都可以提高会计信息的预测价值，进而提升会计信息的相关性。

会计信息质量的相关性要求需要企业在确认、计量和报告会计信息的过程中，充分考虑使用者的决策模式和信息需要。但是，相关性是以可靠性为基础的，两者之间并不矛盾，不应将两者对立起来。也就是说，会计信息在可靠性前提下，应尽可能地做到相关性，以满足投资者等财务报告使用者的决策需要。

三、可理解性

可理解性要求企业提供的会计信息应当清晰明了，以便于投资者等财务报告使用者的理解和使用。

企业编制财务报告、提供会计信息的目的在于其内容的有效使用，而要想让财务报告使用者有效使用会计信息，就应当让其了解会计信息的内涵，掌握会计信息的内容。这就要求财务报告所提供的会计信息应当清晰明了，易于理解。只有这样，才能满足向财务报告使用者提供对决策有用的信息的要求。

会计信息是一种专业性较强的信息，在强调会计信息可理解性要求的同时，还应假定使用者具有一定的企业经营活动和会计方面的知识，并且愿意付出努力去研究这些信息。对于某些复杂的信息，如交易本身较为复杂或者会计处理较为复杂，如果其与财务报告使用者的经济决策相关，企业就应当在财务报告中充分披露。

四、可比性

可比性要求企业提供的会计信息应当相互可比，主要包括两层含义。

（一）同一企业不同时期可比

为便于投资者等财务报告使用者了解企业财务状况、经营成果和现金流量的变化趋势，比较企业在不同时期的财务报告信息，全面客观地评价过去、预测未来，从而做出决策，会计信息质量的可比性要求同一企业不同时期发生的相同或者相似的交易或者事项，应当采用一致的会计政策，不得随意变更。但是，满足会计信息可比性要求，并非表示企业不得变更会计政策，如果按照规定或者在会计政策变更后，可以提供更可靠、更相关的会计信息，也可以变更会计政策。

有关会计政策变更的情况，应当在附注中予以说明。

（二）不同企业相同会计期间可比

为便于投资者等财务报告使用者评价不同企业的财务状况、经营成果和现金流量及其变动情况，会计信息质量的可比性要求不同企业在同一会计期间发生的相同或者相似的交易或者事项，应当采用规定的会计政策，确保会计信息口径一致、相互可比。不同企业应按照一致的确认、计量和报告要求提供有关会计信息。

五、实质重于形式

实质重于形式要求企业应当按照交易或者事项的经济实质进行会计确认、计量和报告，不仅仅以交易或者事项的法律形式为依据。

在实际工作中，交易或者事项的外在法律形式并不总能完全反映其实质内容。企业发生的交易或者事项在多数情况下，其经济实质和法律形式是一致的，但在有些情况下，会出现不一致的情况。例如，以融资租赁方式租入的资产，虽然从法律形式来讲，企业并不拥有其所有权，但是由于租赁合同中规定的租赁期相当长，往往接近于该资产的使用寿命，因此租赁期结束时承租企业有优先购买该资产的选择权，在租赁期内承租企业有权支配资产并从中受益等；从其经济实质来看，企业能够控制融资租入资产所创造的未来经济利益，在会计确认、计量和报告上就应当将以融资租赁方式租入的资产视为企业的资产，列入企业的资产负债表。

如果企业的会计核算仅按照交易或事项的法律形式进行，而这些形式又没有反映其经济实质和经济现实，那么，其最终结果将不会有利于会计信息使用者的决策，反而会误导会计信息使用者。

六、重要性

重要性要求企业提供的会计信息应当反映与企业财务状况、经营成果和现金流量有关的所有重要交易或者事项的信息。

在会计实务中，如果某会计信息的省略或者错报会影响投资者等财务报告使用者据此做出的决策，那么该信息就具有重要性。重要性的应用需要依靠职业判断，企业应当根据其所处环境和实际情况，从项目的性质和金额大小两个方面加以判断。

七、谨慎性

谨慎性要求企业对交易或者事项进行会计确认、计量和报告时应当保持应有的谨慎，不应高估资产或者收益、低估负债或者费用。

在市场经济环境下，企业的生产经营活动面临许多风险和不确定性，如应收款项的可收回性、固定资产的使用寿命、无形资产的使用寿命、售出存货可能发生的退货或者返修等。会计信息质量的谨慎性要求，需要企业在面临不确定性因素的情况下做出职业判断时，应当保持应有的谨慎，充分估计到各种风险和损失，既不高估资产或者收益，也不低估负债或者费用。例如，要求企业对可能发生的资产减值损失计提资产减值准备、对售出商品可能发生的保修义务等确认预计负债，就体现了会计信息质量的谨慎性要求。

八、及时性

及时性要求企业对于已经发生的交易或者事项，应当及时进行确认、计量和报告，不得提前或延后。

会计信息的价值在于帮助所有者或者其他方面做出经济决策时，具有时效性。即使是可靠、相关的会计信息，如果不及时提供，就失去了时效性，对于使用者的效用就大大降低，甚至不再具有实际意义。在会计确认、计量和报告过程中贯彻及时性：一是要求及时收集会计信息，即在经济交易或者事项发生后，及时收集整理各种原始单据或者凭证；二是要求及时处理会计信息，即按照会计准则的规定，及时对经济交易或者事项进行确认或者计量，并编制财务报告；三是要求及时传递会计信息，即按照国家规定的有关时限，及时将编制的财务报告传递给财务报告使用者，便于其及时使用和决策。

在会计实务中，为了及时提供会计信息，可能需要在有关交易或者事项的信息全部获得之前进行会计处理，从而满足会计信息的及时性要求，但这可能会影响会计信息的可靠性；反之，如果企业等到与交易或者事项有关的全部信息获得之后再进行会计处理，这样的信息披露可能会由于时效性问题，对投资者等财务报告使用者决策的有用性大大降低。这就需要在及时性和可靠性之间做相应权衡，以更好地满足投资者等财务报告使用者的经济决策。

任务三 会计要素确认原则与计量属性

会计要素是根据交易或者事项的经济特征所确定的财务会计对象和基本分类。会计要素按照其性质分为资产、负债、所有者权益、收入、费用和利润，其中，资产、负债和所有者权益侧重于反映企业的财务状况，收入、费用和利润侧重于反映企业的经营成果。

一、会计要素的确认原则

（一）资产

1. 资产的定义

资产具有以下几个方面的特征。

（1）资产预期会给企业带来经济利益。如果某一项目预期不能给企业带来经济利益，那么就不能将其确认为企业的资产。

（2）资产应为企业拥有（有所有权）或者控制（没有所有权）的资源。在有些情况下，资产虽然不为企业所拥有，即企业并不享有其所有权，但企业控制了这些资产，同样表明企业能够从资产中获取经济利益，符合会计上对资产的定义。

（3）资产是由企业过去的交易或事项形成的，企业预期在未来发生的交易或者事项不形成资产。

2. 资产的确认条件

将一项资源确认为资产，除了需要符合资产的定义，还应同时满足以下两个条件。

（1）与该资源有关的经济利益很可能流入企业。

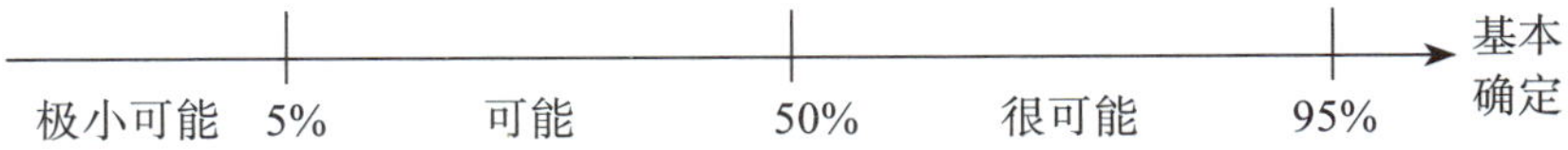

极小可能：0 <极小可能≤ 5%。

可能：5% <可能≤ 50%。

很可能：50% <很可能≤ 95%。

基本确定：95% <基本确定< 100%。

（2）该资源的成本或者价值能够可靠地计量。

（二）负债

1. 负债的定义

负债，是指企业过去的交易或者事项形成的、预期会导致经济利益流出企业的现时义务。

1）负债是企业承担的现时义务

现时义务是指企业在现行条件下已承担的义务。这里所指的义务可以是法定义务，也可以是推定义务。未来发生的交易或事项形成的义务，不属于现时义务，不应当确认为负债。

（1）法定义务是指具有约束力的合同或者法律法规规定的义务，通常在法律意义上需要强制执行。

（2）推定义务是指根据企业多年来的习惯做法、公开的承诺或者公开宣布的经营政策而导致企业将承担的责任，这些责任也使有关各方形成了企业将履行义务承担责任的合理预期。例如，某企业多年来制定了一项销售政策，对售出商品提供一定期限内的售后保修服务，预期将为售出商品提供的保修服务就属于推定义务，应当将其确认为一项负债。

2）负债预期会导致经济利益流出企业

只有在履行义务时会导致经济利益流出企业的，才符合负债的定义。

3）负债是由企业过去的交易或者事项形成的

企业将在未来发生的承诺、签订的合同等交易或者事项，不形成负债。

2. 负债的确认条件

将一项现时义务确认为负债时，除了需要符合负债的定义，还需要同时满足以下两个条件。

（1）与该义务有关的经济利益很可能流出（>50%）。

（2）企业未来流出的经济利益的金额能够可靠地计量。

对于与法定义务有关的经济利益流出金额，通常可以根据合同或法律规定的金额予以确定，有时未来期间较长，有关金额的计量需要考虑货币时间价值等因素。对于与推定义务有关的经济利益流出金额，企业应当根据履行相关义务所需支出的最佳估计数进行估计，并综合考虑有关货币时间价值、风险等因素。

（三）所有者权益

1. 所有者权益的定义

所有者权益是指企业资产扣除负债后，由所有者享有的剩余权益。股份公司的所有者权益又称为股东权益。即所有者权益 = 资产 – 负债。

2. 所有者权益的来源构成

所有者权益的来源包括所有者投入的资本、直接计入所有者权益的利得和损失、留存收益等，通常由股本（实收资本）、资本公积（含股本溢价或资本溢价、其他资本公积）、盈余公积和未分配利润等构成。其中，盈余公积和未分配利润构成留存收益。利得是指由企业非日常活动所形成的、会导致所有者权益增加的、与所有者投入资本无关的经济利益的流入。损失是指由企业非日常活动所发生的、会导致所有者权益减少的、与向所有者分配利润无关的经济利益的流出。直接计入所有者权益的利得和损失主要包括以公允价值计量且其变动计入其他综合收益的金融资产的公允价值变动额、现金流量套期中套期工具公允价值变动额（有效套期部分）等。

利得和损失的两个去向如下所示。

（1）直接计入所有者权益——其他综合收益。

（2）直接计入当期利润——①营业外收入、营业外支出；②资产处置损益。

知识点

（1）利润表中“资产处置收益”行项目，反映企业出售划分为持有待售的非流动资产（金融工具、长期股权投资和投资性房地产除外）或处置组时确认的处置利得或损失，以及处置未划分为持有待售的固定资产、在建工程、生产性生物资产及无形资产而产生的处置利得或损失。债务重组中因处置非流动资产产生的利得或损失和非货币性资产交换产生的利得或损失也包括在本项目内。该项目应根据在损益类科目新设置的“资产处置损益”科目的发生额分析填列；如为处置损失，则以“–”号填列。

（2）利润表中“营业外收入”行项目，反映企业发生的营业利润以外的收益，主要包括债务重组利得、与企业日常活动无关的政府补助、盘盈利得、捐赠利得等。该项目应根据“营业外收入”科目的发生额分析填列。

（3）利润表中“营业外支出”行项目，反映企业发生的营业利润以外的支出，主要包括债务重组损失、公益性捐赠支出、非常损失、盘亏损失、非流动资产毁损报废损失等。该项目应根据“营业外支出”科目的发生额分析填列。

（4）利润表中“信用减值损失”行项目，反映企业按照《企业会计准则第 22 号——金融工具确认和计量》（2017 年修订）的要求计提的各项金融工具减值准备所形成的预期信用损失。该项目应根据“信用减值损失”科目的发生额分析填列。

3. 所有者权益的确认条件

所有者权益体现的是所有者在企业中的剩余权益。因此，所有者权益的确认主要依靠其他会计要素的确认，尤其是资产和负债的确认；所有者权益金额的确定也主要取决于资产和负债的计量。

（四）收入

1. 收入的定义

收入是指企业在日常活动中形成的、会导致所有者权益增加的、与所有者投入资本无关的经济利益的总流入。收入具有以下几方面的特征。

（1）收入是企业在日常活动中形成的（营业外收入和资产处置损益不确认为收入，如处置固定资产净收益不确认为收入）。

（2）收入（本身）会导致所有者权益增加。

（3）收入是与所有者投入资本无关的经济利益的总流入。

2. 收入的确认条件

企业与客户之间的合同同时满足下列条件时，企业应当在客户取得相关商品或服务控制权时确认收入。一是合同各方已批准该合同并承诺将履行各自义务；二是该合同明确了合同各方与所转让商品或提供服务相关的权利和义务；三是该合同有明确的与所转让商品或提供服务相关的支付条款；四是该合同具有商业实质，即履行该合同将改变企业未来现金流量的风险、时间分布或金额；五是企业因向客户转让商品或提供服务，而有权取得的对价很可能收回。

（五）费用

1. 费用的定义

费用是指企业在日常活动中发生的、会导致所有者权益减少的、与向所有者分配利润无关的经济利益的总流出。费用具有以下几方面的特征。

1）费用是企业在日常活动中形成的

费用必须是企业在其日常活动中所形成的，这些日常活动的界定与收入定义中涉及的日常活动的界定相一致。日常活动所产生的费用通常包括销售成本（营业成本）、职工薪酬、折旧费、无形资产摊销等。将费用界定为日常活动所形成的，目的是将其与损失区分开来，企业非日常活动所形成的经济利益的流出不能确认为费用，而应当计入损失。

2）费用会导致所有者权益的减少

与费用相关的经济利益的流出应当会导致所有者权益的减少，不会导致所有者权益减少的经济利益的流出不符合费用的定义，不应确认为费用。

3）费用是与向所有者分配利润无关的经济利益的总流出

费用的发生应当会导致经济利益的流出，从而导致资产的减少或者负债的增加，其表现形式包括现金或者现金等价物的流出，存货、固定资产和无形资产等的流出或者消耗等。企业向所有者分配利润也会导致经济利益的流出，而该经济利益的流出属于所有者权益的抵减项目，不应确认为费用。

2. 费用的确认条件

费用的确认除了应当符合定义外，还应当满足严格的条件，即费用只有在经济利益很可能流出并导致企业资产减少或者负债增加，且经济利益的流出额能够可靠计量时才能予以确认。因此，费用的确认至少应当符合以下条件。一是与费用相关的经济利益应当很可能流出企业；二是经济利益流出企业的结果会导致资产的减少或者负债的增加；三是经济利益的流出额能够可靠计量。

（六）利润

1. 利润的定义

利润，是指企业在一定会计期间的经营成果。通常情况下，如果企业实现了盈利，表明企业的所有者权益将增加；反之，如果企业发生亏损（即利润为负数），表明企业的所有者权益将减少。因此，利润往往是评价企业管理层业绩的一项重要指标，也是投资者等财务报告使用者进行决策时的重要参考标准。

2. 利润的来源构成

利润包括收入减去费用后的净额、直接计入当期利润的利得和损失等。其中收入减去费用后的净额反映的是企业日常活动的业绩。直接计入当期利润的利得和损失，是指应当计入当期损益、最终会引起所有者权益发生增减变动的、与所有者投入资本或者向所有者分配利润无关的利得或者损失。企业应当严格区分收入和利得、费用和损失，以更加全面地反映企业的经营业绩。

3. 利润的确认条件

利润反映的是收入减去费用、利得减去损失后净额的概念。因此，利润主要根据收入、费用、利得和损失进行确认，其金额的确定也主要取决于收入、费用、利得和损失金额的计量。

二、会计要素的计量属性

会计计量是为了将符合确认条件的会计要素登记入账，并列报于财务报表而确定其金额的过程。会计计量反映的是会计要素金额的确定基础，主要包括历史成本（过去价值）、重置成本、可变现净值、现值和公允价值（现时成本或现时价值）。

（一）历史成本

历史成本又称实际成本，是指取得或制造某项财产物资时所实际支付的现金或者现金等价物。在历史成本计量下，资产按照其购置时支付的现金或现金等价物的金额，或者按照购置资产时所付出的对价的公允价值计量。负债按照其因承担现时义务而实际收到的款项或者资产的金额，或者承担现时义务的合同金额，或者按照日常活动中为偿还负债预期需要支付的现金或者现金等价物的金额计量。

（二）重置成本

重置成本又称现行成本，是指按照当前市场条件，重新取得同样一项资产所需支付的现金或现金等价物金额。在重置成本下，资产按照现在购买相同或者相似资产所需支付的现金或者现金等价物的金额计量。负债按照现在偿付该项债务所需支付的现金或者现金等价物的金额计量。

（三）可变现净值

可变现净值，是指在生产经营过程中，以预计售价减去进一步加工成本和销售所必需的预计税金、费用后的净值。在可变现净值计量下，资产按照其正常对外销售的所能收到现金或者现金等价物的金额，扣减该资产至完工时估计将要发生的成本、估计的销售费用与相关税金后的金额计量。

（四）现值

现值，是指对未来现金流量以恰当的折现率进行折现后的价值，是考虑货币时间价值等因素的一种计量属性。

（五）公允价值

公允价值，是指市场参与者在计量日发生的有序交易中，出售一项资产所能收到或者转移一项负债所需支付的价格，即脱手价格。

企业应当假定出售资产或者转移负债的有序交易在该资产或负债的主要市场进行；不存在主要市场的，应当假定该交易在该资产或负债的最有利市场进行。

企业应当根据估值技术中所使用的输入值确定公允价值计量结果所属的层次。

输入值是市场参与者定价时所使用的假设，分为可观察输入值和不可观察输入值。

任务四 财务会计法规

会计法规是组织会计工作、处理会计事务时应遵循的有关法律、制度、规章的总称。会计工作是一项重要的经济管理工作。为了规范会计工作，维护社会主义市场经济秩序，使我国会计真正成为“国际商业语言”，加强会计工作的法制建设，建立和健全会计法规体系有着十分重要的意义。《中华人民共和国会计法》（以下简称《会计法》）的第二次修订，标志着我国会计工作法制化进入了一个重要的历史阶段，正在对会计与社会经济的发展产生重要的作用。

我国会计法规建设目前基本上形成了以《会计法》为中心，国家统一的会计制度为基础的相对完善的法规体系，该体系包括三个层次，即会计法、行政法规和会计制度。

《会计法》是我国会计工作的根本大法，是从事会计工作，制定其他各种会计法规的依据。它规定了会计工作的基本目的、会计管理权限、会计责任主体、会计核算和会计监督的基本要求、会计人员和会计机构的职责权限，并对会计法律责任做了详细规定。行政法规是指国务院规定的有关会计工作的法规条例等，主要有《总会计师条例》《会计专业职务试行条例》等。会计制度是由财政部根据《会计法》制定的有关会计工作的规章，如企业会计准则体系等。

一、《中华人民共和国会计法》

《中华人民共和国会计法》于1985年1月21日第六届全国人民代表大会常务委员会第九次会议通过，1985年5月1日起施行。1993年12月29日，第八届全国人民代表大会常务委员会第五次会议通过了《关于修改〈中华人民共和国会计法〉的决定》，自公布之日起施行。1999年10月31日，第九届全国人民代表大会常务委员会第十二次会议再次对《会计法》进行了修订，自2000年7月1日起施行。根据2017年11月4日第十二届全国人民代表大会常务委员会第三十次会议对《会计法》进行的修正，现行的《会计法》共52条，分为总则，会计核算，公司、企业会计核算的特别规定，会计监督，会计机构和会计人员，法律责任，附则七章。

二、《企业财务会计报告条例》

《企业财务会计报告条例》，自2001年1月1日起施行。为了规范企业财务会计报告，保证财务会计报告的真实、完整，根据《中华人民共和国会计法》制定本条例。企业（包括公司，下同）编制和对外提供财务会计报告的，应当遵守本条例。本条例所称财务会计报告，是指企业对外提供的反映企业某一特定日期财务状况和某一会计期间经营成果、现金流量的文件。

三、《企业会计准则》

《企业会计准则》由财政部制定，于2006年2月15日发布，自2007年1月1日起施行，本准则加强和规范企业会计行为，提高企业经营管理水平和会计规范处理，促进企业可持续发展。2014年，财政部相继对《企业会计准则——基本准则》《企业会计准则第2号——长期股权投资》《企业会计准则第9号——职工薪酬》《企业会计准则第30号——财务报表列报》《企业会计准则第33号——合并财务报表》《企业会计准则第37号——金融工具列报》进行了修订，并发布了《企业会计准则第39号——公允价值计量》《企业会计准则第40号——合营安排》《企业会计准则第41号——在其他主体中权益的披露》三项具体准则。2017年发布了《企业会计准则第42号——持有待售的非流动资产、处置组和终止经营》。

2017年3月至2020年12月，财政部发布了修订后的《企业会计准则第22号——金融工具确认与计量》《企业会计准则第23号——金融资产转移》《企业会计准则第24号——套期会计》《企业会计准则第37号——金融工具列报》《企业会计准则第16号——政府补助》《企业会计准则第14号——收入》《企业会计准则第21号——租赁》《企业会计准则第7号——非货币性资产交换》《企业会计准则第12号——债务重组》《企业会计准则第25号——保险合同》。

我国企业会计准则体系包括基本准则、具体准则和应用指南。基本准则作为主导，对企业财务会计的一般要求和主要方面做出原则性的规定，为制定具体准则和会计制度提供依据。

（一）基本准则

《企业会计准则——基本准则》于2006年2月15日以财政部令第33号公布，根据2014年7月23日中华人民共和国财政部令第76号《财政部关于修改〈企业会计准则——基本准则〉的决定》修改。该准则分总则、会计信息质量要求、资产、负债、所有者权益、收入、费用、利润、会计计量、财务会计报告、附则共十一章五十条，自2007年1月1日起施行。

（二）具体准则

具体准则是在基本准则的指导下处理会计具体业务标准的规范。其具体内容可分为一般业务准则、特殊行业和特殊业务准则、财务报告准则三大类。一般业务准则是规范普遍适用的一般经济业务的确认、计量要求，如存货、固定资产、无形资产、职工薪酬、所得税等。特殊行业和特殊业务准则是对特殊行业的特定业务的会计问题做出的处理规范，如生物资产、金融资产转移、套期保值、原保险合同、合并会计报表等。财务会计报告准则主要规范各类企业通用的报告类准则，如财务报表列报、现金流量表、合并财务报表、中期财务报告、分部报告等。

（三）应用指南

应用指南处于企业会计准则体系的第三个层次，是根据基本准则和具体准则制定、指导会计实务的操作性指南。

企业会计准则应用指南主要解决在运用具体准则处理经济业务时所涉及的会计科目、账务处理、会计报表及其格式。

企业会计准则应用指南由两部分组成，第一部分为会计准则解释，第二部分为会计科目和主要账务处理。

会计准则解释主要对具体准则中的重点、难点和关键点做出解释性规定。会计科目和主要账务处理涵盖了各类企业的各种交易或事项，是以会计准则中确认、计量原则及其解释为依据所做的规定。会计科目和主要账务处理规定了会计的确认、计量、记录和报告中的记录。

任务五　会计机构及从业人员

一、会计机构

会计机构，是单位内部所设置的、专门办理会计事项的机构，会计机构和会计人员是会计工作的主要承担者。

我国会计机构主要包括主管会计工作的机构、业务主管部门的会计机构和单位的会计机构。

二、会计从业人员

会计专业技术资格是指担任会计专业职务的任职资格，分为初级资格、中级资格和高级资格。

从2003年开始，高级会计师资格实行考试与评审相结合的评价办法，凡申请参加高级会计师资格评审的人员，须经考试合格后，方可参加评审。

会计专业职务是区别会计人员业务技能的技术等级，会计专业职务分为高级会计师、会计师、助理会计师、会计员。高级会计师为高级职务，会计师为中级职务，助理会计师与会计员为初级职务。

初级、中级会计资格的取得实行全国统一考试制度；高级会计师资格的取得实行考试与评审相结合制度。

三、会计工作岗位

会计工作岗位，是指一个单位会计机构内部根据业务分工而设置的职能岗位。会计工作岗位可以一人一岗、一人多岗或者一岗多人。但出纳人员不得兼管稽核，会计档案保管和收入、费用、债权债务账目的登记工作。在会计机构内部设置会计工作岗位，有利于明确分工和确定岗位职责，建立岗位责任制；有利于会计人员钻研业务，提高工作效率和质量；有利于会计工作的程序化和规范化，加强会计基础工作；还有利于强化会计管理职能，提高会计工作的作用；同时，也是配备数量适当的会计人员的客观依据之一。

拓展阅读

关键词：职业道德；立德树人；内部控制

2010年10月至2020年4月间，杨XX在担任某单位出纳期间，利用职务上的便利，长期侵吞、窃取国家公款1.4亿元用于经商办企业、购买汽车以及其他日常奢侈消费等。杨XX贪污、挪用公款期间，为掩盖其犯罪事实，通过制作虚假银行对账单、银行存款利息单，伪造、变造公章等来制作虚假的银行《询证函》等财务凭证，应付单位检查、审计和财务监督。

2021年4月29日，南宁市中级人民法院对杨XX贪污、挪用公款、伪造公司企业印章案进行一审宣判，以被告人杨XX犯贪污罪，判处无期徒刑，并处罚金五百万元，剥夺政治权利终身；犯挪用公款罪，判处有期徒刑六年；犯伪造公司、企业印章罪，判处有期徒刑六个月，并处罚金一万元。决定执行无期徒刑，并处罚金五百零一万元，剥夺政治权利终身。被告人当庭表示服从法院判决，不上诉。

项目二 货币资金

货币资金是指企业生产经营过程中处于货币形态的资产，包括库存现金、银行存款和其他货币资金。

学习目标

知识目标

①熟悉现金管理制度。

②熟悉银行转账结算方式及其有关规定。

③熟悉其他货币资金的核算。

④掌握各种货币资金的会计处理方法。

⑤掌握货币资金清查的方法及财务处理。

技能目标

①能够判断违反库存现金使用规定的情形。

②能够进行库存现金的账务处理。

③掌握不同结算方式下的账务处理及“银行存款余额调节表”的编制方法。

素质目标

①拥有社会主义核心价值观：法治、诚信。

②严格按照会计准则开展工作，对工作内容更加严谨认真，培养学生良好的道德。

③具备会计日清月结、内部控制的工作作风。

关键词

货币资金	currency funds
库存现金	cash in stock
银行存款	bank deposit
其他货币资金	other monetary funds
本票	promissory note
汇票	postal order
应收票据	note receivable
信用卡	credit card

思维导图

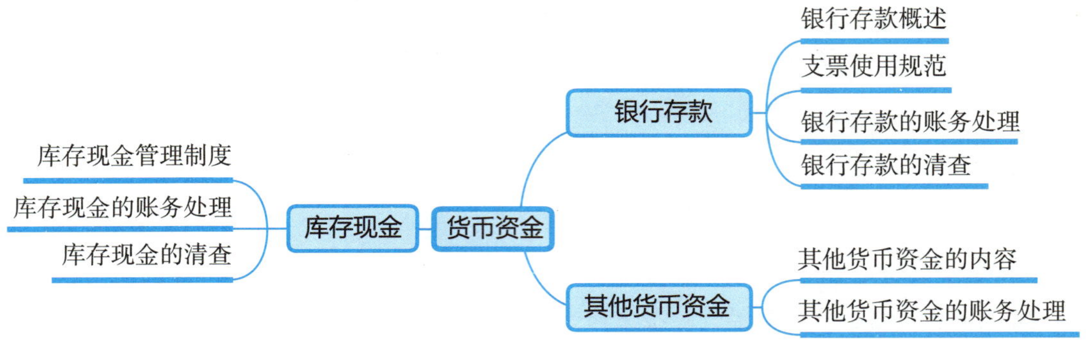

任务一 库存现金

库存现金是指存放于企业财会部门、由出纳人员经管的货币。库存现金是企业流动性最强的资产，企业应当严格遵守国家现金管理制度，正确进行现金收支的核算，监督现金使用的合法性与合理性。

一、库存现金管理制度

根据国务院发布的《现金管理暂行条例》的规定，现金管理制度主要包括以下内容。

（一）库存现金的使用范围

企业可用库存现金支付的款项有以下几方面。

（1）职工工资、津贴。

（2）个人劳务报酬。

（3）根据国家规定颁发给个人的科学技术、文化艺术、体育比赛等各种奖金。

（4）各种劳保、福利费用以及国家规定的对个人的其他支出。

（5）向个人收购农副产品和其他物资的价款。

（6）出差人员必须随身携带的差旅费。

（7）结算起点（1 000 元）以下的零星支出。

（8）中国人民银行确定需要支付现金的其他支出。

除上述情况可以用库存现金支付外，其他款项的支付应通过银行转账结算。

（二）库存现金的限额

（1）一般按照单位 3~5 天日常零星开支所需确定。

（2）边远地区和交通不便地区的开户单位的库存现金限额，可按多于 5 天，但不得超过 15 天的日常零星开支的需要确定。

（三）库存现金收支的规定

开户单位库存现金收支应当依照下列规定办理。

（1）开户单位库存现金收入应于当日送存开户银行，当日送存确有困难的，由开户银行确定送存时间。

（2）开户单位支付现金，可以从本单位库存现金限额中支付或从开户银行提取，不得从本单位的库存现金收入中直接支付（即坐支）。因特殊情况需要坐支现金的，应当事先报经开户银行审查批准，由开户银行核定坐支范围和限额。坐支单位应当定期向开户银行报送坐支金额和使用情况。

（3）开户单位从开户银行提取现金时，应当写明用途，由本单位财会部门负责人签字盖章，经开户银行审核后，予以支付。

（4）因采购地点不确定，交通不便，生产或市场急需，抢险救灾以及其他特殊情况必须使用现金的，开户单位应向开户银行提出申请，由本单位财会部门负责人签字盖章，经开户银行审核后，予以支付现金。

二、库存现金的账务处理

为了反映和监督企业库存现金的收入、支出和结存情况，企业应当设置“库存现金”科目，借方登记企业库存现金的增加，贷方登记企业库存现金的减少，期末借方余额反映期末企业实际持有库存现金的金额。企业内部各部门周转使用的备用金，可以单独设置“备用金”科目进行核算。

现金日记账由出纳人员根据收付款凭证，按照业务发生顺序逐笔登记。每日终了，应当在现金日记账上计算出当日的库存现金收入合计额、库存现金支出合计额和结余额，并将现金日记账的余额与实际库存现金额相核对，保证账实相符。月度终了，现金日记账的余额应当与现金总账的余额核对，做到账账相符。

三、库存现金的清查

为了保证现金的安全完整，企业应当按规定对库存现金进行定期和不定期的清查，一般采用实地盘点法，对于清查的结果应当编制现金盘点报告单。如果有挪用现金、白条顶库的情况，应及时予以纠正；对于超限额留存的现金应及时送存银行。如果账款不符，发现有待查明原因的现金短缺或溢余时，应先通过“待处理财产损溢”科目进行核算。管理权限经批准后，分别按以下情况处理。

（1）如为现金短缺，属于应由责任人赔偿或保险公司赔偿的部分，计入其他应收款；属于无法查明原因的，计入管理费用。

（2）如为现金溢余，属于应支付给有关人员或单位的，计入其他应付款；属于无法查明原因的，计入营业外收入。

库存现金长短款的会计处理如表 2-1 所示。

表 2-1 库存现金长短款的会计处理

项目	处理前	处理后
盘盈（现金长款）	借：库存现金 　　贷：待处理财产损溢——待处理流动资产损溢	借：待处理财产损溢 　　贷：其他应付款（有主款项） 　　　　营业外收入（无主款项）
盘亏（现金短款）	借：待处理财产损溢 　　贷：库存现金	借：管理费用（企业承担部分） 　　其他应收款（责任赔款部分） 　　贷：待处理财产损溢

任务二 银行存款

一、银行存款概述

银行存款是指企业存放在银行或其他金融机构的货币资金，包括人民币存款和外币存款。

银行结算是指通过银行账户的资金转移所实现收付的行为，即银行接受客户委托代收代付，从付款单位存款账户划出款项，转入收款单位存款账户，以此完成经济之间债权债务的清算或资金的调拨。

银行结算是商品交换的媒介，是社会经济活动中清算资金的中介。

国内银行结算方式主要有银行汇票、商业汇票、银行本票、支票、汇兑、委托收款、托收承付、信用卡、信用证、电子支付等。

（一）银行开户规定

银行存款账户分为基本存款户、一般存款户、临时存款户和专用存款户，相关规定如下。

1. 基本存款户

（1）工资、奖金支取只能使用该账户。

（2）具有“四个一”规定，即一个企业只能选择一家银行的一个营业机构开立一个基本存款账户。

（3）不能多家银行开立。

2. 一般存款户

（1）是银行借款转存账户、分支机构账户。

（2）可转账、存现但不能支现。

（3）可在多家银行开立，但同一家银行不能开立多个。

3. 临时存款户

（1）临时经营开立。

（2）符合规定可存取现金。

4. 专用存款户

（1）单位银行卡账户的资金必须由其基本存款账户转账存入，该账户不得办理现金收付业务。

（2）财政预算外资金、证券交易结算资金、期货交易保证金和信托基金专用存款账户，不得支取现金。

（3）基本建设资金、更新改造资金、政策性房地产开发资金、金融机构存放同业资金账户需要支取现金的，应在开户时报中国人民银行批准。

（4）粮、棉、油收购资金，社保基金、住房基金、党团公会经费等专用存款可支出现金。

（5）收入汇缴账户，只收不付，不得支取现金。业务支出账户，只付不收，可支出现金。

（二）银行存款管理规定

1. 严格执行银行账户管理办法的规定

实行独立核算的企业，必须在银行开设存款账户，以办理银行存款的存入、付出和转账业务。企业在银行开户，必须送存单位及有关人员的印鉴，签发各种结算凭证时，盖有留存银行印鉴的印章方为有效。企业只能在银行开设一个基本存款账户。企业在银行开立的存款账户，只办理本企业经营业务范围内的资金收付业务，不得出租和转让给其他单位或个人使用。银行存款账户必须有足够的资金保证支付，不准签发空头和远期的付款凭证。

2. 贯彻内部控制制度，实行钱账分管的原则

银行存款与库存现金一样，应由出纳人员管理，并负责办理收付款业务；票据及各种付款凭证应指定专人负责保管，并由专人负责审批；审批和具体签发付款凭证的工作应分别由两个或两个以上的人员办理，不能由一人兼管。

3. 银行存款收付业务必须使用银行统一规定的结算凭证

企业向银行存入款项时，要填制“送款单”或“进账单”，将现金或转账支票送存银行，或由银行按支付结算办法规定划转存入企业存款账户，企业根据“送款单”或“进账单”回单联或银行收账通知单入账。企业从银行提取现金或支付款项时，应签发支票或其他结算凭证或银行根据支付结算办法的规定，主动将款项从企业存款银行账户中划出，企业根据银行盖章的付款通知单入账。企业填写的各项收付款结算凭证，必须如实填明款项来源或用途，不得弄虚作假以套取银行信用。

4. 定期与银行核对账目

企业收入的一切款项，除国家另有规定的之外，都必须及时送存银行；一切支出，除规定可用库存现金支付之外，都应按照支付结算办法的有关规定，通过银行办理转账结算。因此，企业要定期与银行核对账目，发现不符的账项要及时与银行联系，查明原因，进行账项调整。

二、支票使用规范

支票是出票人签发的，委托办理支票存款业务的银行在见票时无条件支付确定的金

额给收款人或持票人的票据。支票按其支付方式，可分为现金支票、转账支票和普通支票三种。支票上印有“现金”字样的为现金支票，现金支票只能用于支取现金；支票上印有“转账”字样的为转账支票，转账支票只能用于转账；支票上未印有“现金”或“转账”字样的为普通支票，普通支票可以用于支取现金，也可以用于转账。

支票作为流通手段和支付手段，具有清算及时、使用方便、收付双方都有法律保障和结算灵活的特点。单位和个人在同一票据交换区域的各种款项的结算均可使用支票。

（一）支票结算的注意事项

（1）支票一律记名，可以背书转让。

（2）支票提示付款期限自出票日起 10 天，但中国人民银行另有规定的除外。

（3）支票的金额、收款人名称，可以由支票人授权补记。未补记前不得背书转让和提示付款。

（4）签发支票应使用钢笔或碳素笔填写，中国人民银行另有规定的除外。

（5）签发支票的金额不得超过付款时在付款人处实有的存款余额，禁止发行空头支票。

（6）不得签发与其预留银行签章不符的支票；使用支付密码的，不得签发支付密码错误的支票。

（7）签发空头支票、签章与预留银行签章不符的支票、支付密码错误的支票，银行应予以退票，并按票面金额处以 5% 但不低于 1 000 元的罚款；持票人有权要求出票人赔偿支票金额 2% 的赔偿金。

（8）存款人领购支票，必须填写“票据和结算凭证领用单”并签章，签章应与预留银行的签章相符。存款账户结清时，必须将全部剩余空白支票交回银行注销。

（二）支票结算的一般程序

支票由出票人签发，收款人持票并填进账单到开户行办理入账，银行间办理划拨后，收款人开户银行下发收款通知。支票结算的一般程序如图 2-1 所示。

三、银行存款的账务处理

银行存款是指存放在银行或其他金融机构的货币资金。企业应当根据业务需要，按照规定在其所在地银行开设账户，运用所开设的账户，进行存款、取款以及各种收支转账业务的结算。银行存款的收付应严格执行银行结算制度的规定。

为了反映和监督企业银行存款的收入、支出和结存情况，企业应当设置“银行存款”科目，借方登记企业银行存款的增加，贷方登记企业银行存款的减少，期末借方余额反映期末企业实际持有的银行存款的金额。

企业应当设置银行存款总账和银行存款日记账，分别进行银行存款的总分类核算和明细分类核算。企业可按开户银行和其他金融机构、存款种类等设置“银行存款日记账”，根据收付款凭证，按照业务的发生顺序逐笔登记。每日终了，应结出余额。对于因金融机构的破产而造成的无法收回的银行存款，应记入“营业外支出”。

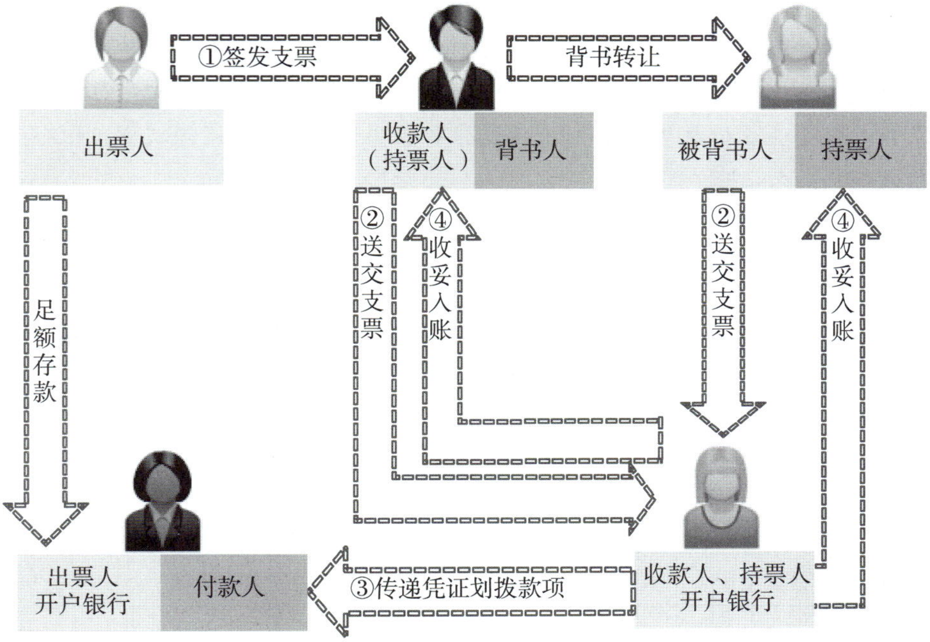

图 2-1　支票结算的一般程序

四、银行存款的清查

（1）“银行存款日记账”应定期与“银行对账单”核对，至少每月核对一次。企业银行存款账面余额与银行对账单余额之间如有差额，应编制“银行存款余额调节表”调节，如没有记账错误，调节后的双方余额应相等。

（2）企业银行存款账面余额与银行对账单余额之间不一致的原因是存在未达账项。所谓未达账项，是由于结算凭证在企业与银行之间或收付款银行之间传递需要时间，造成企业与银行之间入账的时间差，一方收到凭证并已入账、另一方未收到凭证因而未能入账形成的账款。发生未达账项的具体情况有四种：一是企业已收款入账，银行尚未收款入账；二是企业已付款入账，银行尚未付款入账；三是银行已收款入账，企业尚未收款入账；四是银行已付款入账，企业尚未付款入账。

知识点

编制“银行存款余额调节表”只是为了核对账目，并不能作为调整银行存款账面余额的记账依据；通过“银行存款余额调节表”，调节后的存款余额表示企业可以动用的银行存款数。

【例 2-1】畅通公司 2019 年 12 月 31 日银行存款日记账的账面余额为 540 000 元，银行转来对账单的余额为 830 000 元。经逐笔核对，发现以下未达账项。

（1）企业送存转账支票 600 000 元，并已登记银行存款增加，但银行尚未记账。

（2）企业开出转账支票450 000元，但持票单位尚未到银行办理转账，银行尚未记账。

（3）企业委托银行代收畅通公司购货款480 000元，银行已收妥并登记入账，但企业尚未收到收款通知，尚未记账。

（4）银行代企业支付电话费40 000元，银行已登记企业银行存款减少，但企业未收到银行付款通知，尚未记账。

编制银行存款余额调节表，如表2-2所示。

表2-2　银行存款余额调节表

单位：元

项目	金额	项目	金额
企业银行存款日记账余额	540 000	银行对账单余额	830 000
加：银行已收、企业未收款	480 000	加：企业已收、银行未收款	600 000
减：银行已付、企业未付款	40 000	减：企业已付、银行未付款	450 000
调节后的存款余额	980 000	调节后的存款余额	980 000

在【例2-1】中，反映了企业银行存款账面余额与银行对账单余额之间不一致的原因，即存在未达账项。

任务三　其他货币资金

一、其他货币资金的内容

其他货币资金是指企业除现金、银行存款以外的其他各种货币资金，主要包括外埠存款、银行汇票、银行本票、信用证保证金、信用卡、存出投资款等，电子货币、网上支付手段（如支付宝、微信）等电子结算方式也属于其他货币资金核算的内容。下面我们来介绍几种日常工作中较为常见的支付结算方式。

（一）银行汇票

银行汇票是出票银行签发的，由其在见票时按照实际结算金额无条件支付给收款人或持票人的票据。单位和个人各种款项结算，均可使用银行汇票。

1. 银行汇票结算的注意事项

（1）银行汇票一律记名，允许背书转让（填明“现金”字样的除外），背书转让是指在票据上所作的以转让票据权利为目的的书面行为。

（2）银行汇票的付款期限为一个月，逾期汇票的兑付银行不予受理。

（3）汇票申请人办理银行汇票，应向签发银行填写“银行汇票委托书”，填明收款人名称、汇票金额、申请人名称、申请日期等事项并签章，签发银行受理并收妥款项后，签发银行汇票交给申请人。

（4）汇票申请人持银行汇票向填明的收款人办理结算时，应将银行汇票和解讫通知一并交给收款人。

（5）收款人受理申请人交付的银行汇票时，应在出票金额内，根据实际需要的款项办理结算，并将实际结算金额和多余金额填入银行汇票和解讫通知的相关栏内。

（6）持票人向开户银行提示付款时，应在汇票背面"持票人向银行提示付款签章"处盖章，并将银行汇票和解讫通知、进账单送交开户银行。银行审查无误后办理转账。

2. 银行汇票结算的一般程序

汇款单位填写银行汇票委托书向签发银行申请银行汇票。签发银行将银行汇票及解讫通知交汇款单位持往异地办理结算。收款单位持银行汇票及解讫通知向银行办理进账。经过银行结算，结清银行汇票金额并通知汇款单位。银行汇票结算的一般程序如图 2-2 所示。

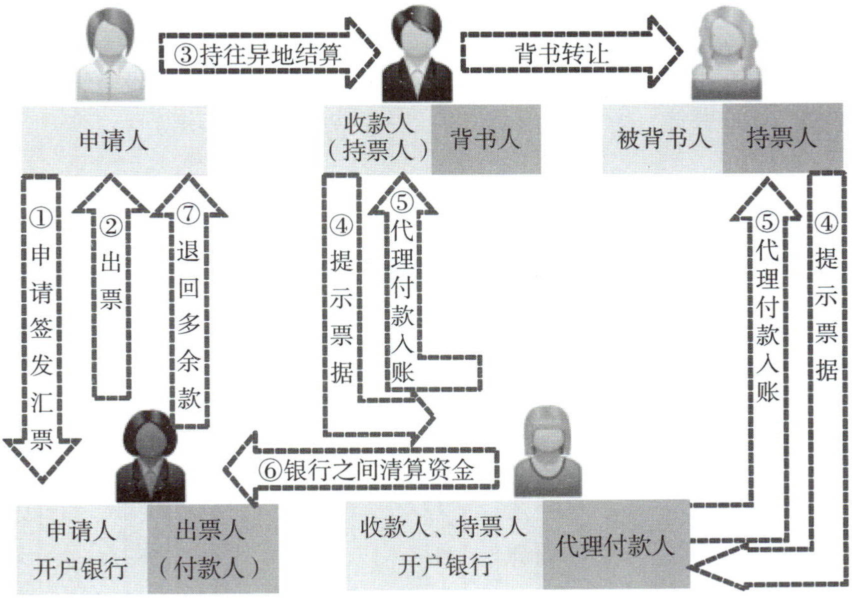

图 2-2　银行汇票结算的一般程序图

（二）银行本票

银行本票是银行签发的，承诺在见票时无条件支付确定金额给收款人或持票人的票据。银行本票作为流通和支付手段，具有信誉度高、支付能力强，并有代替现金使用功能的特点。单位和个人在同一票据交换区域需要支付各种款项，均可使用银行本票。银行本票可以用于转账，注明"现金"字样的银行本票可以用于支取现金。

银行本票根据签发金额是否固定，可分为定额银行本票和不定额银行本票两种。定额银行本票面额为 1 000 元、5 000 元、10 000 元和 50 000 元。

1. 银行本票结算的注意事项

（1）银行本票一律记名，允许背书转让。

（2）银行本票的提示付款期限自出票日起最长不超过 2 个月。

（3）申请人办理银行本票，应向银行填写“银行本票申请书”，填明收款人名称、申请人名称、支付金额、申请日期等事项并签章，申请人或收款人为单位的，银行不得为其签发现金银行本票。

（4）持票人超过提示付款期限不获付款的，在票据权利时效期内向出票银行做出说明，并提供单位证明，可持银行本票向出票银行请求付款。

（5）申请人因银行本票超过提示付款期限或其他原因要求退款时，应将银行本票提交到出票银行，并出具单位证明。

（6）银行本票丢失，失票人可以凭人民法院出具的其享有票据权利的证明，向出票银行请求付款或退款。

2. 银行本票结算的一般程序

付款人申请办理银行本票时，应填写“银行本票申请书”，并向银行交存款项；银行受理并收妥款项后，向付款人签发银行本票；付款人持银行本票向银行本票上填写的收款人办理结算；收款人对银行本票审核无误后，填制进账单与银行本票一起提交到开户银行，银行审查无误后办理转账。银行本票结算的一般程序如图 2-3 所示。

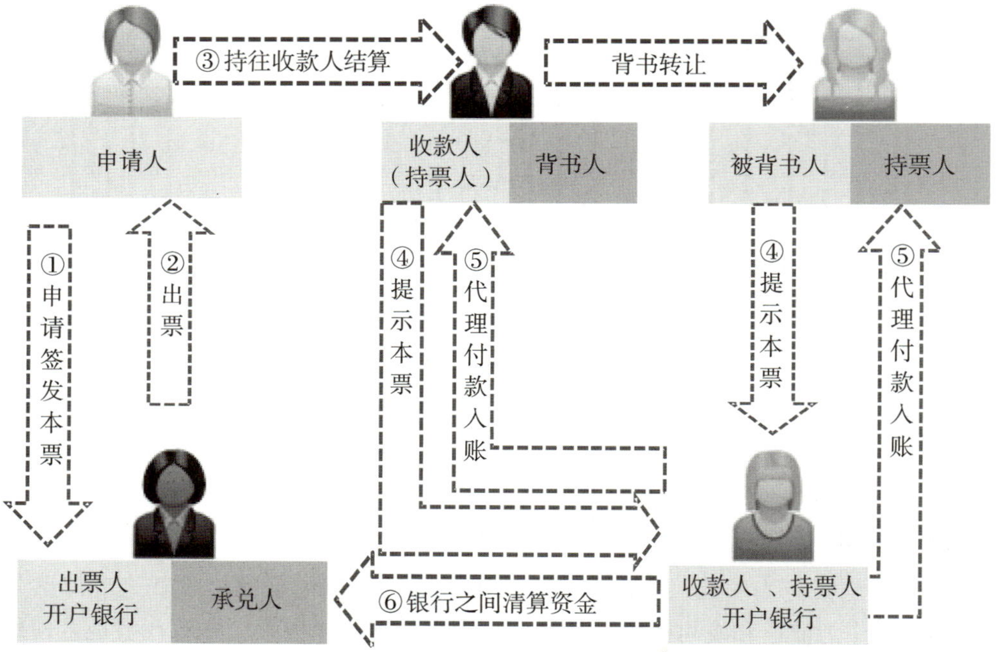

图 2-3 银行本票结算的一般程序

（三）汇兑

汇兑结算是指汇款人委托银行将其款项支付给收款人的结算方式。汇兑结算具有适用范围大、服务面广、手续简便、划款迅速、灵活易用等特点。单位和个人各种款项的结算，均可使用汇兑结算。汇兑分为信汇和电汇两种，由汇款人自行选择使用。

1. 汇兑结算的注意事项

（1）汇款人委托银行办理汇兑时，应填写信汇或电汇凭证，详细填明汇入地点、汇入银行名称、收款人姓名或收款单位名称，汇款用途等项内容。

（2）汇入银行对已开立存款账户的收款人，应将汇给收款人的款项直接转入其存款账户，并向其发出收账通知。

（3）未在汇入银行开立存款账户的收款人，凭信汇、电汇的取款通知或“留行待取”，向汇入银行支取款项的，必须交验本人的身份证件，在信汇、电汇凭证上注明证件名称、号码及发证机关，并在“收款人签盖章”处盖章；信汇凭签章支取的，收款人的签章必须与预留信汇凭证上的签章相符。

支取现金的，信汇、电汇凭证上必须有按规定填明的“现金”字样才能办理。未填明“现金”字样，需要支取现金的，由汇入银行按国家现金管理规定审查支付。

转账支付的，应由原收款人向银行填制支款凭证，并由本人交验其身份证办理支付款项。该账户的款项只能转入单位或个体工商户的存款账户，严禁转入储蓄和信用卡账户。

2. 汇兑结算的一般程序

汇款单位填写银行统一印制的汇款书并连同款项交由银行委托汇款。银行划转款项并通知收款单位。汇兑结算的一般程序如图 2-4 所示。

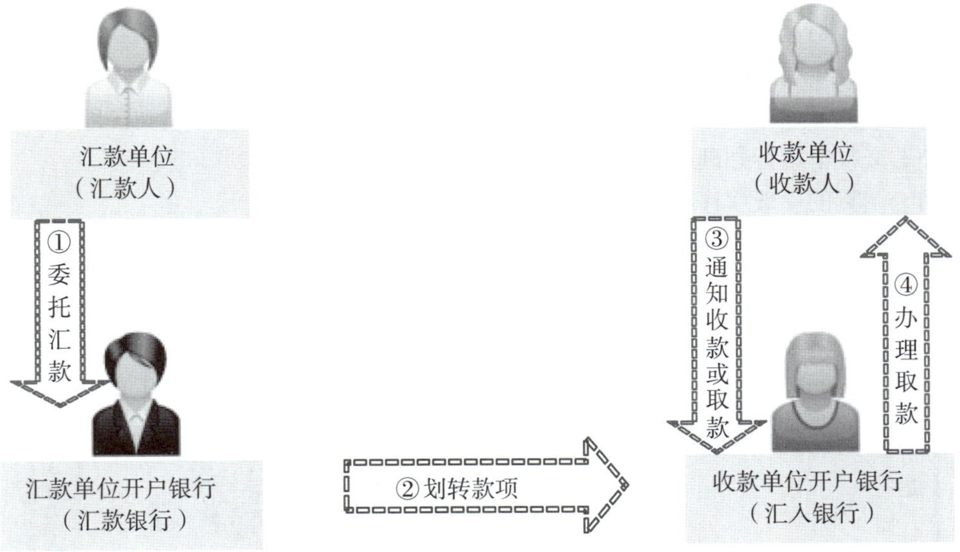

图 2-4　汇兑结算的一般程序

（四）信用卡

信用卡是商业银行向个人和单位发行的，可凭其向特约单位购物、消费和向银行存取现金，且具有消费信用的特制载体卡片。信用卡按使用对象分为单位卡和个人卡，按信誉等级分为金卡和普通卡，适用于同城和异地的特约单位购物、消费。

1. 信用卡结算的注意事项

（1）单位申领信用卡时，应按规定填制申请表，连同有关资料一并送交发卡银行。符合条件并按要求交存一定金额的备用金后，银行将为申请人开立信用卡存款户，并发信用卡。

（2）单位信用卡账户的资金一律从其基本存款账户转账存入，不得交存现金，不得将销货收入的款项存入该账户。

（3）信用卡仅限于合法持卡人本人使用，持卡人本人不得出租或转借信用卡。

（4）持卡人可持信用卡在特约单位购物、消费。单位信用卡不得用于10万元以上的商品交易、劳务供应款项的结算。

（5）特约单位不得通过压卡、签单和退货等方式支付持卡人现金。

（6）持卡人要求退货的，特约单位应使用退货单办理压（刷）卡，并将退货单金额从当日签单累计金额中抵减，退货单随签购单一并送交收单银行。

（7）单位信用卡一律不得支取现金。信用卡透支金额依据其信誉等级分类的不同而不同：金卡最高不得超过10 000元，普通卡最高不超过5 000元。透支期限最长为60天。

2. 信用卡结算的一般程序

持卡人将信用卡和本人身份证一并交给特约单位，特约单位受理信用卡审查无误的，在签购单上压卡，填写实际结算金额、用途、持卡人身份证件号码、特约单位名称和编号。经审查无误后，对同意按经办人填写的金额和用途付款的，由持卡人在签购单签名确认并将信用卡、身份证件和第一联签购单交给持卡人。特约单位在每日营业终了，应将当日受理的信用卡签购单汇总，计算手续费和净计金额，并填写汇（总）计单和进账单，连同签购单一并送交收单银行办理进账。

信用卡结算的一般程序如图2-5所示。

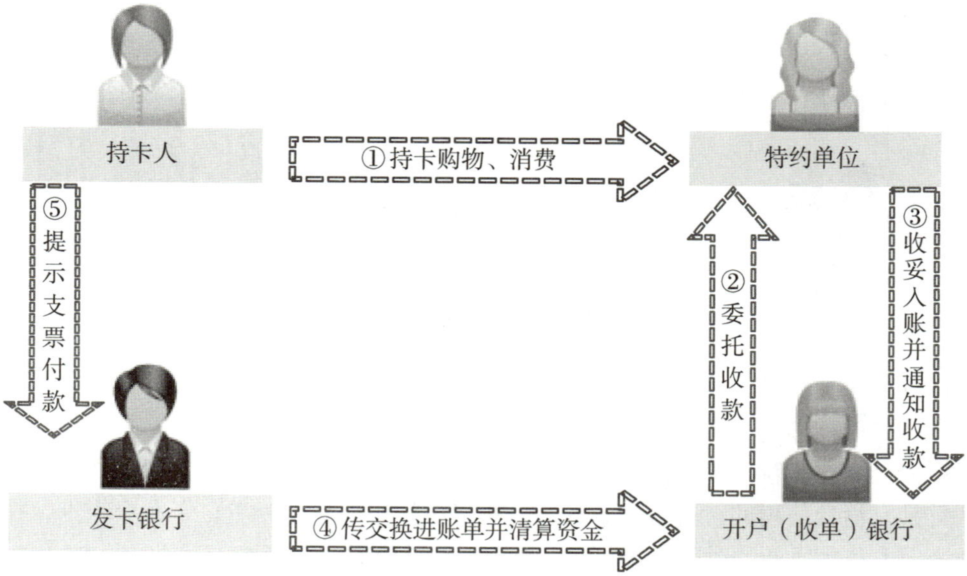

图2-5　信用卡结算的一般程序

（五）电子货币

电子货币结算是指用一定金额的现金或存款，从发行者处兑换并获得代表相同金额的数据，通过使用某些电子化方法将该数据直接转移给支付对象，从而清偿债务的结算方法。

按支付方式可将电子货币分为储值卡型电子货币、银行卡型电子货币、电子支票和电子现金。在发行者与使用者之间有中介机构介入的体系是常见的电子货币体系。

1. 储值卡型电子货币

储值卡型电子货币是指某一行业或公司发行的可代替现金用的 IC 卡或磁卡。例如移动通信公司发行的电话充值卡神州行、吉通等，固定电话使用的 IC 卡、磁卡、IP 卡，超市、百货商店发行的购物卡，石油公司发行的加油卡，交通部门发行的交通卡等。

2. 银行卡型电子货币

银行卡型电子货币有以下特点。

（1）银行卡型电子货币是实现了电子化应用的信用卡。

（2）银行卡型电子货币同时具备信贷与支付两种功能。

（3）银行卡型电子货币按卡的信用性质与功能区分，可分为借记卡（属于广义信用卡）和贷记卡（属于狭义信用卡）。

3. 电子支票

电子支票结算是指将支票的全部内容电子化，然后借助于互联网完成支票在客户与客户之间、银行与客户之间以及银行与银行之间的传递，实现资金的结算。

电子支票有以下特点。

（1）电子支票与传统支票工作方式相同，易于接受。

（2）加密的电子支票易于流通，买卖双方的银行只需用公共密钥认证确认支票即可，数字签名也可以被自动验证。

（3）电子支票降低了支票的处理成本，同时减少了在途资金，提高了银行客户的资金利用率。

（4）增加第三方金融机构的收益。第三方金融机构不仅可以从交易双方抽取固定交易费用或按一定比例抽取费用，还可以作为银行身份，提供存款账目，且电子支票存款账户很可能是无利率的。

4. 电子现金

电子现金又称为数字现金（E-cash），是一种表示现金的加密序列数，它可以用来表示现实中各种货币的币值。

电子现金有以下特点。

（1）银行和商家之间应有协议和授权关系。

（2）用户、商家和 E-cash 银行都需要使用 E-cash 软件。

（3）E-cash 银行负责用户和商家之间资金的转移。

（4）电子现金对使用者来说是匿名的，使用电子现金消费可以保护使用者的信息。

实现电子现金的第一种手段，是将遵循一定规则排列的一定长度的数字串，即一种电子化的数字信息块，作为代表纸币或辅币所有信息的电子化手段。实际上，该数字串非常简单，如可用“99005010”这个数字串表示 50 元人民币现钞，用“99010010”这个数字串表示 100 元人民币现钞。如果在某台计算机的硬盘中存储了 5 个“99005010”和 3 个“99010010”，那么则表示该硬盘合计存储了 550 元的电子现金。在电子现金用于支付时，只需将相当于支付金额的若干个信息块综合后，用电子化方法传递给债权人一方，即可完成支付。

实现电子现金的第二种手段，是被称为“Mondex”的电子现金模式。对于在英国进行实用化试验的“Mondex”电子现金项目，外界多有评论称其“实现了现金的电子化”。“Mondex”的系统结构，不像第一种手段在微机的硬盘中根据需要的数量存储相当于一定现钞金额的电子信息块，而是在 IC 卡内保存了货币价值的汇总余额，并且该余额是以二进制数字形式存储的。

“Mondex”使用 IC 卡作为货币价值的计数器，可以将“Mondex”的 IC 卡看成记录货币余额的账簿。再从 IC 卡内支出价值，或是向卡内再存入价值时，通过改写卡内的余额记录进行处理。因此就该点而言，可以说“Mondex”相当于存款货币，“Mondex”的专用 IC 卡相当于存款账户。

电子现金支付过程如下。

（1）购买电子现金：买方在电子现金发放银行开立电子现金账号并购买电子现金。

（2）存储电子现金：买方使用专用软件从电子现金银行取出一定数量的电子现金并存在特定的设备上。

（3）用电子现金购买商品或服务：买方向同意接收电子现金的卖方订货，用卖方的公钥加密电子现金后，传送给卖方。

（4）资金清算：卖方接收电子现金并与电子现金发放银行之间进行清算，电子现金银行将买方购买商品的钱支付给卖方。

（5）确认订单：卖方获得付款后，向买方发送订单确认信息。

电子现金具有匿名性、不可跟踪性、节省传输费用、风险小、节省交易费用、支付灵活方便等特点。

（六）网上支付

网上支付是指客户、商家、网络银行（或第三方支付）之间使用安全电子手段，利用电子现金、银行卡、电子支票等支付工具，通过互联网传送到银行或相应的处理机构，从而完成支付的过程，网上支付活动的主要参与者有买卖双方与银行或第三方支付商。

平台提供商通过通信、计算机和信息安全技术，在商家和银行之间建立起连接，从而实现从消费者到金融机构或商家的货币支付、现金流转、资金清算、查询统计等。

第三方网上支付平台可以支持国内各大银行发行的银行卡和国际信用卡组织发行的信用卡。其手续费标准统一，而且结算周期可根据商户需求设定，服务更加人性化。专业的第三方网上支付平台，可以确保商户在后期服务、支付过程中出现问题时能够得到及时解决。并且，第三方网上支付平台作为中立的一方，也具有公信度。

知识点

企业将款项汇往外地时，应填写汇款委托书，委托开户银行办理汇款。汇入地银行以汇款单位名义开立临时采购账户，该账户的存款不计利息，只付不收、付完清户，除了采购人员可从中提取少量现金外，一律采用转账结算。

二、其他货币资金的账务处理

为了反映和监督其他货币资金的收支和结存情况，企业应当设置“其他货币资金”科目，借方登记其他货币资金的增加，贷方登记其他货币资金的减少，期末借方余额反映企业实际持有的其他货币资金的金额。“其他货币资金”科目应当按照其他货币资金的种类设置明细科目进行核算。

（一）银行汇票

企业填写“银行汇票申请书”并将款项交存银行时，借记“其他货币资金——银行汇票”科目，贷记“银行存款”科目；企业持银行汇票购货、收到有关发票账单时，借记“材料采购”“原材料”“库存商品”“应交税费——应交增值税（进项税额）”等科目，贷记“其他货币资金——银行汇票”科目；采购完毕收回剩余款项时，借记“银行存款”科目，贷记“其他货币资金——银行汇票”科目。

销货企业收到银行汇票、填制进账单，到开户银行办理款项入账手续时，根据进账单及销货发票等，借记“银行存款”科目，贷记“主营业务收入”“应交税费——应交增值税（销项税额）”等科目。

【例 2-2】畅通公司为增值税一般纳税人，向银行申请办理银行汇票用以购买原材料，将款项 250 000 元交存银行作银行汇票存款。根据银行盖章退回的申请书存根联，畅通公司应编制如下会计分录。

借：其他货币资金——银行汇票	250 000	
贷：银行存款		250 000

畅通公司购入一批原材料已验收入库，取得的增值税专用发票上的价款为 200 000 元，增值税税额为 26 000 元，已用银行汇票办理结算，多余款项 24 000 元退回开户银行，公司已收到开户银行转来的银行汇票第四联（多余款收账通知）。畅通公司应编制如下会计分录。

（1）用银行汇票结算材料价款和增值税款时，

借：原材料	200 000	
应交税费——应交增值税（进项税额）	26 000	
贷：其他货币资金——银行汇票		226 000

（2）收到退回的银行汇票多余款项时，退回金额 = 250 000−226 000 = 24 000（元）。

借：银行存款	24 000	
贷：其他货币资金——银行汇票		24 000

（二）银行本票

企业填写“银行本票申请书”并将款项交存银行时，借记“其他货币资金——银行本票”科目，贷记“银行存款”科目；企业持银行本票购货、收到有关发票账单时，借记“材料采购”“原材料”“库存商品”“应交税费——应交增值税（进项税额）”等科目，贷记“其他货币资金——银行本票”科目。

销货企业收到银行本票、填制进账单，到开户银行办理款项入账手续时，根据进账单及销货发票等，借记“银行存款”科目，贷记“主营业务收入”“应交税费——应交增值税（销项税额）”等科目。

【例 2-3】畅通公司为取得银行本票，向银行填交“银行本票申请书”，并将 10 000 元银行存款转作银行本票存款。公司取得银行本票后，应根据银行盖章退回的银行本票申请书存根联填制银行付款凭证。畅通公司应编制如下会计分录。

借：其他货币资金——银行本票	10 000	
贷：银行存款		10 000

畅通公司用银行本票购买办公用品 10 000 元。根据发票账单等有关凭证，编制如下会计分录。

借：管理费用	10 000	
贷：其他货币资金——银行本票		10 000

（三）信用卡

企业应填制“信用卡申请表”，连同支票和有关资料一并送存发卡银行，根据银行盖章退回的进账单第一联，借记“其他货币资金——信用卡”科目，贷记“银行存款”科目；企业用信用卡购物或支付有关费用时，收到开户银行转来的信用卡存款的付款凭证及所附发票账单，借记“管理费用”等科目，贷记“其他货币资金——信用卡”科目；企业信用卡在使用过程中，需要向其账户续存资金的，应借记“其他货币资金——信用卡”科目，贷记“银行存款”科目；企业的持卡人如不需要继续使用信用卡时，应持信用卡主动到发卡银行办理销户，销卡时，信用卡余额转入企业基本存款户，不得提取现金，借记“银行存款”科目，贷记“其他货币资金——信用卡”科目。

（四）存出投资款

企业向证券公司划出资金时，应按实际划出的金额，借记“其他货币资金——存出投资款”科目，贷记“银行存款”科目；购买股票、债券等时，借记“交易性金融资产”等科目，贷记“其他货币资金——存出投资款”科目。

（五）外埠存款

企业将款项汇往外地时，应填写汇款委托书，委托开户银行办理汇款。汇入地银行以汇款单位名义开立临时采购账户，该账户存款不计利息、只付不收、付完清户，除了采购人员可从中提取少量现金外，一律采用转账结算。企业将款项汇往外地开立的采购专用账户时，根据汇出款项凭证，编制付款凭证，进行账务处理，借记“其他货币资金——外埠存款”科目，贷记“银行存款”科目；收到采购人员转来供应单位发票账单等报销凭证时，借记“材料采购”“原材料”“库存商品”“应交税费——应交增值税（进项税额）”等科目，贷记“其他货币资金——外埠存款”科目；采购完毕收回剩余款项时，根据银行的收账通知，借记“银行存款”科目，贷记“其他货币资金——外埠存款”科目。

【例 2-4】畅通公司派采购员到异地采购原材料，2019 年 8 月 10 日委托开户银行汇款 100 000 元到采购地设立采购专户。根据收到的银行汇款凭证回单联，畅通公司应编制如下会计分录。

借：其他货币资金——外埠存款　　100 000
　　贷：银行存款　　100 000

2019 年 8 月 20 日，采购员交来从采购专户付款购入材料的相关凭证，增值税专用发票上注明的原材料价款为 80 000 元，增值税税额为 10 400 元，畅通公司应编制如下会计分录。

借：原材料　　80 000
　　应交税费——应交增值税（进项税额）　　10 400
　　贷：其他货币资金——外埠存款　　90 400

2019 年 8 月 30 日，收到开户银行的收款通知，该采购专户中的结余款项已经转回。根据收账通知，畅通公司应编制如下会计分录。

借：银行存款　　9 600
　　贷：其他货币资金——外埠存款　　9 600

（六）电子支付

本书以常见的支付宝或微信电子支付方式为例，可以在其他货币资金科目下设微信和支付宝二级明细。微信或支付宝等第三方的支付账单或截图都可以作为凭证，只需要将其打印出来就可以证明业务的真实性，并作为原始凭证使用进行抵扣。

（1）微信或支付宝转账购买办公用品时，会计处理如下。

借：管理费用——办公费
　　贷：其他货币资金——微信（其他货币资金——支付宝）

（2）微信或支付宝收到销售款时，会计处理如下。

借：其他货币资金——微信（其他货币资金——支付宝）
　　贷：主营业务收入
　　　　应交税费——应交增值税——销项税

（3）提现时，会计处理如下。

借：银行存款
　　财务费用（手续费）
　　贷：其他货币资金——微信（其他货币资金——支付宝）

拓展阅读

关键词：职业道德；立德树人；岗位监督

2021 年 5 月，XX 园山东区爆出“大雷”，其内部员工李某利用监管不力的漏洞，在 2018 年 12 月至 2020 年 4 月不到一年半的时间内，疯狂盗刷 XX 园公户资金 4800 余万元，用于给主播打赏、娱乐消费等。截至案发，李某已将涉案资金全部挥霍，简直让人目瞪口呆。

党的二十大报告指出，深化整治权力集中、资金密集、资源富集领域的腐败，坚决惩治群众身边的“蝇贪”，严肃查处领导干部配偶、子女及其配偶等亲属和身边工作人员利用影响力谋私贪腐问题，坚持受贿行贿一起查，惩治新型腐败和隐性腐败。

公诉机关认为，被告人李某利用职务上的便利，将本单位财物非法占为已有，数额巨大，应当以职务侵占罪追究其刑事责任；其具有自首情节，自愿认罪认罚，建议判处有期徒刑 12 年。

项目三 应收及预付款项

应收及预付款项是指企业在日常生产经营过程中发生的各项债权，包括应收款项和预付款项。应收款项包括应收票据、应收账款和其他应收款等；预付款项则是指企业按照合同规定预付的款项，如预付账款等。

学习目标

知识目标

①掌握应收票据、应收账款、预付账款和其他应收款项目会计处理的有关规定。

②熟悉往来账会计核算职责、相关单证的填制方法和业务办理流程。

③理解应收款项减值核算的原理。

④掌握应收及预付款项的会计核算方法。

技能目标

①能够处理往来账资产会计核算岗位的各项工作。

②能按照规范流程和方法进行应收及预付款项的账务处理。

素质目标

①具备学生恪守商业诚信的职业道德。

②严格按照会计准则开展工作，对工作内容更加严谨认真，培养学生良好的道德。

③充分认识到财务人员在工作过程中应当秉持公平、公正的态度。

④具备基本的风险意识，合理评估企业信誉，防止形成坏账。

关键词

应收账款	accounts receivable
应收票据	notes receivable
商业汇票	commercial draft
商业承兑汇票	commercial acceptance
银行承兑汇票	bank acceptance
贴现	discount
预付账款	prepayment
其他应收款	other receivables
应收账款减值	impairments of receivables

思维导图

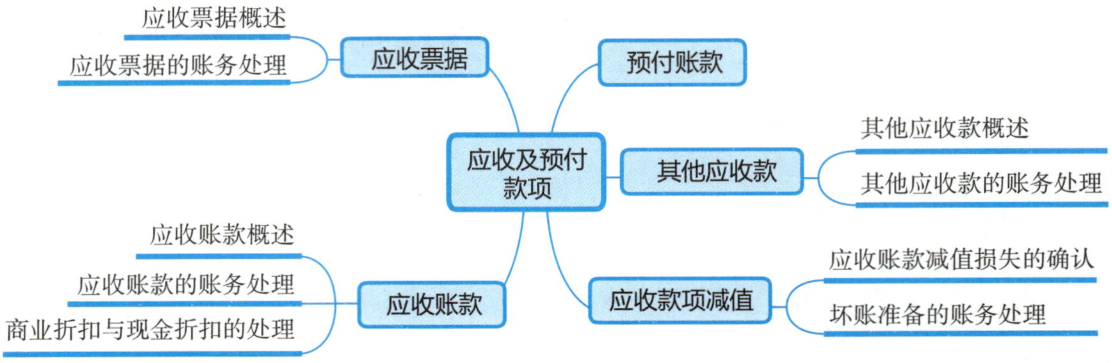

任务一 应收票据

一、应收票据概述

（一）应收票据的概念

应收票据是指企业因销售商品、提供劳务等而收到的商业汇票。商业汇票是一种由出票人签发的，委托付款人在指定日期无条件支付确定金额给收款人或者持票人的票据。

商业汇票的付款期限，最长不得超过 6 个月。定日付款的汇票付款期限自出票日起计算，并在汇票上记载具体到期日；出票后定期付款的汇票付款期限自出票日起按月计算，并在汇票上记载；见票后定期付款的汇票付款期限自承兑日或拒绝承兑日起按月计算，并在汇票上记载。商业汇票的提示付款期限，自汇票到期日起 10 日。符合条件的商业汇票持票人，可以持未到期的商业汇票连同贴现凭证向银行申请贴现。

商业汇票结算应注意以下事项。

（1）付款人承兑商业汇票，应当在汇票正面记载“承兑”字样和承兑日期并签章。

（2）付款人承兑商业汇票，不得附有条件。

（3）商业汇票一律记名，允许背书转让。

（4）银行承兑汇票的承兑银行，应按票面金额向出票人收取万分之五的手续费。

（5）商业汇票的付款期限，最长不超过 6 个月。

（6）商业汇票的提示付款期限，自汇票到期日起 10 日。

（7）符合条件的商业汇票的持票人可持未到期商业汇票连同贴现凭证向银行申请贴现。

（二）应收票据的分类

1. 按是否带息，分为带息票据和不带息票据

1）带息票据

带息票据在票面上往往标明一定的利率，该利率用来计算票据所含的利息。票据到期

时，企业除了需要偿还票面金额之外，还需要支付按规定计算的利息。

利息 = 面值 × 利率 × 票据期限

带息票据的利息一般都是在到期时一次性支付，如果利息金额较大，则应于中期期末或年度终了时计算应付利息费用。如果利息金额不大，是否预提对会计报表不会产生重大影响，则可在票据到期归还本金和支付利息时，一次性计入财务费用。

2）不带息票据

不带息票据是指商业汇票到期时，承兑人只按票面金额向收款人或被背书人支付款项的票据。在这一类商业汇票中，票面价值一般为本利和，即已将票据的利息计入面值，不另外标有票面利率，即票据到期值 = 票据面值。

2. 按承兑人，分为商业承兑汇票和银行承兑汇票

商业汇票作为一种商业信用，具有信誉度高和结算灵活的特点。在银行开立存款账户的法人以及其他组织，相互之间具有真实的交易关系或债权债务关系，均可使用商业汇票。

1）商业承兑汇票

商业承兑汇票是指由付款人签发并承兑，或由收款人签发交由付款人承兑的汇票。商业承兑汇票的付款人收到开户银行的付款通知，应在当日通知银行付款。付款人在接到通知日的次日起三日内（遇法定休假日顺延）未通知银行付款的，视同付款人承诺付款，银行将于付款人接到通知日的次日起第四日（遇法定休假日顺延）上午开始营业时，将票款划给持票人。付款人提前收到由其承兑的商业汇票时，应通知银行于汇票到期日付款。银行在办理划款时，付款人存款账户余额不足支付的，银行应填制付款人未付票款通知书，连同商业承兑汇票邮寄给持票人开户银行，持票人开户银行再转交持票人。商业承兑汇票结算一般程序如图 3-1 所示。

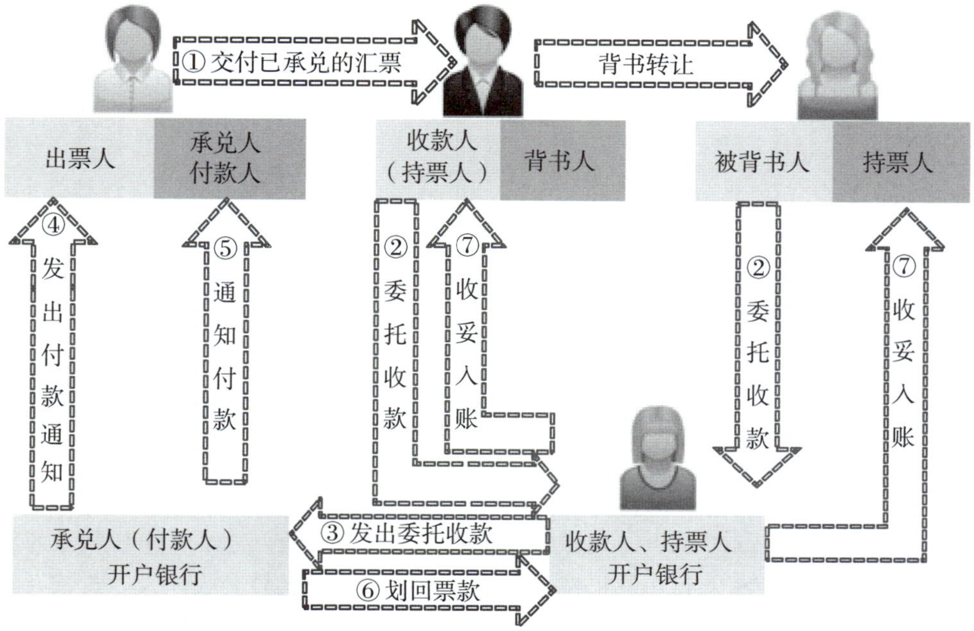

图 3-1 商业承兑汇票结算一般程序

付款人依照购销合同签发商业承兑汇票并“承兑”后，将商业承兑汇票交给收款人；收款人收到经承兑的商业汇票，审核无误后发运商品。汇票即将到期时，收款人提前将汇票和委托收款凭证送交开户银行办理收款手续。付款人在汇票到期日前，应将票款足额交存银行，以备到期支付。付款人开户银行收到收款人开户银行转来的有关凭证后，于汇票到期日将票款从付款人账户内划转到收款人开户银行，并向付款人发出付款通知。汇票到期时，如果付款人账户的存款不足以支付票款，其开户银行应填制付款人未付票款通知书，连同商业承兑汇票退给收款人或被背书人，由其自行处理，银行不负责付款。收款人开户银行收到票款后，将委托收款凭证收账通知联加盖“转讫”章并交给收款人，通知其款已收妥。

2）银行承兑汇票

银行承兑汇票是指由在承兑银行开立存款账户的存款人（这里也是出票人）签发，由承兑银行承兑的票据。企业申请使用银行承兑汇票时，应向其承兑银行按票面金额的万分之五缴纳手续费。银行承兑汇票的出票人应于汇票到期前将票款足额交存其开户银行，承兑银行应在汇票到期日或到期日后的见票当日支付票款。银行承兑汇票的出票人于汇票到期前未能足额交存票款时，承兑银行除凭票向持票人无条件付款外，对出票人尚未支付的汇票金额按照每天万分之五计收利息。银行承兑汇票结算一般程序如图 3-2 所示。

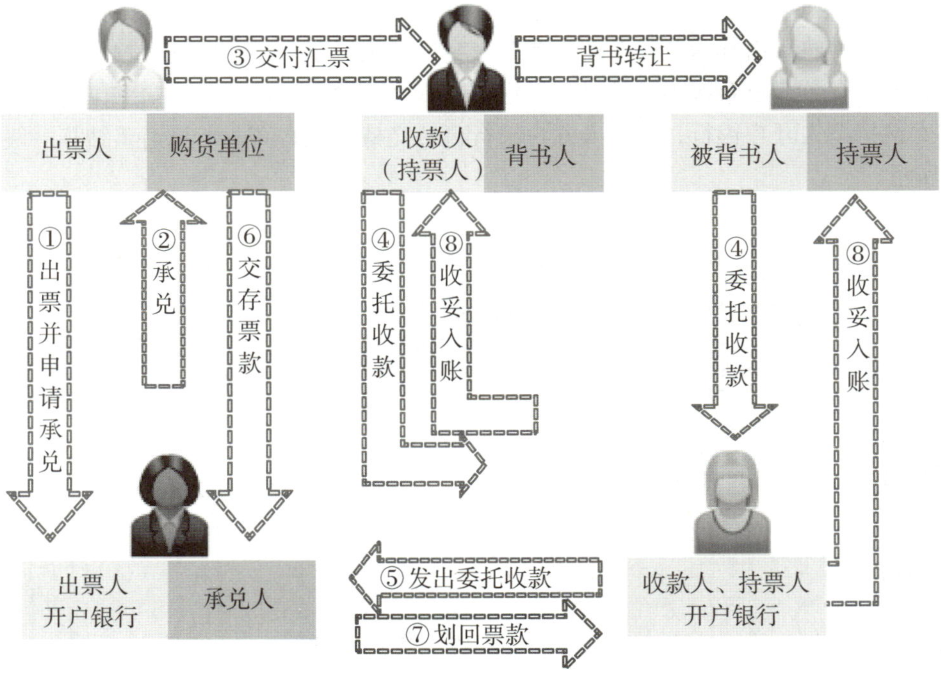

图 3-2　银行承兑汇票结算一般程序

付款人持银行承兑汇票向其开户银行申请承兑。银行审查同意后，由付款人与其开户银行签订承兑协议，并将银行承兑汇票交给承兑申请人，由其转交收款人。收款人收到银行承兑汇票经审查无误后，按合同发运商品。承兑申请人应于银行承兑汇票到期前将票款足额交存银行，以备支付；承兑申请人于汇票到期日未能足额交存票款时，承兑银行凭票向收款人、被背书人或贴现银行无条件履行支付之外，应根据承兑协议规定，对承兑申请人进行扣款处理，并对尚未扣回的承兑金额每天按万分之五计收罚金。收款人在汇票即将到期时，应将银行承兑汇票和委托收款凭证送交开户银行办理收款手续。承兑银行在汇票到期日，凭票将款项划转给收款人，并向付款人发出通知。

知识点

商业汇票的付款期限最长不得超过6个月（关键点）。根据承兑人的不同，商业汇票分为商业承兑汇票和银行承兑汇票，不管承兑人是企业还是银行，均需通过“应收票据”科目进行核算。

对于企业将款项交存银行取得银行汇票和银行本票，需通过“其他货币资金”科目核算。

二、应收票据的账务处理

为了反映和监督应收票据取得、票款收回等经济业务，企业应当设置“应收票据”科目，借方登记取得的应收票据的面值，贷方登记到期收回的票款或到期前向银行贴现的应收票据的票面余额，期末余额在借方，反映企业持有商业汇票的票面金额。本科目可按照开出、承兑商业汇票的单位进行明细核算，并设置“应收票据备查簿”，逐笔登记商业汇票的种类、号数和出票日、票面金额、交易合同号和付款人、承兑人、背书人的姓名或单位名称、到期日、背书转让日、贴现日、贴现率和贴现净额以及收款日和收回金额、退票情况等信息。商业汇票到期结清票款或退票后，在该备查簿中应予以注销。

（一）取得应收票据和收回到期票款

应收票据取得的原因不同，其会计处理亦有所区别。因债务人抵偿前欠货款而取得的应收票据，借记“应收票据”科目，贷记“应收账款”科目；因企业销售商品、提供劳务等而收到开出、承兑的商业汇票，借记“应收票据”科目，贷记“主营业务收入”“应交税费——应交增值税（销项税额）”等科目。商业汇票到期收回款项时，应按实际收到的金额，借记“银行存款”科目，贷记“应收票据”科目。

【例3-1】畅通公司2019年3月1日向雨阳公司销售一批产品，货款为2 000 000元，尚未收到，已办妥托收手续，适用增值税税率为13%。畅通公司应编制如下会计分录。

借：应收账款	2 260 000	
贷：主营业务收入		2 000 000
应交税费——应交增值税（销项税额）		260 000

2019年3月15日，畅通公司收到雨阳公司寄来的一张3个月期的商业承兑汇票，面值为2 260 000元，抵付产品货款。畅通公司应编制如下会计分录。

借：应收票据	2 260 000	
贷：应收账款		2 260 000

在本例中，雨阳公司用商业承兑汇票抵偿前欠的货款2 260 000元，应借记“应收票

据”科目，贷记“应收账款”科目。

2019 年 6 月 15 日，畅通公司上述应收票据到期收回票面金额 2 260 000 元存入银行。畅通公司应编制如下会计分录。

借：银行存款　　2 260 000

　　贷：应收票据　　2 260 000

【例 3-2】畅通公司 2019 年 3 月 1 日赊销商品给雨阳公司，售价为 100 000 元，成本为 80 000 元，增值税率为 13%，当天雨阳公司开出并承兑商业汇票一张，面值为 113 000 元，期限为 6 个月，票面利率为 6%。

（1）2019 年 3 月 1 日发生赊销时应编制如下会计分录。

借：应收票据　　113 000

　　贷：主营业务收入　　100 000

　　　　应交税费——应交增值税（销项税额）　　13 000

借：主营业务成本　　80 000

　　贷：库存商品　　80 000

（2）6 月 30 日计提利息时应编制如下会计分录。

本期利息（3—6 月）= 113 000 × 6% ÷ 12 × 4 = 2 260（元）。

借：应收票据　　2 260

　　贷：财务费用　　2 260

（3）9 月 1 日票据到期时应编制如下会计分录。

本期利息（7—8 月）= 113 000 × 6% ÷ 12 × 2 = 1 130（元）。

应收本息 = 113 000+2 260 = 115 260（元）。

借：银行存款　　116 390

　　贷：应收票据　　115 260

　　　　财务费用　　1 130

知识点

企业核算应收票据时，应收票据均以面值入账。

（二）应收票据的转让

实务中，企业可以将自己持有的商业汇票背书转让。背书是指在票据背面或者粘单上记载有关事项并签章的票据行为。背书转让的，背书人应当承担票据责任。企业将持有的商业汇票背书转让以取得所需物资时，按应计入取得物资成本的金额，借记“材料采购”或“原材料”“库存商品”等科目；按专用发票上注明的可抵扣增值税税额，借记“应交税费——应交增值税（进项税额）”科目；按商业汇票的票面金额，贷记“应收票据”科目，如有差额，借记或贷记“银行存款”等科目。

【例 3-3】承【例 3-1】，假定畅通公司于 4 月 15 日将上述应收票据背书转让，以取得生产经营所需的 A 种材料，该材料金额为 2 000 000 元，适用增值税税率为 13%。畅通公司应编制如下会计分录。

借：原材料　　2 000 000

　　应交税费——应交增值税（进项税额）　　260 000

　　贷：应收票据　　2 260 000

（三）应收票据向银行贴现

1. 应收票据贴现额的计算过程

带息票据到期值＝票据面值 ×（1+ 票据利息率 × 票据期限）

不带息票据到期值＝面值

贴现息＝票据到期值 × 贴现率 × 贴现期

贴现额＝票据到期值－贴现息

2. 应收票据贴现的账务处理

对于应收票据贴现，企业通常应按实际收到的金额，借记“银行存款”科目；按贴现息部分，借记“财务费用”科目；按应收票据的票面金额，贷记“应收票据”科目。

需要注意的是，贴现日应按照“算头不算尾”或“算尾不算头”的规则计算。例如 6 月 1 日开出一张期限 6 个月的商业汇票，到期日是 12 月 1 日，假如 8 月 1 日去银行贴现，则贴现期为 8 月 1 日至 12 月 1 日，即贴现期为 4 个月。若 9 月 15 日去贴现，则贴现期为 15+30+30=75（天）（9 月 15 天，10 月和 11 月为一个整月，按 30 天计，期限算法为算头不算尾）。

任务二 应收账款

一、应收账款概述

应收账款是指企业因销售商品、提供劳务等经营活动，应向购货单位或接受劳务单位收取的款项，主要包括企业销售商品或提供劳务应向有关债务人收取的价款以及代购货单位垫付的包装费、运杂费等。

知识点

应收账款的入账价值包括因销售商品或提供劳务从购货方或接受劳务方应收的合同或协议价款、增值税销项税额以及代购货单位垫付的包装费、运杂费等。代购货单位垫付的包装费、运杂费、增值税销项税额属于应收账款的范围，但不属于企业的收入。

下面介绍两种使用应收账款进行核算的结算方式。

（一）托收承付

托收承付是根据购销合同由收款人发货后委托银行向异地付款人收取款项，由付款人向银行承认付款的一种结算方式。

使用托收承付结算方式的收款单位和付款单位必须是经营管理水平较高，并经开户银行审查同意的企业。

办理托收承付的款项，必须是商品交易以及因商品交易而产生的劳务供应的款项。代销、寄销、赊销商品的款项，不得办理托收承付结算。

托收承付结算款项的划回办法，分为邮寄和电报两种，由收款人自行选用。

1. 托收承付结算的注意事项

（1）收付双方使用托收承付结算必须签有合法的购销合同，并在合同上订明使用托收承付结算方式。

（2）收款人办理托收，必须具有商品确已发运的证件。

（3）托收承付结算每笔的金额起点为 10 000 元，新华书店系统每笔的金额起点为 1 000 元。

2. 托收承付结算方式的一般程序

托收承付结算方式分为托收和承付两个阶段。

1）托收

销货单位按合同发运商品，办妥发货手续后，根据发货票、代垫运杂费单据等填制“托收承付结算凭证”，连同发货票、运单一并送交开户银行办理托收。开户银行接到托收凭证及其附件后，应认真进行审查。对审查无误、同意办理的，应将托收凭证的回单联盖章后退回销货单位。

2）承付

购货单位收到银行转来的托收承付结算凭证及所附单证后，应在规定的承付期内审查核对，安排资金。承付货款分为验单付款和验货付款两种，由收付双方商量选用，并在合同中明确规定。

验单付款承付期为 3 天，从付款人开户银行发出承付通知的次日算起。付款单位在承付期内未向银行表示拒绝付款的，银行即视作承付，并在承付期满的次日将款项付给收款单位。验货付款的承付期为 10 天，从运输部门向付款人发出提货通知的次日算起。付款单位在收到提货通知后，应向银行交验提货通知。付款单位在银行发出承付通知书后的 10 天内，如未收到提货通知，应在 10 天内将情况通知银行，如不通知，银行即视作已经验货，承认付款，并于期满次日予以划款。

不论是验单付款还是验货付款，付款单位都可以在付款期内提前向银行表示承付。付款单位在承付期满日款项不足支付的，其不足部分即为逾期未付款项，根据逾期天数，按每天万分之五计算逾期未付赔偿金。

付款单位在验单或验货时，发现所到货物的品种、规格、数量、价格与合同规定不同，或货物已到，经查验货物与合同规定或发货清单不符的款项，在承付期内，可向开户银行提出全部或部分拒绝付款。付款单位提出拒绝付款时，必须填写“拒绝付款理由书”并签章，注明拒绝付款理由，送交开户银行。开户银行必须认真审查拒绝付款理由书，查验合同。开户银行同意部分或全部拒绝付款的，应在拒绝付款理由书上签注意见，连同拒付证明和拒付商品清单邮寄至收款人开户银行，收款人开户银行再转交收款人。

托收承付结算一般程序如图 3-3 所示。

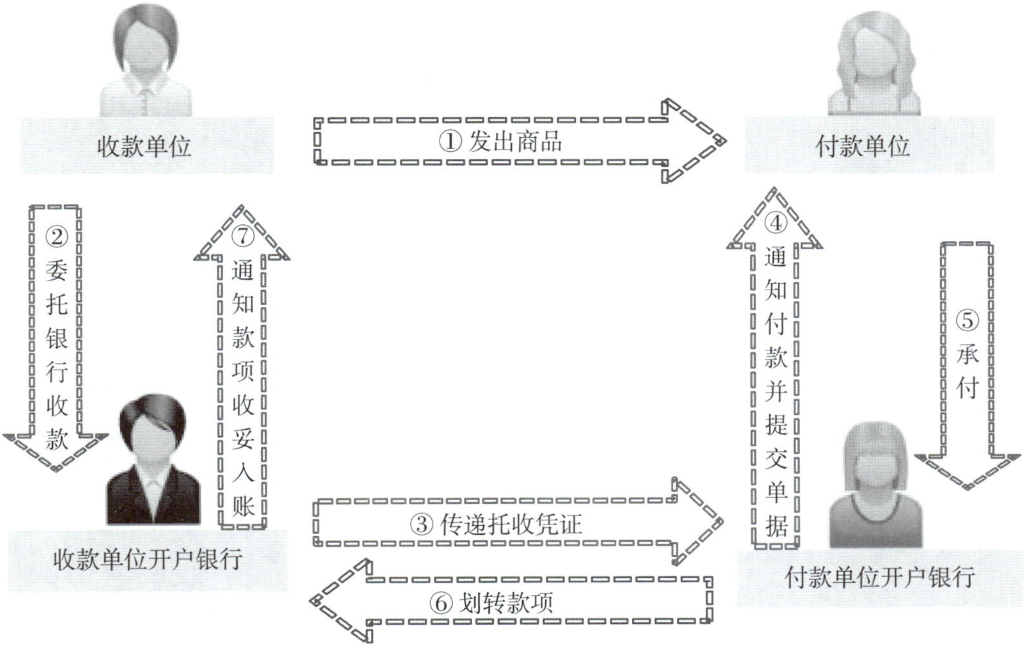

图 3-3　托收承付结算一般程序

(二) 委托收款

委托收款是由收款人向其开户银行提供收款依据，委托银行向付款人收取款项的一种结算方式。单位和个人凭已承兑商业汇票、债券、存单等付款人债务证明办理款项结算，均可以使用委托收款结算方式。同城、异地均可以使用。委托收款结算款项的划回方式，分邮寄和电报两种，由收款人选用，不受金额起点的限制。

1. 委托收款结算的注意事项

（1）付款人在付款期满而存款账户不足支付的，应将其债务证明连同未付款项通知书邮寄至收款人开户银行，由其转交收款人。

（2）付款人审查有关债务证明后，对收款人委托收取的款项需要拒绝付款的，应在付款期内出具拒绝付款理由书，持有债务证明的，应将其送交开户银行。银行将拒绝付款理由书、债务证明和有关凭证一并邮寄给被委托银行，再由其转交收款人。

2. 委托收款结算方式的一般程序

委托收款结算方为“委托”和“付款”两个阶段。

1）委托

收款人办理委托收款应向银行提交委托收款凭证和有关的债务证明，收款人开户银行审查同意后，将“委托收款凭证”的回单退给收款人，表示已办妥委托收款手续。

2）付款

付款人开户银行接到寄来的委托收款凭证及债务证明，审查无误后，应及时通知付款人。付款人接到通知后，应在规定付款期限内付款，付款期为 3 天，从付款人开户银行发出付款通知的次日算起。付款人未在接到通知日的次日起 3 日内通知银行付款的，视同付款人同意付款，并于付款人接到通知日的次日起第 4 日上午开始营业时，将款项划给收款人。

委托收款结算方式的一般程序如图 3-4 所示。

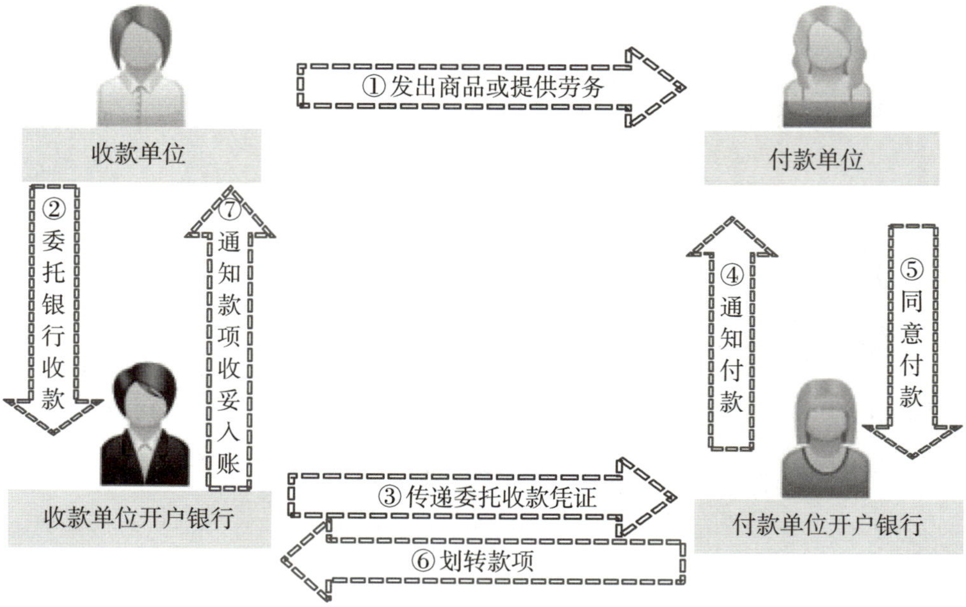

图 3-4　委托收款结算方式的一般程序

二、应收账款的账务处理

为了反映和监督应收账款的增减变动及其结存情况，企业应设置“应收账款”科目，不单独设置“预收账款”科目的企业，预收的账款也在“应收账款”科目核算。“应收账款”科目的借方登记应收账款的增加，贷方登记应收账款的收回及确认的坏账损失，期末余额一般在借方，反映企业尚未收回的应收账款；如果期末余额在贷方，一般反映企业预收的账款。

【例 3-4】畅通公司采用托收承付结算方式向雨阳公司销售一批商品，货款 200 000 元，增值税税额为 26 000 元，以银行存款代垫运杂费为 6 000 元，已办理托收手续。畅通公司应编制如下会计分录。

借：应收账款	232 000	
贷：主营业务收入		200 000
应交税费——应交增值税（销项税额）		26 000
银行存款		6 000

需要说明的是，企业代购货单位垫付包装费、运杂费也应计入应收账款，通过“应收账款”科目进行核算。

畅通公司实际收到款项时，应编制如下会计分录。

借：银行存款　　　　232 000

　　贷：应收账款　　　　232 000

企业应收账款改用应收票据结算，在收到承兑的商业汇票时，借记“应收票据”科目，贷记“应收账款”科目。

【例 3–5】畅通公司收到甲公司交来的一张商业汇票，面值 10 000 元，用以偿还其前欠货款。畅通公司应编制如下会计分录。

借：应收票据　　　　10 000

　　贷：应收账款　　　　10 000

三、商业折扣与现金折扣的处理

商业折扣是指企业为促进商品销售而在商品标价上给予的价格扣除。销售商品涉及商业折扣的，应当按照扣除商业折扣后的金额确定销售商品收入金额。现金折扣是指债权人为鼓励债务人在规定的期限内偿还款项而向债务人提供的债务扣除。

现金折扣一般用“折扣率 / 付款期限”表示，例如，“2/10，1/20，*n*/30”表示销货方允许客户最长的付款期限为 30 天，如果客户在 10 天内付款，销货方可按商品售价给予客户 2% 的折扣；如果客户在 11 天至 20 天内付款，销货方可按商品售价给予客户 1% 的折扣；如果客户在 21 天至 30 天内付款，将不能享受现金折扣。

知识点

财政部以财会〔2017〕22 号文发布了《企业会计准则第 14 号——收入》(2017 版，以下简称新收入准则）后，“折扣”需要按照“可变对价”进行处理。

可变对价是企业与客户的合同中约定的对价金额，可能是固定的，也可能会因折扣、价格折让、返利、退款、奖励积分、激励措施、业绩奖金、索赔、未来事项等因素而变化。此外，企业有权收取的对价金额，将根据一项或多项或有事项的发生有所不同的情况，也属于可变对价的情形。因为合同存在现金折扣条款，最终实际收取的对价金额是可变的，所以现金折扣也就是“可变对价”。

新收入准则第十六条规定：“合同中存在可变对价的，企业应当按照期望值或最可能发生金额确定可变对价的最佳估计数，但包含可变对价的交易价格，应当不超过在相关不确定性消除时累计已确认收入极可能不会发生重大转回的金额。企业在评估累计已确认收入是否极可能不会发生重大转回时，应当同时考虑收入转回的可能性及其比重。每一资产负债表日，企业应当重新估计应计入交易价格的可变对价金额。可变对价金额发生变动的，按照本准则第二十四条和第二十五条规定进行会计处理。”

【例 3–6】畅通公司为增值税一般纳税人，适用的增值税税率为 13%。2021 年 3 月 1 日，向雨阳公司销售某商品 1 000 件，每件标价为 1 800 元（售价中不含增值税），成本每件为 1 500 元，畅通公司给予雨阳公司 10% 的商业折扣，已开出增值税专用发票，商品也已交付给雨阳公司。为了尽早收回货款，畅通公司在合同中规定的现金折扣条件为 2/10，1/20，

$n/30$。

要求如下。

（1）编制畅通公司销售商品时的会计分录。(假定现金折扣按售价计算，不考虑增值税，“应交税费”科目要求写出明细科目及专栏)

（2）根据以下假定，编制畅通公司收到款项时的会计分录。

假定雨阳公司在3月8日按合同规定付款，畅通公司收到款项并存入银行。

（3）编制雨阳公司购买商品的会计分录。

（4）根据以下假定，编制雨阳公司支付款项时的会计分录。

假定雨阳公司在3月8日按合同规定付款。

畅通公司和雨阳公司应编制如下会计分录。

（1）畅通公司确认收入时应编制如下会计分录。

借：应收账款——雨阳公司　　2 034 000
　　贷：主营业务收入　　1 800 000
　　　　应交税费——应交增值税（销项税额）　　234 000

借：主营业务成本　　1 500 000
　　贷：库存商品　　1 500 000

（2）雨阳公司在3月8日付款，享受2%的折扣，折扣金额为1 800 000×2% = 36 000(元)，畅通公司应编制如下的会计分录。

借：银行存款　　1 998 000
　　财务费用　　36 000
　　贷：应收账款——雨阳公司　　2 034 000

(注：需要注意题目中已经说明现金折扣按售价计算，即按不含增值税的数额计算折扣。)

（3）雨阳公司购买商品时应编制如下会计分录。

借：库存商品　　1 800 000
　　应交税费——应交增值税（进项税额）　　234 000
　　贷：应付账款——畅通公司　　2 034 000

（4）雨阳公司在3月8日付款，享受2%的折扣，折扣金额为1 800 000×2% = 36 000(元)。雨阳公司应编制如下会计分录。

借：应付账款——畅通公司　　2 034 000
　　贷：银行存款　　1 998 000
　　　　财务费用　　36 000

商业折扣与现金折扣的比较如表3-1所示。

表 3-1 商业折扣与现金折扣的比较

折扣类型	定义	与收入的关系	与增值税的关系	与应收账款的关系	会计处理
商业折扣	企业为促进商品销售而在商品标价上给予的价格扣除	折扣后列收入	折后计税	按折后价款加上折后价款的计税额列入应收账款（卖方）/应付账款（买方）	无专门会计处理
现金折扣	债权人为鼓励债务人在规定的期限内偿还款项而向债务人提供的债务扣除	全款列收入	按全款计税	按全款价税列入应收账款（卖方）/应付账款（买方）	见【例3-6】

任务三 预付账款

预付账款是指企业按照合同规定预付的款项。为了反映和监督预付账款的增减变动及其结存情况，企业应当设置“预付账款”科目。“预付账款”科目的借方登记预付款项的金额及补付款项的金额，贷方登记收到所购物资时根据有关发票账单记入“原材料”等科目的金额及收回多付款项的金额。期末余额在借方，反映企业实际预付的款项；期末余额在贷方，则反映企业应付或应补付的款项。

“预付账款”具有双重性，企业在收到预收款项时，先记入“预收账款”的贷方，此时该项目表现为一项负债；等到企业发出商品时，按总的价税款记入“预收账款”的借方，由于预收款会小于实际价税款，在企业发出商品后，“预收账款”的余额一般为借方，其本质为应收的性质，等同于“应收账款”。

在期末列报时，如果截至期末“预收账款”为借方余额，则应记入“应收账款”项目；如为贷方余额则记入“预收款项”项目。如果企业在预收账款业务不多时，可用“应收账款”来代替，其列报方式相同。

知识点

在资产负债表上，应根据“应付账款”和“预付账款”明细账的借方余额记入“预付款项”项目，而根据明细账的贷方余额记入“应付账款”项目。根据“应收账款”和“预收账款”明细账的借方余额减去“坏账准备”记入“应收账款”项目，而根据明细账的贷方余额记入“预收款项”项目。

例如，企业购买一批100万元的商品未付款，之后偿还120万元，则说明应付账款存在借方余额20万元，相当于销售企业还欠对方20万元的货物，形成了企业的一项资产（报表列示：预付款项）。企业购买一批货物预付了100万元，之后对方发给150万元的货物，则说明预付账款存在贷方余额50万元，相当于应付销售企业50万元的货款，形成了企业的一项负债（报表列示为“应付账款”项目）。

企业根据购货合同的规定向供应单位预付款项时，借记“预付账款”科目，贷记“银行存款”科目。企业收到所购物资，按应计入购入物资成本的金额，借记“材料采购”或

“原材料”“库存商品”“应交税费——应交增值税（进项税额）”等科目，贷记“预付账款”科目；当预付货款小于采购货物所需支付的款项时，应将不足部分补付，借记“预付账款”科目，贷记“银行存款”科目；当预付货款大于采购货物所需支付的款项时，对收回的多余款项应借记“银行存款”科目，贷记“预付账款”科目。

【例 3–7】畅通公司向雨阳公司采购材料 5 000 千克，每千克单价为 10 元，所需支付的价款总计 50 000 元。畅通公司按照合同规定向雨阳公司预付价款的 50%，验收货物后补付其剩余款项。

（1）畅通公司预付 50% 的货款时应编制如下会计分录。

借：预付账款——雨阳公司	25 000	
贷：银行存款		25 000

（2）畅通公司收到雨阳公司发来的 5 000 千克材料，验收无误，增值税专用发票记载的价款为 50 000 元，增值税税额为 6 500 元。畅通公司以银行存款补付所欠款项 31 500 元。畅通公司应编制如下的会计分录。

借：原材料	50 000	
应交税费——应交增值税（进项税额）	6 500	
贷：预付账款——雨阳公司		56 500
借：预付账款——雨阳公司	31 500	
贷：银行存款		31 500

知识点

预付账款属于资产类账户，期末余额一般在借方，如果预付账款出现了贷方余额，实际相当于是企业的应付账款（负债）。

任务四　其他应收款

一、其他应收款概述

其他应收款是指企业除应收票据、应收账款、预付账款等以外的其他各种应收及暂付款项。其主要内容包括以下几方面。

（1）应收的各种赔款、罚款，如因企业财产等遭受意外损失而应向有关保险公司收取的赔款等。

（2）应收的出租包装物租金。

（3）应向职工收取的各种垫付款项，如为职工垫付的水电费、应由职工负担的医药费、房租费等。

（4）存出保证金，如租入包装物支付的押金。

（5）其他各种应收、暂付款项。

二、其他应收款的账务处理

为了反映和监督其他应收账款的增减变动及其结存情况，企业应当设置“其他应收款”科目进行核算。“其他应收款”科目的借方登记其他应收款的增加，贷方登记其他应收款的收回，期末余额一般在借方，反映企业尚未收回的其他应收款项。

【例 3-8】畅通公司在采购过程中发生材料毁损，按保险合同规定，应由 ×× 保险公司赔偿损失 30 000 元，赔款尚未收到。假定畅通公司对原材料采用计划成本进行日常核算，畅通公司应编制如下会计分录。

借：其他应收款——×× 保险公司　　30 000
　　贷：材料采购　　30 000

【例 3-9】承【例 3-8】，畅通公司如数收到上述 ×× 保险公司的赔款，畅通公司应编制如下会计分录。

借：银行存款　　30 000
　　贷：其他应收款——×× 保险公司　　30 000

【例 3-10】畅通公司以银行存款替副总经理垫付应由其个人负担的医疗费 5 000 元，拟从其工资中扣回。

（1）垫支时，畅通公司应编制如下会计分录。

借：其他应收款　　5 000
　　贷：银行存款　　5 000

（2）扣款时，畅通公司应编制如下会计分录。

借：应付职工薪酬　　5 000
　　贷：其他应收款　　5 000

【例 3-11】畅通公司向甲公司租入一批包装物，以银行存款向甲公司支付押金 10 000 元。到期后，畅通公司如数向甲公司退回所租包装物，并收到甲公司退还的押金 10 000 元，已存入银行。

（1）支付押金时，畅通公司应编制如下会计分录。

借：其他应收款——甲公司　　10 000
　　贷：银行存款　　10 000

（2）收到退还押金时，畅通公司应编制如下会计分录。

借：银行存款　　10 000
　　贷：其他应收款——甲公司　　10 000

知识点

企业各部门使用的备用金通常也在“其他应收款”科目下核算。预付职工的差旅费也是通过“其他应收款”科目进行核算的。

企业出口产品按规定退税的，按应收的出口退税额，借记“其他应收款”科目，贷记“应交税费——应交增值税（出口退税）”科目。

任务五　应收款项减值

一、应收账款减值损失的确认

企业的各项应收款项，可能会因购货人拒付、破产、死亡等原因而无法收回。这类无法收回的应收款项就是坏账。企业因坏账而遭受的损失为坏账损失或减值损失。企业应当在资产负债表日对应收款项的账面价值进行检查，有客观证据表明应收款项发生减值的，应当将该应收款项的账面价值减记至预计未来现金流量现值，减记的金额确认为减值损失，同时计提坏账准备。我国企业会计准则规定确定应收款项的减值只能采用备抵法。

知识点

应收款项包括应收账款、其他应收款、应收票据、应收利息、应收股利等。

备抵法是采用一定的方法按期估计坏账损失，计入当期损益，同时建立坏账准备，待坏账实际发生时冲销已提的坏账准备和相应的应收款项的方法。采用这种方法，在报表上列示应收款项的净额，使报表使用者能了解企业应收款项的可收回金额。

在备抵法下，企业应当根据实际情况合理估计当期坏账损失金额。因为企业发生坏账损失带有很大的不确定性，所以只能以过去的经验为基础，参照当前的信用政策、市场环境和行业惯例，准确地估计每期应收款项未来现金流量现值，从而确定当期减值损失金额，计入当期损益。企业在预计未来现金流量现值时，应当在合理预计未来现金流量的同时，合理选用折现利率。短期应收款项的预计未来现金流量与其现值相差很小的，在确认相关减值损失时，可不对其预计未来现金流量进行折现。

二、坏账准备的账务处理

企业应当设置“坏账准备”科目，核算应收款项的坏账准备计提、转销等情况。企业当期计提的坏账准备应当记入“信用减值损失”科目。“坏账准备”科目的贷方登记当期计提的坏账准备金额，借方登记实际发生的坏账损失金额和冲减的坏账准备金额，期末余额一般在贷方，反映企业已计提但尚未转销的坏账准备。

坏账准备可按以下公式计算。

当期应计提的坏账准备 = 当期按应收款项计算的应提坏账准备金额 ± “坏账准备”科目的贷方（或借方）余额

知识点

“坏账准备”科目属于资产类科目，是“应收账款”的抵减科目，贷方登记增加，借方登记减少。

上述公式中当期按应收款项计算的应提坏账准备金额，题目中会直接给出经过减值测试的结果；该项金额为坏账准备应有的期末余额，而不是应计提的金额；“坏账准备”科目的贷方（或借方）余额为计提坏账准备前的余额。

当期应计提的金额 = 应有的期末余额 ± 计提坏账准备前的余额

企业计提坏账准备时，按应减记的金额，借记“信用减值损失——计提的坏账准备”科目，贷记“坏账准备”科目；冲减多计提的坏账准备时，借记“坏账准备”科目，贷记“信用减值损失——计提的坏账准备”科目。

【例 3-12】2018 年 12 月 31 日，畅通公司对应收雨阳公司的账款进行减值测试。应收账款余额合计为 1 000 000 元，公司按应收账款的 10% 计提坏账准备，假设企业 2018 年 1 月 1 日坏账准备余额为 0，畅通公司根据雨阳公司的资信情况，确定应计提 100 000 元坏账准备。计算过程示意如表 3-2 所示。

表 3-2　计算过程示意

坏账准备	
	（2018 年初）0
	100 000（倒挤）
	（2018 年末）100 000（应计）

2018 年 12 月 31 日计提坏账准备时，畅通公司应编制如下会计分录。

借：信用减值损失——计提的坏账准备　　100 000

　　贷：坏账准备　　100 000

企业确实无法收回的应收款项按管理权限报经批准后作为坏账转销时，应当冲减已计提的坏账准备。已确认并转销的应收款项以后又收回的，应当按照实际收到的金额增加坏账准备的账面余额。企业发生坏账损失时，借记“坏账准备”科目，贷记“应收账款”“其他应收款”等科目。

【例 3-13】畅通公司 2019 年对雨阳公司的应收账款实际发生坏账损失 30 000 元。计算过程示意如表 3-3 所示。

表 3-3　计算过程示意

坏账准备	
	（2019 年初）100 000
（2019 年）30 000	

2019 年确认坏账损失时，畅通公司应编制如下会计分录。

借：坏账准备　　30 000

　　贷：应收账款——雨阳公司　　30 000

【例 3-14】承【例 3-12】和【例 3-13】，假定畅通公司 2019 年 12 月 31 日应收雨阳公司的账款余额为 1 200 000 元，仍按应收账款的 10% 计提坏账准备，畅通公司应计提 120 000 元坏账准备。根据畅通公司坏账核算方法，其“坏账准备”科目应保持的贷方余额为 120 000 元。计提坏账准备前，“坏账准备”科目的实际余额为贷方 70 000（100 000–

30 000）元，因此本年末应计提的坏账准备金额为 50 000（120 000−70 000）元。计算过程示意如表 3-4 所示，畅通公司应编制如下会计分录。

表 3-4　计算过程示意

坏账准备	
	（2019 年初）100 000
（2019 年）30 000	
	50 000（倒挤）
	（2019 年末）120 000（应计）

借：信用减值损失——计提的坏账准备　50 000
　　贷：坏账准备　50 000

已确认并转销的应收款项以后又收回的，应当按照实际收到的金额增加坏账准备的账面余额。已确认并转销的应收款项以后又收回时，借记“应收账款”“其他应收款”等科目，贷记“坏账准备”科目；同时，借记“银行存款”科目，贷记“应收账款”“其他应收款”等科目。

【例 3-15】畅通公司 2020 年 4 月 20 日，收回 2019 年已作坏账转销的应收账款 30 000 元，已存入银行。计算过程示意如表 3-5 所示，畅通公司应编制如下会计分录。

表 3-5　计算过程示意

坏账准备	
	（2020 年初）120 000
	（2020 年）30 000

借：应收账款　30 000
　　贷：坏账准备　30 000
借：银行存款　30 000
　　贷：应收账款　30 000
或
借：银行存款　30 000
　　贷：坏账准备　30 000

【例 3-16】承【例 3-13】【例 3-14】和【例 3-15】，假定畅通公司 2020 年 12 月 31 日应收雨阳公司的账款余额为 1 100 000 元，仍按应收账款的 10% 计提坏账准备，畅通公司应计提 110 000 元坏账准备。根据畅通公司坏账核算方法，其“坏账准备”科目应保持的贷方余额为 110 000 元。计提坏账准备前，“坏账准备”科目的实际余额为贷方 150 000 元（120 000+30 000），因此本年末应冲销坏账准备金额为 40 000 元（150 000−110 000）。计算过程示意如表 3-6 所示，畅通公司应编制如下会计分录。

表 3-6 计算过程示意

坏账准备	
	（2020 年初）120 000
	（2020 年）30 000
40 000（倒挤）	
	（2020 年末）110 000（应计）

借：坏账准备 40 000

　　贷：信用减值损失——计提的坏账准备 40 000

拓展阅读

关键词：合作共赢；实质重于形式；重要性

2020 年 12 月 28 日，××科技召开第四届董事会第三次会议，审议通过了《关于坏账核销暨签订〈设计费债权债务和解协议〉的议案》。

本次核销坏账的基本情况是，2013 年 12 月 31 日，公司与福建 B 有限公司签订了《福建 20 万吨 / 年已内酰胺建设工程设计合同框架协议》，经公司与 B 公司一致确认：B 公司应支付公司设计费总金额 5 449.16 万元，已收到 3450 万元，剩余 1999.16 万元人民币未收回，上述应收款项已全额计提坏账准备，由于上述应收账款年限较长，且确认款项无法收回，为进一步加强公司的资产管理，公允地反映公司财务状况及经营成果，根据《企业会计准则》及公司会计政策规定，结合公司实际情况，公司拟对 B 公司上述确认已无法收回的应收账款 1999. 16 万元人民币进行清理，并予以核销。

公司于 2020 年 12 月 28 日与 B 公司签订了《设计费债权债务和解协议》。双方本着互利互惠与合作共赢的原则，经友好协商达成共识，公司同意豁免福建 B 有限公司所欠设计费人民币 1999. 16 万元整。此案例也是党的二十大报告中深化简政放权、放管结合、优化服务改革。构建全国统一大市场，深化要素市场化改革，建设高标准市场体系。完善产权保护、市场准入、公平竞争、社会信用等市场经济基础制度，优化营商环境政策的优秀展现。

项目四 存 货

存货是指企业在日常活动中持有以备出售的产成品或商品、处在生产过程中的在产品、在生产过程或提供劳务过程中耗用的材料或物料等，包括各类材料、在产品、半成品、产成品、商品及包装物、低值易耗品、委托代销商品等。

学习目标

知识目标

①理解存货的定义和确认条件。

②掌握存货的入账价值的确定、存货发出的计价方法。

③掌握实际成本法和计划成本法等核算原材料的方法。

④掌握存货盘盈、盘亏的账务处理。

⑤掌握存货期末计价的方法及其会计处理。

⑥熟悉周转材料的核算。

技能目标

①掌握取得存货的账务处理技能。

②能在不同计价方法下进行存货账务处理。

③能在不同情形下进行账务处理。

④具备成本与可变现净值孰低法的账务处理技能。

素质目标

①具备社会主义核心价值观：法治、诚信。

②严格按照会计准则开展工作，对存货的收发工作更加严谨认真，培养学生良好的道德。

③能够在工作中保持恒心，保持长久的耐心，具有高度的责任感。

④了解大国智造，具有爱国意识以及四个自信。

关键词

存货	inventory
原材料	raw materials
实际成本	actual cost
计划成本	cost of the project
库存商品	merchandise inventory
委托加工物资	consigned processiong materials
周转材料	revolving materials
低值易耗品	low value consumables
包装物	wrap page

思维导图

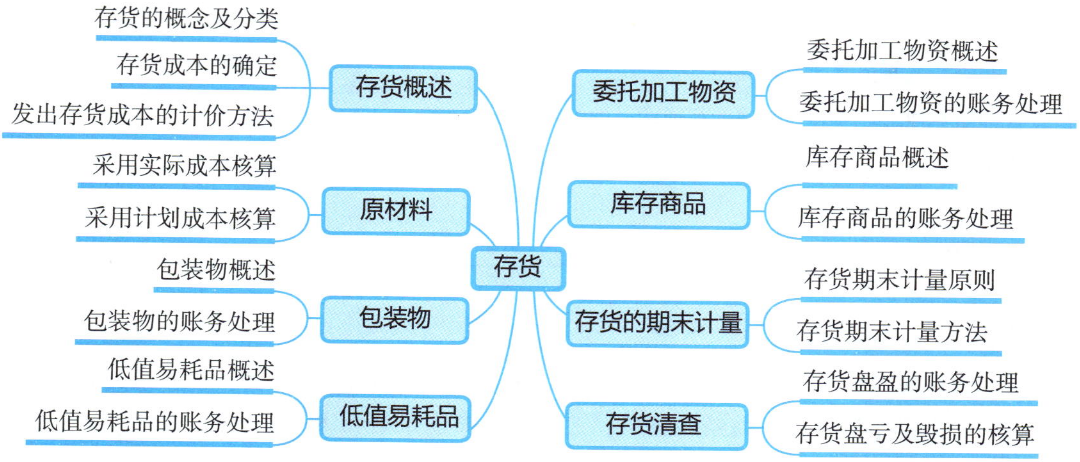

任务一 存货概述

一、存货的概念及分类

（一）存货的概念

存货，是指企业在日常活动中持有以备出售的产成品或商品（库存商品账户）、处在生产过程中的在产品（生产成本、制造费用的期末余额）、在生产过程或提供劳务过程中耗用的材料和物料等，包括原材料、周转材料（包装物和低值易耗品）、委托加工物资等。

存货区别于固定资产等非流动资产的最基本特征是，企业持有存货的最终目的是出售，包括可供直接销售的产成品、商品以及需经过进一步加工后出售的原材料等。

为建造固定资产等各项工程而储备的各种材料，虽然同属于材料，但是由于用于建造固定资产等各项工程，不符合存货的定义，因此不能作为企业存货。

（二）存货的分类及对应科目

存货的分类及对应科目，如表 4-1 所示。

表 4-1 存货分类及对应科目表

项目	会计科目
原材料，包括构成产品主体的各种原料及主要材料、辅助材料、外购半成品（外购件）、修理用备品备件、包装材料及燃料等	原材料
在产品，包括正在各个生产工序加工的产品和已加工完毕但尚未检验或已检验但尚未办理入库手续的产品	生产成本
半成品，即可单独转让的在产品	生产成本

续表

项目	会计科目
产成品，即完成待售品	库存商品
商品，即商品流通企业的流转商品	库存商品
包装物，即各种用于盛装、装潢产品或商品的容器	周转材料
低值易耗品，即工具、管理用具、玻璃器皿、劳保用品以及经营过程中周转使用的容器等	周转材料
委托代销商品	委托代销商品

知识点

（1）判断存货是否属于企业，应以企业是否拥有该存货的所有权，而不是以存货的存放地点进行判断。根据经济合同，已经售出而尚未运出本企业的产品或库存商品，因所有权属于其他企业，所以不属于本企业的存货。为建造固定资产等工程而储备的各种材料，虽然同属于材料，但是由于用于建造固定资产等工程不符合存货的定义，因此不能作为企业的存货进行核算，购入即记入“工程物资”科目核算，作为一项非流动资产列示于资产负债表。

（2）存货区别于固定资产等非流动资产的最基本特征是，企业持有存货的最终目的是出售，包括可供直接出售的产成品、商品等以及需经进一步加工后出售的原材料等。持有固定资产的主要目的是为了生产经营使用。资产负债表中“存货”项目列示金额＝相应的账面余额－存货跌价准备。

（3）企业接受外来原材料加工制造的代制品和为外单位加工修理的代修品，制造和修理完成验收入库后，为其投入的材料、人工等成本，应视同企业的产成品。房地产开发企业持有的以备出售的商品房和写字楼也属于存货，记入“开发产品”科目核算。

二、存货成本的确定

存货应当按照成本进行初始计量。存货成本包括采购成本、加工成本和其他成本。

（一）采购成本

采购成本，包括购买价款、相关税费、运输费、装卸费、保险费以及其他可归属于存货采购成本的费用。

相关税费是指消费税、资源税和不能从增值税销项税额中抵扣的进项税额等。

其他可归属于存货采购成本的费用包括在存货采购过程中发生的仓储费、包装费、运输途中的合理损耗、入库前的挑选整理费用等。运输途中的合理损耗，是指商品在运输过程中，因商品性质、自然条件及技术设备等因素，所发生的自然或不可避免的损耗。例如，汽车在运输煤炭、化肥等的过程中，自然散落以及易挥发产品在运输过程中的自然挥发。

商品流通企业在采购商品过程中发生的运输费、装卸费、保险费以及其他可归属于存货采购成本的费用等，应当计入存货的采购成本，也可以先进行归集，期末再根据所购商品的存销情况进行分摊。对于已售商品的进货费用，应计入当期损益（主营业务成本）；对于未售商品的进货费用，应计入期末存货成本。企业采购商品的进货费用金额较小的（重要性），可以在发生时直接计入当期损益（销售费用）。

存货采购成本构成如图 4-1 所示。

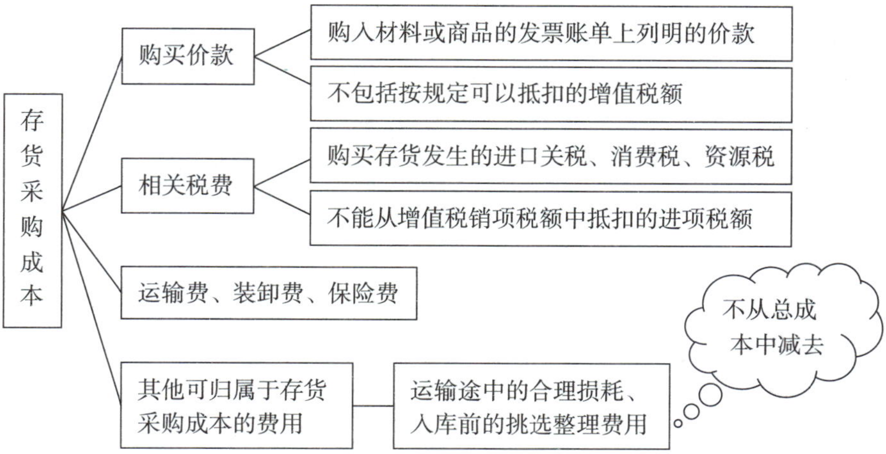

图 4-1 存货采购成本构成

（二）加工成本

加工成本是指在存货加工过程中发生的追加费用，包括直接人工以及按照一定方法分配的制造费用。

直接人工是指企业在生产产品和提供劳务过程中发生的直接从事产品生产和劳务提供人员的职工薪酬。

制造费用是指企业为生产产品和提供劳务而发生的各项间接费用。

（三）其他成本

其他成本是指除采购成本、加工成本以外的，使存货达到目前场所和状态所发生的其他支出。企业设计产品发生的设计费用通常应计入当期损益，但是为特定客户设计产品所发生的、可直接确定的设计费用则应计入存货的成本。

存货的来源不同，其成本的构成内容也不同。原材料、商品、低值易耗品等通过购买而取得的存货成本由采购成本构成；产成品、在产品、半成品等自制或需委托外单位加工完成的存货成本由采购成本、加工成本以及使存货达到目前场所和状态所发生的其他支出构成。在实务中具体按以下原则确定。

（1）购入的存货，其成本包括买价、运杂费（包括运输费、装卸费、保险费、包装费、仓储费等）、运输途中的合理损耗、入库前的挑选整理费用（包括挑选整理中发生的人工、费用支出和挑选整理过程中所发生的数量损耗，并扣除回收的废料价值）以及按规定应计入成本的税费和其他费用。

（2）自制的存货，包括自制原材料、自制包装物、自制低值易耗品、自制半成品及库存商品等，其成本包括直接材料、直接人工和制造费用等的各项实际支出。

（3）委托外单位加工完成的存货，包括加工后的原材料、包装物、低值易耗品、半成品、产成品等，其成本包括实际耗用的原材料或者半成品、加工费、装卸费、保险费、委托加工的往返运输费等费用以及按规定应计入成本的税费。

但是，下列费用不应计入存货成本，而应在其发生时计入当期损益。

（1）非正常消耗的直接材料、直接人工和制造费用，应在发生时计入当期损益，不应计入存货成本。例如，因自然灾害而发生的直接材料、直接人工和制造费用，由于这些费用的发生无助于使该存货达到目前场所和状态，不应计入存货成本，而应计入当期损益。

（2）仓储费用是指企业在存货采购入库后发生的储存费用，应在发生时计入当期损益。但是，在生产过程中为达到下一个生产阶段所必需的仓储费用应计入存货成本。例如，某种酒类产品生产企业为使生产的酒达到规定产品质量标准而必须发生的仓储费用，应计入酒的成本，而不应计入当期损益。

（3）不能归属于使存货达到目前场所和状态的其他支出，应在发生时计入当期损益，不得计入存货成本。

计入存货成本的总结如表 4-2 所示。

表 4-2　计入存货成本表

项　目	一般纳税人	小规模纳税人
增值税进项税额	×	√
进口关税	√	√
运输费	进项税部分可抵扣，其他计入存货成本	√
企业设计产品发生的设计费（通常应计入当期损益，即销售费用）	×	×
为特定客户设计产品发生的、可直接确定的设计费用计入相关的产品成本	√	√
委托加工物资的材料成本	√	√
委托加工支付的加工费	√	√
委托加工支付的加工费的增值税	×	√
委托加工物资代收代缴的消费税，收回后连续生产应税消费品	×	×
委托加工物资代收代缴的消费税，收回后直接出售或连续生产不需交消费税的产品	√	√
非正常消耗的直接材料、直接人工和制造费用	×	×
企业在存货入库后发生的储存费用	×	×
在生产过程中为达到下一个生产阶段所必需的储存费用	√	√

三、发出存货成本的计价方法

实务中，企业发出的存货可以按实际成本核算，也可以按计划成本核算。若采用计划成本核算，会计期末应调整为实际成本。

企业应当根据各类存货的实物流转方式、企业管理的要求、存货的性质等实际情况，合理地确定发出存货成本的计算方法以及当期发出存货的实际成本。对于性质和用途相同的存货，应当采用相同的成本计算方法确定发出存货的成本。在按实际成本核算的方式下，企业可以采用的发出存货成本的计价方法包括个别计价法、先进先出法、月末一次加权平均法和移动加权平均法等。

知识点

掌握平衡公式：期初存货成本＋本期购货成本＝期末存货成本＋本期发出（或销售）成本。该公式针对个别计价法、先进先出法、月末一次加权平均法等，在实际成本法下适用，但在计划成本法下不适用。

（一）个别计价法

个别计价法亦称个别认定法、具体辨认法、分批实际法。个别计价法是假设存货具体项目的实物流转与成本流转相一致，按照各种存货逐一辨认各批发出存货和期末存货所属的购进批别或生产批别，分别按其购入或生产时所确定的单位成本计算各批发出存货和期末存货成本的方法。这种方法是把每一种存货的实际成本作为计算发出存货成本和期末存货成本的基础。

个别计价法的成本计算准确，符合实际情况，但在存货收发频繁的情况下，其发出成本分辨的工作量较大。因此，这种方法适用于一般不能替代使用的存货、为特定项目专门购入或制造的存货以及提供的劳务，如珠宝、名画等贵重物品。

【例 4–1】畅通公司 2019 年 5 月份 D 商品的收入、发出与结存情况如表 4-3 所示。

表 4–3　D 商品购销明细账

金额单位：元

日期		摘要	收入			发出			结存		
月	日		数量	单价	金额	数量	单价	金额	数量	单价	金额
5	1	期初余额							150	10	1500
	5	购入	100	12	1 200				250		
	11	销售				200			50		
	16	购入	200	14	2 800				250		
	20	销售				100			150		
	23	购入	100	15	1 500				250		
	27	销售				100			150		
	31	本期合计	400		5 500	400			150		

假设经过具体辨认，本期发出存货的单位成本如下。5 月 11 日发出的 200 件存货中，

100件是期初结存存货，单位成本为10元，另外100件为5月5日购入存货，单位成本为12元；5月20日发出的100件存货是5月16日购入的，单位成本为14元；5月27日发出的100件存货中，50件为期初结存，单位成本为10元，50件为5月23日购入，单位成本为15元。按照个别计价法，畅通公司5月份D商品的收入、发出与结存情况如表4-4所示。

表4-4　D商品购销明细账（个别计价法）

金额单位：元

日期		摘要	收入			发出			结存		
月	日		数量	单价	金额	数量	单价	金额	数量	单价	金额
5	1	期初余额							150	10	1 500
	5	购入	100	12	1 200				150 100	10 12	1 500 1 200
	11	发出				100 100	10 12	1 000 1 200	50	10	500
	16	购入	200	14	2 800				50 200	10 14	500 2 800
	20	发出				100	14	1 400	50 100	10 14	500 1 400
	23	购入	100	15	1 500				50 100 100	10 14 15	500 1 400 1 500
	27	发出				50 50	10 15	500 750	100 50	14 15	1 400 750
	31	本期合计	400		5 500	400		4 850	100 50	14 15	1 400 750

从表中可知，畅通公司本期发出存货成本及期末结存存货成本如下。

本期发出存货成本 = 100 × 10+100 × 12+100 × 14+50 × 10+50 × 15 = 4 850（元）。

期末结存存货成本 = 期初结存存货成本 + 本期购入存货成本 – 本期发出存货成本 = 150 × 10+100 × 12+200 × 14+100 × 15–4 850 = 2 150（元）。

（二）先进先出法

先进先出法是以先购入的存货应先发出（销售或耗用）这样一种存货实物流动假设为前提，对发出存货进行计价的一种方法。采用这种方法时，先购入的存货成本在后购入存货成本之前转出，据此确定发出存货和期末存货的成本。具体方法如下。收入存货时，逐笔登记收入存货的数量、单价和金额；发出存货时，按照先进先出的原则，逐笔登记存货的发出成本和结存金额。

先进先出法可以随时结转存货发出成本，但过程较繁琐。如果存货收发业务较多且存货单价不稳定，其工作量较大。在物价持续上升时，期末存货成本接近于市价，而发出成本偏低，这样会高估企业当期利润和存货价值；反之，会低估企业存货价值和当期利润。

【例 4-2】承【例 4-1】，假设按照先进先出法，畅通公司 D 商品本期的收入、发出和结存情况如表 4-5 所示。从该表可以看出存货成本的计价顺序，如 5 月 11 日发出的 200 件存货，按先进先出法的流转顺序，应先发出期初存货 1 500 元（150×10），然后再发出 5 月 5 日购入的 50 件，即 600 元（50×12），其他依次类推。从表 4-5 中看出，使用先进先出法得出的发出存货成本和期末结存存货成本分别为 4 800 元和 2 200 元。

表 4-5 D 商品购销明细账（先进先出法）

金额单位：元

日期		摘要	收入			发出			结存		
月	日		数量	单价	金额	数量	单价	金额	数量	单价	金额
5	1	期初余额							150	10	1 500
	5	购入	100	12	1 200				150 100	10 12	1 500 1 200
	11	发出				150 50	10 12	1 500 600	50	12	600
	16	购入	200	14	2 800				50 200	12 14	600 2 800
	20	发出				50 50	12 14	600 700	150	14	2 100
	23	购入	100	15	1 500				150 100	14 15	2 100 1 500
	27	发出				100	14	1 400	50 100	14 15	700 1 500
	31	本期合计	400		5 500	400		4 800	50 100	14 15	700 1500

畅通公司日常账面记录显示，D 商品期初结存存货为 1 500 元（150×10），本期购入存货 3 批，按先后顺序分别为 100×12、200×14、100×15。假设经过盘点，发现期末库存为 150 件，则本期发出存货为 400 件，发出存货成本为发出存货成本 = 150×10+50×12+50×12+50×14+100×14 = 4 800（元）；期末结存存货成本为期末结存存货成本 = 50×14+100×15 = 2 200（元）。

（三）月末一次加权平均法

月末一次加权平均法是指以本月全部进货数量加上月初存货数量作为权数，去除本月全部进货成本加上月初存货成本，计算出存货的加权平均单位成本，以此为基础计算本月发出存货的成本和期末存货的成本的一种方法。计算公式如下。

存货单位成本 = [月初存货的实际成本 + ∑（本月各批进货的实际单位成本 × 本月各批进货的数量）] ÷（月初存货数量 + 本月各批进货数量之和）

本月发出存货成本 = 本月发出存货的数量 × 存货单位成本

本月月末存货成本 = 月末存货的数量 × 存货单位成本

或

本月月末存货成本 = 月初存货的实际成本 + 本月收入存货的实际成本 – 本月发出存货的实际成本

只在月末采用一次加权平均法计算加权平均单价，比较简单，有利于简化成本计算工作，但由于平时无法从账上提取发出和结存存货的单价及金额，因此这种方法不利于存货成本的日常管理与控制。

【例 4–3】承【例 4-1】，假设畅通公司采用月末一次加权平均法，根据表 4-3，5 月份 D 商品的存货单位成本 =（期初存货结存金额 + 本期购入存货金额）÷（期初存货结存数量 + 本期购入存货数量）=（150 × 10+100 × 12+200 × 14+100 × 15）÷（150+100+200+100）≈ 12.727（元 / 件）。

5 月份 D 商品的发出存货成本 = 400 × 12.727 = 5 090.8（元）。

5 月份 D 商品的期末结存存货成本 = [150 × 10+（100 × 12+200 × 14+100 × 15）]– 5 090.8 = 7 000–5 090.8 = 1 909.2（元）。

（四）移动加权平均法

移动加权平均法是以每次进货的成本加上原有存货的成本的合计数，除以每次进货数量加上原有存货的数量的合计数，据以计算加权平均单位成本，作为在下次进货前计算各次发出存货成本依据的一种方法。计算公式如下。

存货单位成本 =（原有存货的实际成本 + 本次进货的实际成本）÷（原有存货数量 + 本次进货数量）

本次发出存货的成本 = 本次发出存货数量 × 本次发货前存货的单位成本

本月月末存货成本 = 月末存货的数量 × 本月月末存货单位成本

采用移动平均法能够使企业管理当局及时了解存货的结存情况，计算的平均单位成本以及发出和结存的存货成本也比较客观。但由于这种方法下，每次收货都要计算一次平均单价，计算工作量较大，对收发货较频繁的企业不适用。

【例 4–4】承【例 4-1】，假设畅通公司采用移动加权平均法核算存货成本，则 5 月份 D 商品收入、发出和结存情况如表 4-6 所示。从表 4-6 中看出，存货的平均成本从期初的 10 元变为期中的 10.8 元、13.36 元，再变成期末的 14.02 元。

各平均成本计算如下。

5 月 5 日购入存货后的平均单位成本 =（150 × 10+100 × 12）÷（150+100）= 10.8（元）。

5 月 16 日购入存货后的平均单位成本 =（50 × 10.8+200 × 14）÷（50+200）= 13.36（元）。

5 月 23 日购入存货后的平均单位成本 =（150 × 13.36+100 × 15）÷（150+100）≈ 14.02（元）。

如表 4-6 所示，采用移动加权平均成本法得出的本期发出存货成本和期末结存存货成本分别为 4 897 元和 2 103 元。

表 4-6 D 商品购销明细账（移动加权平均法）

金额单位：元

日期		摘要	收入			发出			结存		
月	日		数量	单价	金额	数量	单价	金额	数量	单价	金额
5	1	期初余额							150	10	1 500
	5	购入	100	12	1 200				250	10.8	2 700
	11	发出				200	10.8	2 160	50	10.8	540
	16	购入	200	14	2 800				250	13.36	3 340
	20	发出				100	13.36	1 336	150	13.36	2 004
	23	购入	100	15	1 500				250	14.02	3 505
	27	发出				100	14.02	1 402	150	14.02	2 103
	31	本期合计	400		5 500	400		4 897	150	14.02	2 103

任务二 原材料

原材料是指企业在生产过程中经过加工改变其形态或性质并构成产品主要实体的各种原料、主要材料和外购半成品以及不构成产品实体但有助于产品形成的辅助材料。原材料具体包括原料及主要材料、辅助材料、外购半成品（外购件）、修理用备件（备品备件）、包装材料、燃料等。

原材料的日常收发及结存，可以采用实际成本核算，也可以采用计划成本核算。

一、采用实际成本核算

（一）原材料核算应设置的会计科目

材料按实际成本计价核算时，材料的收发及结存，无论是总分类核算还是明细分类核算，均按照实际成本计价。企业应设置的会计科目有“原材料”“在途物资”等。“原材料”科目的借方、贷方及余额均以实际成本计价，不存在成本差异的计算与结转问题。但采用实际成本核算，日常反映不出材料成本是节约还是超支，从而不能反映和考核物资采购业务的经营成果。因此，这种方法通常适用于材料收发业务较少的企业。在实务工作中，对于材料收发业务较多并且计划成本资料较为健全、准确的企业，一般可以采用计划成本进行材料收发的核算。

“原材料”科目用于核算库存各种材料的收发与结存情况。在原材料按实际成本核算时，本科目的借方登记入库材料的实际成本，贷方登记发出材料的实际成本，期末余额在借方，反映企业库存材料的实际成本。

“在途物资”科目用于核算企业采用实际成本（进价）进行材料、商品等物资的日常核算、价款已付尚未验收入库的各种物资（即在途物资）的采购成本，本科目应当按照供应单位和物资品种进行明细核算。“在途物资”科目的借方登记企业购入的在途物资的实际成本，贷方登记验收入库的在途物资的实际成本，期末余额在借方，反映企业在途物资的采购成本。

“应付账款”科目用于核算企业因购买材料、商品和接受劳务等经营活动应支付的款项。“应付账款”科目的贷方登记企业因购入材料、商品和接受劳务等尚未支付的款项，借方登记支付的应付账款，期末余额一般在贷方，反映企业尚未支付的应付账款。

知识点

在实际成本法下，“原材料”和“在途物资”均按实际成本核算。

（二）原材料的账务处理

1. 购入材料

由于支付方式不同，原材料入库的时间与付款的时间可能一致，也可能不一致，在会计处理上也有所不同。

（1）货款已经支付，同时材料已验收入库。

【例 4-5】畅通公司购入一批 C 材料，增值税专用发票上记载的货款为 500 000 元，增值税税额为 65 000 元，另对方代垫包装费 1 000 元，全部款项已用转账支票付讫，材料已验收入库。畅通公司应编制如下会计分录。

借：原材料——C 材料	501 000	
应交税费——应交增值税（进项税额）	65 000	
贷：银行存款		566 000

本例属于发票账单与材料同时到达，企业材料已验收入库的情况，因此应通过“原材料”科目核算，对于增值税专用发票上注明的可抵扣的进项税额，应借记“应交税费——应交增值税（进项税额）”科目。

【例 4-6】畅通公司持银行汇票 1 810 000 元购入一批 D 材料，增值税专用发票上记载的货款为 1 600 000 元，增值税税额为 208 000 元，对方代垫包装费 2 000 元，材料已验收入库。畅通公司应编制如下会计分录。

借：原材料——D 材料	1 602 000	
应交税费——应交增值税（进项税额）	208 000	
贷：其他货币资金——银行汇票		1 810 000

【例 4-7】畅通公司采用托收承付结算方式购入一批 E 材料，货款为 40 000 元，增值税税额为 5 200 元，对方代垫包装费 5 000 元，款项在承付期内以银行存款支付，材料已验收入库。畅通公司应编制如下会计分录。

借：原材料——E 材料	45 000	
应交税费——应交增值税（进项税额）	5 200	
贷：银行存款		50 200

（2）货款已经支付，但材料尚未到达或尚未验收入库。

【例 4-8】畅通公司采用汇兑结算方式购入一批 F 材料，发票及账单已收到，增值税专用发票上记载的货款为 20 000 元，增值税税额为 2 600 元。支付保险费 1 000 元，材料尚未到达。畅通公司应编制如下会计分录。

借：在途物资——F 材料　21 000

　应交税费——应交增值税（进项税额）　2 600

　贷：银行存款　23 600

本例属于发票账单已经到达，但材料尚未到达或尚未验收入库的采购业务的情况，应通过“在途物资”科目核算；待材料到达、入库后，再根据收料单，由“在途物资”科目转入“原材料”科目进行核算。

【例 4-9】承【例 4-8】，上述购入的 F 材料已收到，并验收入库。畅通公司应编制如下会计分录。

借：原材料——F 材料　21 000

　贷：在途物资——F 材料　21 000

（3）货款尚未支付，材料已经验收入库。

【例 4-10】畅通公司采用托收承付结算方式购入一批 G 材料，增值税专用发票上记载的货款为 50 000 元，增值税税额为 6 500 元，对方代垫包装费 1 000 元，银行转来的结算凭证已到，款项尚未支付，材料已验收入库。畅通公司应编制如下会计分录。

借：原材料——G 材料　51 000

　应交税费——应交增值税（进项税额）　6 500

　贷：应付账款——XX 公司　57 500

【例 4-11】畅通公司采用委托收款结算方式购入一批 H 材料，材料已验收入库，月末发票账单尚未收到也无法确定其实际成本，暂估价值为 30 000 元。畅通公司应编制如下会计分录。

借：原材料——H 材料　30 000

　贷：应付账款——暂估应付账款　30 000

下月初作相反的会计分录予以冲回。

借：应付账款——暂估应付账款　30 000

　贷：原材料——H 材料　30 000

在这种情况下，发票账单未到也无法确定实际成本，期末应按照暂估价值先入账，但在下期初应作相反的会计分录予以冲回，收到发票账单后再按照实际金额记账。也就是说，对于材料已到达并已验收入库、但发票账单等结算凭证未到、货款尚未支付的采购业务，应于期末按材料的暂估价值，借记“原材料”科目，贷记“应付账款——暂估应付账款”科目。下期初作相反的会计分录予以冲回，以便下月付款或开出、承兑商业汇票后，按正常程序，借记“原材料”“应交税费——应交增值税（进项税额）”科目，贷记“银行存款”或“应付票据”等科目。

【例 4-12】承【例 4-11】，上述购入的 H 材料于次月收到发票账单，增值税专用发票上记载的货款为 31 000 元，增值税税额为 4 030 元，对方代垫保险费 2 000 元，已用银行存款付讫。畅通公司应编制如下会计分录。

借：原材料——H 材料　　33 000
　　应交税费——应交增值税（进项税额）　　4 030
　　贷：银行存款　　37 030

（4）货款已经预付，材料尚未验收入库。

【例 4-13】根据与某钢厂的购销合同规定，畅通公司为购买 J 材料向该钢厂预付 100 000 元货款的 80%，计 80 000 元，已通过汇兑方式汇出。畅通公司应编制如下会计分录。

借：预付账款　　80 000
　　贷：银行存款　　80 000

【例 4-14】承【例 4-13】，畅通公司收到该钢厂发运来的 J 材料，已验收入库。有关发票账单记载，该批货物的货款为 100 000 元，增值税税额为 13 000 元，对方代垫包装费 3 000 元，所欠款项以银行存款付讫。

①材料入库时，畅通公司应编制如下会计分录。

借：原材料——J 材料　　103 000
　　应交税费——应交增值税（进项税额）　　13 000
　　贷：预付账款　　116 000

②补付货款时，畅通公司应编制如下会计分录。

借：预付账款　　36 000
　　贷：银行存款　　36 000

2. 发出材料

企业各生产单位及有关部门领用的材料具有种类多、业务频繁等特点。为了简化核算，企业可以在月末根据“领料单”或“限额领料单”中有关领料的单位、部门等加以归类，编制“发料凭证汇总表”，据以编制记账凭证、登记入账。发出材料实际成本的确定，企业可以从上述个别计价法、先进先出法、月末一次加权平均法、移动加权平均法等方法中选择。计价方法一经确定，不得随意变更。如需变更，应在附注中予以说明。

【例 4-15】畅通公司根据“发料凭证汇总表”的记录，1 月份基本生产车间领用 K 材料 500 000 元，辅助生产车间领用 K 材料 40 000 元，车间管理部门领用 K 材料 5 000 元，企业行政管理部门领用 K 材料 4 000 元，计 549 000 元。畅通公司应编制如下会计分录。

借：生产成本——基本生产成本　　500 000
　　　　　　——辅助生产成本　　40 000
　　制造费用　　5 000
　　管理费用　　4 000
　　贷：原材料——K 材料　　549 000

二、采用计划成本核算

（一）原材料核算应设置的会计科目

原材料采用计划成本核算时，原材料的收发及结存，无论是总分类核算还是明细分类核算，均按照计划成本计价。应设置的会计科目有“原材料”“材料采购”“材料成本差异”等。原材料实际成本与计划成本的差异，通过“材料成本差异”科目核算。月末，计算本月发出原材料应负担的成本差异并进行分摊，根据领用材料的用途计入相关资产的成本或者当期损益，从而将发出原材料的计划成本调整为实际成本。

“原材料”科目用于核算库存各种材料的收发与结存情况。在原材料采用计划成本核算时，本科目的借方登记入库原材料的计划成本，贷方登记发出原材料的计划成本，期末余额在借方，反映企业库存原材料的计划成本。

“材料采购”科目借方登记采购原材料的实际成本，贷方登记入库原材料的计划成本。借方大于贷方表示超支，从本科目贷方转入“材料成本差异”科目的借方；贷方大于借方表示节约，从本科目借方转入“材料成本差异”科目的贷方；期末为借方余额，反映企业在途材料的采购成本。

“材料成本差异”科目反映企业已入库各种材料的实际成本与计划成本的差异，借方登记超支差异及发出材料应负担的节约差异，贷方登记节约差异及发出材料应负担的超支差异。期末如为借方余额，则反映企业库存材料的实际成本大于计划成本的差异（即超支差异）；如为贷方余额，则反映企业库存材料实际成本小于计划成本的差异（即节约差异）。

（二）材料成本差异率的计算

1. 本月材料成本差异率

本月材料成本差异率 =（月初差异 + 本月新增差异）÷（月初计划成本 + 本月新增计划成本）

在计算本月材料成本差异率时，有两个因素不能考虑。

（1）单先货后期末未入库的存货。

（2）货先单后期末暂估入账的存货。

2. 上月材料成本差异率

上月材料成本差异率 = 月初差异 ÷ 月初计划成本

知识点

计算材料成本差异率中（计划成本）仅仅是验收入库部分的材料（不包括在途材料的计划成本和暂估入库材料的计划成本）。

结存材料的计划成本 = 期初计划成本 + 本期入库计划成本 − 发出材料计划成本

材料成本差异的测算经常以期末存货的实际成本或材料成本差异的期末余额为测试点。超支用正号，节约用负号。

（三）原材料的账务处理

1. 购入材料

由于支付方式不同，原材料入库的时间与付款时间可能一致，也可能不一致，在会计处理上也有所不同。

（1）货款已经支付，同时材料验收入库。

【例 4–16】畅通公司购入一批 M1 材料，专用发票上记载的货款为 3 000 000 元，增值税税额为 390 000 元，发票账单已收到，计划成本为 3 200 000 元，材料已验收入库，全部款项以银行存款的形式支付。畅通公司应编制如下会计分录。

借：材料采购——M1 材料	3 000 000	
应交税费——应交增值税（进项税额）	390 000	
贷：银行存款		3 390 000

在计划成本法下，购入的材料无论是否验收入库，都要先通过“材料采购”科目进行核算，以反映企业所购材料的实际成本，从而与“原材料”科目相比较，计算确定材料差异成本。

（2）货款已经支付，材料尚未验收入库。

【例 4–17】畅通公司采用汇兑结算方式购入一批 M2 材料，专用发票上记载的货款为 200 000 元，增值税税额为 26 000 元，发票账单已收到，计划成本为 180 000 元，材料尚未入库。畅通公司应编制如下会计分录。

借：材料采购——M2 材料	200 000	
应交税费——应交增值税（进项税额）	26 000	
贷：银行存款		226 000

（3）货款尚未支付，材料已经验收入库。

【例 4–18】畅通公司采用商业承兑汇票支付方式购入一批 M3 材料，专用发票上记载的货款为 500 000 元，增值税税额为 65 000 元，发票账单已收到，计划成本为 520 000 元，材料已验收入库。畅通公司应编制如下会计分录。

借：材料采购——M3 材料	500 000	
应交税费——应交增值税（进项税额）	65 000	
贷：应付票据		565 000

【例 4–19】畅通公司购入一批 M4 材料，材料已验收入库，发票账单未到，月末按照计划成本 600 000 元估价入账。畅通公司应编制如下会计分录。

借：原材料——M4 材料	600 000	
贷：应付账款——暂估应付账款		600 000

下月初作相反的会计分录予以冲回。

借：应付账款——暂估应付账款	600 000	
贷：原材料——M4 材料		600 000

在这种情况下，对于尚未收到发票账单的收料凭证，月末应按计划成本暂估入账，借记“原材料”等科目，贷记“应付账款——暂估应付账款”科目，下期初作相反分录予以冲回，借记“应付账款——暂估应付账款”科目，贷记“原材料”科目。

企业购入验收入库的材料，按计划成本，借记“原材料”科目，贷记“材料采购”科目。按实际成本大于计划成本的差异，借记“材料成本差异”科目，贷记“材料采购”科目；按实际成本小于计划成本的差异，借记“材料采购”科目，贷记“材料成本差异”科目。

【例 4–20】承【例 4-16】和【例 4-18】，月末畅通公司汇总本月已付款或已开出并承兑商业汇票的入库材料的计划成本 3 720 000 元（3 200 000+520 000）。畅通公司应编制以下会计分录。

借：原材料——M1 材料 3 200 000
——M3 材料 520 000
贷：材料采购——M1 材料 3 200 000
——M3 材料 520 000

上述入库材料的实际成本为 3 500 000 元（3 000 000+500 000），入库材料的成本差异为节约 220 000 元（3 500 000–3 720 000）。

借：材料采购——M1 材料 200 000
——M3 材料 20 000
贷：材料成本差异——M1 材料 200 000
——M3 材料 20 000

或

借：原材料——M1 材料 3 200 000
——M3 材料 520 000
贷：材料采购——M1 材料 3 000 000
——M3 材料 500 000
材料成本差异——M1 材料 200 000
——M3 材料 20 000

2. 发出材料

月末，企业根据领料单等编制“发料凭证汇总表”结转发出材料的计划成本，应当根据所发出材料的用途，按计划成本分别记入“生产成本”“制造费用”“销售费用”“管理费用”等科目，同时结转材料成本差异。

【例 4–21】畅通公司根据“发料凭证汇总表”的记录，某月 M1 材料的消耗（计划成本）：基本生产车间领用 2 000 000 元，辅助生产车间领用 600 000 元，车间管理部门领用 250 000 元，企业行政管理部门领用 50 000 元。畅通公司应编制如下会计分录。

借：生产成本——基本生产成本 2 000 000
——辅助生产成本 600 000
制造费用 250 000
管理费用 50 000
贷：原材料——M1 材料 2 900 000

根据《企业会计准则第 1 号——存货》的规定，企业日常采用计划成本核算的，发出的材料成本应由计划成本调整为实际成本，通过“材料成本差异”科目进行结转，按照所发出材料的用途，分别记入“生产成本”“制造费用”“销售费用”“管理费用”等科目。发出材料应负担的成本差异应当按期（月）分摊，不得在季末或年末一次性计算。

发出材料应负担的成本差异 = 发出材料的计划成本 × 本期材料成本差异率

如果企业的材料成本差异率各期之间是比较均衡的，也可以采用期初材料成本差异率分摊本期的材料成本差异。年度终了，应对材料成本差异率进行核实调整。

【例 4-22】承【例 4-16】和【例 4-21】，畅通公司某月月初结存 M1 材料的计划成本为 1 000 000 元，成本差异为超支 30 740 元；当月入库 M1 材料的计划成本 3 200 000 元，成本差异为节约 200 000 元。则材料成本差异率 =（30 740−200 000）÷（1 000 000+3 200 000）× 100%=−4.03%。

畅通公司结转发出材料的成本差异的会计分录如下。

借：材料成本差异——M1 材料	116 870
贷：生产成本——基本生产成本	80 600
——辅助生产成本	24 180
制造费用	10 075
管理费用	2 015

本例中，基本生产成本应分摊的材料成本差异节约额为 80 600（2 000 000 × 4.03%）元，辅助生产成本应分摊的材料成本差异节约额为 24 180（600 000 × 4.03%）元，制造费用应分摊的材料成本差异节约额为 10 075（250 000 × 4.03%）元，管理费用应分摊的材料成本差异节约额为 2 015（50 000 × 4.03%）元。

任务三 包装物

一、包装物概述

包装物是指为了包装本企业商品而储备的各种包装容器，如桶、箱、瓶、坛、袋等。其核算内容包括以下 4 方面。

（1）生产过程中用于包装产品并且作为产品组成部分的包装物。

（2）随同商品出售而不单独计价的包装物。

（3）随同商品出售而单独计价的包装物。

（4）出租或出借给购买单位使用的包装物。

二、包装物的账务处理

为了反映和监督包装物的增减变动及其价值损耗、结存等情况，企业应当设置“周转材料——包装物”科目进行核算，借方登记包装物的增加，贷方登记包装物的减少，期末余额在借方，通常反映企业期末结存包装物的金额。

对于生产领用包装物，应根据领用包装物的实际成本或计划成本，借记“生产成本”科目，贷记“周转材料——包装物”“材料成本差异”等科目。随同商品出售而不单独计价的包装物，应于包装物发出时，按其实际成本计入销售费用。随同商品出售且单独计价的包装物，一方面应反映其销售收入，计入其他业务收入；另一方面应反映其实际销售成本，计入其他业务成本。

（一）生产领用包装物

企业应将生产领用包装物按照领用包装物的实际成本，借记“生产成本”科目；按照领用包装物的计划成本，贷记“周转材料——包装物”科目；按照其差额，借记或贷记“材料成本差异”科目。

【例 4-23】畅通公司对包装物采用计划成本核算，某月生产产品领用包装物的计划成本为 100 000 元，材料成本差异率为 -3%。畅通公司应编制如下会计分录。

借：生产成本　　97 000
　　材料成本差异　　3 000
　　贷：周转材料——包装物　　100 000

（二）随同商品出售包装物

随同商品出售而不单独计价的包装物，应按其实际成本计入销售费用，借记“销售费用”科目；按其计划成本，贷记“周转材料——包装物”科目；按其差额，借记或贷记“材料成本差异”科目。

【例 4-24】畅通公司某月销售商品领用不单独计价包装物的计划成本为 50 000 元，材料成本差异率为 -3%。畅通公司应编制如下会计分录。

借：销售费用　　48 500
　　材料成本差异　　1 500
　　贷：周转材料——包装物　　50 000

【例 4-25】畅通公司某月销售商品领用单独计价包装物的计划成本为 80 000 元，销售收入为 100 000 元，增值税税额为 13 000 元，款项已存入银行。该包装物的材料成本差异率为 3%。

（1）出售单独计价包装物，畅通公司应编制如下会计分录。

借：银行存款　　113 000
　　贷：其他业务收入　　100 000
　　　　应交税费——应交增值税（销项税额）　　13 000

（2）结转所售单独计价包装物的成本，畅通公司应编制如下会计分录。

借：其他业务成本　　82 400
　　贷：周转材料——包装物　　80 000
　　　　材料成本差异　　2 400

任务四 低值易耗品

一、低值易耗品概述

作为存货核算和管理的低值易耗品，一般分为一般工具、专用工具、替换设备、管理用具、劳动保护用品和其他用具等。

二、低值易耗品的账务处理

为了反映和监督低值易耗品的增减变动及其结存情况，企业应当设置“周转材料——低值易耗品”科目，借方登记低值易耗品的增加，贷方登记低值易耗品的减少，期末余额在借方，通常反映企业期末结存低值易耗品的金额。

低值易耗品等企业的周转材料符合存货定义和条件的，按照使用次数分次计入成本费用；金额较小的，可在领用时一次计入成本费用，以简化核算，但为加强实物管理，应当在备查簿上进行登记。

采用一次转销法摊销低值易耗品的，在领用低值易耗品时，将其价值一次、全部计入有关资产成本或者当期损益，此方法主要适用于价值较低或极易损坏的低值易耗品的摊销。

【例 4–26】畅通公司某基本生产车间领用一批一般工具，实际成本为 3 000 元，全部计入当期制造费用。畅通公司应编制如下会计分录。

借：制造费用	3 000	
贷：周转材料——低值易耗品		3 000

采用分次摊销法摊销低值易耗品的，低值易耗品在领用时，摊销其账面价值的单次平均摊销额。分次摊销法适用于可供多次反复使用的低值易耗品。在采用分次摊销法的情况下，需要单独设置“周转材料——低值易耗品——在用”“周转材料——低值易耗品——在库”和“周转材料——低值易耗品——摊销”明细科目。

【例 4–27】畅通公司的基本生产车间领用一批专用工具，实际成本为 100 000 元，不符合固定资产定义，采用分次摊销法进行摊销，该专用工具的估计使用次数为两次。

（1）领用专用工具时，畅通公司应编制如下会计分录。

借：周转材料——低值易耗品——在用	100 000	
贷：周转材料——低值易耗品——在库		100 000

（2）第一次领用时摊销其价值的一半，畅通公司应编制如下会计分录。

借：制造费用	50 000	
贷：周转材料——低值易耗品——摊销		50 000

（3）第二次领用时摊销其价值的一半，畅通公司应编制如下会计分录。

借：制造费用	50 000	
贷：周转材料——低值易耗品——摊销		50 000

同时，

借：周转材料——低值易耗品——摊销	100 000	
贷：周转材料——低值易耗品——在用		100 000

知识点

最终周转材料的余额为零。

任务五 委托加工物资

一、委托加工物资概述

委托加工物资是指企业委托外单位加工的各种材料、商品等物资。

企业委托外单位加工物资的成本包括加工中实际耗用物资的成本、支付的加工费用及应负担的运杂费、支付的税费等。

二、委托加工物资的账务处理

为了反映和监督委托加工物资的增减变动及其结存情况，企业应当设置“委托加工物资”科目，借方登记委托加工物资的实际成本，贷方登记加工完成验收入库物资的实际成本和剩余物资的实际成本，期末余额在借方，反映企业尚未完工的委托加工物资的实际成本和发出加工物资的运杂费等。委托加工物资也可以采用计划成本或售价进行核算，其方法与库存商品相似。

需要说明的是，企业发给外单位加工物资时，如果采用计划成本或售价核算的，还应同时结转材料成本差异或商品进销差价，贷记或借记“材料成本差异”科目，或借记“商品进销差价”科目。委托加工成本构成如表 4-7 所示。

表 4-7 委托加工物资的成本构成

项目		是否计入委托加工物资成本
发出材料的实际成本		是
支付给受托方的加工费		是
支付的保险费和运杂费		是
支付的加工费的增值税进项税额	小规模纳税人	是
	一般纳税人	否
支付的受托方代收代缴的消费税	收回后直接销售	是
	收回后继续加工为应税消费品	否

知识点

需要缴纳消费税的委托加工物资，由受托方代收代缴的消费税，收回后用于直接销售的记入“委托加工物资”科目，收回后用于继续加工的记入“应交税费——应交消费税”科目。

【例 4-28】畅通公司委托雨阳公司加工一批材料（属于应税消费品的非黄金饰品）。原材料成本为 20 000 元，支付的加工费为 7 000 元（不含增值税），消费税税率为 10%，材料加工完成并已验收入库，加工费用等已经支付。双方适用的增值税税率为 13%。

畅通公司按实际成本核算原材料，相关账务处理如下。

（1）发出委托加工材料时，畅通公司应编制如下会计分录。

借：委托加工物资——雨阳公司　　20 000

　　贷：原材料　　20 000

（2）支付加工费用和税金时。

假设消费税组成计税价格为 M，M = 20 000+7 000+M × 10%。

因此，消费税组成计税价格（M）=（20 000+7 000）÷（1–10%）= 30 000（元）。

受托方代收代交的消费税税额 = 30 000 × 10% = 3 000（元）。

应交增值税税额 = 7 000 × 13% = 910（元）。

①畅通公司收回加工后的材料用于连续生产应税消费品的，应编制如下会计分录。

借：委托加工物资——雨阳公司　　7 000

　　应交税费——应交增值税（进项税额）　　910

　　　　　　——应交消费税　　3 000

　　贷：银行存款　　10 910

②畅通公司收回加工后的材料直接用于销售的，应编制如下会计分录。

委托加工物资成本 = 7 000+3 000（消费税）= 10 000（元）。

借：委托加工物资——雨阳公司　　10 000

　　应交税费——应交增值税（进项税额）　　910

　　贷：银行存款　　10 910

（3）加工完成，收回委托加工材料时。

①畅通公司收回加工后的材料用于连续生产应税消费品的，应编制如下会计分录。

总成本 = 20 000+7 000 = 27 000（元）。

借：原材料　　27 000

　　贷：委托加工物资——雨阳公司　　27 000

②畅通公司收回加工后的材料直接用于销售的，应编制如下会计分录。

总成本 = 20 000+10 000 = 30 000（元）。

借：库存商品　　30 000

　　贷：委托加工物资——雨阳公司　　30 000

任务六　库存商品

一、库存商品概述

库存商品是指企业已完成全部生产过程并已验收入库、合乎标准规格和技术条件，可以按照合同规定的条件送交订货单位，可以作为商品对外销售的产品以及外购或委托加工完成验收入库用于销售的各种商品。

库存商品具体包括库存产成品、外购商品、存放在门市部准备出售的商品、发出展览的商品、寄存在外的商品、接受来料加工制造的代制品和为外单位加工修理的代修品等。已完成销售手续、但购买单位在月末未提取的产品，不应作为企业的库存商品，而应作为代管商品处理，单独设置代管商品备查簿进行登记。

库存商品可以采用实际成本核算，也可以采用计划成本核算，其方法与原材料相似。采用计划成本核算时，库存商品实际成本与计划成本的差异，可单独设置“产品成本差异”科目进行核算。

为了反映和监督库存商品的增减变动及其结存情况，企业应当设置“库存商品”科目，借方登记验收入库的库存商品成本，贷方登记发出的库存商品成本，期末余额在借方，反映各种库存商品的实际成本或计划成本。

知识点

（1）与非商业企业相同：进货费用应计入存货的采购成本。

（2）先归集入“待摊进货费用”账户，期末再根据所购商品的存销情况分别进行分摊，对于已售商品的进货费用，计入当期损益（主营业务成本），留存部分的进货费用计入存货成本。

（3）金额较小的，也可直接计入当期损益（销售费用）。

二、库存商品的账务处理

（一）验收入库商品

对于库存商品采用实际成本核算的企业，当库存商品生产完成并验收入库时，应按实际成本，借记“库存商品”科目，贷记“生产成本——基本生产成本”科目。

【例 4-29】畅通公司“商品入库汇总表”记载，某月已验收入库 X 产品 1 000 台，实际单位成本 5 000 元，计 5 000 000 元；Y 产品 2 000 台，实际单位成本 1 000 元，计 2 000 000 元。畅通公司应编制如下会计分录。

借：库存商品——X 产品　　5 000 000

　　　　　　——Y 产品　　2 000 000

　贷：生产成本——基本生产成本（X 产品）　　5 000 000

　　　　　　　——基本生产成本（Y 产品）　　2 000 000

知识点

针对商品流通企业库存商品通常属于外购的商品，如果属于一般纳税人，则会计分录如下。

借：库存商品

　　应交税费——应交增值税（进项税额）

　贷：银行存款

（二）发出商品

企业销售商品、确认收入时，应结转其销售成本，借记“主营业务成本”等科目，贷记“库存商品”科目。

【例 4–30】畅通公司月末汇总的发出商品中，当月已实现销售的 X 产品有 500 台，Y 产品有 1 500 台。该月 X 产品实际单位成本 5 000 元，Y 产品实际单位成本 1 000 元。在结转其销售成本时，畅通公司应编制如下会计分录。

借：主营业务成本	4 000 000	
贷：库存商品——X 产品		2 500 000
——Y 产品		1 500 000

商品流通企业购入的商品可以采用进价或售价核算。采用售价核算的，商品售价和进价的差额，可通过“商品进销差价”科目进行核算。企业月末应分摊已销商品的进销差价，将已销商品的销售成本调整为实际成本，借记“商品进销差价”科目，贷记“主营业务成本”科目。

商品流通企业的库存商品还可以采用毛利率法和售价金额核算法进行日常核算。

1. 毛利率法

毛利率法是指根据本期销售净额乘以上期实际（或本期计划）毛利率来计算本期销售毛利，并据以计算发出存货和期末存货成本的一种方法。

毛利率法的计算公式为

$$毛利率 = 销售毛利 / 销售净额 \times 100\%$$

$$销售净额 = 商品销售收入 - 销售退回与折让$$

$$销售毛利 = 销售净额 \times 毛利率$$

$$销售成本 = 销售净额 - 销售毛利$$

$$期末存货成本 = 期初存货成本 + 本期购货成本 - 本期销售成本$$

这一方法是商品流通企业，尤其是商业批发企业常用的计算本期商品销售成本和期末库存商品成本的方法。商品流通企业由于经营商品的品种繁多，如果分品种来计算商品成本，工作量将大大增加，而且一般来讲，商品流通企业同类商品的毛利率大致相同，采用这种存货计价方法既能减轻工作量，又能满足对存货管理的需要。

【例 4–31】某商场 2019 年 4 月 1 日有针织品存货 1 800 万元，本月又购进 3 000 万元的针织品。本月销售收入为 3 400 万元，上一季度该类商品的毛利率为 25%。本月已销商品和月末库存商品的成本计算如下。

销售毛利 = 3 400 × 25% = 850（万元）。

本月销售商品成本 = 3 400–850 = 2 550（万元）。

月末库存商品成本 = 1 800+3 000–2 550 = 2 250（万元）。

2. 售价金额核算法

售价金额核算法是指平时商品的购入、加工收回、销售均按售价记账、售价与进价的差额通过“商品进销差价”科目进行核算，期末计算进销差价率和本期已销商品应分摊的进销差价，并据以调整本期销售成本的一种核算方法。售价金额核算法的计算公式为

商品进销差价率 =（期初库存商品进销差价 + 本期购入商品进销差价）÷（期初库存商品售价 + 本期购入商品售价）× 100%

本期销售商品应分摊的商品进销差价 = 本期商品销售收入 × 商品进销差价率

本期销售商品的成本 = 本期商品销售收入 – 本期销售商品应分摊的商品进销差价

期末结存商品的成本 = 期初库存商品的进价成本 + 本期购进商品的进价成本 – 本期销售商品的成本

如果企业的商品进销差价率各期之间是比较均衡的，也可以采用上期商品进销差价率计算分摊本期的商品进销差价。年度终了时，应对商品进销差价进行核实调整。

从事商业零售业务的企业（如百货公司、超市等）由于经营商品的种类、品种、规格等繁多，而且要求其按商品零售价格进行标价，采用其他成本计算结转方法进行核算时均比较困难，因此广泛采用这一方法。

知识点

期末结存的售价 = 期初商品售价 + 本期商品售价 – 本期发出售价

或

期末结存成本 = 期初库存商品的进价成本 + 本期购进商品的进价成本 – 本期销售商品的成本

【例 4–32】某商场 2019 年 7 月份期初库存商品的进价成本为 100 万元，售价总额为 110 万元，本月购进该商品的进价成本为 75 万元，售价总额为 90 万元，本月销售收入为 120 万元。相关计算如下。

商品进销差价率 =（10+15）÷（110+90）× 100% = 12.5%。

已销商品应分摊的商品进销差价 = 120 × 12.5% = 15（万元）。

本期销售商品的实际成本 = 120–15 = 105（万元）。

期末结存商品的实际成本 = 100+75–105 = 70（万元）。

任务七 存货的期末计量

存货的初始计量虽然以成本入账，但存货进入企业后可能发生毁损、陈旧或价格下跌等情况，因此在会计期末，存货的价值并不一定按成本记录，而是应根据成本或其可变现净值进行计量。

一、存货期末计量原则

资产负债表日，存货应当根据成本与可变现净值孰低进行计量。当存货成本高于其可变现净值时，应当计提存货跌价准备，计入当期损益（资产减值损失）。存货成本是指期末存货的实际成本。

存货在销售过程中可能发生的销售费用和相关税费以及为达到预定可销售状态还可能发生的加工成本等相关支出构成了现金流入的抵减项目。企业预计的销售存货现金流量，扣除这些抵减项目后，才能确定存货的可变现净值。

二、存货期末计量方法

（一）存货减值迹象的判断

1. 直接出售的存货

可变现净值 = 自身的售价 - 自身的销售税费

2. 需要加工的存货

可变现净值 = 产品的售价 - 产品的销售税费 - 加工费用

存货存在下列情况之一的，通常表明存货的可变现净值低于成本（需要计提存货跌价准备）。

（1）该存货的市场价格持续下跌，并且在可预见的未来无回升的希望。

（2）企业使用该项原材料生产产品的成本大于产品的销售价格。

（3）企业因产品更新换代，原有库存原材料已不适应新产品的需要，而该原材料的市场价格又低于其账面成本。

（4）因企业所提供的商品、劳务过时或消费者偏好改变而使市场的需求发生变化，导致商品市场价格逐渐下跌。

（5）其他足以证明该项存货实质上已经发生减值的情形。

存货存在下列情形之一的，通常表明存货的可变现净值为零（需要计提 100% 存货跌价准备）。

（1）已霉烂变质的存货。

（2）已过期且无转让价值的存货。

（3）生产中已不再需要，并且已无使用价值和转让价值的存货。

（4）其他足以证明已无使用价值和转让价值的存货。

（二）可变现净值的确定

1. 企业确定存货的可变现净值时应考虑的因素

企业确定存货的可变现净值，应当以取得的确凿证据为基础，并且考虑持有存货的目的、资产负债表日后事项的影响等因素。

存货的采购成本、加工成本、其他成本及以其他方式取得的存货成本，应当以取得外来原始凭证、生产成本资料、生产成本账簿记录等作为存货成本确凿证据；产成品或商品的市场销售价格、与产成品或商品相同或类似商品的市场销售价格、销售方提供的有关资料、生产成本资料等可作为存货可变现净值的确凿证据。

2. 不同情况下存货可变现净值的确定

（1）产成品、商品等直接用于出售的商品存货，没有销售合同约定的，其可变现净值应为在正常生产经营过程中，产成品或商品的一般销售价格（即市场销售价格）减去估计销售费用和相关税费等之后的金额。

【例 4–33】2019 年 12 月 31 日，畅通公司生产的 A 型机器的账面价值（成本）为 2 160 000 元，数量为 12 台，单位成本为 180 000 元 / 台。2019 年 12 月 31 日，A 型机器的市场销售价格为每台 200 000 元。畅通公司没有签订有关 A 型机器的销售合同。假定不考虑增值税，要求：计算可变现净值的计量基础。

【解析】计算确定 A 型机器的可变现净值应以其一般销售价格总额 2 400 000 元（200 000 × 12）作为计量基础。

（2）用于出售的材料等应当以市场价格减去估计销售费用和相关税费等之后的金额作为其可变现净值。

【例 4–34】2019 年，由于产品更新换代，畅通公司决定停止生产 B 型机器。为减少不必要的损失，畅通公司决定将原材料中专门用于生产 B 型机器的外购原材料——钢材全部出售，2019 年 12 月 31 日其账面价值（成本）为 900 000 元，数量为 10 吨。根据市场调查，此种钢材的市场销售价格为 60 000 元 / 吨，同时，销售这 10 吨钢材可能发生的销售费用及税金为 50 000 元。假定不考虑增值税，要求：计算该批钢材的可变现净值。

【解析】应按钢材本身的市场销售价格 600 000 元（60 000 × 10）作为计量基础。因此，该批钢材的可变现净值应为 550 000 元（60 000 × 10–50 000）。

（3）需要经过加工的材料存货，在确定需要经过加工的材料存货的可变现净值时，需将其生产的产成品的可变现净值与该产成品的成本进行比较，如果该产成品的可变现净值高于其成本，则该材料的存货价值应当按照其成本计量。

【例 4–35】2019 年 12 月 31 日，畅通公司库存原材料——A 材料的账面价值（成本）为 1 500 000 元，市场销售价格总额为 1 400 000 元，假设不发生其他购买费用，则用 A 材料生产的产成品——B 型机器的可变现净值高于成本。假定不考虑增值税，要求：确定 2019 年 12 月 31 日 A 材料的价值。

【解析】在这种情况下，A 材料即使其账面价值（成本）已高于市场价格，也不应计提存货跌价准备，仍应按其原账面价值（成本）1 500 000 元列示在畅通公司 2019 年 12 月 31 日资产负债表的存货项目之中。

但如果材料价格的下降表明以其生产的产成品的可变现净值低于成本，则该材料存货价值应当以可变现净值计量。

【例 4–36】2019 年 12 月 31 日，畅通公司库存原材料——钢材的账面价值为 600 000 元，可用于生产 1 台 C 型机器，相对应的市场销售价格为 1 550 000 元，假设不发生其他购买费用。由于钢材的市场销售价格下降，用钢材作为原材料生产的 C 型机器的市场销售价格由 1 500 000 元下降为 1 350 000 元，但其生产成本仍为 1 400 000 元，即将该批钢材加工成 C 型机器尚需投入 800 000 元，估计销售费用及税金为 50 000 元。假定不考虑增值税，要求：确定 2019 年 12 月 31 日该批钢材的价值。

【解析】根据上述资料，可按以下步骤确定该批钢材的账面价值。

第一步，计算用该原材料所生产的产成品的可变现净值。

C 型机器的可变现净值 = C 型机器估计售价 – 估计销售费用及税金 =1 350 000–50 000=

1 300 000（元）。

第二步，将用该原材料所生产的产成品的可变现净值与其成本进行比较。

C 型机器的可变现净值 1 300 000 元小于其成本 1 400 000 元，即钢材价格和 C 型机器销售价格的下降表明 C 型机器的可变现净值低于其成本，因此该批钢材的存货价值应当按可变现净值计量。

第三步，计算该批钢材的可变现净值，并确定其期末价值。

该批钢材的可变现净值 = C 型机器的估计售价 – 将该批钢材加工成 C 型机器尚需投入的成本 – 估计销售费用及税金 =1 350 000–800 000–50 000 = 500 000（元）。

该批钢材的可变现净值为 500 000 元，小于其成本 600 000 元，因此该批钢材的期末价值应为其可变现净值 500 000 元，即该批钢材的期末价值应按 500 000 元列示在 2019 年 12 月 31 日资产负债表的存货项目之中。因此，需要计提存货跌价准备 100 000 元。

（4）为执行销售合同或者劳务合同而持有的存货，其可变现净值应当以合同价格为基础（而不是估计售价），减去估计销售费用和相关税费等之后的金额确定。

企业与购买方签订了销售合同（或劳务合同，下同），并且销售合同订购的数量大于或等于企业持有的存货数量，在这种情况下，与该项销售合同直接相关的存货的可变现净值，应当以合同价格作为计量基础。

如果企业销售合同所规定的标的物尚未生产出来，但持有专门用于该标的物生产的材料，其可变现净值也应当以产品的（而不是材料的）合同价格作为计量基础。

【例 4–37】2019 年 8 月 10 日，畅通公司与雨阳公司签订了一份不可撤销的销售合同，双方约定，2020 年 2 月 15 日，畅通公司应按每台 200 000 元的价格向雨阳公司提供 A 型机器 10 台。2019 年 12 月 31 日，畅通公司 A 型机器的账面价值（成本）为 1 360 000 元，数量为 8 台，单位成本为 170 000 元 / 台。2019 年 12 月 31 日，A 型机器的市场销售价格为每台 190 000 元。假定不考虑增值税，要求：计算 A 型机器可变现净值的计量基础。

【解析】应以销售合同约定的价格 1 600 000（200 000×8）元作为计量基础，即估计售价为 1 600 000 元。

【例 4–38】2019 年 12 月 20 日，畅通公司与雨阳公司签订了一份不可撤销的销售合同，双方约定，2020 年 3 月 15 日，畅通公司应按每台 200 000 元的价格向雨阳公司提供 10 台 B 型机器。至 2019 年 12 月 31 日，畅通公司尚未生产该批 B 型机器，但持有专门用于生产该批 10 台 B 型机器的库存原材料——钢材，其账面价值为 900 000 元，市场销售价格总额为 700 000 元。假定不考虑增值税，要求：计算该批钢材可变现净值的计量基础。

【解析】计算该批钢材的可变现净值时，应以销售合同的 B 型机器的销售价格总额 2 000 000（200 000×10）元作为计量基础。

如果企业持有的同一项存货数量多于销售合同或劳务合同订购的数量的，应分别确定其可变现净值，并与其相对应的成本进行比较，分别确定存货跌价准备的计提或转回金额。超出合同部分的存货的可变现净值，应当以一般销售价格为基础进行计算。

【例 4–39】2019 年 9 月 10 日，畅通公司与雨阳公司签订了一份不可撤销的销售合同，双方约定，2020 年 2 月 15 日，畅通公司应按每台 180 000 元的价格向雨阳公司提供 C 型机器 10 台。2019 年 12 月 31 日，畅通公司 C 型机器的账面价值为 1 920 000 元，数量为 12 台，单位成本为 160 000 元 / 台。2019 年 12 月 31 日，C 型机器的市场销售价格为 200 000 元 / 台。假定不考虑增值税，要求：计算 C 型机器可变现净值的计量基础。

【解析】这种情况下，对于销售合同约定数量内（10 台）的 C 型机器的可变现净值应以销售合同约定的价格总额 1 800 000（180 000×10）元作为计量基础；而对于超出部分（2 台）的 C 型机器的可变现净值应以一般销售价格总额 400 000（200 000×2）元作为计量基础。

（三）存货跌价准备的计提与转回

1. 存货跌价准备的计提

在资产负债表日，若存货的可变现净值低于成本，企业应当计提存货跌价准备。

借：资产减值损失

　　贷：存货跌价准备

企业通常应当按照单个存货项目计提存货跌价准备（单项计提法）。

对于数量繁多、单价较低的存货，企业可以按照存货类别计提存货跌价准备（分类计提法）。与在同一地区生产和销售的产品系列相关、具有相同或类似最终用途或目的，且难以与其他项目分开计量的存货，企业可以合并计提存货跌价准备（合并计提法）。

【例 4-40】畅通公司按照单项计提法来计提存货跌价准备。2019 年 12 月 31 日，A、B 两项存货的成本分别为 300 000 元、210 000 元，可变现净值分别为 280 000 元、250 000 元，假设“存货跌价准备”科目余额为 0 元。

畅通公司对 A、B 两项存货计提的存货跌价准备共计为 20 000 元。

【例 4-41】雨阳公司按单项计提法来计提存货跌价准备。2019 年 12 月 31 日，雨阳公司库存自制半成品成本为 350 000 元，预计加工完成该产品尚需发生加工费用 110 000 元，预计产成品的销售价格（不含增值税）为 500 000 元，销售费用为 60 000 元。假定该库存自制半成品未计提存货跌价准备，且不考虑增值税等因素的影响。

产成品成本 = 350 000+110 000 = 460 000（元）。

产成品可变现净值 = 500 000−60 000 = 440 000（元）。

因为产成品的可变现净值低于其成本，所以自制半成品的价值用可变现净值来计量。

自制半成品可变现净值 = 500 000−60 000−110 000 = 330 000（元）。

自制半成品的成本为 350 000 元，所以，自制半成品应计提的存货跌价准备为 20 000 元（350 000−330 000）。

【例 4-42】2018 年年末，雨阳公司 A 存货的账面成本为 100 000 元，由于本年以来 A 存货的市场价格持续下跌，根据资产负债表日状况确定的 A 存货的可变现净值为 95 000 元，“存货跌价准备”期初余额为 0 元，应计提的存货跌价准备为 5 000 元（100 000−95 000）。相关账务处理如下。

借：资产减值损失	5 000	
贷：存货跌价准备		5 000

2. 存货跌价准备的转回

当以前减记存货价值的影响因素已经消失时，减记的金额应当予以恢复，并在原已计提的存货跌价准备金额内转回，转回的金额计入当期损益（资产减值损失的贷方）。

知识点

（1）在原已计提的存货跌价准备金额内转回，意味着转回的金额以将存货跌价准备的余额冲减至零为限。

（2）长期资产的减值准备不允许转回，存货跌价准备、坏账准备以及其他金融资产计提的减值准备允许转回。

【例 4-43】沿用【例 4-42】，假设 2019 年年末，雨阳公司存货的种类和数量、账面成本和已计提的存货跌价准备均未发生变化，但是 2019 年以来 A 存货市场价格持续上升，市场前景明显好转，至 2019 年年末，根据当时状态确定的 A 存货的可变现净值为 110 000 元。

借：存货跌价准备　　5 000

　　贷：资产减值损失　　5 000

知识点

导致存货跌价准备转回的是以前减记存货价值的影响因素的消失，如果本期导致存货可变现净值高于其成本的影响因素不是以前减记该存货价值的影响因素，则不允许将该存货跌价准备转回。

3. 存货跌价准备的结转

【例 4-44】2019 年，畅通公司库存 A 机器 5 台，每台成本为 5 000 元，已经计提的存货跌价准备合计为 6 000 元。2020 年，畅通公司将库存的 5 台机器全部以每台 6 000 元的价格售出。适用的增值税税率为 13%，货款未收到。

畅通公司的相关账务处理如下。

借：应收账款　　33 900

　　贷：主营业务收入——A 机器　　30 000

　　　　应交税费——应交增值税（销项税额）　　3 900

借：主营业务成本　　19 000

　　存货跌价准备　　6 000

　　贷：库存商品——A 机器　　25 000

知识点

如果销售原材料，则以下为确认收入结转成本的会计分录。

借：应收账款

　　贷：其他业务收入

　　　　应交税费——应交增值税（销项税额）

借：其他业务成本

　　存货跌价准备

　　贷：原材料

企业计提了存货跌价准备，如果其中有部分存货已经销售，则企业在结转销售成本时，应同时结转对其已计提的存货跌价准备（相当于按存货账面价值转成本）。

知识点

账面余额是指某一个科目的原值。

账面价值（对于资产类科目）= 原值 – 折旧（摊销）– ×× 减值准备

对于因债务重组、非货币性资产交换转出的存货，也应同时结转已计提的存货跌价准备。（准备减少计入借方）

任务八 存货清查

存货清查是指企业通过对存货的实地盘点，确定存货的实有数量，并与账面结存数进行核对，从而确定存货实存数与账面结存数是否相符的一种专门方法。

由于存货种类繁多、收发频繁，企业在日常收发过程中可能发生计量错误、计算错误、自然损耗，还可能发生损坏变质以及贪污、盗窃等情况，从而造成账实不符，形成存货的盘盈、盘亏。对于存货的盘盈、盘亏，应填写存货盘点报告（如实存账存对比表），及时查明原因，按照规定程序报批处理。

为了反映和监督企业在财产清查中查明的各种存货的盘盈、盘亏和毁损情况，企业应当设置"待处理财产损溢"科目，借方登记存货的盘亏、毁损金额及盘盈的转销金额，贷方登记存货的盘盈金额及盘亏的转销金额。企业清查的各种存货损溢，应在期末结账前处理完毕，期末处理后，"待处理财产损溢"科目应无余额。

一、存货盘盈的账务处理

企业发生存货盘盈时，借记"原材料""库存商品"等科目，贷记"待处理财产损溢"科目；在按管理权限报经批准后，借记"待处理财产损溢"科目，贷记"管理费用"科目。

知识点

存货盘盈如为现金溢余，属于应支付给有关人员或单位的部分，应计入其他应付款；属于无法查明原因的部分，计入营业外收入（影响当期损益，但不影响营业利润）。

【例 4–45】畅通公司在财产清查中盘盈 P 材料 1 000 千克，实际单位成本为 60 元 / 千克，经查属于材料收发计量方面的错误。

（1）批准处理前，畅通公司应编制如下会计分录。

借：原材料　　60 000

　　贷：待处理财产损溢　　60 000

（2）批准处理后，畅通公司应编制如下会计分录。

借：待处理财产损溢　　60 000

　　贷：管理费用　　60 000

二、存货盘亏及毁损的核算

企业发生存货盘亏及损毁时，借记“待处理财产损溢”科目，贷记“原材料”“库存商品”等科目。在按管理权限报经批准后应作如下会计处理：对于入库的残料价值，计入“原材料”等科目；对于应由保险公司和过失人的赔款，记入“其他应收款”科目；扣除残料价值和应由保险公司、过失人赔款后的净损失，属于一般经营损失的部分记入“管理费用”科目，属于非常损失的部分记入“营业外支出”科目。

知识点

如为现金短缺，属于应由责任人赔偿或保险公司赔偿的部分，计入其他应收款；属于无法查明的部分，计入管理费用（影响营业利润）。

【例 4–46】畅通公司在财产清查中发现盘亏 K 材料 500 千克，实际单位成本为 200 元/千克，经查属于一般经营损失。

（1）批准处理前，畅通公司应编制如下会计分录。

借：待处理财产损溢　　100 000

　　贷：原材料　　100 000

（2）批准处理后，畅通公司应编制如下会计分录。

借：管理费用　　100 000

　　贷：待处理财产损溢　　100 000

【例 4–47】畅通公司在财产清查中发现毁损 L 材料 300 千克，实际单位成本 100 元/千克，经查属于材料保管员的过失造成的，按规定由其个人赔偿 20 000 元，残料已办理入库手续，价值为 2 000 元。

（1）批准处理前，畅通公司应编制如下会计分录。

借：待处理财产损溢　　30 000

　　贷：原材料　　30 000

（2）批准处理后，畅通公司应编制如下会计分录。

①由过失人赔款部分。

借：其他应收款　　20 000

　　贷：待处理财产损溢　　20 000

②残料入库。

借：原材料　　2 000

　　贷：待处理财产损溢　　2 000

③材料毁损净损失。

借：管理费用　　8 000

　　贷：待处理财产损溢　　8 000

【例 4–48】畅通公司因台风造成一批库存材料毁损，实际成本为 70 000 元，根据保险责任范围及保险合同规定，应由保险公司赔偿 50 000 元。

（1）批准处理前，畅通公司应编制如下会计分录。

借：待处理财产损溢　　70 000

贷：原材料 70 000

（2）批准处理后，畅通公司应编制如下会计分录。

借：其他应收款 50 000

营业外支出——非常损失 20 000

贷：待处理财产损溢 70 000

知识点

关于材料毁损时增值税进项税额的不同处理：

（1）如果该材料的毁损是由自然灾害（如因暴雨、地震、洪水等）造成的，则增值税的进项税额不作转出处理；

（2）如果该材料的毁损是由管理不善（如火灾、被盗）造成的，则增值税进项税额需作转出处理。

拓展阅读

关键词：降税减负；税制简化；利国利民

增值税是以单位和个人生产经营过程中取得的增值额为课税对象征收的一种税。增值税已经成为我国主要的税种之一。近年来，为完善税制、优惠民生，增值税的税率（除零税率外）经历了一个2档到4档、4档到3档的历程，而且税率不断下调给纳税人带来了实实在在的红利。下面一起走进增值税税率的前世今生吧。

1. 档级变化

（1）2档税率：1994年1月1日起，根据《中华人民共和国增值税暂行条例》（国务院令〔1993〕第134号）规定，销售或者进口货物、劳务的税率为17%，销售或者进口特定货物税率为13%。

（2）4档税率：2012年，在上海试点营业税改征增值税工作，2016年5月1日起，在全国范围内全面推开“营改增”试点。根据《财政部 国家税务总局关于全面推开营业税改征增值税试点的通知》（财税〔2016〕36号）规定，增值税为四档税率：17%、13%、11%、6%。

（3）3档税率：2017年7月1日，根据《财政部 国家税务总局关于简并增值税税率有关政策的通知》（财税〔2017〕37号）规定，取消13%税率，降低税负，增值税率变为17%、11%、6%三档。

2. 税率下调

（1）第一次下调：2018年5月1日，根据《财政部 税务总局关于调整增值税税率的通知》（财税〔2018〕32号）规定，纳税人发生增值税应税销售行为或者进口货物，原适用17%和11%税率的，税率分别调整为16%、10%。

（2）第二次下调：2019年3月5日，政府工作报告明确宣布下调我国的增值税税率，将制造业等行业现行16%的税率降至13%，将交通运输业、建筑业等行业现行10%的税率降至9%；保持6%一档的税率不变，但通过采取对生产、生活性服务业增加税收抵扣等配套措施，确保所有行业税负只减不增，继续向推进税率三档并两档、税制简化方向迈进。

增值税是我国目前税收收入占比较大的税种，其税率的下调将带来实质性减税效应。此次党的二十大报告中健全现代预算制度、优化税制结构政策是给纳税人带来的福利。

项目五 固定资产

固定资产是指同时具有下列特征的有形资产。

（1）为生产商品、提供劳务、出租或经营管理而持有的。

（2）使用寿命超过一个会计年度。

学习目标

知识目标

①了解固定资产的概念、特点和分类。

②熟悉固定资产的确认条件、固定资产折旧的意义、计提折旧的范围以及影响折旧的因素。

③掌握固定资产的初始计量以及后续计量的方法，固定资产处置、固定资产减值的账务处理。

技能目标

①能够正确地对固定资产进行分类与计价，并设立固定资产卡片。

②能够进行固定资产购进、租入、转移、出租、报废、处置等业务的账务处理。

③能够对固定资产折旧进行正确的账务处理。

④能够进行固定资产清查结果的账务处理。

素质目标

①具备社会主义核心价值观：法治、诚信。

②能深刻认识到纳税是企业的责任与义务，只有合理地纳税才能保证财政收入的稳定性。

③具备适应准则变化的持续学习能力。

关键词

固定资产	fixed assets
在建工程	construction in progress
工程物资	construction materials
固定资产折旧	depreciation of fixed assets
可收回金额	recoverable amount

思维导图

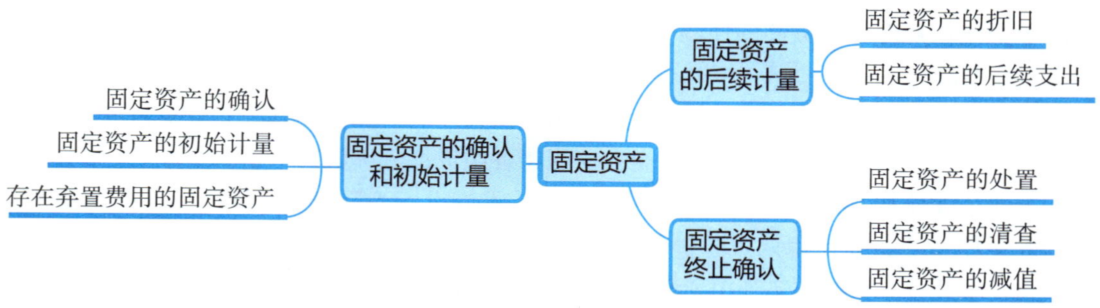

任务一 固定资产的确认和初始计量

一、固定资产的确认

（一）固定资产的定义

固定资产，是指同时具有下列特征的有形资产：①为生产商品、提供劳务、出租或经营管理而持有（持有目的）；②使用寿命超过一个会计年度。

出租是指以经营租赁方式出租的机器设备等。以经营租赁方式出租的建筑物属于企业的投资性房地产。

知识点

这里的“出租”一般指的是机器设备等非房产的出租。房产出租一般通过“投资性房地产”进行核算。

（二）固定资产的特征

1. 持有目的

企业持有固定资产目的为生产商品、提供劳务、出租或经营管理，而不是直接用于出售。其中，出租是指以经营租赁方式出租的机器设备等。

2. 持有时间

固定资产的使用寿命超过一个会计年度。通常，固定资产的使用寿命是指使用固定资产的预计使用期间。某些机器设备或运输设备等固定资产的使用寿命也可以用该固定资产所能生产产品或提供劳务的数量来表示。

3. 物质形态

固定资产必须是有形资产，该特征将固定资产与无形资产区分开来。

（三）固定资产确认条件的具体运用

企业由于安全或环保的要求购入设备等，虽然不能直接给企业带来未来经济利益，但有助于企业从其他相关资产的使用中获得未来经济利益或更多的未来经济利益，也应确认为固定资产。

固定资产的各组成部分，如果具有不同使用寿命或者以不同方式为企业提供经济利益，由此适用不同折旧率或折旧方法的，企业应当将各组成部分确认为单项固定资产。

工业企业所持有的工具、用具、备品备件、维修设备等资产，尽管该类资产具有固定资产的某些特征，如使用期限超过一年，也能够带来经济利益，但由于数量多、单价低，考虑到成本效益原则，在实务中通常确认为存货。特殊但符合固定资产定义和确认条件的，如企业（民用航空运输）的高价周转件等，应当确认为固定资产。

二、固定资产的初始计量

固定资产的成本是指企业购建某项固定资产达到预定可使用状态前所发生的一切合理、必要的支出。这些支出包括直接发生的价款、相关税费、运杂费、包装费和安装成本等，也包括间接发生的，如应承担的借款利息、外币借款折算差额以及应分摊的其他间接费用。

知识点

计入固定资产的相关税费包括以下几方面：①车辆购置税；②进口环节缴纳的关税、消费税计入资产成本；③专业人员服务费计入固定资产成本，内部员工的培训费计入当期损益（管理费用等）不计入固定资产成本；④小规模纳税人购入机器设备的进项税额计入固定资产成本核算。

一般纳税人购入机器设备等固定资产的进项税额不纳入固定资产成本核算；购买设备过程中发生的业务招待费和差旅费计入当期“管理费用”，不计入固定资产成本。

（一）外购固定资产

1. 外购固定资产计量原则

（1）企业外购固定资产的成本，包括购买价款、相关税费、使固定资产达到预定可使用状态前所发生的可归属于该项资产的运输费、装卸费、安装费和专业人员服务费等。

对于员工培训费（如对购入设备的使用进行培训的费用），不属于固定资产达到预定可使用状态前所发生的合理、必要的支出，应当计入当期损益，不能计入购入设备的成本。

（2）外购固定资产是否达到预定可使用状态，需要根据具体情况进行分析判断。

①如果购入不需要安装的固定资产，购入后即可发挥作用，则购入后即可达到预定可使用状态。相关支出直接计入固定资产成本。

②如果购入需安装的固定资产，只有在安装调试后达到设计要求或合同规定的标准，才达到预定可使用状态。相关支出通过“在建工程”科目核算其成本。

【例 5-1】2019 年 7 月 8 日，畅通公司购入 1 台需要安装的生产设备，取得的增值税专用发票上注明的设备价款为800 000元，增值税税额为104 000元，发生装卸费8 000元，增值税为480元，款项已通过银行转账支付。安装设备时，领用原材料一批，其账面成本为30 000元，未计提存货跌价准备，购进该批材料时支付的增值税进项税额为3 900元，应支付本公司安装工人薪酬6 000元。假定不考虑其他税费，要求：编制畅通公司相关的账务处理。

【解析】畅通公司的账务处理如下。

①支付设备价款、增值税、装卸费时。

借：在建工程——××设备 808 000

应交税费——应交增值税（进项税额） 104 480

贷：银行存款 912 480

②领用本公司原材料、支付安装工人薪酬时。

借：在建工程——××设备 36 000

贷：原材料 30 000

应付职工薪酬 6 000

③设备安装完毕达到预定可使用状态时，从在建工程结转为固定资产时。

借：固定资产——××设备 844 000

贷：在建工程——××设备 844 000

2. 一揽子购入固定资产计量原则

（1）企业可能以一笔款项购入多项没有单独标价的固定资产，此时应当按照各项固定资产的公允价值比例对总成本进行分配，分别确定各项固定资产的成本。

（2）如果以一笔款项购入的多项资产中除固定资产之外还包括其他资产，也应按类似的方法予以处理。

【例5-2】2019年4月21日，畅通公司向雨阳公司一次购入3套不同型号且具有不同生产能力的设备A、B和C。畅通公司为该批设备共支付货款5 000 000元，增值税进项税额650 000元，装卸费20 000元，增值税进项税额为1 200元，全部以银行转账支付；假定A、B和C设备分别满足固定资产确认条件，公允价值分别为1 560 000元、2 340 000元和1 300 000元。假定不考虑其他相关税费，要求：计算畅通公司固定资产的入账价值，并编制与其相关的账务处理。

【解析】畅通公司的账务处理如下。

①确定应计入固定资产成本的金额，包括购买价款、保险费、装卸费等。

5 000 000+20 000=5 020 000（元）。

②确定A、B和C的价值分配比。

A设备应分配的固定资产价值比例为1 560 000÷（1 560 000+2 340 000+1 300 000）×100%=30%。

B设备应分配的固定资产价值比例为2 340 000÷（1 560 000+2 340 000+1 300 000）×100%=45%。

C设备应分配的固定资产比例为1 300 000÷（1 560 000+2 340 000+1 300 000）×100%=25%。

③确定 A、B 和 C 设备各自的成本。

A 设备的成本 =5 020 000×30%=1 506 000（元）。

B 设备的成本 =5 020 000×45%=2 259 000（元）。

C 设备的成本 =5 020 000×25%=1 255 000（元）。

④编制会计分录。

借：固定资产——A 设备	1 506 000
——B 设备	2 259 000
——C 设备	1 255 000
应交税费——应交增值税（进项税额）	651 200
贷：银行存款	5 671 200

对于购入固定资产时发生的增值税问题，如果题目不作特殊说明时，均假设为增值税一般纳税人，增值税进项税额可以抵扣，不计入固定资产成本。

（二）自行建造固定资产

1. 自营方式建造固定资产

企业通过自营方式建造的固定资产，其成本应当按照实际发生的材料、人工、机械施工费等计量。

（1）企业为在建工程准备的各种物资，包括工程用材料、尚未安装的设备以及为企业生产准备的工器具等，通过“工程物资”科目进行核算。

工程物资应当按照实际支付的买价、运输费、保险费等相关税费作为实际成本，并按照各种专项物资的种类进行明细核算。

工程完工后，剩余的工程物资转为本企业存货的，按其实际成本或计划成本进行结转。

（2）盘盈、盘亏、报废、毁损的工程物资，减去保险公司、过失人赔偿部分后的差额，按照下列原则处理：工程项目尚未完工的，计入或冲减所建工程项目的成本；工程项目已经完工的，计入当期营业外支出或营业外收入。相关账务处理比较如表 5-1 所示。

表 5-1　工程物资盘盈、盘亏、毁损、报废账务处理比较

工程状况	盘亏、毁损、报废的工程物资	盘盈的工程物资
工程项目尚未完工	借：在建工程 其他应收款——个人、保险公司 贷：工程物资	借：工程物资 贷：在建工程
工程项目已经完工	借：营业外支出 其他应收款——个人、保险公司 贷：工程物资	借：工程物资 贷：营业外收入

（3）所建造的固定资产已达到预定可使用状态，但尚未办理竣工决算的，应当自达到预定可使用状态之日起，根据工程预算、造价或者工程实际成本等，按估计价值转入固定资产，并按相关计提固定资产折旧的规定，计提固定资产折旧。

待办理了竣工决算手续后再调整原来的暂估价值，但不需要调整原已计提的折旧额。

这个规定应当结合“会计估计变更”内容来理解。

企业为建造固定资产，通过出让方式取得土地使用权而支付的土地出让金不计入在建工程成本，应确认为无形资产。

【例 5-3】畅通公司在生产经营期间以自营方式建造一条生产线 S。2019 年 1 月至 6 月发生的有关经济业务如下。

（1）1 月 10 日，为建造生产线购入的一批工程物资 W，收到的增值税专用发票上注明的价款为 2 000 000 元，增值税税额为 260 000 元，款项已通过银行转账支付。

（2）1 月 20 日，建造生产线领用工程物资 W 1 800 000 元。

（3）6 月 30 日，建造生产线的工程人员职工薪酬合计为 1 150 000 元。

（4）6 月 30 日，在工程建设期间，辅助生产车间为建造生产线提供的劳务支出合计为 350 000 元。

（5）6 月 30 日，工程完工后对工程物资进行清查，发现工程物资 W 减少 20 000 元，经调查此事件属于保管员过失，根据企业管理规定，保管员应赔偿 5 000 元。剩余的工程物资 W 转为畅通公司的一般存货。

（6）6 月 30 日，生产线工程达到预定可使用状态并交付使用。

假定不考虑相关税费，要求：编制畅通公司相关的账务处理。

【解析】畅通公司的账务处理如下。

（1）购入工程物资时。

借：工程物资——W	2 000 000	
应交税费——应交增值税（进项税额）	260 000	
贷：银行存款		2 260 000

（2）工程领用物资时。

借：在建工程——S 生产线	1 800 000	
贷：工程物资——W		1 800 000

（3）计提工程人员职工薪酬时。

借：在建工程——S 生产线	1 150 000	
贷：应付职工薪酬		1 150 000

（4）辅助生产车间为工程提供劳务支出时。

借：在建工程——S 生产线	350 000	
贷：生产成本——辅助生产成本		350 000

（5）①工程物资盘亏、报废及毁损净损失时。

借：营业外支出——盘亏损失	17 600	
其他应收款——保管员	5 000	
贷：工程物资——W		20 000
应交税费——应交增值税（进项税额转出）		2 600

②剩余工程物资转用于一般存货时。

借：原材料	180 000	
贷：工程物资		180 000

（6）生产线交付使用时。

借：固定资产——S 生产线　　3 300 000

　　贷：在建工程——S 生产线　　3 300 000

2. 出包方式建造固定资产

企业通过出包方式建造的固定资产，其入账价值应当按照建造该项固定资产达到预定可使用状态前所发生的必要支出进行确定。

（1）必要支出包括建筑工程支出、安装工程支出、安装设备支出以及需分摊计入的待摊支出。

（2）待摊支出是指在建设期间发生的，不能直接计入某项固定资产价值、而应由所建造固定资产共同负担的相关费用。

（3）待摊支出包括为建造工程发生的管理费、可行性研究费、临时设施费、公证费、监理费、应负担的税金、符合资本化条件的借款费用、建设期间发生的工程物资盘亏、报废及毁损净损失以及负荷联合试车费等。

（三）其他方式取得的固定资产

对于企业以其他方式取得的固定资产，其入账的要求如表 5-2 所示。

表 5-2　不同取得方式固定资产成本构成

固定资产取得方式	固定资产的成本构成
投资者投入	投资合同或协议约定的价值，但合同或协议约定价值不公允的除外
非货币性资产交换、债务重组	按相关准则的规定确定
租入	按照租赁准则的规定确定

租赁有两种形式，一种是融资租赁，另一种是经营租赁。

融资租赁是指实质上转移了与资产所有权有关的全部风险和报酬的租赁。其所有权最终可能转移，也可能不转移。

如果一项租赁实质上没有转移与租赁资产所有权有关的全部风险和报酬，那么该项租赁应认定为经营租赁。

经营租赁会计处理较为简单，企业无须将租赁资产资本化，只需将支付或应付的租金按一定方法计入相关资产成本或当期损益。

通常情况下，企业应当将经营租赁的租金在租赁期内各个期间，按照直线法计入相关资产成本或者当期损益。

三、存在弃置费用的固定资产

弃置费用通常是指根据国家法律和行政法规、国际公约等规定，企业承担环境保护和生态恢复等义务所确定的支出。

一般工商企业的固定资产发生的报废清理费用不属于弃置费用，应当在发生时作为固定资产毁损报废损失处理。

（一）弃置费用的初始入账

对于特殊行业的特定固定资产，确定其初始入账成本时，企业应当将弃置费用的现值计入相关固定资产成本，同时确认相应的预计负债。

在固定资产的使用寿命内，按照预计负债的摊余成本和实际利率计算确定的利息费用，在发生时计入财务费用。相关账务处理如下。

（1）存在弃置费用的固定资产入账时。

借：固定资产 / 在建工程

　　贷：银行存款等

　　　　预计负债

（2）持有期间，按实际利率法调整预计负债时。

借：财务费用等（实际利率法分摊）

　　贷：预计负债

（二）弃置费用的后续变动

由于技术进步、法律要求或市场环境变化等原因，特定固定资产的履行弃置义务可能会发生支出金额、预计弃置时点、折现率等的变动，从而引起原确认的预计负债的变动。此时，企业应按照以下原则调整该固定资产的成本。

（1）对于预计负债的减少，以该固定资产账面价值为限扣减固定资产成本。

（2）如果预计负债的减少额超过该固定资产账面价值，超出部分确认为当期损益。

（3）如果预计负债增加，则增加该固定资产的成本。

（4）按照上述原则调整的固定资产，在资产剩余使用年限内计提折旧。

（5）一旦该固定资产的使用寿命结束，预计负债的所有后续变动应在发生时确认为损益。

盘盈的固定资产作为前期差错处理，在按管理权限报经批准处理前，企业应先通过“以前年度损益调整”科目核算。其价值一般按照重置成本确认。

任务二　固定资产的后续计量

一、固定资产的折旧

（一）固定资产折旧概述

应计折旧额是指应当计提折旧的固定资产原价扣除其预计净残值后的金额；已计提减值准备的固定资产，还应当扣除已计提的固定资产减值准备累计金额。

固定资产的使用寿命、预计净残值一经确定，不得随意变更，符合《企业会计准则第4号——固定资产》第十九条规定的除外。上述事项在报经股东大会或董事会、经理会议或类似机构批准后，作为计提折旧的依据，并按照法律、行政法规等的规定报送有关各方备案。

影响折旧的因素主要有以下几个方面。

（1）固定资产原价是指固定资产的成本。

（2）预计净残值是指假定固定资产预计使用寿命已满并处于使用寿命终了时的预期状态，企业目前从该项资产处置中获得的扣除预计处置费用后的金额。

（3）固定资产减值准备是指固定资产已计提的固定资产减值准备累计金额。

（4）固定资产的使用寿命是指企业使用固定资产的预计期间，或者该固定资产所能生产产品或提供劳务的数量。企业确定固定资产使用寿命时，应当考虑下列因素。

①该项资产预计的生产能力或实物产量。

②该项资产预计的有形损耗，如设备使用中发生磨损、房屋建筑物受到自然侵蚀等损耗。

③该项资产预计的无形损耗，如因新技术的出现而使现有的资产技术水平相对陈旧、市场需求变化使产品过时等损耗。

④法律或者类似规定对该项资产使用的限制。

总之，企业应当根据固定资产的性质和使用情况，合理确定固定资产的使用寿命和预计净残值。固定资产的使用寿命、预计净残值一经确定，不得随意变更，符合《企业会计准则第 4 号——固定资产》第十九条规定的除外。

除以下情况之外，企业应当对所有固定资产计提折旧。

（1）已提足折旧仍继续使用的固定资产。

（2）单独计价入账的土地（历史遗留）。

在确定计提折旧的范围时，还应注意以下几点。

（1）未使用、不需用的固定资产也应计提折旧。

（2）提前报废的固定资产也不再补提折旧。

（3）处于更新改造过程停止使用的固定资产，企业应将其账面价值转入在建工程，不再计提折旧。更新改造项目达到预定可使用状态转为固定资产后，再按照重新确定的使用寿命、预计净残值和折旧方法计提折旧。

（4）融资租入固定资产，应当采用与自有应计提折旧资产相一致的折旧政策。

知识点

固定资产应当按月计提折旧。当月增加，当月不提，下月开始计提；当月减少，当月照提，下月停止计提。提足折旧和提前报废的固定资产后，不再提折旧。固定资产的使用寿命、预计净残值一经确定，不得随意变更。

（二）固定资产的折旧方法

企业应当根据与固定资产有关经济利益的预期实现方式，合理选择固定资产折旧方法。可选用的折旧方法包括年限平均法、工作量法、双倍余额递减法和年数总和法等。

1. 年限平均法

年限平均法的计算公式为

年折旧率 =（1– 预计净残值率）÷ 预计使用寿命（年）× 100%

月折旧率 = 年折旧率 ÷ 12

月折旧额 = 固定资产原价 × 月折旧率

知识点

每期的折旧额相等。

【例 5–4】畅通公司有一幢厂房，原价为 5 000 000 元，预计可使用 20 年，预计报废时的净残值率为 2%。该厂房的折旧率和折旧额计算如下。

年折旧率 =（1–2%）÷ 20=4.9%。

月折旧率 =4.9% ÷ 12 ≈ 0.41%。

月折旧额 =5 000 000 × 0.41%=20 500（元）。

【例 5-4】采用年限平均法计提固定资产折旧，其特点是将固定资产的应计提折旧额均衡地分摊到固定资产预计使用寿命内，采用这种方法计算的每期折旧额是相等的。

2. 工作量法

工作量法的基本计算公式为

单位工作量折旧额 = 固定资产原价 ×（1– 预计净残值率）÷ 预计总工作量

某项固定资产月折旧额 = 该项固定资产当月工作量 × 单位工作量折旧额

【例 5–5】某企业的一辆运货卡车的原价为 600 000 元，预计总行驶里程为 500 000 千米，预计报废时的净残值率为 5%，本月行驶 4 000 千米。该辆汽车的月折旧额计算如下。

单位里程折旧额 =600 000 ×（1–5%）÷ 500 000=1.14（元 / 千米）。

本月折旧额 = 4 000 × 1.14= 4 560（元）。

【例 5-5】采用工作量法计提固定资产折旧，工作量法是指根据实际工作量计算每期应计提折旧额的一种方法。

3. 双倍余额递减法

双倍余额递减法的计算公式如下。

年折旧率 =2 ÷ 预计使用寿命（年）× 100%

月折旧率 = 年折旧率 ÷ 12

月折旧额 = 每月月初固定资产账面净值 × 月折旧率

↓ 逐年递减　　↓ 逐年递减　　↓ 不变

知识点

双倍余额递减法的要点：净残值在最后两年才加以考虑。

【例 5–6】某企业一项固定资产的原价为 1 000 000 元，预计使用年限为 5 年，按双倍余额递减法计提折旧，每年的折旧额计算如下。

年折旧率 =2 ÷ 5 × 100%=40%。

第 1 年应提的折旧额 =1 000 000 × 40%=400 000（元）。

第 2 年应提的折旧额 =（1 000 000–400 000）× 40%=240 000（元）。

第 3 年应提的折旧额 =（600 000–240 000）× 40%=144 000（元）。

从第 4 年起改用年限平均法（直线法）计提折旧。

第 4 年、第 5 年的年折旧额 =（1 000 000−400 000−240 000−144 000）÷ 2=10 800（元）。

每年各月折旧额根据年折旧额除以 12 来计算。

【例 5-6】采用了双倍余额递减法计提固定资产折旧，双倍余额递减法是指在不考虑固定资产预计净残值的情况下，根据每期期初固定资产原价减去累计折旧后的金额和双倍的直线法折旧率计算固定资产折旧的一种方法。采用双倍余额递减法计提固定资产折旧，一般应在固定资产使用寿命到期前两年内，将固定资产账面净值扣除预计净残值后的净值平均摊销。

4. 年数总和法

年数总和法计算公式如下。

年折旧率 =（预计使用寿命 – 已使用年限）/ [预计使用寿命 ×（预计使用寿命 +1）÷ 2] × 100%

或

年折旧率 = 尚可使用年限 / 年数总和 × 100%

月折旧率 = 年折旧率 ÷ 12

月折旧额 =（固定资产原值 – 预计净残值）× 月折旧率

↓ 逐年递减　　↓ 不变　　↓ 逐年递减

【例 5-7】承【例 5-6】，假如采用年数总和法（假设净残值为 4000 元），计算的各年折旧额如表 5-3 所示。

表 5-3　折旧计算表（年数总和法）

金额单位：元

年份	尚可使用年限	原价 – 净残值	变动折旧率	年折旧额	累计折旧
第 1 年	5	996 000	5/15	332 000	332 000
第 2 年	4	996 000	4/15	265 600	597 600
第 3 年	3	996 000	3/15	199 200	796 800
第 4 年	2	996 000	2/15	132 800	929 600
第 5 年	1	996 000	1/15	66 400	996 000

【例 5-7】采用了年数总和法来计提固定资产折旧，年数总和法又称为年限合计法，是

指固定资产的原价减去预计净残值后的余额，乘以一个逐年递减的分数来计算每年的折旧额，这个分数的分子代表固定资产尚可使用的寿命，分母代表预计使用寿命逐年数字的总和。

双倍余额递减法与年数总和法对比如表 5-4 所示。

表 5-4 双倍余额递减法与年数总和法对比表

事 项	双倍余额递减法	年数总和法
年折旧率	2 ÷ 预计使用寿命（年）× 100%	尚可使用年限 / 年数总和
年折旧率	每年相等（最后两年除外）	逐年递减
考虑残值的时间点	净残值在最后两年才加以考虑	净残值每年均考虑

（三）固定资产折旧的核算

固定资产应当按月计提折旧，计提的折旧应当记入“累计折旧”科目，并根据用途计入相关资产的成本或者当期损益。企业自行建造固定资产过程中使用的固定资产，其计提的折旧应计入在建工程成本；基本生产车间所使用的固定资产，其计提的折旧应计入制造费用；管理部门所使用的固定资产，其计提的折旧应计入管理费用；销售部门所使用的固定资产，其计提的折旧应计入销售费用；经营租出的固定资产，其计提的折旧额应计入其他业务成本。企业计提固定资产折旧时，借记“制造费用”“销售费用”“管理费用”等科目，贷记“累计折旧”科目。

【例 5-8】雨阳公司采用年限平均法对固定资产计提折旧。2019 年 1 月份根据“固定资产折旧计算表”确定的各车间及厂部管理部门应分配的折旧额为一车间 1 500 000 元，二车间 2 400 000 元，三车间 3 000 000 元，厂部管理部门 600 000 元。雨阳公司的账务处理如下。

借：制造费用——一车间　　1 500 000
　　　　　　——二车间　　2 400 000
　　　　　　——三车间　　3 000 000
　　管理费用　　600 000
　　贷：累计折旧　　7 500 000

【例 5-9】雨阳公司 2019 年 6 月份固定资产计提折旧情况如下：一车间厂房计提折旧 3 800 000 元，机器设备计提折旧 4 500 000 元；管理部门房屋建筑物计提折旧 6 500 000 元，运输工具计提折旧 2 400 000 元；销售部门房屋建筑物计提折旧 3 200 000 元，运输工具计提折旧 2 630 000 元。当月新购置机器设备 1 台，价值为 5 400 000 元，预计使用寿命为 10 年，该企业同类设备计提折旧采用的是年限平均法。

【解析】本例中，新购置的机器设备在本月不计提折旧。本月计提的折旧费用中，车间使用的固定资产计提的折旧费用应计入制造费用；管理部门使用的固定资产计提的折旧费用应计入管理费用；销售部门使用的固定资产计提的折旧费用应计入销售费用。雨阳公司的账务处理如下。

借：制造费用——一车间　　（3 800 000+4 500 000）8 300 000

管理费用	（6 500 000+2 400 000）8 900 000
销售费用	（3 200 000+2 630 000）5 830 000
贷：累计折旧	23 030 000

知识点

已计提减值准备的固定资产，应当按照该项资产的账面价值（固定资产账面余额扣减累计折旧和减值准备后的金额）以及尚可使用寿命重新计算确定折旧率和折旧额。

二、固定资产的后续支出

（一）资本化的后续支出

固定资产的后续支出，是指固定资产在使用过程中发生的更新改造支出、修理费用等。

符合固定资产确认条件的，企业应当计入固定资产成本，同时将被替换的部分账面价值扣除；不符合固定资产确认条件的，企业应当计入当期损益。

固定资产确认条件：①满足其定义条件；②经济利益很可能流入企业；③成本能够可靠地计量。

固定资产发生可资本化的后续支出时，企业一般应当将该固定资产的原价、已计提的累计折旧和减值准备转销，将其账面价值转入在建工程，并停止计提折旧。

（1）发生的可资本化的后续支出，通过“在建工程”科目核算。在固定资产发生后续支出完工并达到预定可使用状态时，再从在建工程转为固定资产，并按重新确定的使用寿命、预计净残值和折旧方法计提折旧。

【例 5-10】畅通公司是一家服装生产企业，有关业务资料如下。

① 2016 年 12 月，该公司自行建成了一条生产线并投入使用，建造成本为 600 000 元；采用年限平均法计提折旧；预计净残值率为固定资产原价的 3%，预计使用年限为 6 年。

② 2018 年 12 月 31 日，由于生产的产品适销对路，现有这条服装生产线的生产能力已难以满足公司生产发展的需要，但新建生产线又成本过高，周期过长；于是公司决定对现有生产线进行改扩建，以提高其生产能力。假定该生产线未发生过减值。

③至 2019 年 3 月 31 日，完成了对这条生产线的改扩建工程，达到预定可使用状态。改扩建过程中发生以下支出：用银行存款购买一批工程物资；增值税专用发票上注明的价款为 210 000 元，增值税税额为 27 300 元，发生有关人员的薪酬 84 000 元。

④该生产线改扩建工程达到预定可使用状态后，大大提高了生产能力，预计尚可使用年限为 7 年，假定改扩建后的生产线的预计净残值率为改扩建后账面价值的 4%，折旧方法为年限平均法。

假定畅通公司按年度计提固定资产折旧，为简化计算过程，整个过程不考虑其他相关税费，畅通公司的账务处理如下。

①本例中服装生产线改扩建后生产能力大大提高，能够为企业带来更多的经济利益，改扩建的支出金额也能可靠计量，因此该后续支出符合固定资产的确认条件，应计入固定

资产的成本。

该后续支出发生前，该条服装生产线的应计折旧额 =600 000×（1–3%）=582 000（元）。

年折旧额 =582 000÷6=97 000（元）。

2017 年 1 月 1 日至 2018 年 12 月 31 日两年间，各年计提固定资产折旧时的账务处理如下。

借：制造费用　　97 000

　　贷：累计折旧　　97 000

② 2018 年 12 月 31 日，将该生产线的账面价值 406 000 元 [600 000 –（97 000×2）] 转入在建工程时的账务处理如下。

借：在建工程——服装生产线　　406 000

　　累计折旧　　194 000

　　贷：固定资产——服装生产线　　600 000

③购买工程物资时的账务处理如下。

借：工程物资　　210 000

　　应交税费——应交增值税（进项税额）　　27 300

　　贷：银行存款　　237 300

发生改扩建支出的账务处理如下。

借：在建工程——服装生产线　　294 000

　　贷：工程物资　　210 000

　　　　应付职工薪酬　　84 000

④ 2019 年 3 月 31 日，生产线改扩建工程达到预定可使用状态，转为固定资产时的账务处理如下。

借：固定资产——服装生产线　　700 000

　　贷：在建工程——服装生产线　　700 000

⑤ 2019 年 3 月 31 日，生产线转为固定资产后，按重新确定的使用寿命、预计净残值和折旧方法计提折旧时的账务处理如下。

应计折旧额 =700 000×（1–4%）=672 000（元）。

月折旧额 =672 000÷（7×12）=8 000（元）。

2019 年应计提的折旧额为 72 000（8 000×9）元，以下为应编制的会计分录。

借：制造费用　　72 000

　　贷：累计折旧　　72 000

2020 年至 2025 年每年应计提的折旧额为 96 000（8 000×12）元，以下为应编制的会计分录。

借：制造费用　　96 000

　　贷：累计折旧　　96 000

2026 年应计提的折旧额为 24 000（8 000×3）元，以下为应编制的会计分录。

借：制造费用　　24 000

　　贷：累计折旧　　24 000

（2）企业发生的一些固定资产后续支出可能涉及替换原固定资产的部分组成部分。

当发生的后续支出符合固定资产的确认条件时，企业应当将其计入固定资产成本，同时将被替换部分的账面价值扣除。

【例 5-11】2019 年 6 月 30 日，畅通公司一台生产用的封装机出现故障，经检修发现其中的电动机磨损严重，需要更换。该封装机购买于 2015 年 6 月 30 日，畅通公司已将其整体作为一项固定资产进行了确认，原价为 400 000 元（其中电动机在 2019 年 6 月 30 日的市场价格为 85 000 元），预计净残值为 0，预计使用年限为 10 年，采用年限平均法计提折旧。

为继续使用该封装机并提高工作效率，畅通公司决定对其进行改造，为此购买了一台更大功率的电动机来代替原电动机。新购置电动机的价款为 82 000 元，增值税税额为 10 660 元，款项已通过银行转账支付；在改造过程中，辅助生产车间提供劳务支出 15 000 元。

假定原电动机磨损严重，没有任何价值，不考虑其他相关税费，以下为畅通公司的账务处理。

①固定资产转入在建工程时。

【解析】本例中的电动机更新改造支出符合固定资产的确认条件时，应予以资本化，同时应终止确认原电动机的价值。

2019 年 6 月 30 日，原电动机的价值 =85 000-（85 000÷10）×4=51 000（元）。

累计折旧 =400 000÷10×4=160 000（元）。

畅通公司的会计账务处理如下。

借：营业外支出——处置非流动资产损失	51 000	
在建工程——封装机	189 000	
累计折旧——封装机	160 000	
贷：固定资产——封装机		400 000

②企业发生更新改造支出时的账务处理如下。

借：工程物资——新电动机	82 000	
应交税费——应交增值税（进项税额）	13 120	
贷：银行存款		95 120
借：在建工程——封装机	97 000	
贷：工程物资——新电动机		82 000
生产成本——辅助生产成本		15 000

③在建工程转回固定成本时的账务处理如下。

借：固定资产——封装机	286 000	
贷：在建工程——封装机		286 000

（3）对固定资产进行定期检查发生的修理费用，有确凿证据表明符合固定资产确认条件的部分，应予以资本化并计入固定资产成本。

知识点

资本化期间停止计提折旧。

更新后的账面价值 = 更新前的账面价值 + 资本化支出。

计提折旧的时间按照该资产更新后的剩余使用寿命计算。

（二）费用化的后续支出（中小修理）

固定资产的日常维护支出通常不满足固定资产的确认条件，应在发生时直接计入当期损益。

（1）企业生产车间（部门）和行政管理部门的固定资产发生的不可资本化后续支出，如固定资产日常修理费用及抵扣的增值税进项税额，应借记“管理费用”“应交税费——应交增值税（进项税额）”科目，贷记“银行存款”等科目。

（2）企业专设销售机构的，其发生的与专设销售机构相关的固定资产修理费用等后续支出，如固定资产日常修理费用及其可抵扣的增值税进项税额，应借记“销售费用”“应交税费——应交增值税（进项税额）”科目，贷记“银行存款”等科目。

企业经营租入固定资产发生的改良支出，应通过“长期待摊费用”科目进行核算，并在剩余租赁期与租赁资产尚可使用年限两者中较短的期间内，采用合理的方法进行摊销。

任务三 固定资产终止确认

终止确认，是指该会计要素（通常为资产、负债或所有者权益）不再满足相关的确认条件，因此应当从企业的账簿中转销。

固定资产满足下列条件之一的，应当予以终止确认。

（1）该固定资产处于处置状态。

（2）该固定资产预期通过使用或处置不能产生经济利益。

固定资产处置包括固定资产的出售、转让、报废和毁损、对外投资、非货币性资产交换、债务重组等。如果企业的一项固定资产预期通过使用或处置不能产生经济利益，就不再符合固定资产的定义和确认条件，应予以终止确认。

一、固定资产的处置

企业在生产经营过程中，可能将不适用或不需用的固定资产对外出售转让，或因磨损、技术进步等原因对固定资产进行报废处理，或因遭受自然灾害而对毁损的固定资产进行处理。上述事项在进行会计核算时，应按规定程序办理有关手续，结转固定资产的账面价值，计算有关的清理收入、清理费用及残料价值等。

固定资产处置包括固定资产的出售、报废、毁损、对外投资、非货币性资产交换、债务重组等。处置固定资产应通过“固定资产清理”科目进行核算。具体包括以下几个环节。

（一）固定资产转入清理

企业因出售、报废、毁损、对外投资、非货币性资产交换、债务重组等转出的固定资产，按该项固定资产的账面价值借记“固定资产清理”科目，按已计提的累计折旧借记“累计折旧”科目，按已计提的减值准备借记“固定资产减值准备”科目，按其账面原价贷记“固定资产”科目。

(二)发生的清理费用

企业固定资产清理过程中应支付的相关税费及其他费用，借记“固定资产清理”科目，贷记“银行存款”“应交税费——应交增值税”等科目。

(三)收回出售固定资产的价款、残料价值和变价收入等

企业收回出售固定资产的价款和税款借记“银行存款”科目，按增值税专用发票上注明的价款贷记“固定资产清理”科目，按增值税专用发票上注明的增值税销项税额贷记“应交税费——应交增值税（销项税额）”科目。残料入库，按残料价值，借记“原材料”等科目，贷记“固定资产清理”科目。

(四)保险赔偿等的处理

企业应由保险公司或过失人赔偿的损失，借记“其他应收款”等科目，贷记“固定资产清理”科目。

(五)清理净损益的处理

固定资产清理完成后，对于清理净损益，应区分不同情况进行账务处理。属于生产经营期间正常的处置损失，借记“资产处置损益”科目，贷记“固定资产清理”科目；属于自然灾害等非正常原因造成的损失，借记“营业外支出——非常损失”科目，贷记“固定资产清理”科目。如为贷方余额，借记“固定资产清理”科目，贷记“资产处置损益”或“营业外收入——非流动资产处置利得”科目。

【例 5-12】畅通公司出售一座建筑物，原价为 2 000 000 元，已计提折旧 1 000 000 元，未计提减值准备，实际出售价格为 1 200 000 元，已通过银行收回价款。

（1）将出售固定资产转入清理的账务处理如下。

借：固定资产清理	1 000 000	
累计折旧	1 000 000	
贷：固定资产		2 000 000

（2）收回出售固定资产的价款的账务处理如下。

借：银行存款	1 200 000	
贷：固定资产清理		1 200 000

（3）结转出售固定资产实现的利的账务处理如下。

借：固定资产清理	200 000	
贷：资产处置损益		200 000

【例 5-13】畅通公司现有一台设备由于性能等原因决定提前报废，原价为 500 000 元，已计提折旧 450 000 元，未计提减值准备。设备报废时的残值变价收入为 20 000 元，报废清理过程中发生的清理费用为 3 500 元。该设备的有关收入、支出均通过银行办理结算。

（1）将报废固定资产转入清理的账务处理如下。

借：固定资产清理	50 000	
累计折旧	450 000	
贷：固定资产		500 000

（2）收回残料变价收入的账务处理如下。

借：银行存款 20 000
　　贷：固定资产清理 20 000

（3）支付清理费用的账务处理如下。

借：固定资产清理 3 500
　　贷：银行存款 3 500

（4）结转报废固定资产发生的净损失的账务处理如下。

借：资产处置损益 33 500
　　贷：固定资产清理 33 500

【例 5-14】畅通公司因遭受水灾毁损一座仓库，该仓库原价为 4 000 000 元，已计提折旧 1 000 000 元，未计提减值准备。其残料估计价值为 50 000 元，残料已办理入库。发生的清理费用已取得增值税专用发票，注明的装卸费为 20 000 元，增值税税额为 1 200 元，以银行存款支付。经保险公司核定，应赔偿畅通公司损失 1 500 000 元，畅通公司尚未收到赔款。假定不考虑其他相关税费，畅通公司账务处理如下。

（1）将毁损的仓库转入清理时的账务处理如下。

借：固定资产清理 3 000 000
　　累计折旧 1 000 000
　　贷：固定资产 4 000 000

（2）残料入库时的账务处理如下。

借：原材料 50 000
　　贷：固定资产清理 50 000

（3）支付清理费用时的账务处理如下。

借：固定资产清理 20 000
　　应交税费——应交增值税（进项税额） 1 200
　　贷：银行存款 21 200

（4）确定应由保险公司理赔的损失时的账务处理如下。

借：其他应收款 1 500 000
　　贷：固定资产清理 1 500 000

（5）结转毁损固定资产发生的损失时的账务处理如下。

借：营业外支出——非常损失 1 470 000
　　贷：固定资产清理 1 470 000

二、固定资产的清查

企业应定期或者至少于每年年末对固定资产进行清查盘点，以保证固定资产核算的真实性，充分挖掘企业现有固定资产的潜力。在固定资产清查过程中，企业如果发现盘盈、盘亏的固定资产，应填制固定资产盘盈盘亏报告表，清查固定资产的损益，及时查明原因，并按照规定程序报批处理。

（一）固定资产盘盈

企业在财产清查中盘盈的固定资产，作为前期差错处理。企业在财产清查中盘盈的固定资产，在按管理权限报经批准处理前，应先通过“以前年度损益调整”科目核算。盘盈的固定资产，应按重置成本确定其入账价值，借记“固定资产”科目，贷记“以前年度损益调整”科目。

【例 5-15】2019 年 1 月 5 日，畅通公司在财产清查中发现 2010 年 12 月份购入的一台设备尚未入账，重置成本为 30 000 元（假定与其计税基础不存在差异）。假定畅通公司按净利润的 10% 提取法定盈余公积，不考虑相关税费及其他因素的影响。

（1）盘盈固定资产时，畅通公司应编制的会计分录如下。

借：固定资产　　30 000

　　贷：以前年度损益调整　　30 000

（2）结转为留存收益时，畅通公司应编制的会计分录如下。

借：以前年度损益调整　　30 000

　　贷：盈余公积——法定盈余公积　　3 000

　　　　利润分配——未分配利润　　27 000

根据《企业会计准则第 28 号——会计政策、会计估计变更和差错更正》的规定，【例 5-15】中盘盈固定资产作为前期差错进行处理时，应通过“以前年度损益调整”科目进行核算。

（二）固定资产盘亏

企业在财产清查中盘亏的固定资产，按盘亏固定资产的账面价值，借记“待处理财产损溢”科目；按已计提的累计折旧，借记“累计折旧”科目；按已计提的减值准备，借记“固定资产减值准备”科目；按固定资产的原价，贷记“固定资产”科目；因管理权限报经批准后处理时，按可收回的保险赔偿或过失人赔偿，借记“其他应收款”科目；按应计入营业外支出的金额，借记“营业外支出——盘亏损失”科目，贷记“待处理财产损溢”科目。

【例 5-16】畅通公司进行财产清查时发现短缺一台笔记本电脑，原价为 10 000 元，已计提折旧 7 000 元。畅通公司应编制如下会计处理。

（1）盘亏固定资产时应编制的会计处理如下。

借：待处理财产损溢　　3 000

　　累计折旧　　7 000

　　贷：固定资产　　10 000

（2）报经批准转销时应编制的会计处理如下。

借：营业外支出——盘亏损失　　3 000

　　贷：待处理财产损溢　　3 000

三、固定资产的减值

固定资产在资产负债表日存在可能发生减值的迹象时，其可收回金额低于账面价值的，企业应当将该固定资产的账面价值减记至可收回金额，减记的金额确认为减值损失，计入当期损益，同时计提相应的资产减值准备，借记“资产减值损失——计提的固定资产减值准备”科目，贷记“固定资产减值准备”科目。

知识点

固定资产减值损失一经确认，在以后会计期间不得转回。

【例 5–17】2019 年 12 月 31 日，畅通公司的某生产线存在可能发生减值的迹象。经计算，该机器的可收回金额合计为 1 230 000 元，账面价值为 1 400 000 元，以前年度未对该生产线计提过减值准备。

由于该生产线的可收回金额为 1 230 000 元，账面价值为 1 400 000 元，可收回金额低于账面价值，应按两者之间的差额 170 000（1 400 000–1 230 000）元计提固定资产减值准备。畅通公司应编制如下会计处理。

借：资产减值损失——计提的固定资产减值准备　　170 000

　　贷：固定资产减值准备　　170 000

知识点

固定资产的“会计、税法”差异如下。

（1）折旧方法不同：会计上有直线法、工作量法、年数总和法、双倍余额递减法。税法上一般只有直线法，个别情况下可以加速折旧，但必须经税务部门认可。

（2）折旧年限不同：会计上按照受益期确定，而税法上则明确规定了各类资产的一般折旧年限。

（3）预计净残值不同：会计上可自行估计，税法上一般给出各类资产的预计净残值率。

（4）固定资产减值准备上的差异：会计上计提减值准备并因此调整了账面价值，税法上不认同减值准备金额。

拓展阅读

关键词：诚实守信；实质大于形式；立德树人

2019 年年末与 2020 年年初，A 股上市公司再次掀起一股“预亏潮”，且多家上市公司预亏的金额让市场大跌眼镜。如 ×× 盐湖预计 2019 年度亏损 432 亿 ~ 472 亿元，也成为截至当时 A 股上市公司的“亏损王”。在多家上市公司预计巨额亏损的背后，大额计提减值准备成为千夫所指。会计上的计提减值准备其本意是出于对“谨慎性”的考虑，当客观经济环境确实造成资产减值时，应计提减值准备，但在资本市场中，个别企业滥用资产减值准备以操纵盈余来达到某种目的。会计从业人员应秉承“诚信”思想，要根据客观实际情况计提减值，不能过度计提或滥用资产减值准备。

对于会计从业人员而言，讲求诚信不仅是个人的道德素养，而且是会计职业的从业要求，遵纪守法既是每个公民的社会责任，也是会计职业人员应该坚守的底线。法制作为人与人之间相互协作的基本规范，是社会有效运转的基石。党的二十大报告中指出育人的根本在于立德，培养具备法制理念的公民是社会主义精神文明建设的重要任务，属于“立德树人”教育的核心要素之一。全面贯彻党的教育方针，落实立德树人根本任务，培养德智体美劳全面发展的社会主义建设者和接班人。在教育事业中将法制理念引入会计职业，即是提倡会计从业人员在工作中遵守会计准则以及各种法律法规的要求。

项目六 无形资产及其他资产

无形资产是指企业拥有或者控制的没有实物形态的可辨认非货币性资产。无形资产具有广义和狭义之分，广义的无形资产包括货币资金、应收账款、金融资产、长期股权投资、专利权、商标权等，因为其没有物质实体，所以表现为某种法定权利或技术。但是，会计上通常将无形资产作狭义的理解，即将专利权、商标权等称为无形资产。

学习目标

知识目标

①了解无形资产的含义、特征和内容。

②熟悉无形资产的初始计量及使用寿命的确定。

③掌握无形资产取得、后续计量、处置的会计处理。

④掌握研究开发支出的确认及处理原则。

⑤掌握无形资产减值的会计处理。

技能目标

①能够区分无形资产与有形资产，并正确计量无形资产的初始成本。

②能够正确地对无形资产进行摊销及减值处理。

③能进行无形资产处置的核算。

素质目标

①具备社会主义核心价值观：法治、诚信。

②能深刻认识到纳税是企业的责任与义务，只有合理地纳税才能保证财政收入的稳定性。

③具备爱岗敬业，强化服务意识以及爱国精神。

关键词

无形资产	intangible assets
研究费用	research expenditure
开发支出	development expenditure
专利权	patent right
土地使用权	land tenure
商标权	trade mark privileges

思维导图

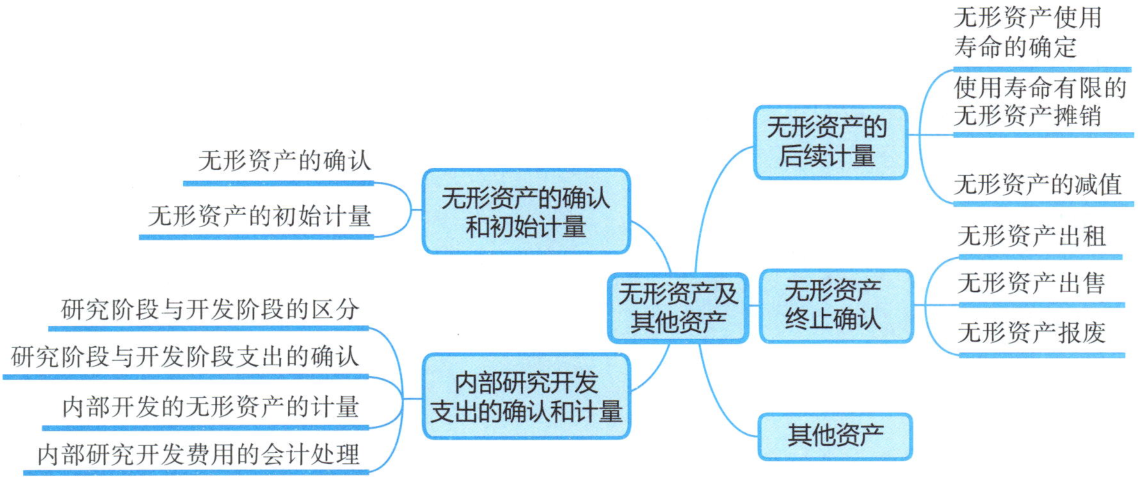

任务一　无形资产的确认和初始计量

一、无形资产的确认

（一）无形资产的概念和特征

无形资产是指企业拥有或者控制的没有实物形态的可辨认非货币性资产，主要包括专利权、非专利技术、商标权、著作权、特许权、土地使用权等。

无形资产具有 3 个主要特征。

1. 由企业拥有或者控制并能为其带来未来经济利益的资源

对于会产生经济利益的技术知识，若其受到版权、贸易协议约束（如果允许）等法定权利或雇员保密法定职责的保护，那么说明该企业控制了相关利益。

客户关系、人力资源等资源，由于企业无法控制其带来的未来经济利益，不符合无形资产的定义，不应将其确认为无形资产。

2. 不具有实物形态

无形资产是不具有实物形态的非货币性资产，它不像固定资产、存货等有形资产具有实物形体。

知识点

因为无形资产不具有实物形态，所以无形资产不存在期末盘点和清查。

3. 具有可辨认性

企业资产满足下列条件之一的，符合无形资产定义中的可辨认性标准。

（1）能够从企业中分离或者划分出来，并能单独或者与相关合同、资产或负债一起，用于出售、转让、授予许可、租赁或者交换。

（2）源自合同性权利或其他法定权利，无论这些权利是否可以从企业或其他权利（或义务）中转移或者分离。

知识点

商誉是一项单独的非流动资产，它的存在无法与企业自身分离，不具有可辨认性，因此不属于无形资产。

4. 无形资产属于非货币性资产

货币性资产是指企业持有的货币资金和将以固定或可确定的金额收取的资产，包括现金、银行存款、以摊余成本计量的应收账款和应收票据等。非货币性资产是指货币性资产以外的资产，该类资产在将来为企业带来的经济利益不固定或不可确定，包括存货（如原材料、库存商品等）、长期股权投资、投资性房地产、固定资产、在建工程、无形资产等。无形资产由于没有发达的交易市场，一般不容易转化成现金，在持有过程中为企业带来未来经济利益的情况不确定，不属于以固定或可确定的金额收取的资产，因此属于非货币性资产。

（二）无形资产的内容

无形资产主要包括专利权、商标权、土地使用权、非专利技术、著作权、特许权等。无形资产种类对比如表 6-1 所示。

表 6-1　无形资产种类对比表

无形资产	是否受法律保护	是否有法定期限	备注
商标权	是	有	只有能给企业带来经济利益的，方可作为企业的无形资产，这一点尤其体现在商标权、专利权和非专利技术上
专利权	是	有	
非专利技术	否	无	
著作权	是	有	
土地使用权	是	有	
特许权	是	有	只有企业授权的才可作为无形资产入账

1. 专利权

专利权是指国家专利主管机关依法授予发明创造专利申请人对其发明创造在法定期限内所享有的专有权利，包括发明专利权、实用新型专利权和外观设计专利权。它给予持有者独家使用或控制某项发明的特殊权利。《中华人民共和国专利法》明确规定，专利人拥有的专利权受到国家法律保护。专利权是国家允许其持有者独家使用或控制的特权，但它并不保证一定能给持有者带来经济效益，例如，有的专利可能会被另外更有经济价值的专利所淘汰。因此，企业不应将其所拥有的一切专利权都予以资本化，作为无形资产管理和核算。一般而言，只有从外单位购入的专利或者自行开发并按法律程序申请取得的专利，才能作为无形资产管理和核算。这种专利可以降低成本，或者提高产品质量，或者将其转让出去获得转让收入。

企业从外单位购入的专利权，应按实际支付的价款作为专利权的成本。企业自行开发并按法律程序申请取得的专利权，应按照无形资产准则确定的金额作为成本。

2. 商标权

商标权是指专门在某类指定的商品或产品上使用特定的名称或图案的权利。商标是用来辨认特定的商品或劳务的标记。商标经过注册登记之后，就获得了法律上的保护。《中华人民共和国商标法》明确规定，经商标局核准注册的商标为注册商标，商标注册人享有商标专用权，受法律的保护。

企业自创的商标并将其注册登记，所花费用一般不大，因此是否将其资本化并不重要。能够给拥有者带来获利能力的商标，往往是通过多年的广告宣传和其他传播商标名称的手段以及客户的信赖等树立起来的。广告费一般不作为商标权的成本，而是在发生时直接计入当期损益。

按照《中华人民共和国商标法》的规定，商标可以转让，但受让人应保证使用该注册商标的产品质量。如果企业购买他人的商标，一次性支出费用较大的，可以将其资本化作为无形资产管理。这时，企业应根据购入商标的价款、支付的手续费以及有关费用作为商标的成本。

3. 土地使用权

土地使用权是指国家准许某一企业或单位在一定期间内对国有土地享有开发、利用、经营的权利。

根据《中华人民共和国土地管理法》的规定，我国实行土地的社会主义公有制，即全民所有制和劳动群众集体所有制。任何单位和个人不得侵占、买卖或者以其他形式非法转让土地，但土地使用权可以依法转让。企业取得土地使用权，应将取得时发生的支出资本化，作为土地使用权的成本，记入“无形资产”科目核算。

4. 非专利技术

非专利技术即专有技术，或技术秘密、技术诀窍，是指先进的、未公开的、未申请专利、可以带来经济效益的技术及诀窍。其主要内容包括以下 3 点。一是工业专有技术，即在生产上已经采用，仅限于少数人知道，不享有专利权或发明权的生产、装配、修理、工艺或加工方法的技术知识；二是商业（贸易）专有技术，即具有保密性质的市场情报、原材料价格情报以及用户、竞争对象的情况和有关知识；三是管理专有技术，即生产组织的经营方式、管理方式、培训职工方法等保密知识。非专利技术并不是专利法的保护对象，专有技术所有人依靠自我保密的方式来维持其独占权，可以用于转让和投资。

企业的非专利技术，有些是自己开发研究的，有些是根据合同规定从外部购入的。如果是企业自己开发研究的，应将符合《企业会计准则第 6 号——无形资产》规定的开发支出资本化条件的，确认为无形资产。对于从外部购入的非专利技术，应将实际发生的支出予以资本化，作为无形资产入账。

5. 著作权

著作权又称版权，是指制作者对其创作的文学、科学和艺术作品依法享有的某种特殊权利。著作权包括两方面的权利，即精神权利（人身权利）和经济权利（财产权利）。前者是指作品署名权、发表作品、确认作者身份、保护作品完整性、修改已经发表的作品等各项权利，包括发表权、署名权、修改权和保护作品完整权。后者是指以出版、表演、广播、展览、录制唱片、摄制影片等方式使用作品以及因授权他人使用作品而获得经济利益的权利。

6. 特许权

特许权，又称经营特许权、专营权，是指企业在某一地区经营或销售某种特定商品的权利，或者是一家企业接受另一家企业使用其商标、商号、技术秘密等的权利。前者一般是指政府机关授权、准许企业使用或在一定地区享有经营某种业务的特权，如水、电、邮电通信等专营权、烟草专卖权等。后者指企业间依照签订的合同，有期限或无期限使用另一家企业的某些权利，如连锁店分店使用总店的名称。

知识点

（1）非专利技术是唯一无法定期限、不受法律保护的无形资产。

（2）土地使用权的处理。企业应按实际支付的价款加上相关税费认定土地使用权的成本。如果此土地使用权用于自行开发厂房，则与建筑物分开核算。

下列情况下，土地使用权必须与房产合并反映。

①房地产开发企业取得的土地使用权用于开发对外出售的房产，相应的土地使用权应并入房产的成本。

②企业外购房屋建筑物，如果能够合理地分割土地和地上建筑物，则分开核算，否则，应当全部作为固定资产进行核算。

（三）无形资产的确认条件

无形资产需同时满足以下条件时才能予以确认。

1. 与该资产有关的经济利益很可能流入企业

资产最基本的特征是产生的经济利益预期很可能流入企业，如果某一项目产生的经济利益预期不能流入企业，就不能确认为企业的资产。对无形资产的确认而言，如果某一无形资产的经济利益预期不能流入企业，就不能确认为企业的无形资产；如果某一无形资产的经济利益预期很可能流入企业，并同时满足无形资产确认的其他条件，则企业应将其确认为无形资产。例如，企业外购一项专利权，从而拥有法定所有权，使得企业的相关权利受到法律的保护，此时表明企业能够控制该项无形资产所产生的经济利益。

在实务工作中，要确定无形资产产生的经济利益是否可能流入企业，应当对无形资产在预计使用寿命内可能存在的各种经济因素作出合理估计，并且应有明确证据支持。企业在进行这种判断时，需要考虑相关的因素。例如，企业是否有足够的人力资源、高素质的管理队伍、相关硬件设备等来配合无形资产为企业创造经济利益。最为重要的是，企业应关注外界因素的影响，例如，是否存在相关的新技术、新产品冲击与无形资产相关的技术或利用其生产的产品的市场等。

2. 该无形资产的成本能够可靠地计量

成本能够可靠地计量是资产确认的一项基本条件。对于无形资产而言，这个条件显得十分重要。例如，假定一些高科技领域的高科技人才，与企业签订了服务合同，而且合同规定其在一定期限内不能为其他企业提供服务。在这种情况下，虽然这些高科技人才的知识在规定的期限内能够预期为企业创造经济利益，但由于他们的知识难以准确或合理地辨认，并且为形成这些知识所发生的支出也是难以计量的，从而其不能作为企业的无形资产加以确认。

对于企业内部产生的品牌、报刊名、刊头、客户名单和实质上类似项目的支出，由于不能与整个业务开发成本区分开来，成本无法可靠计量，因此不应确认为无形资产。

（四）无形资产核算应设置的会计科目

为了反映和监督无形资产的取得、摊销和处置等情况，企业应当设置“无形资产”“累计摊销”等科目进行核算。

“无形资产”科目核算企业持有的无形资产成本，借方登记取得无形资产的成本，贷方登记出售无形资产转出的无形资产账面余额，期末借方余额，反映企业无形资产的成本。本科目应按无形资产项目设置明细账，进行明细核算。

“累计摊销”科目属于“无形资产”的调整科目，核算企业对使用寿命有限的无形资产计提的累计摊销，贷方登记企业计提的无形资产摊销，借方登记处置无形资产转出的累计摊销，期末贷方余额，反映企业无形资产的累计摊销额。

此外，企业无形资产发生减值的，还应当设置“无形资产减值准备”科目进行核算。

二、无形资产的初始计量

无形资产通常应当按照实际成本进行初始计量，即以取得无形资产并使之达到预定用途而发生的全部支出作为无形资产的成本。

（一）外购的无形资产

外购无形资产的成本，包括购买价款、相关税费以及直接归属于使该项资产达到预定用途所发生的其他支出。其范围如表 6-2 所示。

表 6-2　其他支出的范围

包括的内容	不包括的内容
使无形资产达到预定用途所发生的专业服务费用；测试无形资产是否能够正常发挥作用的费用	为引入新产品进行宣传发生的广告费、管理费用以及其他间接费用；无形资产已经达到预定用途以后发生的费用

购买无形资产的价款超过正常信用条件延期支付（分期付款）的数额，实质上具有融资性质的，无形资产的成本应以购买价款的现值为基础来确定。实际支付的价款与购买价款现值之间的差额作为未确认融资费用，在付款期间内采用实际利率法进行摊销，摊销金额除满足借款费用资本化条件应当计入无形资产成本之外，均应当在信用期间内确认为财务费用，计入当期损益。公司应编如下制会计分录。

（1）借：无形资产（现值）

　　　　未确认融资费用（倒挤）

　　　　贷：长期应付款（原值）

（2）借：财务费用

　　　　贷：未确认融资费用

【例 6-1】畅通公司购入一项非专利技术，支付的买价和有关费用合计为 900 000 元，税率为 6%，以银行存款支付。畅通公司应编制如下会计分录。

借：无形资产——非专利技术品	900 000	
应交税费——应交增值税（进项税额）	54 000	
贷：银行存款		954 000

（二）其他方式取得的无形资产

通过其他方式取得的无形资产成本构成如表 6-3 所示。

表 6-3　通过其他方式取得的无形资产成本构成表

无形资产取得方式	无形资产的成本确定
投资者投入	按投资合同或协议约定的价值确定，但合同或协议约定价值不公允的除外
非货币性资产交换、债务重组	按相关准则的规定确定
取得政府补助	按政府补助准则的规定确定

（三）土地使用权的处理

土地使用权是指国家准许某企业在一定期间内对国有土地享有开发、利用、经营的权利。

（1）企业取得的土地使用权，通常应当按照取得时所支付的价款及相关税费确认为无形资产。但属于投资性房地产的土地使用权，应当按照投资性房地产进行会计处理。

（2）将土地使用权用于自行开发建造厂房等地上建筑物时，相关的土地使用权账面价值不与地上建筑物合并计算其成本，而仍作为无形资产进行核算。土地使用权与地上建筑物分别进行摊销和提取折旧（“房地分离原则”）。

“房地合一”的特殊情况有如下几点。

①房地产开发企业取得的土地使用权用于建造对外出售的房屋建筑物，相关的土地使用权应当计入所建造的房屋建筑物成本（存货）。

②企业外购的房屋建筑物，实际支付的价款中包括土地以及建筑物的价值，则应当对

支付的价款按照合理的方法（如公允价值相对比例）在地上建筑物与土地使用权之间分配。

如果确实无法在地上建筑物和土地使用权之间进行合理分配的，应全部作为固定资产，按照固定资产确认和计量的规定进行处理。

（3）企业改变土地使用权的用途，在停止将自用土地使用权用于赚取租金或资本增值时，应将其转为投资性房地产。

任务二 内部研究开发支出的确认和计量

一、研究阶段与开发阶段的区分

（一）研究阶段

研究阶段是指为获取并理解新的科学或技术知识而进行的独创性的有计划调查阶段。研究阶段的特征包括以下几个方面：①研究阶段是探索性的；②具有较大的不确定性；③不会形成阶段性成果。

（二）开发阶段

开发阶段是指在进行商业性生产或使用前，将研究成果或其他知识应用于某项计划或设计，以生产出新的或具有实质性改进的材料、装置、产品等的阶段。

相对于研究阶段而言，开发阶段应当是已完成研究阶段的工作，在很大程度上具备了形成一项新产品或新技术的基本条件。

二、研究阶段与开发阶段支出的确认

（一）研究阶段支出

对于企业内部研究开发项目，研究阶段的支出应当在发生时全部费用化，计入当期损益（管理费用）。

（二）开发阶段支出

对于企业内部研究开发项目，开发阶段的支出同时满足下列条件才能资本化，计入无形资产成本，否则应当计入当期损益（管理费用）。

（1）完成该无形资产以使其能够使用或出售在技术上具有可行性。

（2）具有完成该无形资产并使用或出售的意图。

（3）无形资产产生经济利益的方式，包括以下两种：能够证明运用该无形资产生产的产品存在市场或无形资产自身存在市场；无形资产将在内部使用的，应当证明其有用性。

（4）有足够的技术、财务资源和其他资源支持，以完成该无形资产的开发，并有能力使用或出售该无形资产。

（5）归属于该无形资产开发阶段的支出能够可靠地计量。

在企业同时从事多项开发活动的情况下，所发生的支出同时用于支持多项开发活动的，应按照合理的标准在各项开发活动之间进行分配；无法合理分配的，应予以费用化，计入当期损益，不计入开发活动的成本。

（三）无法区分研究阶段和开发阶段的支出

无法区分研究阶段和开发阶段的支出，应当在发生时费用化，计入当期损益（管理费用）。

知识点

这条规定体现了“谨慎性”的信息质量要求。

三、内部开发的无形资产的计量

（1）内部研发形成的无形资产成本，由可直接归属于该资产的创造、生产并使该资产能够以管理层预定方式运作的所有必要支出构成。无形资产开发成本构成比较如表 6-4 所示。

表 6-4　无形资产开发成本构成比较表

构成开发成本的支出	不构成开发成本的支出
（1）开发该无形资产时耗费的材料、劳务成本、注册费。 （2）开发该无形资产过程中使用的其他专利权和特许权的摊销。 （3）按照借款费用的处理原则可资本化的利息	（1）在开发无形资产过程中发生的其他销售费用、管理费用等间接费用。 （2）无形资产达到预定用途前发生的可辨认的无效和初始运作损失。 （3）为运行该无形资产发生的培训支出等

（2）内部开发无形资产的支出包括在满足资本化条件时点至无形资产达到预定用途前发生的支出总和。同一项无形资产在开发过程中达到资本化条件之前已经费用化计入当期损益的支出，将不再进行调整。

四、内部研究开发费用的会计处理

企业自行开发无形资产发生资本化条件的，借记“研发支出——费用化支出”科目，借记“研发支出——资本化支出”科目，贷记“原材料”“应付职工薪酬”等科目。研究开发项目达到预定用途形成无形资产的，应当按照“研发支出——资本化支出”科目的余额，借记“无形资产”科目，贷记“研发支出——资本化支出”科目。期（月）末应将“研发支出——费用化支出”科目归集的金额转入“管理费用”科目，借记“管理费用”科目，贷记“研发支出——费用化支出”科目。如果无法可靠区分研究阶段的支出和开发阶段的支出，应将其所发生的研发支出全部费用化，计入当期损益，并记入“管理费用”科目，如图 6-1 所示。

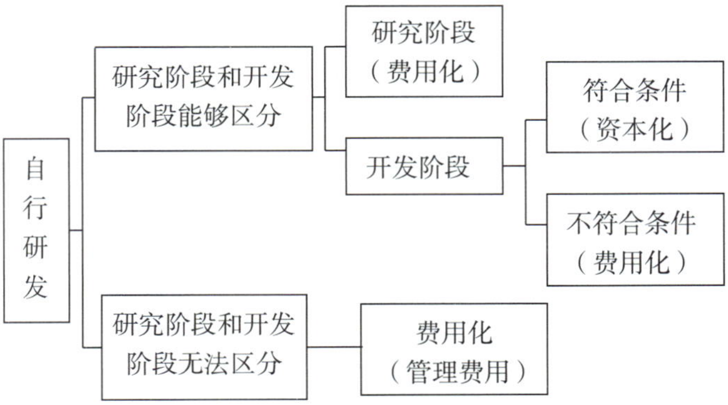

图 6-1　自行研发无形资产费用

知识点

研发支出的借方余额在资产负债表中列入“开发支出”项目。

【例 6-2】2019 年 1 月 1 日，畅通公司的董事会批准研发某项新技术，该公司董事会认为，研发该项目具有可靠的技术和财务等资源的支持，并且一旦研发成功，将降低该公司的生产成本。2020 年 1 月 31 日，该项新技术研发成功并已经达到预定用途。研发过程中所发生的直接相关必要支出情况如下。

（1）2019 年度发生材料费用 9 000 000 元，人工费用 4 500 000 元，计提专用设备折旧 750 000 元，以银行存款支付其他费用 3 000 000 元，总计 17 250 000 元，其中，符合资本化条件的支出为 7 500 000 元。

（2）2020 年 1 月 31 日前发生材料费用 800 000 元，人工费用 500 000 元，计提专用设备折旧 50 000 元，其他费用 20 000 元，总计 1 370 000 元。

（1）2019 年发生研发支出时，畅通公司应编制如下会计分录。

借：研发支出——××技术——费用化支出（倒挤）	9 750 000	
——资本化支出	7 500 000	
贷：原材料		9 000 000
应付职工薪酬		4 500 000
累计折旧		750 000
银行存款		3 000 000

（2）2019 年 12 月 31 日，将不符合资本化条件的研发支出转入当期管理费用时：

借：管理费用	9 750 000	
贷：研发支出——××技术——费用化支出		9 750 000

（3）2020 年 1 月份发生研发支出时，畅通公司应编制如下会计分录。

借：研发支出——××技术——资本化支出	1 370 000	
贷：原材料		800 000

应付职工薪酬　　500 000
累计折旧　　50 000
银行存款　　20 000

（4）2020 年 1 月 31 日，该项新技术已经达到预定用途时，畅通公司应编制如下会计分录。

借：无形资产——×× 技术　　8 870 000
　贷：研发支出——×× 技术——资本化支出　　8 870 000

任务三　无形资产的后续计量

一、无形资产使用寿命的确定

无形资产的后续计量以其使用寿命为基础。无形资产的使用寿命为有限的，应当估计该使用寿命的年限或者构成使用寿命的产量等类似计量单位的数量；无法预见无形资产为企业带来未来经济利益期限的，应当视为使用寿命不确定的无形资产。

知识点

使用寿命不确定的无形资产不予以摊销。

（一）估计无形资产使用寿命应考虑的因素

无形资产的使用寿命包括法定寿命和经济寿命两个方面。有些无形资产的使用寿命受法律、规章或合同的限制，称为法定寿命。经济寿命是指无形资产可以为企业带来的经济利益的年限。

在估计无形资产的使用寿命时，应当综合考虑各方面相关因素的影响，其中通常应当考虑的因素有以下几点。

（1）运用该无形资产生产的产品通常的寿命周期、可获得的类似无形资产使用寿命的信息。

（2）技术、工艺等方面的现实情况及对未来发展的估计。

（3）以该无形资产生产的产品或提供的服务的市场需求情况。

（4）现在或潜在的竞争者预期将采取的行动。

（5）为维持该无形资产产生未来经济利益的能力预期的维护支出以及企业预计支付有关支出的能力。

（6）对该无形资产的控制期限以及对该资产使用的法律或类似限制，如特许使用期、租赁期等。

（7）与企业持有的其他资产使用寿命的关联性等。

（二）无形资产使用寿命的确定

（1）源自合同性权利或其他法定权利取得的无形资产，其使用寿命通常不应超过合同性权利或其他法定权利的期限。但如果企业使用资产的预期期限短于合同性权利或其他法定权利规定的期限的，则应当按照企业预期使用的期限来确定其使用寿命。

（2）如果合同性权利或其他法定权利能够在到期时因续约等延续，则仅当有证据表明企业续约不需要付出重大成本时，续约期才能够包括在使用寿命的估计中。如果企业为延续无形资产持有期间而付出的成本与预期从重新延续中流入企业的未来经济利益相比具有重要性，则从本质上来看是企业获得了一项新的无形资产。

（3）没有明确的合同或法律规定无形资产的使用寿命的，企业应当综合各方面情况来确定无形资产为企业带来未来经济利益的期限。

（4）经过上述努力仍确实无法合理确定无形资产为企业带来未来经济利益期限的，才能将该无形资产作为使用寿命不确定的无形资产。

例如，企业通过公开拍卖取得一项出租车运营许可，按照所在地规定，以现有出租运营许可为限，不再授予新的运营许可，而且在旧出租车报废以后，有关的运营许可可用于新出租车。企业估计在有限的未来将持续经营出租车行业。对于该运营许可，其为企业带来未来经济利益的期限从实际情况看，无法可靠估计，因此，应视其为使用寿命不确定的无形资产。

（三）无形资产使用寿命的复核

（1）企业至少应当于每年年度终了，对使用寿命有限的无形资产的使用寿命进行复核。如果有证据表明无形资产的使用寿命与以前估计不同的，应当改变其摊销期限，并按照会计估计变更进行处理。

（2）企业应当在每个会计期末对使用寿命不确定的无形资产的使用寿命进行复核。如果有证据表明无形资产的使用寿命是有限的，应当按照《企业会计准则第 28 号——会计政策、会计估计变更和差错更正》进行处理，并按照使用寿命有限的无形资产的有关规定进行处理。

二、使用寿命有限的无形资产摊销

使用寿命有限的无形资产，应以成本减去累计摊销额和累计减值损失后的余额（账面价值）进行后续计量。使用寿命有限的无形资产，应在其预计的使用寿命内采用系统且合理的方法对应摊销金额进行摊销。

（一）无形资产的应摊销金额

无形资产的应摊销金额是指其成本扣除预计残值后的金额。已计提减值准备的无形资产，还应扣除已计提的无形资产减值准备累计金额。

（二）无形资产的残值

（1）使用寿命有限的无形资产，其残值一般应当视为零，但如下情况除外：

有第三方承诺在无形资产使用寿命结束时愿意以一定的价格购买该无形资产；可以根据活跃市场得到无形资产预计残值信息，并且从目前情况看，该市场在无形资产使用寿命结束时还可能存在。

（2）估计无形资产的残值应以资产处置时的可收回金额为基础。

此时的可收回金额是指在预计出售日，出售一项使用寿命已满且处于类似使用状况下，同类无形资产预计的处置价格（扣除相关税费）。

知识点

无形资产的残值，意味着在其经济寿命结束之前企业预计将会处置该无形资产，并且从该处置中取得利益。

（3）在持有无形资产期间，至少应于每年会计期末进行复核，预计其残值与原估计金额不同的，应按照会计估计变更进行处理。

知识点

如果无形资产的残值重新估计以后高于其账面价值，则无形资产不再摊销，直至残值降至低于账面价值时再恢复摊销。

（三）无形资产的摊销期和摊销方法

（1）无形资产的摊销期，自其可供使用（即其达到预定用途）时起至终止确认时止，当月增加的无形资产，当月开始摊销；当月减少的无形资产，当月不再摊销。

如果预计使用年限超过了相关合同规定的收益年限或法律规定的有效年限，应按照以下原则摊销。

①合同规定了受益年限，但法律没有规定有效年限的，摊销年限不应超过受益年限。

②合同没有规定受益年限，但法律规定了有效年限的，摊销年限不应超过有效年限。

③合同规定了受益年限，法律也规定了有效年限的，摊销年限不应超过受益年限和有效年限两者之中较短者。

④合同没有规定受益年限，法律也没有规定有效年限的，摊销年限不应超过 10 年。

与会计上规定的无形资产摊销年限相比，企业所得税法规定的无形资产摊销年限主要有以下不同。

①不考虑预计实际年限是否低于合同规定的受益年限或法律规定的有效年限，应按照受益年限和有效年限两者之中较短者进行摊销。

②合同和法律如果均没有规定受益年限或有效年限的，摊销期限不得少于 10 年。

③土地使用权应统一按法律规定的有效年限进行摊销，不考虑企业的实际受益年限。

（2）企业选择的无形资产摊销方法，应当能够反映与该项无形资产有关经济利益的预期消耗方式，并一致地运用于不同会计期间。

（3）具体摊销方法有多种，包括直线法、产量法等。

技术陈旧因素影响较大的专利权和专有技术等无形资产，可采用类似固定资产加速折旧的方法进行摊销。有特定产量限制的特许经营权或专利权，应采用产量法进行摊销。无法可靠确定无形资产预期消耗方式的，应当采用直线法进行摊销。

由于收入可能受到投入、生产过程和销售等因素的影响，这些因素与无形资产有关经济利益的预期消耗方式无关。因此，企业通常不应以包括使用无形资产在内的经济活动所产生的收入为基础进行摊销，但是，下列极其有限的情况除外。

①企业根据合同约定确定无形资产固有的根本性限制条款的，当该条款为因使用无形资产而应取得的固定的收入总额时，取得的收入可以成为摊销的合理基础。

②有确凿的证据表明收入的金额和无形资产经济利益的消耗是高度相关的。这种限制性条款，通常包括诸如无形资产的使用时间、使用无形资产生产产品的数量或因使用无形资产而应取得固定的收入总额等情况。例如，企业获得勘探开采黄金的特许权，且合同明确规定该特许权在销售黄金的收入总额达到某固定的金额时失效。

知识点

企业采用车流量法对高速公路经营权进行摊销的，不属于以包括使用无形资产在内的经济活动产生的收入为基础的摊销方法。

（4）企业至少应当于每年年度终了，对使用寿命有限的无形资产的使用寿命及摊销方法进行复核。如果有证据表明无形资产的使用寿命及摊销方法与以前估计不同的，应当改变其摊销年限和摊销方法，并按照会计估计变更进行会计处理。

（四）使用寿命有限的无形资产摊销的会计处理

无形资产的摊销金额一般应当计入当期损益（自用无形资产摊销应计入管理费用，出租无形资产摊销应计入其他业务成本），但如果某项无形资产是专门用于生产某种产品或其他资产的，其所包含的经济利益是通过转入所生产的产品或其他资产中实现的，其摊销金额应构成所生产产品成本的一部分，计入制造该产品的制造费用，贷记“累计摊销”科目。

例如，某项专门用于生产过程中的专利技术，其摊销金额应构成所生产产品成本的一部分，计入该产品的制造费用。对于作为无形资产的土地使用权，在建造地上建筑物（厂房）期间，其摊销金额部分可以计入“在建工程”中。但土地使用权本身不可以记入“在建工程”中。无形资产摊销应记入的科目如表 6-5 所示。

表 6-5　无形资产摊销表

资产用途	摊销记入的科目
内部自用	管理费用

续表

资产用途	摊销记入的科目
对外出租	其他业务成本
专门用于生产产品	制造费用
内部研发	研发支出
建造固定资产	在建工程

【例 6-3】畅通公司购买了一项特许权，成本为 4 800 000 元，合同规定受益年限为 10 年，畅通公司每月应摊销 40 000（4 800 000 ÷ 10 ÷ 12）元。每月摊销时，畅通公司应编制如下会计分录。

借：管理费用　　40 000

　贷：累计摊销　　40 000

【例 6-4】2019 年 1 月 1 日，畅通公司将其自行开发完成的非专利技术出租给丁公司，该非专利技术成本为 3 600 000 元，双方约定的租赁期限为 10 年，畅通公司每月应摊销 30 000（3 600 000 ÷ 10 ÷ 12）元。每月摊销时，畅通公司应编制如下会计分录。

借：其他业务成本　　30 000

　贷：累计摊销　　30 000

【例 6-5】2018 年 1 月 1 日，畅通公司从外单位购得一项新专利技术用于产品生产，支付价款 75 000 000 元，款项已支付，该项专利技术法律保护期为 15 年，公司预计运用该专利生产的产品在未来 10 年内会为公司带来经济利益，假定这项无形资产的净残值均为零，并按年采用直线法摊销。

畅通公司的账务处理如下所示 。

（1）取得无形资产的账务处理如下。

借：无形资产——专利权　　75 000 000

　贷：银行存款　　75 000 000

（2）按年摊销的账务处理如下。

借：制造费用——专利权摊销　　7 500 000

　贷：累计摊销　　7 500 000

【例 6-5】畅通公司外购的专利技术的预计使用期限（10 年）短于法律保护期间（15 年），则应当按照企业预期使用期限确定其使用寿命，同时这也就表明该项专利技术是使用寿命有限的无形资产，且该项无形资产用于产品生产，因此，应当将其摊销金额计入相关产品的成本。

【例 6-6】2020 年 1 月 1 日，就上述专利技术，第三方向畅通公司承诺在 3 年内以其最初取得时公允价值的 60% 购买该专利技术，从公司管理层目前的持有计划来看，准备在 3 年内将其出售给第三方。

为此，畅通公司应当在 2020 年变更该项专利技术的估计使用寿命为 3 年，变更净残值为 45 000 000（75 000 000×60%）元，并按会计估计变更进行处理。

2020 年该项无形资产的摊销金额为 5 000 000 元，即（75 000 000−7 500 000×2−45 000 000）÷3=5 000 000（元）。

畅通公司 2020 年对该项专利技术按年摊销的账务处理如下。

借：制造费用——专利权摊销　　5 000 000

　贷：累计摊销　　5 000 000

三、无形资产的减值

无形资产在资产负债表日存在可能发生减值的迹象，其可收回金额低于账面价值的，企业应当将该无形资产的账面价值减记至可收回金额，减记的金额确认为减值损失，计入当期损益，同时计提相应的资产减值准备，按应减记的金额，借记“资产减值损失——计提的无形资产减值准备”科目，贷记“无形资产减值准备”科目。

知识点

无形资产减值损失一经确认，在以后会计期间不得转回。

对于使用寿命不确定的无形资产，在持有期间内不需要进行摊销，但应当至少在每个会计期末进行减值测试。无形资产后续计量对比如表 6-6 所示。

表 6-6　无形资产后续计量对比

后续计量	使用寿命有限的无形资产	使用寿命不确定的无形资产
计提摊销	√	×
计提减值	√	√
减值测试的条件	有迹象表明减值时才需要做测试	无论是否有迹象，必须做减值测试

【例 6-7】2018 年 1 月 1 日，畅通公司自行研发的某项非专利技术已经达到预定可使用状态，累计研究支出为 800 000 元，累计开发支出为 2 500 000 元（其中符合资本化条件的支出为 2 000 000 元）。有关调查表明，根据产品生命周期、市场竞争等方面情况综合判断，该非专利技术将在不确定期间内为企业带来经济利益。

由此，该非专利技术可视为使用寿命不确定的无形资产，在持有期间内不需要进行摊销。

2019 年底，畅通公司对该项非专利技术按照资产减值的原则进行减值测试，经测试表明其已发生减值。2019 年底，该非专利技术的可收回金额为 1 800 000 元。

畅通公司的会计账务处理如下。

（1）2018 年 1 月 1 日，非专利技术达到预定用途的账务处理如下。

借：无形资产——非专利技术　　2 000 000

　贷：研发支出——资本化支出　　2 000 000

（2）2019 年 12 月 31 日，非专利技术发生减值的账务处理如下。

减值金额 =2 000 000−1 800 000=200 000（元）。

借：资产减值损失——非专利技术　　200 000

　　贷：无形资产减值准备——非专利技术　　200 000

任务四　无形资产终止确认

一、无形资产出租

企业让渡无形资产使用权并收取租金，在满足收入确认条件的情况下，应确认相关的收入和费用。

【例 6−8】2020 年 1 月 1 日，畅通公司将某商标权出租给雨阳公司使用，租期为 4 年，每年收取不含税租金 150 000 元。畅通公司为一般纳税人，应缴纳增值税为 9 000 元（适用的增值税税率为 6%）。在出租期间内，畅通公司不再使用该商标权。该商标权是畅通公司 2019 年 1 月 1 日购入的，初始入账价值为 1 800 000 元，预计使用年限为 15 年，采用直线法进行摊销。假定按年摊销商标权，且不考虑增值税以外的其他相关税费。

畅通公司的会计账务处理如下。

（1）每年取得租金的账务处理如下。

借：银行存款　　159 000

　　贷：其他业务收入——出租商标权　　150 000

　　　　应交税费——应交增值税（销项税额）　　9 000

（2）按年对该商标权进行摊销的账务处理如下。

借：其他业务成本——商标权摊销　　120 000

　　贷：累计摊销　　120 000

知识点

无形资产的账面价值，是无形资产账面余额扣减累计摊销和累计减值准备后的金额。

二、无形资产出售

企业出售某项无形资产，表明企业放弃无形资产的所有权，应将所取得的价款与该无形资产账面价值的差额作为无形资产处置的利得或损失，计入当期损益。

企业出售无形资产确认其利得的时点应按照收入确认中的有关原则进行确定。

【例 6−9】畅通公司出售一项商标权，所得价款为 1 200 000 元，应缴纳的增值税为 72 000 元（适用增值税税率为 6%，不考虑其他税费）。该商标权成本为 3 000 000 元，出售时已摊销金额为 1 800 000 元，已计提的减值准备为 300 000 元。畅通公司应编制如下会计分录。

借：银行存款 1 272 000

累计摊销 1 800 000

无形资产减值准备——商标权 300 000

贷：无形资产——商标权 3 000 000

应交税费——应交增值税（销项税额） 72 000

资产处置损益 300 000

三、无形资产报废

如果无形资产预期不能为企业带来未来经济利益，则不再符合无形资产的定义，应将其报废并予以转销，其账面价值转作当期损益（营业外支出）。

【例 6–10】畅通公司原拥有一项非专利技术，采用直线法进行摊销，预计使用期限为 10 年，现该项非专利技术已被内部研发成功的新技术所替代，并且根据市场调查，用该非专利技术生产的产品已没有市场，预期不能再为企业带来任何经济利益，故应当予以转销。转销时，该项非专利技术的成本为 9 000 000 元，已摊销 6 年，累计计提减值准备 2 400 000 元，该项非专利技术的残值为 0 元。假定不考虑其他相关因素。

畅通公司的会计账务处理如下。

借：累计摊销 5 400 000

无形资产减值准备 2 400 000

营业外支出——处置非流动资产损失 （倒挤）1 200 000

贷：无形资产 9 000 000

知识点

无形资产的“会计、税法”差异

（1）无形资产研发支出。

费用化支出，会计上直接计入当期损益；税法中，对于满足条件的费用化支出，按实际支出并加计 75% 税前扣除。由此形成影响当期应税所得的差异，并影响当期所得税。

资本化支出，会计上计入无形资产；所得税法中，对于满足条件的资本化支出，按实际支出的 175% 逐期摊销。因此形成暂时性差异，但并不确认递延所得税影响。

（2）一般无形资产的“会计、税法”差异，主要是由无形资产的摊销年限、方法、预计净残值以及减值准备在会计和税法上的差异造成的。

（3）使用寿命不确定的无形资产，在会计上无须摊销，但在税法中需要按规定摊销，由此形成差异；此外，在会计上需考虑计提减值准备，在税法中不认可相关资产减值损失，由此也会形成差异。

任务五 其他资产

其他资产是指除货币资金、交易性金融资产、应收及预付款项、存货、长期股权投资、持有至到期投资、可供出售金融资产、固定资产、无形资产等以外的资产，如长期待摊费用等。

长期待摊费用是指企业已经发生但应由本期和以后各期负担的分摊期限在一年以上的各项费用，如以经营租赁方式租入的固定资产发生的改良支出等。企业应设置“长期待摊费用”科目对此类项目进行核算，企业发生的长期待摊费用，借记“长期待摊费用”科目，贷记“原材料”“银行存款”等科目；摊销长期待摊费用，借记“管理费用”“销售费用”等科目，贷记“长期待摊费用”科目；“长期待摊费用”科目期末借方余额，反映企业尚未摊销完毕的长期待摊费用。“长期待摊费用”科目可按费用项目进行明细核算。

【例 6-11】2019 年 4 月 1 日，畅通公司对以经营租赁方式新租入的办公楼进行装修，发生以下有关支出：领用生产用材料 500 000 元，购进该批原材料时支付的增值税进项税额为 65 000 元；辅助生产车间为该装修工程提供的劳务支出为 180 000 元；有关人员工资等职工薪酬 455 000 元。2019 年 11 月 30 日，该办公楼装修完工，达到预定可使用状态并交付使用，按租赁期 10 年进行摊销。假定不考虑其他因素。畅通公司应编制如下会计分录。

（1）装修领用原材料的账务处理如下。

借：长期待摊费用　　565 000

　　贷：原材料　　500 000

　　　　应交税费——应交增值税（进项税额转出）　　65 000

（2）辅助生产车间为装修工程提供劳务的账务处理如下。

借：长期待摊费用　　180 000

　　贷：生产成本——辅助生产成本　　180 000

（3）确认工程人员职工薪酬的账务处理如下。

借：长期待摊费用　　455 000

　　贷：应付职工薪酬　　455 000

（4）2019 年 12 月摊销装修支出的账务处理如下。

借：管理费用　　10 000

　　贷：长期待摊费用　　10 000

在【例 6-11】中，畅通公司发生的办公楼装修支出合计为 1 200 000（565 000+180 000+455 000）元，2019 年 12 月份应分摊的装修支出为 10 000（1 200 000 ÷ 10 ÷ 12）元。

拓展阅读

关键词：诚信为本；知识产权；创新

2020年12月21日晚，编剧余x、宋××等发布111位编剧、导演、制片人、作家的联名信，直指有抄袭劣迹的郭××、于x出现在综艺中进行话题炒作，以此追逐点击率、收视率的做法，引起了相关从业者和社会各界的反感，呼吁不给抄袭剽窃者提供舞台，多宣传德艺双馨的艺术家，尊重原创。次日这封联名信上的署名人员增加至156位。

2020年12月31日零时，郭××就当年小说《梦里×××××》抄袭庄x的作品《圈×××》一事在微博上道歉，并表示将把《梦里×××××》的版权收入全部赔偿给原作者庄x女士。

党的二十大报告中指出要加强全媒体传播体系建设，塑造主流舆论新格局。健全网络综合治理体系，推动形成良好网络生态。著作权作为典型的无形资产，受国家法律保护。我们要诚实守法，不能剽窃他人的成果，要具有创新理念。同时，作为财会人员也要以诚信为本、操守为重、遵循准则，保证会计信息的真实可靠。

项目七 投资性房地产

投资性房地产是指为赚取租金或资本增值，或者两者兼有而持有的房地产。主要包括已出租的土地使用权、持有并准备增值后转让的土地使用权和已出租的建筑物。

学习目标

知识目标

①理解投资性房地产的定义、特征及范围。

②掌握投资性房地产成本模式下的会计处理。

③掌握投资性房地产公允价值模式下的会计处理。

④熟悉其他资产的核算。

技能目标

能熟练运用本项目知识对公司的投资性房地产进行正确的会计处理。

素质目标

①具备社会主义核心价值观：法治、诚信。

②能运用会计空间和时间价值，思考不同区域、不同时点投资性房地产公允价值的获取。

③确认长期股权投资面临多重风险（法律风险、流动性风险、信用风险、市场风险等），风险在会计上的表现，从风险入手，培养学生风险意识，教会学生分析风险、识别风险。

④能树立正确的房地产投资理念以及消费观。

关键词

投资性房地产	investment properties
成本计量	cost measurement
公允价值计量	fair value
建筑物	building
土地	land

思维导图

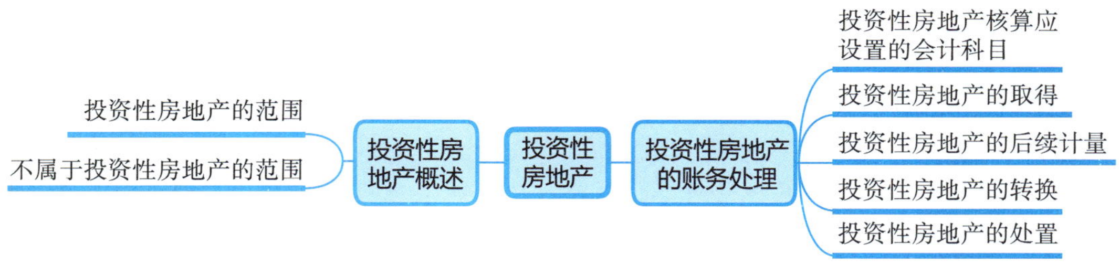

任务一 投资性房地产概述

投资性房地产应当能够单独计量和出售。投资性房地产的主要形式是出租建筑物、出租土地使用权，这实质上属于一种让渡资产使用权行为。房地产租金就是让渡资产使用权取得的使用费收入，是企业为完成其经营目标所从事的经营性活动以及与之相关的其他活动形成的经济利益总流入。

投资性房地产的另一种形式是持有并准备增值后转让的土地使用权，尽管其增值收益通常与市场供求、经济发展等因素相关，但是为了增值后转让以赚取增值收益，也是企业为完成其经营目标所从事的经营性活动以及与之相关的其他活动形成的经济利益总流入。但是，在我国会计实务中，持有并准备增值后转让土地使用权的情况较少见。

知识点

投资性房地产具有以下特征。

（1）投资性房地产是一种经营性活动（日常活动）。

（2）投资性房地产在用途、状态、目的等方面区别于作为生产经营场所的房地产和用于销售的房地产。

一、投资性房地产的范围

（一）已出租的土地使用权

已出租的土地使用权是指企业通过出让或转让方式取得，并以经营租赁方式出租的土地使用权。企业计划用于出租但尚未出租的土地使用权不属于此类。对以经营租赁方式租入土地使用权再转租给其他单位的，不能确认为投资性房地产。

【例 7–1】畅通公司与雨阳公司签署了土地使用权经营租赁协议，畅通公司以年租金 1 000 000 元租赁使用雨阳公司拥有的 10 万平方米土地使用权，预期 5 年。自租赁协议约定的租赁期开始日起，这项土地使用权就属于雨阳公司的投资性房地产。

（二）持有并准备增值后转让的土地使用权

持有并准备增值后转让的土地使用权，是指企业取得的、准备增值后转让的土地使用权。这类土地使用权很可能给企业带来资本增值收益，符合投资性房地产的定义。按照我国有关规定认定的闲置土地，不属于持有并准备增值后转让的土地使用权，也就不属于投资性房地产。

【例 7-2】畅通公司为实施企业环保战略，决定将其电镀车间搬迁至郊区，原在市区的电镀车间厂房占用的土地使用权停止自用。公司管理层决定继续持有这部分土地使用权，待其增值后转让以赚取增值收益，这意味着市区的这部分土地使用权属于畅通公司的投资性房地产。

（三）已出租的建筑物

已出租的建筑物是指企业拥有产权的、以经营租赁方式出租的建筑物，包括自行建造或开发活动完成后用于出租的建筑物。已出租的建筑物是企业已经与其他方签订了租赁协议，约定以经营租赁方式出租的建筑物。一般应自租赁协议规定的租赁期开始日起，经营租出的建筑物才属于已出租的建筑物。

通常情况下，对企业持有以备经营出租的空置建筑物，如董事会或类似机构做出面决议，明确表明将其用于经营出租且持有意图短期内不再发生变化的，即使尚未签订租赁协议，也应视为投资性房地产。这里的空置建筑物，是指企业新购入、自行建造或开发完成但尚未使用的建筑物以及不再用于日常生产经营活动且经整理后达到可经营出租状态的建筑物。

【例 7-3】畅通公司与雨阳公司签订了一项经营租赁合同，雨阳公司将其持有产权的一栋办公楼出租给畅通公司，租期为 10 年。1 年后，畅通公司将该办公楼转租，以赚取租金差价，租期为 5 年。

在本例中，对于畅通公司而言，因其不拥有该栋楼的产权，因此不属于其投资性房地产。对于雨阳公司而言，则属于其投资性房地产。

二、不属于投资性房地产的范围

（一）自用房地产

自用房地产是指为生产商品、提供劳务或者经营管理而持有的房地产。例如，企业生产经营用的厂房和办公楼属于固定资产；企业生产经营用的土地使用权属于无形资产。

（二）作为存货的房地产

作为存货的房地产，通常是指房地产开发企业在正常经营过程中销售的或为销售而正在开发的商品房和土地。这部分房地产属于房地产开发企业的存货，其生产、销售构成企业的主营业务活动，产生的现金流量也与企业的其他资产密切相关。因此，具有存货性质的房地产不属于投资性房地产。

在会计实务中，存在某项房地产部分自用或作为存货出售、部分用于赚取租金或资本增值的情形。某项投资性房地产不同用途的部分能够单独计量和出售的，应当分别确认为固定资产（或无形资产、存货）和投资性房地产。例如，A房地产开发商建造了一栋商住两用楼盘，一层出租给一家大型超市，已签订经营租赁合同；其余楼层均为普通住宅正在公开销售中。这种情况下，如果一层商铺能够单独计量和出售，应当确认为A企业的投资性房地产，其余楼层为A房地产开发商的存货，即开发产品。

知识点

（1）企业计划用于出租但尚未出租的土地使用权，不属于投资性房地产。

（2）某项房地产，部分用于赚取租金或资本增值，部分用于生产商品、提供劳务或经营管理，能够单独计量和出售的、用于赚取租金或资本增值的部分，应当确认为投资性房地产；不能够单独计量和出售的、用于赚取租金或资本增值的部分，不确认为投资性房地产。

（3）已出租的土地使用权是指该土地使用权必须是通过转让或出让方式获得的，而不是通过承租方式获得的。

（4）通过承租方式获得再出租的不属于投资性房地产；以融资租入方式租入的房屋建筑物，租入后再转租的属于投资性房地产。

（5）按照国家规定认定的闲置土地，不属于持有并准备增值后转让的土地使用权，也就不属于投资性房地产。

（6）房地产开发企业对外出租的商品房，属于投资性房地产。

任务二 投资性房地产的账务处理

一、投资性房地产核算应设置的会计科目

为了反映和监督投资性房地产的取得、后续计量、处置等情况，企业应当设置“投资性房地产”“投资性房地产累计折旧”或“投资性房地产累计摊销”“公允价值变动损益”“其他业务收入”“其他业务成本”等科目进行核算。投资性房地产作为企业主营业务的，应当设置“主营业务收入”和“主营业务成本”科目核算相关的损益。

“投资性房地产”科目核算企业采用成本模式计量的投资性房地产的成本或采用公允价值模式计量投资性房地产的公允价值。“投资性房地产”科目的借方登记企业投资性房地产的取得成本、资产负债表日其公允价值高于账面余额的差额等；贷方登记资产负债表日

其公允价值低于账面余额的差额、处置投资性房地产时结转的成本和公允价值变动等。企业可以按照投资性房地产类别和项目进行明细核算。

采用公允价值模式计量的投资性房地产，还应当分别设置“成本”和“公允价值变动”明细科目进行核算。

采用成本模式计量的投资性房地产的累计折旧或累计摊销，可以单独设置“投资性房地产累计折旧”或“投资性房地产累计摊销”科目，可比照“累计折旧”“累计摊销”等科目进行账务处理。

采用成本模式计量的投资性房地产发生减值的，可以单独设置“投资性房地产减值准备”科目，可比照“固定资产减值准备”“无形资产减值准备”科目进行账务处理。

“其他业务收入”和“其他业务成本”科目分别核算企业投资性房地产取得租金的收入、处置投资性房地产实现的收入、投资性房地产计提的折旧或进行摊销和处置投资性房地产结转的成本。

二、投资性房地产的取得

企业取得的投资性房地产应当按照其取得时的成本进行计量，以下分别对外购、自行建造和内部转换三种情况进行说明。

（一）外购的投资性房地产

外购投资性房地产的成本，包括购买价款、相关税费和可直接归属于该资产的其他支出。外购取得投资性房地产时，按照取得时的实际成本进行初始计量，借记“投资性房地产”科目（后续计量采用成本模式下）或“投资性房地产——成本”科目（后续计量采用公允价值模式下），贷记“银行存款”等科目。

知识点

对于企业外购的房地产，只有在购入房地产的同时开始对外出租（自租赁期开始日起，下同）或用于资本增值，才能称之为外购的投资性房地产。

（二）自行建造的投资性房地产

（1）企业自行建造（或开发，下同）的房地产，只有在自行建造或开发活动完成（即达到预定可使用状态）的同时开始对外出租或用于资本增值，才能将自行建造的房地产确认为投资性房地产。

（2）自行建造投资性房地产的成本，由建造该项房地产达到预定可使用状态前发生的必要支出构成，包括土地开发费、建筑成本、安装成本、应予以资本化的借款费用、支付的其他费用和分摊的间接费用等。

（3）企业自行建造房地产达到预定可使用状态后一段时间才对外出租或用于资本增值

的，应当先将自行建造的房地产确认为固定资产（如果是房地产开发企业则建造的商品房属于存货），自租赁期开始日，再将其从固定资产或存货（房地产开发企业）转换为投资性房地产。

知识点

自行建造过程中发生的非正常损失（自然灾害）计入当期营业外支出。

建造完工达到预定可使用状态时，应当按照确定的成本，借记“投资性房地产”科目（后续计量采用成本模式下）或“投资性房地产——成本”科目（后续计量采用公允价值模式下），贷记“在建工程”等科目。

（三）内部转换形成的投资性房地产

企业将作为存货的房地产转换为投资性房地产的，应当按照该项存货在转换日的账面余额或公允价值，借记“投资性房地产”科目（后续计量采用成本模式下）或“投资性房地产——成本”科目（后续计量采用公允价值模式）；按照其账面余额，贷记“开发产品”科目；按照其差额，贷记“其他综合收益”科目（贷方差额情况下）或借记“公允价值变动损益”科目（借方余额情况下）。已计提存货跌价准备的，还应当同时结转存货跌价准备。

企业将自用的建筑物等转换为投资性房地产的，应当按照其在转换日的原价、累计折旧等，分别转入“投资性房地产”“投资性房地产累计折旧”“投资性房地产减值准备”等科目；按其在转换日的公允价值，借记“投资性房地产——成本”科目；按照已计提的累计折旧等，借记“累计折旧”等科目，按其账面余额，贷记“固定资产”等科目；按其差额，贷记“其他综合收益”科目（贷方余额情况下）或借记“公允价值变动损益”科目（借方余额情况下）。已计提固定资产减值准备的，还应同时结转固定资产减值准备。投资性房地产的初始计量确认时间点如表7-1所示。

表7-1 投资性房地产的初始计量确认时间点

项目	确认时间点
已出租的土地使用权	租赁期开始日
已出租的建筑物	租赁期开始日
持有并准备增值后转让的土地使用权	企业将土地使用权停止自用，准备增值后转让的日期

三、投资性房地产的后续计量

投资性房地产的后续计量有成本和公允价值两种计量模式，通常采用成本模式计量，满足特定条件时，可以采用公允价值模式计量。但是，同一企业只能采用一种计量模式对所有投资性房地产进行后续计量，不得同时采用两种计量模式。

（一）采用成本模式进行后续计量的投资性房地产

采用成本模式进行后续计量的投资性房地产，应当按照固定资产或无形资产的有关规定，按期（月）对投资性房地产进行计提折旧或摊销，借记“其他业务成本”等科目，贷记“投资性房地产累计折旧”或“投资性房地产累计摊销”科目。取得的租金收入，借记“银行存款”等科目，贷记“其他业务收入”等科目。

投资性房地产存在减值迹象的，经减值测试后确定发生减值的，应当计提减值准备，借记“资产减值损失”科目，贷记“投资性房地产减值准备”科目。

知识点

已经计提减值准备的投资性房地产，其减值损失在以后的会计期间不得转回。

【例 7–4】畅通公司的一栋办公楼出租给雨阳公司使用，已确认为投资性房地产，采用成本模式进行后续计量。假设这栋办公楼的成本为 12 000 000 元，按照年限平均法计提折旧，使用寿命为 20 年，预计净残值为零。按照经营租赁合同，雨阳公司每月支付畅通公司租金 60 000 元。当年 12 月，这栋办公楼出现减值迹象，经减值测试，其可收回金额为 9 000 000 元，此时办公楼的账面价值为 10 000 000 元，以前未计提减值准备。畅通公司应编制如下会计分录。

（1）计提折旧的账务处理如下。

每月计提的折旧 =12 000 000 ÷ 20 ÷ 12=50 000（元）。

借：其他业务成本	50 000	
贷：投资性房地产累计折旧		50 000

（2）确认租金收入的账务处理如下。

借：银行存款（或其他应收款）	60 000	
贷：其他业务收入		60 000

（3）计提减值准备的账务处理如下。

借：资产减值损失——计提的投资性房地产减值准备	1 000 000	
贷：投资性房地产减值准备		1 000 000

（二）采用公允价值模式进行后续计量的投资性房地产

企业有确凿证据表明其投资性房地产的公允价值能够持续可靠取得的，可以对投资性房地产采用公允价值模式进行后续计量。

投资性房地产采用公允价值模式进行后续计量的，不计提折旧或进行摊销，企业应当以资产负债表日的公允价值为基础，调整其账面余额。

在资产负债表日，投资性房地产的公允价值高于其账面余额的差额，借记“投资性房地产——公允价值变动”科目，贷记“公允价值变动损益”科目；公允价值低于其账面余额的差额作相反的会计分录。

取得的租金收入，借记“银行存款”等科目，贷记“其他业务收入”等科目。

知识点

只有存在确凿证据表明投资性房地产的公允价值能够持续可靠取得的情况下，企业才可以采用公允价值模式对投资性房地产进行后续计量。

【例 7-5】畅通公司为从事房地产经营开发的企业。2019 年 8 月，畅通公司与雨阳公司签订租赁协议，约定将畅通公司开发的一栋精装修写字楼于开发完成的同时开始租赁给雨阳公司使用，租赁期为 10 年。当年 10 月 1 日，该写字楼开发完成并开始起租，写字楼的造价和公允价值均为 10 000 000 元。2019 年 12 月 31 日，该写字楼的公允价值为 12 000 000 元。假定畅通公司对投资性房地产采用公允价值计量模式。畅通公司应编制如下会计分录。

（1）2019 年 10 月 1 日，畅通公司开发完成写字楼并出租的账务处理如下。

借：投资性房地产——成本　　10 000 000

　　贷：开发产品　　10 000 000

（2）2019 年 12 月 31 日，按照公允价值调整账面余额，公允价值与账面余额之间的差额计入当期损益的账务处理如下。

公允价值变动 =12 000 000−10 000 000=2 000 000（元）。

借：投资性房地产——公允价值变动　　2 000 000

　　贷：公允价值变动损益　　2 000 000

（三）投资性房地产后续计量模式的变更

为保证会计信息的可比性，企业对投资性房地产的计量模式一经确定，不得随意变更。只有在房地产市场比较成熟、能够满足采用公允价值模式条件的情况下，才允许企业对投资性房地产的计量模式从成本模式变更为公允价值模式。成本模式转为公允价值模式的，应当作为会计政策变更处理，将计量模式变更时公允价值与账面价值的差额，调整为期初留存收益。企业变更投资性房地产的计量模式，符合《企业会计准则第 3 号——投资性房地产》规定的，应当按照计量模式变更日的投资性房地产的公允价值，借记“投资性房地产——成本”科目；按照已计提的折旧或摊销，借记“投资性房地产累计折旧（摊销）”科目；原已计提减值准备的，借记“投资性房地产减值准备”科目；按照原账面余额，贷记“投资性房地产”科目；按照公允价值与其账面价值之间的差额，贷记或借记“利润分配——未分配利润”“盈余公积”等科目。已采用公允价值模式计量的投资性房地产，不得从公允价值模式转为成本模式。投资性房地产后续计量模式变更如图 7-1 所示。

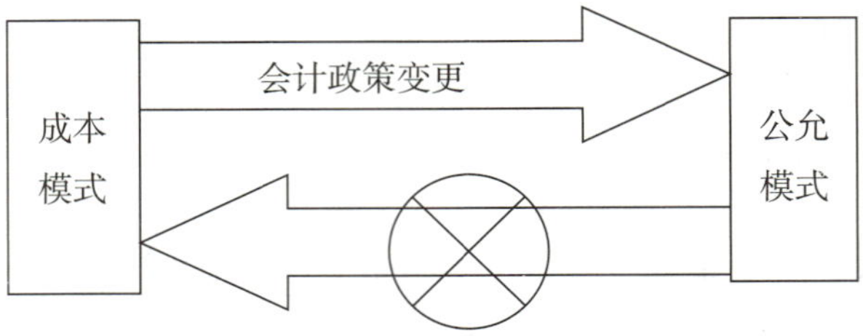

图 7-1　投资性房地产计量模式变更

在极少数情况下，采用公允价值对投资性房地产进行后续计量的企业，有证据表明，当企业首次取得某项投资性房地产（或某项现有房地产在完成建造或开发活动或改变用途后首次成为投资性房地产）时，该投资性房地产的公允价值不能持续可靠取得的，应当对该投资性房地产采用成本模式计量直至处置完毕，并且假设无残值。但是，对于采用成本模式对投资性房地产进行后续计量的企业，即使有证据表明，企业首次取得某项投资性房地产时，该投资性房地产的公允价值能够持续可靠取得的，该企业仍应对该投资性房地产采用成本模式进行后续计量。

四、投资性房地产的转换

（一）投资性房地产的转换形式及转换日

房地产的转换是指房地产用途的变更。企业不得随意对自用或作为存货的房地产进行重新分类。企业有确凿证据表明房地产用途发生改变，满足下列条件之一的，才应当将投资性房地产转换为其他资产，或者将其他资产转换为投资性房地产。

（1）投资性房地产开始自用，即将投资性房地产转为自用房地产。在此种情况下，转换日为房地产达到自用状态，企业开始将其用于生产商品、提供劳务或者经营管理的日期。

（2）将作为存货的房地产改为出租，通常指房地产开发企业将其持有的开发产品以经营租赁的方式出租，存货相应地转换为投资性房地产。在此种情况下，转换日为房地产的租赁期开始日。租赁期开始日，是指承租人有权行使其使用租赁资产权利的日期。

（3）自用建筑物停止自用，改为出租。即企业将原本用于生产商品、提供劳务或者经营管理的房地产改用于出租，固定资产相应地转换为投资性房地产。在此种情况下，转换日为租赁期开始日。

（4）自用土地使用权停止自用，改用于赚取租金或资本增值。即企业将原本用于生产商品、提供劳务或者经营管理的土地使用权改用于赚取租金或资本增值，该土地使用权相应地转换为投资性房地产。在此种情况下，转换日为自用土地使用权停止自用后，确定用于赚取租金或资本增值的日期。

（5）房地产企业将用于经营出租的房地产重新开发用于对外销售，从投资性房地产转为存货。在这种情况下，转换日为租赁期满日，企业董事会或类似机构作出书面决议明确表明将其重新开发用于对外销售的日期。

以上所指的确凿证据包括两个方面：一是企业董事会或类似机构应当就改变房地产用途形成正式的书面决议；二是房地产因用途改变而发生实际状态上的改变，如从自用状态改为出租状态。

（二）投资性房地产转换的会计处理

1. 成本模式下的转换

1）投资性房地产转换为自用房地产

企业将采用成本模式计量的投资性房地产转换为自用房地产时，应当按该项投资性房地产在转换日的账面余额、累计折旧、减值准备等，分别转入“固定资产”“累计折旧”“固定资产减值准备”等科目；按其账面余额，借记“固定资产”或“无形资产”科目，贷记“投资性房地产”科目；按已计提的折旧或摊销，借记“投资性房地产累计折旧（摊销）”科目，贷记“累计折旧”或“累计摊销”科目；原已计提减值准备的，借记“投资性房地产减值准备”科目，贷记“固定资产减值准备”或“无形资产减值准备”科目。

【例 7–6】2019 年 8 月 10 日，为扩大生产经营，畅通公司董事会作出书面决议，计划于 2019 年 8 月 31 日，将某出租在外的厂房在租赁期满时收回，用于本公司生产产品。随后，畅通公司做好了厂房重新用于生产的各项准备工作。2019 年 8 月 31 日，畅通公司将该出租的厂房收回，2019 年 9 月 1 日开始用于本公司生产产品。该项房地产在转换前采用成本模式计量，截至 2019 年 8 月 31 日，账面价值为 60 000 000 元，其中，原价为 80 000 000 元，累计已提折旧 20 000 000 元。假定不考虑其他因素。

本例属于成本模式下投资性房地产转换为自用房地产，畅通公司应当将投资性房地产在转换日的账面余额 80 000 000 元转入“固定资产——厂房”；将投资性房地产在转换日的累计折旧 20 000 000 元转入“累计折旧——厂房”。

畅通公司 2019 年 9 月 1 日应编制如下会计分录。

借：固定资产——厂房	80 000 000	
投资性房地产累计折旧	20 000 000	
贷：投资性房地产——厂房		80 000 000
累计折旧——厂房		20 000 000

2）投资性房地产转换为存货

企业将采用成本模式计量的投资性房地产转换为存货时，应当按照该项房地产在转换日的账面价值，借记“开发产品”科目，按照已计提的折旧或摊销，借记“投资性房地产累计折旧（摊销）”科目；原已计提减值准备的，借记“投资性房地产减值准备”科目；按其账面余额，贷记“投资性房地产”科目。

3）自用房地产转换为投资性房地产

企业将自用土地使用权或建筑物转换为采用成本模式计量的投资性房地产时，应当按该项建筑物或土地使用权在转换日的原价、累计折旧、减值准备等，分别转入“投资性房地产”“投资性房地产累计折旧（摊销）”“投资性房地产减值准备”科目；按其账面余额，借记“投资性房地产”科目，贷记“固定资产”或“无形资产”科目；按已计提的折旧或摊销，借记“累计折旧”或“累计摊销”科目，贷记“投资性房地产累计折旧（摊销）”科目；原已计提减值准备的，借记“固定资产减值准备”或“无形资产减值准备”科目，贷记“投资性房地产减值准备”科目。

【例 7-7】畅通公司拥有一栋本公司总部办公使用的办公楼，公司董事会就将该栋办公楼用于出租形成了书面决议。2019 年 4 月 10 日，畅通公司与雨阳公司签订了经营租赁协议，将这栋办公楼整体出租给雨阳公司使用，租赁期开始日为 2019 年 5 月 1 日，租期为 5 年。2019 年 5 月 1 日，这栋办公楼的账面余额为 500 000 000 元，已计提折旧 5 000 000 元。假设畅通公司所在城市不存在活跃的房地产交易市场。

畅通公司在 2019 年 5 月 1 日应编制如下会计分录。

借：投资性房地产——办公楼	500 000 000	
累计折旧	5 000 000	
贷：固定资产——办公楼		500 000 000
投资性房地产累计折旧		5 000 000

4）作为存货的房地产转换为投资性房地产

企业将作为存货的房地产转换为采用成本模式计量的投资性房地产时，应当按该项存货在转换日的账面价值，借记“投资性房地产”科目；原已计提跌价准备的，借记“存货跌价准备”科目；按其账面余额，贷记“开发产品”等科目。

【例 7-8】畅通公司是从事房地产开发的企业，2019 年 4 月 10 日，畅通公司董事会就将其开发的一栋写字楼不再出售改用作出租形成了书面决议。畅通公司遂与雨阳公司签订了租赁协议，将此写字楼整体出租给雨阳公司使用，租赁期开始日为 2019 年 5 月 1 日，租赁期为 5 年。2019 年 5 月 1 日，该写字楼的账面余额为 500 000 000 元，未计提存货跌价准备，转换后采用成本模式进行后续计量。

畅通公司在 2019 年 5 月 1 日应编制如下会计分录。

借：投资性房地产——写字楼	500 000 000	
贷：开发产品		500 000 000

2. 公允价值模式下的转换

1）投资性房地产转换为自用房地产

企业将采用公允价值模式计量的投资性房地产转换为自用房地产时，应当以其转换当日的公允价值作为自用房地产的账面价值，公允价值与原账面价值的差额计入当期损益。转换日，按该项投资性房地产的公允价值，借记“固定资产”或“无形资产”科目；按该项投资性房地产的成本，贷记“投资性房地产——成本”科目；按该项投资性房地产的累计公允价值变动，贷记或借记“投资性房地产——公允价值变动”科目；按其差额，贷记或借记“公允价值变动损益”科目。

【例 7-9】2019 年 11 月 1 日，租赁期满，畅通公司将出租的写字楼收回，公司董事会就将该写字楼作为办公楼用于本公司的行政管理形成了书面决议。2019 年 11 月 1 日，该写字楼正式开始自用，相应由投资性房地产转换为自用房地产，当日的公允价值为 72 000 000 元。该项房地产在转换前采用公允价值模式计量，原账面价值为 70 000 000 元，其中，成本为 67 000 000 元，公允价值变动为增值 3 000 000 元。

畅通公司应编制如下会计分录。

借：固定资产——写字楼　　72 000 000

　　贷：投资性房地产——写字楼——成本　　67 000 000

　　　　　　　　　　　　　——公允价值变动　　3 000 000

　　　　公允价值变动损益——投资性房地产　　2 000 000

2）投资性房地产转换为存货

企业将采用公允价值模式计量的投资性房地产转换为存货时，应当以其转换当日的公允价值作为存货的账面价值，公允价值与原账面价值的差额计入当期损益。在转换日，按该项投资性房地产的公允价值，借记“开发产品”等科目；按该项投资性房地产的成本，贷记“投资性房地产——成本”科目；按该项投资性房地产的累计公允价值变动，贷记或借记“投资性房地产——公允价值变动”科目；按其差额，贷记或借记“公允价值变动损益”科目。

3）自用房地产转换为投资性房地产

企业将自用土地使用权或建筑物转换为采用公允价值模式计量的投资性房地产时，应当按该项土地使用权或建筑物在转换日的公允价值，借记“投资性房地产——成本”科目；按已计提的累计摊销或累计折旧，借记“累计摊销”或“累计折旧”科目；原已计提减值准备的，借记“无形资产减值准备”“固定资产减值准备”科目；按其账面余额，贷记“固定资产”或“无形资产”科目；同时，转换日的公允价值小于账面价值的，按其差额，借记“公允价值变动损益”科目；转换日的公允价值大于账面价值的，按其差额，贷记“其他综合收益”科目。待处置该项投资性房地产时，因转换计入其他综合收益的部分应当转入处置当期损益。

知识点

（1）在公允价值模式下，当固定资产（历史成本）转为投资性房地产（公允价值）时，由于涉及计量模式的转换，并且属于从“低风险转为高风险”的计量方法。因此，转换时不能增加当期损益（贷方差额计入“其他综合收益”），但可以减少当期损益（借方差额计入“公允价值变动损益”）。

（2）在公允价值模式下，当投资性房地产（公允价值）转为固定资产（历史成本）时，虽然也涉及计量模式的转换，但属于已经按照“高风险”后续计量。

【例 7-10】2018 年 8 月，畅通公司打算搬迁至新建办公楼，由于原办公楼处于商业繁华地段，畅通公司准备将其出租，以赚取租金收入，已经公司董事会批准形成书面决议。

2018 年 12 月底，畅通公司完成了搬迁工作，原办公楼停止自用。2019 年 1 月 1 日，畅通公司与雨阳公司签订了租赁协议，将其原办公楼租赁给雨阳公司使用，约定租赁期开始日为 2019 年 1 月 1 日，租赁期为 3 年。

在本例中，畅通公司应当于租赁期开始日（2019 年 1 月 1 日），将自用房地产转换为投资性房地产。该办公楼所在地房地产交易活跃，公司能够从市场上取得同类或类似房地产的市场价格及其他相关信息，假设畅通公司对出租的该办公楼采用公允价值模式计量。假设 2019 年 1 月 1 日，该办公楼的公允价值为 380 000 000 元，其原价为 550 000 000 元，已提折旧 150 000 000 元。畅通公司 2019 年 1 月 1 日应编制如下会计分录。

借：投资性房地产——办公楼——成本	380 000 000	
公允价值变动损益——投资性房地产	20 000 000	
累计折旧	150 000 000	
贷：固定资产——办公楼		550 000 000

4）作为存货的房地产转换为投资性房地产

企业将作为存货的房地产转换为采用公允价值模式计量的投资性房地产时，应当按该项房地产在转换日的公允价值，借记“投资性房地产——成本”科目；原已计提跌价准备的，借记“存货跌价准备”科目；按其账面余额，贷记“开发产品”等科目；同时，转换日的公允价值小于账面价值的，按其差额，借记“公允价值变动损益”科目；转换日的公允价值大于账面价值的，按其差额，贷记“其他综合收益”科目。待处置该项投资性房地产时，因转换计入其他综合收益的部分应当转入处置当期损益。

【例 7-11】2019 年 4 月 15 日，长江地产开发公司（长江公司）董事会形成书面决议，将其开发的一栋写字楼用于出租。长江公司遂与雨阳公司签订了租赁协议，租赁期开始日为 2019 年 5 月 1 日，租赁期为 5 年。2019 年 5 月 1 日，该写字楼的账面余额为 400 000 000 元，公允价值为 430 000 000 元。

长江公司 2019 年 5 月 1 日应编制如下会计分录。

借：投资性房地产——写字楼——成本	430 000 000	
贷：开发产品		400 000 000
其他综合收益——公允价值变动——投资性房地产		30 000 000

投资性房地产的转换如表 7-2 所示。

表 7-2　投资性房地产的转换

转换方式			注意事项
公允价值模式投资性房地产	→	固定资产 无形资产 存货	转换时原账面价值与转换日公允价值的差额，无论借方还是贷方，均记入“公允价值损益”
公允价值模式投资性房地产	←	固定资产 无形资产 存货	转换时原账面价值与转换日公允价值的差额： 借方记入“公允价值变动损益”； 贷方记入“其他综合收益”

五、投资性房地产的处置

（一）采用成本模式计量的投资性房地产的处置

企业出售、转让采用成本模式计量的投资性房地产，应当按照实际收到的金额，借记“银行存款”等科目，贷记“其他业务收入”科目；按照该项投资性房地产的账面价值，借记“其他业务成本”科目；按照该项投资性房地产的累计折旧或累计摊销，借记“投资性房地产累计折旧”或“投资性房地产累计摊销”科目；按照该项投资性房地产的账面余额，贷记“投资性房地产”科目；已计提减值准备的，还应同时结转减值准备，借记“投资性房地产减值准备”科目。

知识点

处置投资性房地产与处置固定资产、无形资产的处理不同，处置固定资产、无形资产属于非日常活动，计入营业外收支；处置投资性房地产属于企业的日常活动，通过其他业务收入、其他业务成本进行核算。

【例 7–12】畅通公司将其出租的一栋写字楼确认为投资性房地产，采用成本模式计量。租赁期届满后，畅通公司将该栋写字楼出售给雨阳公司，合同价款为 150 000 000 元，雨阳公司已用银行存款付清。出售时，该栋写字楼的成本为 140 000 000 元，已计提折旧 10 000 000 元。假定不考虑相关税费的影响。

（1）取得处置收入的账务处理如下。

借：银行存款	150 000 000	
贷：其他业务收入		150 000 000

（2）结转处置成本的账务处理如下。

借：其他业务成本	130 000 000	
投资性房地产累计折旧	10 000 000	
贷：投资性房地产——写字楼		140 000 000

（二）采用公允价值模式计量的投资性房地产的处置

企业处置采用公允价值模式计量的投资性房地产，应当按照实际收到的金额，借记“银行存款”等科目，贷记“其他业务收入”科目；按照该项投资性房地产的账面余额，借记“其他业务成本”科目，按照其成本，贷记“投资性房地产——成本”科目；按照其累计公允价值变动，贷记或借记“投资性房地产——公允价值变动”科目。同时，按照原计入该项投资性房地产的公允价值变动，借记或贷记“公允价值变动损益”科目，贷记或借记“其他业务成本”科目。如果存在原转换日计入其他综合收益的金额，也一并结转。按照该项投资性房地产在转换日计入其他综合收益的金额，借记“其他综合收益”科目，贷记“其他业务成本”科目。

【例 7-13】畅通公司以公允价值模式对投资性房地产进行计量。2018 年到 2019 年相关资料如下。

资料一：2018 年 3 月 1 日，畅通公司将原作为固定资产核算的写字楼，以经营租赁的方式租给雨阳公司，租期 18 个月，当日该写字楼的公允价值为 160 000 000 元，账面原值为 150 000 000 万元，已计提折旧 30 000 000 元。

资料二：2018 年 3 月 31 日，畅通公司收到第一个月租金收入 1 250 000 元，并存入银行。12 月 31 日，该写字楼的公允价值为 170 000 000 元。

资料三：2019 年 9 月 1 日，租赁期届满，畅通公司以 175 000 000 元的价格出售该写字楼。

要求：

（1）编制出租该写字楼的会计分录。

（2）编制 2018 年 3 月 31 日收到租金的分录。

（3）编制 2018 年 12 月 31 日公允价值变动的分录。

（4）编制处置该写字楼的会计分录。

编制会计分录如下。

（1）2018 年 3 月 1 日出租写字楼的账务处理如下。

借：投资性房地产——成本	160 000 000	
累计折旧	30 000 000	
贷：固定资产		150 000 000
其他综合收益		40 000 000

【提示】投资性房地产采用公允价值模式进行后续计量的，需要写出二级科目。

（2）2018 年 3 月 31 日收到租金的账务处理如下。

借：银行存款	1 250 000	
贷：其他业务收入		1 250 000

（3）2018 年 12 月 31 日公允价值变动的账务处理如下。

借：投资性房地产——公允价值变动	10 000 000	
贷：公允价值变动损益		10 000 000

（4）2019 年 9 月 1 日处置写字楼的账务处理如下。

借：银行存款	175 000 000	
贷：其他业务收入		175 000 000
借：其他业务成本	120 000 000	
公允价值变动损益	10 000 000	
其他综合收益	40 000 000	
贷：投资性房地产——成本		160 000 000
——公允价值变动		10 000 000

拓展阅读

关键词：利润调节；真实性

××集团2018年实现营业收入30.8亿元，同比增长3.43%，净利润实现22.5亿元，基本是上年的两倍。该公司的主要产业幕墙系统及材料产业本年度实现营业收入20.11亿元，较上年增长21.59%；本年度毛利率为14.41%。

仔细分析可以发现，××集团2018年利润主要来源于采用公允价值模式进行后续计量的投资性房地产的公允价值变动产生的损益，达到29亿元，扣除非经常性损益的净利润仅2117万元。

公允价值变动损益主要系××城1号楼转为投资性房地产按公允价值后续计量产生的公允价值变动。××城1号楼建筑面积为72517.71平方米，账面原值8.26亿元。深圳市××土地与房地产评估经纪有限公司出具的房地产估价报告显示，评估价值36.64亿元，差额28.38亿元计入公允价值变动损益。××城1号楼增值率3.4倍，评估价格约5万元每平方米。

我们也注意到××集团还留有成本法计量的投资性房地产3300万元，另外，在建工程部分，商业地产业务也是××集团重要的业务单元，后期预计仍然会存在经营业绩不够好时公允价值来凑的情形。会计准则的收入确认标准能够有效提高企业会计收入的真实性以及完整性，并且能够减小企业通过收入核算进行盈余管理的行为发生。公允价值一般是企业更具交易的本质以及市场信息对其价值做出判断的结果，而交易价值就是合同价格，企业无法通过价值评估调整合同价格。因此交易价格的客观性强于公允价值，并能够阻止企业自行调整收入构成，提高了企业合同收入核算的准确性，降低了审计风险。

项目八 金融资产

金融资产，是指单位或个人所拥有的以价值形态存在的资产；是一种索取实物资产的无形的权利；是一切可以在有组织的金融市场上进行交易、具有现实价格和未来估价的金融工具的总称。金融资产的最大特征是能够在市场交易中为其所有者提供即期或远期的货币收入流量。

学习目标

知识目标

①理解交易性金融资产、债权投资、其他债权投资、其他权益工具投资、长期股权投资的内涵和特征。

②掌握交易性金融资产的初始计量、后续计量和处置。

技能目标

能够处理金融资产业务，编制与交易性金融资产、债权投资、其他债权投资、其他权益工具投资有关的业务的记账凭证。

素质目标

①保持投资的理性，正确认识投资的风险与报酬。

②持续不断学习金融资产的新准则变化，培养不能随意利用会计准则进行利润调节的良好习惯。

关键词

金融资产	financial assets
交易性金融资产	transactional financial assets
公允价值变动损益	the profit and losses on the changes in fair value
资产减值损失	asset impairment loss；assets devaluation

思维导图

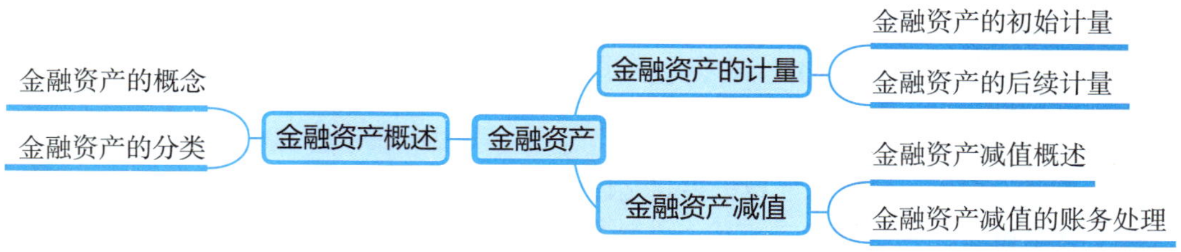

任务一　金融资产概述

一、金融资产的概念

金融资产，是指企业持有的现金、其他方的权益工具以及符合下列条件之一的资产。

（1）从其他方收取现金或其他金融资产的合同权利。例如，企业的银行存款、应收账款、应收票据和贷款等均属于金融资产。预付账款不是金融资产，因为其产生的未来经济利益是商品或服务不是收取现金或其他金融资产的权利。

（2）在潜在的有利条件下，与其他方交换金融资产或金融负债的合同权利，如企业持有的看涨期权或看跌期权等。

（3）将来须用或可用企业自身权益工具进行结算的非衍生工具合同，且企业根据该合同将收到可变数量的自身权益工具。

（4）将来须用或可用企业自身权益工具进行结算的衍生工具合同，但以固定数量的自身权益工具交换固定金额的现金或其他金融资产的衍生工具合同除外。

二、金融资产的分类

企业应当根据其管理金融资产的业务模式和金融资产的合同现金流量特征，将金融资产划分为以下三类：①以摊余成本计量的金融资产（债权投资）；②以公允价值计量且其变动计入其他综合收益的金融资产（其他债权投资、其他权益工具投资）；③以公允价值计量且其变动计入当期损益的金融资产（交易性金融资产）。应收账款等也属于“以摊余成本计量的金融资产”。上述分类一经确定，不得随意变更，具体分类如表 8-1 所示。

表 8-1　金融资产具体分类

类别名称	以摊余成本计量的金融资产	以公允价值计量且变动计入其他综合收益的金融资产		以公允价值计量且变动计入当期损益的金融资产
分类序号	第一类	第二类		第三类
核算科目	债权投资	其他债权投资	其他权益工具投资	交易性金融资产
债权投资	√	√	×	√
权益投资	×	×	√	√

企业管理金融资产的业务模式，是指企业如何管理其金融资产以产生现金流量。业务模式决定了企业所管理的金融资产现金流量是来源于收取合同现金流量还是出售金融资产，或是两者兼有。

（一）以摊余成本计量的金融资产

金融资产同时符合下列条件的，应当归类为以摊余成本计量的金融资产。

（1）企业管理该金融资产的业务模式是以收取合同现金流量为目标的。

（2）该金融资产的合同条款规定，在特定日期产生的现金流量，仅为对本金和以未偿付本金金额为基础的利息的支付。

企业一般应当设置“贷款”“债权投资”等科目核算归类为以摊余成本计量的金融资产。

（二）以公允价值计量且其变动计入其他综合收益的金融资产

金融资产同时符合下列条件的，应当归类为以公允价值计量且其变动计入其他综合收益的金融资产。

（1）企业管理该金融资产的业务模式既以收取合同现金流量为目标，又以出售该金融资产为目标。

（2）该金融资产的合同条款规定，在特定日期产生的现金流量，仅为对本金和以未偿付本金金额为基础的利息的支付。

企业应当设置“其他债权投资”科目核算归类为以公允价值计量且其变动计入其他综合收益的金融资产。

（三）以公允价值计量且其变动计入当期损益的金融资产

企业分类为以摊余成本计量的金融资产和以公允价值计量且其变动计入其他综合收益的金融资产之外的金融资产（通常以出售金融资产为目标），应当分类为以公允价值计量且其变动计入当期损益的金融资产。例如，企业持有的股票、基金、可转换债券这三类投资产品，通常应归类为以公允价值计量且其变动计入当期损益的金融资产。

此外，在初始确认时，如果能够消除或显著减少会计错配，企业可以将金融资产指定为以公允价值计量且其变动计入当期损益的金融资产。该指定一经作出，不得撤销。

企业应当设置“交易性金融资产”科目核算以公允价值计量且其变动计入当期损益的金融资产。

企业改变其管理金融资产的业务模式时，应当按照本项目相关内容对所有受影响的金融资产进行重分类。业务模式未发生改变的，企业不得对相关金融资产进行重分类。

企业对金融资产进行重分类，应当自重分类日起采用未来适用法进行相关会计处理，不得对以前已经确认的利得、损失（包括减值损失或利得）或利息进行追溯调整。重分类日，是指导致企业对金融资产进行重分类的业务模式发生变更后的首个报告期间的第一天。例如，甲上市公司决定于2019年3月22日改变其管理某金融资产的业务模式，则重分类日为2019年4月1日（即下一个季度会计期间的期初）；乙上市公司决定于2019年10月15日改变其管理某金融资产的业务模式，则重分类日为2020年1月1日。

以下情形不属于业务模式变更。

（1）企业持有特定金融资产的意图改变。

（2）金融资产特定市场暂时性消失从而暂时影响金融资产出售。

（3）金融资产在企业具有不同业务模式的各部门之间转移。

知识点

如果企业管理金融资产的业务模式没有发生变更，而金融资产的条款发生变更但未导致终止确认的，不允许重分类。如果金融资产条款发生变更导致金融资产终止确认的，不涉及重分类问题，企业应当终止确认原金融资产，同时按照变更后的条款确认为一项新金融资产。

任务二　金融资产的计量

一、金融资产的初始计量

企业初始确认金融资产或金融负债，应当按照公允价值计量。

但是企业初始确认的应收账款未包含《企业会计准则第 14 号——收入》所定义的重大融资成分或根据《企业会计准则第 14 号——收入》规定不考虑不超过一年合同中的融资成分的，应当按照该准则定义的交易价格进行初始计量。

企业取得金融资产所支付的价款中包含的已宣告但尚未发放的利息或现金股利，应当单独按应收项目进行处理。(应收利息或应收股利)

（一）公允价值的确定

公允价值，是指市场参与者在计量日发生的有序交易中，出售一项资产所能收到或者转移一项负债所需支付的价格（脱手价格）。企业应当将公允价值计量所使用的输入值划分为三个层次，并首先使用第一层次输入值，其次使用第二层次输入值，最后使用第三层次输入值。输入值，是指市场参与者在给相关资产或负债定价时所使用的假设，包括可观察输入值和不可观察输入值。

1. 第一层次输入值

第一层次输入值是在计量日能够取得的相同资产或负债，在活跃市场上未经调整的报价。

2. 第二层次输入值

第二层次输入值是除第一层次输入值之外，相关资产或负债直接或间接可观察的输入值。

3. 第三层次输入值

第三层次输入值是相关资产或负债的不可观察输入值。

第一层次输入值为公允价值提供了最可靠的证据，第二层次输入值次之，第三层次输入值最次。

企业只有在金融资产不存在市场活动或者市场活动很少，导致相关可观察输入值无法取得或取得不切实可行的情况下，才能使用第三层次输入值，即不可观察输入值。

（二）交易费用

交易费用，是指可直接归属于购买、发行或处置金融工具的增量费用。增量费用，是指企业没有发生购买、发行或处置相关金融工具的情形就不会发生的费用。交易费用的范畴如表 8-2 所示。

表 8-2　交易费用的范畴

包括的内容	不包括的内容
支付给代理机构、咨询公司、券商、证券交易所、政府有关部门等的手续费、佣金； 相关税费； 其他必要支出	债券溢价、折价； 融资费用； 内部管理成本和持有成本

对于以公允价值计量且其变动计入当期损益的金融资产和金融负债，相关交易费用应当直接计入当期损益（“投资收益”科目的借方）；对于其他类别的金融资产或金融负债，相关交易费用应当计入初始确认金额。

二、金融资产的后续计量

企业应当对不同类别的金融资产，分别以公允价值计量且其变动计入当期损益、以公允价值计量且其变动计入其他综合收益或以摊余成本进行后续计量。

（一）以公允价值计量且其变动计入当期损益的金融资产的会计处理

以公允价值计量且其变动计入当期损益的金融资产，其会计处理着重于反映该类金融资产公允价值的变化以及对企业财务状况和经营成果的影响，相关的账务处理如下。

（1）企业取得以公允价值计量且其变动计入当期损益的金融资产，按其公允价值借记“交易性金融资产——成本”科目；按发生的交易费用，借记“投资收益”科目；按已到付息期但尚未领取的利息或已宣告但尚未发放的现金股利，借记“应收利息”或“应收股利”科目；按实际支付的金额，贷记“银行存款”等科目。

（2）以公允价值计量且其变动计入当期损益的金融资产持有期间收到被投资单位发放的现金股利，或在资产负债表日按分期付息、一次还本债券投资的票面利率计算的利息，或上述股利或利息已宣告但未发放，应借记“其他货币资金”“银行存款”“应收股利”或“应收利息”等科目，贷记“投资收益”科目。

（3）在资产负债表日，以公允价值计量且其变动计入当期损益的金融资产的公允价值高于其账面余额的差额，借记“交易性金融资产——公允价值变动”科目，贷记“公允价值变动损益”科目；公允价值低于其账面余额的差额则作相反的会计分录。

（4）出售以公允价值计量且其变动计入当期损益的金融资产，应按实际收到的金额，借记“银行存款”等科目；按该金融资产的账面余额，贷记“交易性金融资产——成本”，贷记或借记“交易性金融资产——公允价值变动”等科目；按其差额，贷记或借记“投资收益”科目。

交易性金融资产主要是指企业为了近期内出售而持有的金融资产，例如，企业以赚取差价为目的从二级市场购入的股票、债券、基金等。

知识点

应收股利、应收利息和交易费用不构成交易性金融资产的初始入账金额。

【例 8-1】2019 年 1 月 1 日，畅通公司购入雨阳公司发行的公司债券，该笔债券于 2018 年 7 月 1 日发行，面值为 25 000 000 元，票面利率为 4%。上年债券利息于下年年初支付。畅通公司将其划分为交易性金融资产，支付价款为 26 000 000 元（其中包含已到付息期但尚未领取的债券利息 500 000 元），另支付交易费用 300 000 元。2019 年 1 月 8 日，畅通公司收到该笔债券利息 500 000 元。2020 年年初，畅通公司收到债券利息 1 000 000 元。假定 2019 年 6 月 30 日，畅通公司购买的雨阳公司债券的公允价值（市价）为 27 800 000 元；2019 年 12 月 31 日，畅通公司购买的雨阳公司债券的公允价值（市价）为 25 600 000 元。畅通公司应编制如下会计分录。

（1）2019 年 1 月 1 日，购入雨阳公司的公司债券的账务处理如下。

借：交易性金融资产——雨阳公司债券——成本 25 500 000
　　应收利息 500 000
　　投资收益 300 000
　　贷：其他货币资金——存出投资款 26 300 000

（2）2019 年 1 月 8 日，收到购买价款中包含的已到付息期但尚未领取的债券利息的账务处理如下。

借：其他货币资金——存出投资款 500 000
　　贷：应收利息 500 000

（3）2019 年 12 月 31 日，确认雨阳公司的公司债券利息收入 1 000 000 元（25 000 000 × 4%）的账务处理如下。

借：应收利息 1 000 000
　　贷：投资收益 1 000 000

（4）2020 年初，收到持有雨阳公司的公司债券利息的账务处理如下。

借：其他货币资金——存出投资款 1 000 000
　　贷：应收利息 1 000 000

在本例中，取得交易性金融资产所支付价款中包含的已到付息期但尚未领取的债券利息 500 000 元，应当记入“应收利息”科目，而不记入“交易性金融资产——成本”科目；取得交易性金融资产所支付价款 26 000 000 元扣除已到付息期但尚未领取的债券利息 500 000 元后的余额 25 500 000 元，应当记入“交易性金融资产——成本”科目。

（5）2019 年 6 月 30 日，确认雨阳公司债券的公允价值变动损益的账务处理如下，计算过程示意如表 8-3 所示。

表 8-3　计算过程示意

交易性金融资产	
25 500 000（成本）	
2 300 000	
27 800 000（2019 年 6 月 30 日）	

借：交易性金融资产——雨阳公司债券——公允价值变动　　2 300 000
　　贷：公允价值变动损益——雨阳公司债券　　2 300 000

（6）2019 年 12 月 31 日，确认雨阳公司债券的公允价值变动损益的账务处理如下，计算过程示意如表 8-4 所示。

表 8-4　计算过程示意

交易性金融资产	
27 800 000（2019 年 6 月 30 日）	
	2 200 000
25 600 000（2019 年 12 月 31 日）	

借：公允价值变动损益——雨阳公司债券　　2 200 000
　　贷：交易性金融资产——雨阳公司债券——公允价值变动　　2 200 000

在本例中，2019 年 6 月 30 日，雨阳公司债券的公允价值为 27 800 000 元，账面余额为 25 500 000 元，公允价值大于账面余额（2 300 000 元），应记入“公允价值变动损益”科目的贷方；2019 年 12 月 31 日，雨阳公司债券的公允价值为 25 600 000 元，账面余额为 27 800 000 元，公允价值小于账面余额（2 200 000 元），应记入“公允价值变动损益”科目的借方。

假定 2020 年 1 月 15 日，畅通公司出售了所持有的雨阳公司的公司债券，售价为 25 650 000 元。畅通公司应作如下会计处理。

公允价值变动 =2 300 000–2 200 000=100 000（元）。

借：银行存款　　25 650 000
　　贷：交易性金融资产——成本　　25 500 000
　　　　　　　　　　　——公允价值变动　　100 000
　　　　投资收益　　50 000

知识点

债券投资作为交易性金融资产进行核算时，与股票投资的区别主要有两点：一是购买的价款中包含的已到付息期但尚未领取的债券利息，记入“应收利息”科目核算，二是持有期间新确认的利息，记入“应收利息”科目的借方，贷方登记“投资收益”科目。其他的核算与股票投资一致。

（二）以公允价值计量且其变动计入其他综合收益的金融资产的会计处理

以公允价值计量且其变动计入其他综合收益的金融资产的会计处理，与以公允价值计量且其变动计入当期损益的金融资产的会计处理存在类似之处，例如，均要求按公允价值进行后续计量。但是，也有一些不同之处，以公允价值计量且其变动计入其他综合收益的金融资产所产生的利得或损失，除减值损失或利得和汇兑损益之外，均应当计入其他综合收益，直至该金融资产终止确认或被重分类。但是，采用实际利率法计算的该金融资产的利息应当计入当期损益。终止确认时，之前计入其他综合收益的累计利得或损失应当从其他综合收益中转出，计入当期损益。

确定以公允价值计量且其变动计入其他综合收益的金融资产发生减值的，应按减记的金额，借记“信用减值损失”；按从其他综合收益中转出的累计损失金额贷记“其他综合收益——信用减值准备”科目，相关的账务处理如下。

（1）企业取得以公允价值计量且其变动计入其他综合收益的金融资产，应按该金融资产投资的账面价值，借记“其他债权投资——成本”科目；按支付的价款中包含的已宣告但尚未领取的利息，借记“应收利息”科目；按实际支付的金额，贷记“银行存款”等科目，按其差额，借记或贷记“其他债权投资——利息调整”科目。

（2）在资产负债表日，以公允价值计量且其变动计入其他综合收益的金融资产为分期付息、一次还本债券投资的，应按票面利率计算确定的应收未收利息，借记“应收利息”科目；按债券的摊余成本和实际利率计算确定的利息收入，贷记“利息收入”科目；按其差额，借记或贷记“其他债权投资——利息调整”科目。

以公允价值计量且其变动计入其他综合收益的金融资产为一次还本付息债券投资的，应按票面利率计算确定的应收未收利息，借记“其他债权投资——应计利息”科目；按债券的摊余成本和实际利率计算确定的利息收入，贷记“利息收入”科目；按其差额借记或贷记“其他债权投资——利息调整”科目。

（3）在资产负债表日，以公允价值计量且其变动计入其他综合收益的金融资产的公允价值高于其账面余额的差额，借记“其他债权投资——公允价值变动”科目，贷记“其他综合收益——其他债权投资公允价值变动”科目；公允价值低于其账面余额的差额作相反的会计分录。

确定以公允价值计量且其变动计入其他综合收益的金融资产发生减值的，应按减记的金额，借记“信用减值损失”；按从其他综合收益中转出的累计损失金额，贷记“其他综合收益——信用减值准备”科目。

（4）出售以公允价值计量且其变动计入其他综合收益的金融资产，应按实际收到的金额，借记“银行存款”等科目，按其账面余额，贷记“其他债权投资——成本”“其他债权投资——应计利息”科目，贷记或借记“其他债权投资——公允价值变动”“其他债权投资——利息调整”科目；按应从其他综合收益中转出的公允价值累计变动额，借记或贷记“其他综合收益——其他债权投资公允价值变动”科目；按应从其他综合收益转出的信用减值准备累计金额，贷记或借记“其他综合收益——信用减值准备”；按其差额，贷记或借记“投资收益”科目。

（三）以摊余成本计量的金融资产的会计处理

1. 实际利率法

实际利率法，是指计算金融资产或金融负债的摊余成本以及将利息收入或利息费用分摊计入各会计期间的方法。

实际利率，是指将金融资产或金融负债在预计存续期的估计未来现金流量，折现为该金融资产账面余额（不考虑减值）或者该金融负债摊余成本所使用的利率。在确定实际利率时，不应当考虑预期信用损失。

合同各方之间支付或收取的、属于实际利率组成部分的各项费用、交易费用及溢价或折价等，应当在确定实际利率时予以考虑。

2. 摊余成本

金融资产或金融负债的摊余成本应当以该金融资产或金融负债的初始确认金额，经下列调整后的结果确定。

（1）扣除已偿还的本金。

（2）加上或减去采用实际利率法将该初始确认金额与到期日金额之间的差额进行摊销形成的累计摊销额。

（3）扣除计提的累计信用减值准备（仅适用于金融资产）。

一般情况下，没有计提减值准备，摊余成本就是该科目丁字形账户的余额；在计提减值准备的情况下，摊余成本就是该科目丁字形账户的余额减去减值准备。

特殊情况下，以公允价值计量且其变动计入其他综合收益债权投资公允价值变动不影响摊余成本。

（四）指定为以公允价值计量且其变动计入其他综合收益的非交易性权益工具投资的会计处理

与分类为以公允价值计量且其变动计入其他综合收益的金融资产的会计处理相同之处在于，公允价值的后续变动计入其他综合收益；但不同之处在于，指定为以公允价值计量且其变动计入其他综合收益的非交易性权益工具投资不需计提减值准备，除了获得的股利收入（作为投资成本部分收回的股利收入除外）计入当期损益之外，其他相关利得和损失（包括汇兑损益）均应当计入其他综合收益，且后续不得转入损益；当终止确认时，之前计入其他综合收益的累计利得或损失应当从其他综合收益中转出，计入留存收益。

（五）金融资产之间重分类的会计处理

1. 以摊余成本计量的金融资产的重分类

（1）企业将一项以摊余成本计量的金融资产重分类为以公允价值计量且其变动计入当期损益的金融资产的，应当按照该金融资产在重分类日的公允价值进行计量。原账面价值与公允价值之间的差额计入当期损益。

（2）企业将一项以摊余成本计量的金融资产重分类为以公允价值计量且其变动计入其他综合收益的金融资产的，应当按照该金融资产在重分类日的公允价值进行计量。原账面价值与公允价值之间的差额计入其他综合收益。

2. 以公允价值计量且其变动计入其他综合收益的金融资产的重分类

（1）企业将一项以公允价值计量且其变动计入其他综合收益的金融资产重分类为以摊余成本计量的金融资产的，应当将之前计入其他综合收益的累计利得或损失转出，调整该金融资产在重分类日的公允价值，并以调整后的金额作为新的账面价值，即视同该金融资产一直以摊余成本计量。

（2）企业将一项以公允价值计量且其变动计入其他综合收益的金融资产重分类为以公允价值计量且其变动计入当期损益的金融资产的，应当继续以公允价值计量该金融资产。同时，企业应当将之前计入其他综合收益的累计利得或损失从其他综合收益转入当期损益。

3. 以公允价值计量且其变动计入当期损益的金融资产的重分类

（1）企业将一项以公允价值计量且其变动计入当期损益的金融资产重分类为以摊余成

本计量的金融资产的，应当以其在重分类日的公允价值作为新的账面余额。

（2）企业将一项以公允价值计量且其变动计入当期损益的金融资产重分类为以公允价值计量且其变动计入其他综合收益的金融资产的，应当继续以其公允价值计量该金融资产。

任务三 金融资产减值

一、金融资产减值概述

企业应当以预期信用损失为基础，对金融工具进行减值会计处理并确认损失准备。

在预期信用损失法下，减值准备的计提不以减值的实际发生为前提，而是以未来可能发生违约事件造成损失的期望值来计量当前（资产负债表日）应当确认的减值准备。

二、金融资产减值的账务处理

（一）以摊余成本计量的金融资产

（1）确认减值损失。

借：信用减值损失

　　贷：债权投资减值准备 / 坏账准备等

（2）确认减值利得。

借：债权投资减值准备 / 坏账准备等

　　贷：信用减值损失

（二）以公允价值计量且其变动计入其他综合收益的金融资产

（1）确认减值损失。

借：信用减值损失

　　贷：其他综合收益——信用减值准备

（2）确认减值利得。

借：其他综合收益——信用减值准备

　　贷：信用减值损失

拓展阅读

关键词：利润操纵；合规性；公允性

××中福于2006年4月28日暂停上市，暂停上市时股价0.68元。公司股票于2008年4月14日恢复上市，复牌首日最高8.99元，收盘8.60元，创下暴涨11.6倍的惊人纪录。

2008年3月，××中福通过非公开发行股票方式以资抵债，向某林业开发（福建）有限公司定向增发2.58亿股，以购买该林业公司相关资产。年报显示，××中福2007年度营业收入18.93万元，为房地产租赁业务收入和物业管理收入，净利润却达3.78亿元，每股收益1.29元，净利润的主要来源就是重组。业内人士分析××中福“这样的交易公允性存在一定问题，操纵利润变得直接和容易。”

项目九　长期股权投资

长期股权投资，是指投资企业对被投资单位实施控制、重大影响的权益性投资以及对其合营企业的权益性投资。除此之外，其他权益性投资不作为长期股权投资进行核算，而应当按照《企业会计准则第22号——金融工具确认和计量》的规定进行会计核算。

学习目标

知识目标

①掌握成本法下长期股权投资的初始计量、后续计量和处置。

②掌握权益法下长期股权投资的初始计量、后续计量和处置。

技能目标

能够用成本法和权益法编制与长期股权投资有关的业务的记账凭证及处置长期股权投资业务的记账凭证。

素质目标

严格按照会计准则开展对外投资确认与计量工作，对持有期间的收益确认更加严谨认真，具有良好的会计职业道德。

关键词

长期股权投资	long-term equity investments
成本法	cost method
权益法	equity method
其他综合收益	other comprehensive income
股利	dividend

思维导图

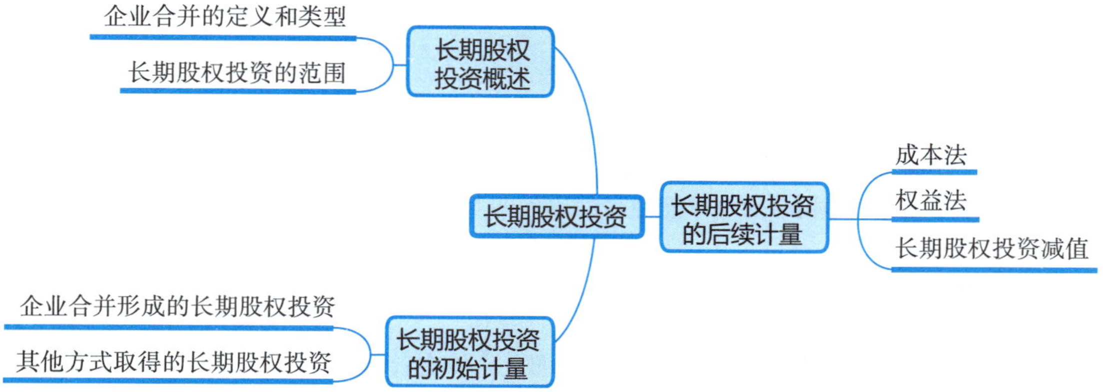

任务一　长期股权投资概述

一、企业合并的定义和类型

（一）企业合并的定义

企业合并是将两个或两个以上单独的企业合并形成一个报告主体的交易或事项。

业务是指企业内部某些生产经营活动或资产负债的组合，该组合具有投入、加工处理和产出能力，能够独立计算其成本费用或所产生的收入，但一般不构成一个企业、不具有独立的法人资格。有关资产或资产、负债的组合要形成一项业务，通常应具备以下要素。

（1）投入，是指必要的生产技术等无形资产、原材料、人工以及构成生产能力的机器设备等其他长期资产的投入。

（2）加工处理过程，是指具有一定的管理运营能力，能够组织投入形成产出。

（3）产出，如生产产成品，或是通过为其他部门提供服务来降低企业整体的运行成本等其他带来经济利益的方式。该组合能够独立计算其成本费用或所产生的收入，直接为投资者等提供股利、更低的成本或其他经济利益等形式的回报。

有关资产或资产、负债的组合要构成一项业务，不一定要同时具备上述三个要素，具备投入和加工处理过程两个要素时即可认为构成一项业务。

是否形成企业合并，除了要考虑取得的企业是否构成业务之外，还要考虑有关交易或事项发生前后是否引起报告主体的变化。报告主体的变化源于控制权的变化。

（二）企业合并的类型

1. 同一控制下的企业合并

同一控制下的企业合并，是指参与合并的企业在合并前后均受同一方或相同多方的最终控制且该控制并非暂时性的。

通常情况下，同一控制下的企业合并是指发生在同一企业集团内部企业之间的合并。

同受国家控制的企业之间发生的合并，不应仅仅因为参与合并的各方在合并前后均受国家控制，而将其作为同一控制下的企业合并。

2. 非同一控制下的企业合并

非同一控制下的企业合并，是指参与合并的各方在合并前后不受同一方或相同多方最终控制的合并交易，即同一控制下企业合并以外的其他企业合并。

二、长期股权投资的范围

本项目涉及的长期股权投资是指应当按照《企业会计准则第 2 号——长期股权投资》进行会计核算的权益性投资，主要包括三个方面。

（一）对子公司的股权投资

对子公司的股权投资是指投资方能够对被投资单位实施控制的权益性投资。

控制是指投资方拥有对被投资方的权力，通过参与被投资方的相关活动而享有可变回报，并且有能力运用对被投资方的权力影响其回报金额。

（二）对合营企业的股权投资

对合营企业的股权投资是指投资方与其他合营方一同对被投资单位实施共同控制且对被投资单位净资产享有权利的权益性投资。

共同控制是指按照相关约定对某项安排所共有的控制，并且该安排的相关活动必须经过分享控制权的参与方一致同意后才能进行。

合营企业是共同控制一项安排的参与方，其仅对该安排的净资产享有权利的合营安排。

（三）对联营企业的股权投资

对联营企业的股权投资是指投资方对被投资单位具有重大影响的权益性投资。

重大影响是指投资方对被投资单位的财务和经营政策有参与决策的权利，但并不能够控制或者与其他方一起共同控制这些政策的制订。

投资方能够对被投资单位施加重大影响的，被投资单位为其联营企业。

在会计实务中，较为常见的重大影响体现为在被投资单位的董事会或类似权力机构中派有代表，通过在被投资单位的财务和经营决策制订过程中实施发言权。

投资方直接或通过子公司间接持有被投资单位 20% 以上但低于 50% 的表决权时，一般认为对被投资单位具有重大影响，除非有明确的证据表明，该种情况下投资方不能参与被投资单位的生产经营决策，则不形成重大影响。

对被投资单位施加重大影响的判断，应考虑投资方直接或间接持有被投资单位的表决权股份以及投资方，与其他方持有的当期可执行潜在表决权在假定转换为对被投资单位的股权后产生的影响，如被投资单位发行的当期可转换的认股权证、股份期权及可转换公司债券等的影响。

（四）不属于长期股权投资的权益性投资

长期股权投资准则规范的权益性投资不包括风险投资机构，共同基金以及类似主体持有的、在初始确认时按照金融工具确认和计量准则的规定以公允价值计量且其变动计入当期损益的金融资产和其他权益投资。

投资性主体对不纳入合并财务报表的子公司的权益性投资，应按照《企业会计准则第22号——金融工具的确认和计量》的规定进行会计核算。

长期股权投资核算范围，如图 9-1 所示。

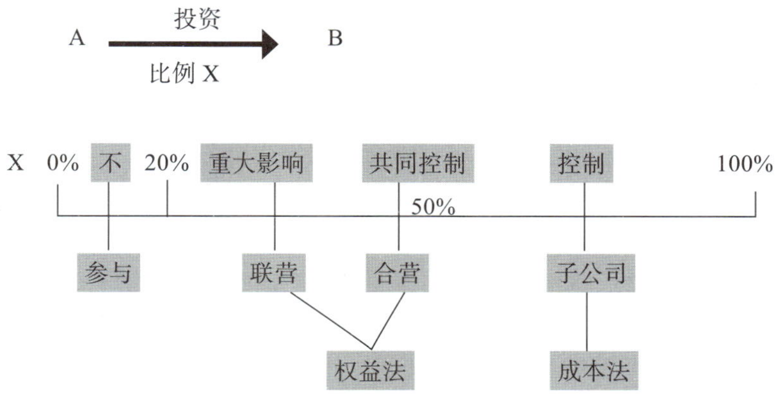

图 9-1　长期股权投资核算范围

任务二　长期股权投资的初始计量

企业合并形成的长期股权投资，应根据同一控制下控股合并与非同一控制下控股合并分别确定其初始投资成本。

一、企业合并形成的长期股权投资

（一）同一控制下企业合并形成的长期股权投资

同一控制是指合并之前，合并方和被合并方在同一个集团。合并方以支付现金、转让非现金资产或承担债务方式作为合并对价的，应当在合并日将所取得的被合并方在最终控制方合并财务报表中的净资产账面价值份额作为长期股权投资的初始投资成本。被合并方在合并日的净资产账面价值为负数的，长期股权投资成本按零值确定，同时在备查簿中予以登记。“长期股权投资”金额为被合并方所有者权益账面价值乘以持股比例。

（1）合并方发生的审计、法律服务费、评估咨询等中介费用以及其他相关管理费用，于发生时计入当期损益。

（2）与发行的权益性工具作为合并对价直接相关的交易费用，应当冲减资本公积（资本溢价或股本溢价），资本公积（资本溢价或股本溢价）不足冲减的，依次冲减盈余公积和未分配利润。

（3）与发行的债务性工具作为合并对价直接相关的交易费用（需要区分折价和溢价），应当计入债务性工具的初始确认金额。

贷方差额全部计入资本公积，借方差额先冲减资本公积，资本公积不足冲减的，依次冲减盈余公积和未分配利润。

企业通过多次交易分步取得同一控制下被投资单位的股权，最终形成企业合并的，应当判断多次交易是否属于“一揽子交易”。

多次交易的条款、条件以及经济影响符合以下一种或多种情况的，通常应将多次交易事项作为“一揽子交易”进行如下会计处理。

（1）这些交易是同时或者在考虑了彼此影响的情况下订立的。

（2）这些交易作为一个整体才能达成一项完整的商业结果。

（3）一项交易的发生取决于其他至少一项交易的发生。

（4）一项交易单独看是不经济的，但是和其他交易一起考虑时是经济的。

属于“一揽子交易”的，合并方应当将各项交易作为一项取得控制权的交易进行会计处理。不属于“一揽子交易”的，在取得控制权日，应当按照以下步骤进行会计处理。

（1）在合并日，根据合并后应享有被合并方净资产在最终控制方合并财务报表中的账面价值份额，确定长期股权投资的初始投资成本。

（2）利用合并日长期股权投资的初始投资成本，与合并日之前长期股权投资的账面价值加上合并日进一步取得股份新支付对价的账面价值之和的差额，调整资本公积（资本溢价或股本溢价），资本公积不足冲减的，冲减留存收益。

（3）对于合并日之前持有的股权投资，因采用权益法核算或按照本书项目九的相关内容核算并确认的其他综合收益，暂不进行会计处理，直至处置该项投资时采用与被投资单位直接处置相关资产或负债相同的基础时进行会计处理；因采用权益法核算而确认的被投资单位净资产中除净损益、其他综合收益和利润分配之外的所有者权益其他变动，暂不进行会计处理，直至处置该项投资时转入当期损益。其中，处置后的剩余股权采用成本法或权益法核算的，其他综合收益和其他所有者权益应按比例结转，处置后的剩余股权不再属于长期股权投资核算范围的，按本书项目八“金融资产”的相关内容进行会计处理。

（二）非同一控制下企业合并形成的长期股权投资

非同一控制是指合并之前购买方和被购买方不在同一个集团。

非同一控制下的控股合并中，购买方应当将企业合并成本作为长期股权投资的初始投资成本。企业合并成本包括购买方付出的资产、发生或承担的负债、发行的权益性工具或债务性工具的公允价值之和，记入“长期股权投资”。

购买方在企业合并时发生的审计、法律服务、评估咨询等中介费用以及其他相关管理费用，应于发生时计入当期损益（管理费用）；购买方合并对价发行的权益性工具或债务性工具的交易费用，应当计入权益性工具（冲减资本公积——股本溢价）或债务性工具（增加折价或减少溢价）的初始确认金额。

知识点

（1）换出资产为固定资产、无形资产的，换出资产公允价值与换出资产账面价值的差额计入资产处置损益。

（2）换出资产为长期股权投资（金融资产等）的，换出资产公允价值与换出资产账面价值的差额计入投资收益（借贷方，其他权益工具投资计入留存收益）。

投资企业通常可以通过以下一种或几种情形来判断是否对被投资单位具有重大影响。

（1）在被投资单位的董事会或类似权力机构中派有代表。

（2）参与被投资单位财务和经营策略制订过程。

（3）与被投资单位之间发生重要交易。

（4）向被投资单位派出管理人员。

（5）向被投资单位提供关键技术资料。

企业通过多次交易分步实现非同一控制下企业合并的，在编制个别财务报表时，应当将原持有的股权投资的账面价值加上新增投资成本之和，作为改按成本法核算的初始投资成本。

购买日之前持有的股权采用权益法核算的，相关其他综合收益应当在处置该项投资时采用与被投资单位直接处置相关资产或负债相同的基础进行会计处理，因被投资方除净损益、其他综合收益和利润分配之外的其他所有者权益变动而确认的所有者权益，应当在处置该项投资时转入相应处置期间的当期损益。

购买日之前持有的股权投资，按照本书项目九的相关内容进行会计处理的，应当将按其确定的股权投资公允价值加上新增投资成本之和，作为改按成本法核算的初始投资成本，其公允价值与账面价值之间的差额转入改按成本法核算的当期投资收益。对于购买日前持有的股权投资指定为以公允价值计量且其变动计入其他综合收益的非交易性权益工具的，其公允价值与账面价值之间的差额以及原计入其他综合收益的累积公允价值变动应当直接转入留存收益。

二、其他方式取得的长期股权投资

（一）以支付现金取得的长期股权投资

以支付现金取得的长期股权投资，应当将实际支付的购买价款作为初始投资成本。这类初始投资成本包括与取得长期股权投资直接相关的费用、税金及其他必要支出，但不包括应从被投资单位收取的已宣告但尚未发放的现金股利或利润（买价 + 费用）。

（二）以发行权益性证券（发行股票）取得的长期股权投资

以发行权益性证券取得的长期股权投资，应当将发行权益性证券的公允价值作为初始投资成本。为发行权益性证券支付的手续费、佣金等与发行直接相关的费用，应从证券发行的溢价收入中扣除（冲减资本公积）；溢价收入不足冲减的，应依次冲减盈余公积和未分配利润。

任务三 长期股权投资的后续计量

企业取得的长期股权投资，在持续持有期间，应分别采用成本法和权益法进行核算：对子公司的长期股权投资应当按成本法核算；对合营企业、联营企业的长期股权投资应当按权益法核算。

一、成本法

（一）成本法核算的范围

企业能够对被投资单位实施控制的长期股权投资，即企业对子公司的长期股权投资。对该长期股权投资的核算应当采用成本法核算，但投资企业为投资性主体且子公司不纳入其合并财务报表的除外。

对子公司的长期股权投资采用成本法核算，主要是为了避免在子公司实际发放现金股利或利润之前，母公司垫付资金发放现金股利或利润等情况，解决了原权益法下投资收益不能足额收回而导致超分配的问题。

投资方在判断对被投资单位是否具有控制权时，应综合考虑直接持有的被投资单位的股权和通过子公司间接持有的被投资单位的股权。在个别财务报表中，投资方进行成本法核算时，应仅考虑直接持有的被投资单位的股权份额。

（二）成本法核算的账务处理

1. 长期股权投资初始投资成本的确定

除因企业合并而形成的长期股权投资之外，企业以支付现金的方式取得的长期股权投资，应当将实际支付的购买价款作为初始投资成本，即投资企业在投资过程中所发生的，与取得长期股权投资直接相关的费用、税金及其他必要支出应计入长期股权投资的初始投资成本。

此外，投资企业取得长期股权投资时，实际支付的价款或对价中包含的已宣告但尚未发放的现金股利或利润，将作为应收项目处理，不构成长期股权投资的成本。

2. 长期股权投资的取得

投资企业取得长期股权投资时，应当按照初始投资成本计价。追加投资时，投资企业应当调整长期股权投资的成本。

除因企业合并而形成的长期股权投资之外，以支付现金、非现金资产等方式取得的长期股权投资，应当按照上述规定确定长期股权投资的初始投资成本，同时借记“长期股权投资”科目，贷记“银行存款”等科目；如果实际支付的价款中包含已宣告但尚未分派的现金股利或利润，应借记“应收股利”科目，贷记“银行存款”科目。

知识点

在成本法核算下，长期股权投资没有明细科目的核算。

3. 长期股权投资持有期间，被投资单位宣告分派现金股利或利润

在长期股权投资持有期间，当被投资单位宣告分派现金股利或利润时，采用成本法核算的投资企业，将应享有的份额确认为当期投资收益，并借记“应收股利”科目，贷记“投资收益”科目。

取得长期股权投资时，如果实际支付的价款中包含有已宣告但尚未发放的现金股利或利润，该款项应借记“应收股利”科目，不记入“长期股权投资”科目。

二、权益法

（一）权益法核算的范围

投资合营企业和联营企业时，投资方取得的长期股权投资应当采用权益法核算。投资方在判断对被投资单位是否具有共同控制、重大影响时，应综合考虑直接持有的被投资方股权和通过子公司间接持有的被投资方股权。在综合考虑直接持有的被投资方股权和通过子公司间接持有的被投资方股权后，如果认定投资方在被投资单位拥有共同控制或重大影响，那么在个别财务报表中，投资方进行权益法核算时应仅考虑直接持有的股权份额；在合并财务报表中，投资方进行权益法核算时应同时考虑直接持有和间接持有的股权份额。

投资方在确定应享有的被投资单位实现的净损益、其他综合收益和其他所有者权益变动的份额时，潜在表决权所对应的权益份额不应予以考虑。

如果被投资单位发行了分类为权益的可累积优先股等类似的权益工具，那么无论被投资单位是否宣告分配优先股股利，在投资方计算应享有被投资单位的净利润时，均应将其归属于其他投资方的累积优先股股利并予以扣除。

（二）权益法核算的账务处理

1. 长期股权投资的取得

投资方采用权益法核算取得的长期股权投资时，会有以下两种情况出现。

（1）投资方初始投资成本大于其取得投资时应享有的被投资单位可辨认净资产公允价值份额时，产生的差额为“不利差额”，该部分差额是投资方在取得投资过程中，通过作价体现出的与所取得股权份额相对应的商誉价值。这种情况下，不要求投资方对长期股权投资的成本进行调整，只需将其借记“长期股权投资——投资成本”科目，贷记“银行存款”等科目。

（2）当初始投资成本小于取得投资时应享有的被投资单位可辨认净资产公允价值份额时，会产生“有利差额”，该部分差额应计入取得投资当期的营业外收入。

长期股权投资的初始投资成本大于投资时应享有的被投资单位可辨认净资产公允价值份额时，不对长期股权投资的初始投资成本进行调整。但是，如果长期股权投资的初始投资成本小于投资时应享有被投资单位可辨认净资产公允价值份额，应借记“长期股权投资——投资成本”科目，贷记“银行存款”等科目，按照其差额，贷记“营业外收入”科目。

2. 持有长期股权投资期间，被投资单位实现净利润或发生净亏损和其他综合收益

投资方在持有长期股权投资期间，应按照被投资单位实现的净利润（以取得投资时被投资单位可辨认净资产的公允价值为基础计算）中应享有的份额，借记“长期股权投资——损益调整”科目，贷记“投资收益”科目。当被投资单位发生净亏损时，作相反的会计分录，借记“投资收益”科目，贷记“长期股权投资——损益调整”科目，但以“长期股权投资”科目的账面价值减记至零为限，投资方负有承担额外损失义务的除外。在被投资单位发生净亏损时，投资方需承担的投资损失，应以其他实质上构成对被投资单位净投资的“长期应收款”等的账面价值减记至零为限。除按照以上步骤已确认的损失之外，其它按照投资合同或协议约定将承担的损失，确认为预计负债。除上述情况仍未确认的应分担被投资单位的损失之外，其他应在备查簿中登记。发生亏损的被投资单位以后实现净利润的，应按与上述相反的顺序进行处理。

上述以“长期股权投资”科目的账面价值减记至零为限，指的是“长期股权投资”科目二级明细科目余额合计为零。

若发生亏损的被投资单位以后可以实现净利润，那么投资企业在计算应享有的份额时，如有未确认投资损失的，应先弥补未确认的投资损失；弥补损失后仍有余额的，应依次借记“长期应收款”“长期股权投资——损益调整”科目，贷记“投资收益”科目。当被投资单位的其他综合收益发生变动时，投资方应当按照归属于本企业的部分，相应调整长期股权投资的账面价值，同时增加或减少其他综合收益。

投资方在对权益法核算下的长期股权投资确认投资收益和其他综合收益时，还需要注意以下两个方面。

一是被投资单位采用的会计政策及会计期间与投资企业不一致的，应当按照投资企业的会计政策及会计期间对被投资单位的财务报表进行调整，并确认投资收益和其他综合收益等。

二是投资企业计算确认应享有或应分担被投资单位的净损益时，与联营企业、合营企业之间发生的未实现的内部交易损益并按照应享有的比例计算归属于投资企业的部分，应当予以抵消，在此基础上确认投资收益。投资方与被投资单位发生的未实现内部交易损失，按照《企业会计准则第 8 号——资产减值》等有关规定判定其属于资产减值损失的，应当予以全额确认。

被投资单位以后宣告分派现金股利或利润的，投资方在计算应分得的部分时，应借记“应收股利”科目，贷记“长期股权投资——损益调整”科目。

投资方收到被投资单位发放的股票股利时，不进行账务处理，但应在备查簿中进行登记，并在除权日注明增加的股数，以反映股份的变化情况。

投资方在持有长期股权投资期间，应当按照应享有或应分担被投资单位实现其他综合收益的份额，该份额借记“长期股权投资——其他综合收益”科目，贷记“其他综合收益”科目。这里所讲的“其他综合收益”，是指企业根据其他会计准则规定的未在当期损益中确认的各项利得和损失。

3. 持有长期股权投资期间，被投资单位所有者权益的其他变动

对于被投资单位除净损益、其他综合收益和利润分配之外的所有者权益的其他变动，投资方应当按照持股比例计算应享有的份额，并借记或贷记“长期股权投资——其他权益变动”科目，贷记或借记“资本公积——其他资本公积”科目。

4. 长期股权投资的处置

投资方处置长期股权投资时，将其实际取得的价款与长期股权投资账面价值的差额确认为投资损益，采用与被投资单位直接处置相关资产或负债相同的原则，按相应比例对原计入其他综合收益的部分进行会计处理，同时按照结转长期股权投资的投资成本比例结转“资本公积——其他资本公积”科目中的相关金额。如果投资方对长期股权投资计提了减值准备，那么投资方还应当同时结转已计提的长期股权投资减值准备。

投资方处置长期股权投资时，应按照实际收到的金额，借记“银行存款”等科目；按照原已计提的减值准备，借记“长期股权投资减值准备”科目；按照该长期股权投资的账面余额，贷记“长期股权投资”科目；按照尚未领取的现金股利或利润，贷记“应收股利”科目；按照其差额，贷记或借记“投资收益”科目。

同时，投资方应当采用与被投资单位直接处置相关资产或负债相同的原则，对相关的其他综合收益进行会计处理。按照上述原则可以转入当期损益的其他综合收益，应按结转的长期股权投资的投资成本比例结转原记入“其他综合收益”科目的金额，借记或贷记“其他综合收益”科目，贷记或借记“投资收益”科目。

同时，投资方还应按照结转的长期股权投资的投资成本比例结转原记入“资本公积——其他资本公积”科目的金额，借记或贷记“资本公积——其他资本公积”科目，贷记或借记“投资收益”科目。

三、长期股权投资减值

（一）长期股权投资减值金额的确定

投资方应当关注长期股权投资的账面价值是否大于享有被投资单位所有者权益的账面价值等类似情况。出现类似情况时，投资方应当按照《企业会计准则第 8 号——资产减值》对其长期股权投资进行减值测试。可收回金额低于账面价值的，应当将该长期股权投资的账面价值减记至可收回金额；减记的金额确认为减值损失的，计入当期损益，同时计提相应的资产减值准备。

（二）长期股权投资减值金额的账务处理

当投资方计提长期股权投资减值准备时，涉及的相关款项应当通过设置“长期股权投资减值准备”科目进行核算。

投资方按照应减记的金额，借记“资产减值损失——计提的长期股权投资减值准备”科目，贷记“长期股权投资减值准备”科目。长期股权投资减值损失一经确认，在以后的会计期间不得转回。

拓展阅读

关键词：合规性；会计造假

审计人员在审查某企业2020年度财务报表时，发现企业某笔购买股票后的账务处理如下。

借：库存现金　　1500

　　贷：投资收益　　1500

审计人员进一步追查相关的原始凭证，发现该企业2020年2月8日购入某股份有限公司股票1000股，每股面值50元，该股票2月4日已宣告发放股利，每股1.5元，共计支付购买金额51 500元，2月24日起发放现金股利。上述分录即为企业收到现金股利时所作。根据会计制度的规定，企业在收到购买时已宣告发放的现金股利时不确认投资收益，而是要冲减应收股利。

该企业在收到购买时已宣告发放的现金股利时确认了投资收益，而未冲减应收股利，违反了《企业会计准则》的规定，造成虚增利润。这反应部分企业没有组织企业会计人员深入学习新准则，导致企业会计工作在开展过程中很难结合新会计准则的相关要求来做好各项账务处理，这对企业资金的有效应用、适应当前激烈的市场竞争形势、提前做好风险预测都会产生不利影响，反映出目前企业管理层在管理理念方面的缺失。

项目十 流动负债

流动负债是指企业预计在一个正常营业周期中清偿，或者主要为交易目的而持有，或者自资产负债表日起一年内（含一年）到期应予以清偿，或者企业无权自主地将清偿推迟至资产负债表日后一年以上的负债。流动负债主要包括短期借款、应付票据、应付账款、预收账款、应付职工薪酬、应交税费、应付利息、应付股利和其他应付款等。

学习目标

知识目标

①明确流动负债的概念、分类及其本质特征。

②理解短期借款的概念、特点、核算内容和要求。

③明确应付票据、应付账款和预收账款的特点、入账时间和核算内容。

④掌握职工薪酬、应交税费的核算内容。

技能目标

①能对短期借款的取得、计息、偿还做正确的会计处理。

②熟悉并区分企业经营中形成的各种应付款项。

③能正确处理应付票据、应付账款、预收账款、其他应付款等的核算。

④能正确处理应付职工薪酬中的各项具体支出。

⑤能正确核算主要税种。

素质目标

①具备社会主义核心价值观：法治、诚信。

②具有家国情怀和担当意识，做一个自觉纳税、守法守纪的好公民。

关键词

流动负债	current liabilities
应交税费	tax payable
短期借款	short term loan
应付职工薪酬	employee compensation
应付账款	accounts payable
预收账款	deposit received

思维导图

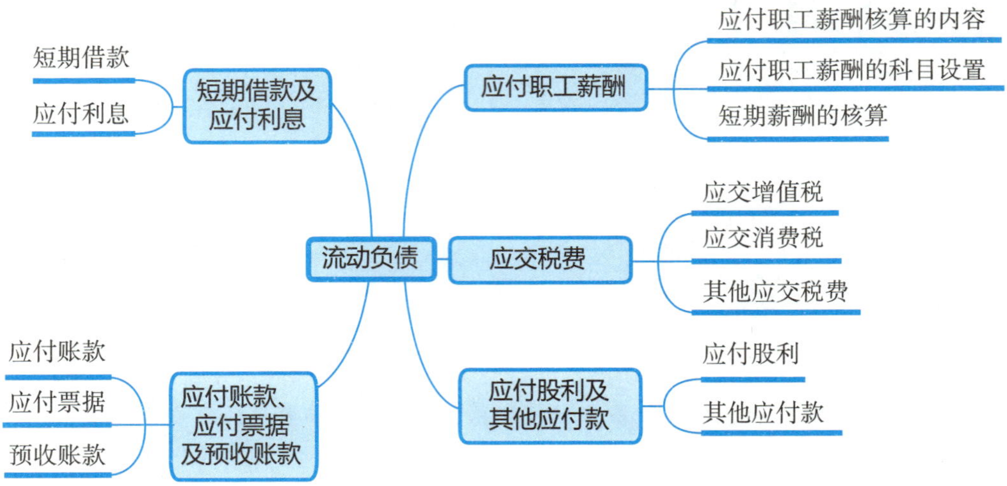

任务一 短期借款及应付利息

一、短期借款

短期借款是指企业向银行或其他金融机构借入的期限在一年以下（含一年）的各种借款，该借款通常是为了满足企业正常生产经营的需要而产生的款项。无论借入款项的来源如何，企业均需要向债权人按期偿还借款的本金及利息。在会计核算上，企业要及时、如实地反映短期借款的借入、利息的发生和本金及利息的偿还情况。

企业应通过“短期借款”科目，核算短期借款的取得及偿还情况。在该科目中：贷方登记取得借款的本金数额，借方登记偿还借款的本金数额；余额在贷方，表示尚未偿还的短期借款。本科目可按借款种类、贷款人和币种进行明细核算。

企业从银行或其他金融机构取得短期借款时，借记“银行存款”科目，贷记“短期借款”科目。

在实际工作中，由于银行一般于每季度末收取短期借款利息，因此，企业的短期借款利息一般采用月末预提的方式进行核算。短期借款的利息属于筹资费用，应记入“财务费用”科目。企业应当在资产负债表日计算确定的短期借款利息费用，借记“财务费用”科目，贷记“应付利息”科目；企业实际支付利息时，根据已预提的利息，借记“应付利息”科目；企业根据应计利息，借记“财务费用”科目；企业根据应付利息总额，贷记“银行存款”科目。

知识点

在企业发生的借款费用中，可直接归属于符合资本化条件的资产购建或者生产的贷款费用，应当予以资本化，并计入符合资本化条件的资产成本（在建工程等）；其他借款费用，应当在发生时根据其发生额确认为费用，并计入当期损益（财务费用）。

符合资本化条件的资产，是指需要经过相当长时间的购建或者生产活动才能达到预定可使用或者可销售状态的固定资产、投资性房地产和存货等资产。

【例 10-1】畅通公司于 2019 年 1 月 1 日向银行借入一笔用于生产经营的短期借款，共计 120 000 元，还款期限为 9 个月，年利率为 4%。根据其与银行签署的借款协议，该项借款的本金应在到期后一次性归还，利息按季支付。

（1）1 月 1 日借入短期借款时，畅通公司应编制如下会计分录。

借：银行存款　　120 000

　　贷：短期借款　　120 000

（2）1 月末计提 1 月份应付利息时，畅通公司应编制如下会计分录。

借：财务费用　　400

　　贷：应付利息　　400

本月应计提的利息金额 =120 000 × 4% ÷ 12=400（元）。

2 月末计提 2 月份利息费用的处理与 1 月份相同。

（3）3 月末支付第一季度银行借款利息时，畅通公司应编制如下会计分录。

借：财务费用　　400

　　应付利息　　800

　　贷：银行存款　　1 200

第二、第三季度的会计处理同上。

（4）10 月 1 日偿还银行借款本金时，畅通公司应编制如下会计分录。

借：短期借款　　120 000

　　贷：银行存款　　120 000

如果上述借款期限是 8 个月，则到期日为 9 月 1 日，8 月末之前的会计处理与上述相同。9 月 1 日偿还银行借款本金，同时支付 7 月和 8 月已提未付利息。则畅通公司应编制如下会计分录。

借：短期借款　　120 000

　　应付利息　　800

　　贷：银行存款　　120 800

如果企业的短期借款利息是按月支付的，或者利息是在借款到期时连同本金一起归还但是数额不大的，可以不采用预提的方法，而是在实际支付或收到银行的计息通知时，直接计入当期损益，借记“财务费用”科目，贷记“银行存款”或“库存现金”科目。

二、应付利息

应付利息是指企业按照合同约定应支付的利息，包括短期借款、分期付息到期还本的长期借款、企业债券等应支付的利息。

企业应通过“应付利息”科目，核算应付利息的发生、支付情况。该科目贷方登记按照合同约定计算的应付利息，借方登记实际支付的利息；期末贷方余额反映了企业应付未付的利息。本科目一般应根据债权人来设置明细科目，并进行明细核算。

企业采用合同约定的利率计算、确定利息费用时，按应付合同利息的金额，借记“在建工程”“财务费用”“研发支出”等科目，贷记“应付利息”科目；按实际利率支付利息时，借记“应付利息”科目，贷记“银行存款”等科目。

【例 10-2】畅通公司借入 5 年期到期还本、每年付息的长期借款 3 000 000 元，合同约定年利率为 6%。

（1）每年计算确定利息费用时，畅通公司应编制如下会计分录。

借：财务费用	180 000	
贷：应付利息		180 000

企业每年应支付的利息 =3 000 000 ×6%=180 000（元）。

（2）每年实际支付利息时，畅通公司应编制如下会计分录。

借：应付利息	180 000	
贷：银行存款		180 000

任务二　应付账款、应付票据及预收账款

一、应付账款

应付账款是指企业因购买材料、商品或接受劳务供应等经营活动时应支付的款项。

应付账款，一般应在与所购买物资所有权相关的主要风险和报酬已经转移，或者所购买的劳务已经接受时确认。在实务工作中，为了使企业所购入物资的金额、品种、数量和质量等与合同规定的条款相符，避免因验收时发现所购物资存在数量或质量问题而对入账的物资或应付账款金额进行改动，在物资和发票账单同时到达的情况下，一般在所购物资验收入库后，再根据发票账单将其登记入账、确认应付账款。在所购物资已经验收入库，但是发票账单未能同时到达的情况下，由于企业应付物资供应单位的债务已经成立，因此在会计期末，为了反映企业的负债情况，需要将企业所购物资和相关的应付账款暂估入账，待下月月初作相反分录予以冲回。

企业应通过“应付账款”科目，核算应付账款的发生、偿还、转销等情况。该科目贷方登记企业购买材料、商品和接受劳务等发生的应付账款；借方登记偿还的应付账款，或开出商业汇票抵付应付账款的款项，或已冲销的无法支付的应付账款。该科目的余额一般

在贷方，表示企业尚未支付的应付账款余额。本科目一般应依据债权人来设置明细科目，并进行明细核算。

(一) 发生应付账款

企业购入材料、商品等或接受劳务所产生的应付账款，应按应付金额入账。购入材料、商品等验收入库，但货款尚未支付，根据有关凭证（发票账单、随货同行发票上记载的实际价款或暂估价值），借记“材料采购”“在途物资”等科目；按可抵扣的增值税额，借记“应交税费——应交增值税（进项税额）”科目；按应付的价款，贷记“应付账款”科目。企业接受供应单位提供劳务而发生的应付未付款项，根据供应单位的发票账单，借记“生产成本”“管理费用”等科目，贷记“应付账款”科目。

应付账款附有现金折扣的，应按照扣除现金折扣前的应付款总额入账。在折扣期限内付款而获得的现金折扣，应在偿付应付账款时冲减财务费用。

知识点

应付账款入账价值的影响因素包括购买价款、增值税进项税额、销货方代垫运杂费等。

【例 10-3】畅通公司为增值税一般纳税人。2019 年 3 月 1 日，畅通公司从雨阳公司购入一批材料，货款 100 000 元，增值税税额为 13 000 元，对方代垫运杂费 1 000 元。材料已运到畅通公司并验收入库（该材料按实际成本计价核算），款项尚未支付。畅通公司应编制如下会计分录。

借：原材料	101 000	
应交税费——应交增值税（进项税额）	13 000	
贷：应付账款——雨阳公司		114 000

【例 10-4】根据供电部门通知，畅通公司本月应支付电费 48 000 元。其中生产车间电费 32 000 元，企业行政管理部门电费 16 000 元，款项尚未支付。畅通公司应编制如下会计分录。

借：制造费用	32 000	
管理费用	16 000	
贷：应付账款——× × 电力公司		48 000

(二) 偿还应付账款

企业偿还应付账款或开出商业汇票抵付应付账款时，应借记“应付账款”科目，贷记“银行存款”“应付票据”等科目。

【例 10-5】承【例 10-3】3 月 31 日，畅通公司用银行存款支付上述应付账款。畅通公司应编制如下会计分录。

借：应付账款——雨阳公司	114 000	
贷：银行存款		114 000

（三）转销应付账款

企业转销确实无法支付的应付账款（如因债权人撤销等原因而产生无法支付的应付账款），应按其账面余额计入营业外收入，借记“应付账款”科目，贷记“营业外收入”科目。

【例 10-6】2019 年 12 月 31 日，畅通公司确定一笔应付账款 4 000 元为无法支付的款项，应予以转销。畅通公司应编制如下会计分录。

借：应付账款　　4 000

　　贷：营业外收入——其他　　4 000

本例中，畅通公司转销确实无法支付的应付账款 4 000 元，应按其账面余额记入“营业外收入——其他”科目。

二、应付票据

应付票据是指企业因购买材料、商品和接受劳务供应等而开出、承兑的商业汇票，这类商业汇票包括商业承兑汇票和银行承兑汇票。企业应当设置“应付票据备查簿”，详细登记该类商业汇票的种类、号数和出票日期、到期日期、票面余额、交易合同号、收款人姓名或单位名称，以及付款日期和金额等资料。应付票据到期结清时，应当在“备查簿”内予以注销。

企业应通过“应付票据”科目，核算应付票据的发生、偿付等情况。该科目贷方登记开出、承兑汇票的面值及带息票据的预提利息，借方登记支付票据的金额；余额在贷方，表示企业尚未到期的商业汇票的票面金额。

对于应付票据，通常而言，商业汇票的付款期限不超过六个月，因此在会计上应作为流动负债进行管理和核算。同时，由于应付票据的偿付时间较短，在会计实务中，一般均按照开出、承兑的应付票据的面值入账。

（一）不带息应付票据

1. 发生应付票据

企业因购买材料、商品和接受劳务供应等而开出、承兑的商业汇票，应当将其票面金额作为应付票据的入账金额，借记“材料采购”“库存商品”“应付账款”“应交税费——应交增值税（进项税额）”等科目，贷记“应付票据”科目。

企业因开出银行承兑汇票而支付银行的承兑汇票手续费，应当计入当期财务费用，借记“财务费用”科目，贷记“银行存款”科目。

【例 10-7】畅通公司为增值税一般纳税人。该企业于 2019 年 2 月 6 日开出一张面值为 56 500 元、期限 5 个月的不带息商业汇票，该汇票用来采购一批材料。增值税专用发票上注明的材料价款为 50 000 元，增值税额为 6 500 元。该企业的有关会计分录如下。

借：材料采购（或在途物资）　　50 000

　　应交税费——应交增值税（进项税额）　　6 500

　　贷：应付票据　　56 500

企业因购买材料、商品和接受劳务供应等而开出、承兑商业汇票时，所支付的银行承兑汇票手续费应当计入财务费用。

【例 10-8】承【例 10-7】，假设上例中的商业汇票为银行承兑汇票，畅通公司已缴纳承兑手续费 29.25 元。畅通公司应编制如下会计分录。

借：财务费用 29.25

贷：银行存款 29.25

2. 偿还应付票据

应付票据到期支付票款时，应按账面余额予以结转，借记“应付票据”科目，贷记“银行存款”科目。

【例 10-9】承【例 10-7】2019 年 7 月 6 日，畅通公司于 2 月 6 日开出的商业汇票到期。畅通公司通知其开户银行以银行存款支付票款。畅通公司应编制如下会计分录。

借：应付票据 56 500

贷：银行存款 56 500

3. 转销应付票据

应付银行承兑汇票到期，如企业无力支付票款，应将应付票据的账面余额转作短期借款，借记“应付票据”科目，贷记“短期借款”科目。

【例 10-10】承【例 10-7】，假设上例中的商业汇票为银行承兑汇票，该汇票到期时畅通公司无力支付票款。畅通公司应编制如下会计分录。

借：应付票据 56 500

贷：短期借款 56 500

（二）带息应付票据

企业开出、承兑的带息商业汇票，仍然按照票据的面值入账。与不带息应付票据的账务处理的不同之处，是带息应付票据于期末计算应付利息时，应付利息计入财务费用（面值 × 票面利率 × 期限）。

知识点

带息应付票据期末计提利息后，增加应付票据的账面价值；而短期借款期末计提利息，不增加短期借款的账面价值。

三、预收账款

预收账款是指企业按照合同规定向购货单位预收的款项。与应付账款不同，预收账款所形成的负债不是以货币偿付，而是以货物偿付的。有些购销合同规定，销货企业可向购货企业预先收取一部分货款，待向对方发货后再收取其余货款。销货企业在发货前收取的货款，表明了销货企业承担了在未来导致经济利益流出时企业应履行的义务，这就成为该企业的一项负债。

企业应通过“预收账款”科目，核算预收账款的取得、偿付等情况。该科目贷方登记发生的预收账款的金额和购货单位补付账款的金额，借方登记企业向购货方发货后冲销的预收账款金额和退回购货方多付账款的金额。该科目余额一般在贷方，反映了企业向购货单位预收款项但尚未向购货方发货的金额；若余额在借方，则反映了企业尚未转销的款项。企业应当依据购货单位来设置明细科目，并进行明细核算。

企业向购货单位预收款项时，借记“银行存款”科目，贷记“预收账款”科目；销售实现时，按照实现的收入和应交增值税销项税额，借记“预收账款”科目，按照实现的营业收入，贷记“主营业务收入”科目；按照增值税专用发票上注明的增值税税额，贷记“应交税费——应交增值税（销项税额）”等科目。企业收到购货单位补付的款项，借记“银行存款”科目，贷记“预收账款”科目；企业向购货单位退回其多付的款项时，借记“预收账款”科目，贷记“银行存款”科目。

【例 10-11】畅通公司为增值税一般纳税人。2019 年 6 月 3 日，畅通公司与雨阳公司签订供货合同，畅通公司向其出售一批设备，货款金额共计 100 000 元，应交增值税 13 000 元。根据购货合同规定，雨阳公司在购货合同签订一周内，应当向畅通公司预付货款 60 000 元，剩余货款在交货后付清。2019 年 6 月 8 日，畅通公司收到雨阳公司交来的预付款 60 000 元，并将其存入银行；6 月 18 日畅通公司将货物发到雨阳公司并开出增值税发票，雨阳公司验收合格后付清了剩余货款。

（1）6 月 8 日收到雨阳公司交来的预付款 60 000 元，畅通公司应编制如下会计分录。

借：银行存款　　60 000
　　贷：预收账款——雨阳公司　　60 000

（2）6 月 18 日畅通公司发货后，收到雨阳公司剩余货款，畅通公司应编制如下会计分录。

借：预收账款——雨阳公司　　113 000
　　贷：主营业务收入　　100 000
　　　　应交税费——应交增值税（销项税额）　　13 000
借：银行存款　　53 000
　　贷：预收账款——雨阳公司　　53 000

雨阳公司补付的货款 =113 000-60 000=53 000（元）。

本例中，假若畅通公司只能向雨阳公司供货 40 000 元，则畅通公司应退回预收账款 14 800 元，畅通公司应编制如下会计分录。

借：预收账款——雨阳公司　　60 000
　　贷：主营业务收入　　40 000
　　　　应交税费——应交增值税（销项税额）　　5 200
　　　　银行存款　　14 800

此外，值得注意的是，在预收账款核算中，企业预收账款情况不多的，也可不设“预收账款”科目，将预收的款项直接记入“应收账款”科目的贷方。

【例 10-12】以【例 10-11】的资料为例，假设畅通公司不设置“预收账款”科目，通过“应收账款”科目核算有关业务。

（1）6 月 8 日收到雨阳公司交来预付款 60 000 元，畅通公司应编制如下会计分录。

借：银行存款　　60 000
　　贷：应收账款——雨阳公司　　60 000

（2）6月18日畅通公司发货后，收到雨阳公司剩余货款，畅通公司应编制如下会计分录。

借：应收账款——雨阳公司　　113 000
　　贷：主营业务收入　　100 000
　　　　应交税费——应交增值税（销项税额）　　13 000

借：银行存款　　53 000
　　贷：应收账款——雨阳公司　　53 000

任务三 应付职工薪酬

一、应付职工薪酬核算的内容

职工薪酬是指企业为获得职工提供的服务或解除与职工的劳动关系而给予职工的各种形式的报酬或补偿。职工薪酬包括短期薪酬、离职后福利、辞退福利和其他长期职工福利。企业提供给职工配偶、子女、受赡养人、已故员工遗属及其他受益人等的福利，也属于职工薪酬。

这里所称的“职工”，主要包括三类人员：一是与企业订立劳动合同的所有人员，包含全职、兼职和临时职工；二是未与企业订立劳动合同，但由企业正式任命的企业治理层和管理层人员，如董事会成员、监事会成员等；三是在企业的计划和控制下，虽未与企业订立劳动合同或未由其正式任命，但向企业所提供服务与职工所提供服务类似的人员，包括通过企业与劳务中介公司签订用工合同而向企业提供服务的人员。

职工薪酬主要包括以下内容。

（一）短期薪酬

短期薪酬是指企业在职工提供相关服务的年度报告期间结束后十二个月内需要全部予以支付的职工薪酬，因解除与职工的劳动关系而给予职工的补偿除外。短期薪酬具体包括以下几种形式。

（1）职工工资、奖金、津贴和补贴。职工工资、奖金、津贴和补贴是指按照构成工资总额的计时工资、计件工资、支付给职工的超额劳动报酬和增收节支的劳动报酬、为补偿职工特殊或额外的劳动消耗和因其他特殊原因支付给职工的津贴，以及为保证职工工资水平不受物价影响支付给职工的物价补贴等。其中，企业按照短期奖金计划向职工发放的奖金属于短期薪酬，按照长期奖金计划向职工发放的奖金属于其他长期职工福利。

（2）职工福利费。职工福利费是指企业向职工提供的生活困难补助、丧葬补助费、抚恤费、职工异地安家费、防暑降温费等职工福利支出。

（3）医疗保险费、工伤保险费和生育保险费等社会保险费。这类短期薪酬是指企业按照国家规定的基准和比例计算，向社会保险经办机构缴纳的医疗保险费、工伤保险费和生育保险费。

（4）住房公积金。住房公积金是指企业按照国家规定的基准和比例计算，向住房公积金管理机构缴存的金额。

（5）工会经费和职工教育经费。该类短期薪酬是指企业为了改善职工的文化生活、为职工学习先进技术、提高职工文化水平和业务素质，而用于开展工会活动和职工教育及职业技能培训等相关支出。

（6）短期带薪缺勤。短期带薪缺勤是指职工虽然缺勤但企业仍向其支付报酬的安排。短期带薪缺勤包括年休假、病假、婚假、产假、丧假、探亲假等。长期带薪缺勤属于其他长期职工福利。

（7）短期利润分享计划。短期利润分享计划是指企业因职工向其提供服务而与职工达成的基于利润的或向其他经营成果提供薪酬的协议。长期利润分享计划属于其他长期职工福利。

（8）其他短期薪酬。其他短期薪酬是指除上述薪酬之外的，企业为获得职工提供的服务而给予职工的其它短期薪酬。

（二）离职后福利

离职后福利是指企业为获得职工提供的服务，而在职工退休或与企业解除相关劳动关系后，向其提供的各种形式的报酬和福利（短期薪酬和辞退福利除外），如失业保险、养老保险等。企业应当将职工离职后福利计划分类为设定提存计划和设定受益计划。离职后福利计划是指企业与职工就离职后福利达成的协议，或者企业为向职工提供离职后福利而制订的规章或办法等。其中，设定提存计划是指向独立的基金缴存固定费用后，企业不再承担进一步支付义务的离职后福利计划；设定受益计划是指除设定提存计划之外的职工离职后福利计划。

（三）辞退福利

辞退福利是指企业在职工劳动合同到期之前解除与职工的劳动关系，或者为鼓励职工自愿接受裁减而给予职工的补偿。

（四）其他长期职工福利

其他长期职工福利是指除短期薪酬、离职后福利、辞退福利之外的职工薪酬，包括长期带薪缺勤、长期残疾福利、长期利润分享计划等。

知识点

企业缴纳的补充养老保险，或以商业保险的形式提供给职工的各种保险待遇也属于企业提供的职工薪酬。

企业提供给高级管理人员使用的住房、免费为职工提供诸如医疗保健的服务，或向职工提供企业支付了一定补贴的商品或服务等，比如以低于成本的价格向职工出售住房等，属于企业提供给职工的非货币性福利。

企业提供给职工的以权益形式结算的认股权、以现金形式结算但以权益工具公允价值为基础确定的现金股票增值权等属于职工薪酬。

职工出差预借的差旅费、本人缴纳的保险均不属于应付职工薪酬。

二、应付职工薪酬的科目设置

企业应当设置“应付职工薪酬”科目，来核算应付职工薪酬的计提、结算、使用等情况。该科目的贷方登记已分配计入有关成本费用项目的职工薪酬的金额，借方登记实际发放职工薪酬的金额，包括扣还的款项等；该科目期末余额在贷方，反映企业应付未付的职工薪酬。

“应付职工薪酬”科目应当按照“工资、奖金、津贴和补贴”“职工福利费”“非货币性福利”“社会保险费”“住房公积金”“工会经费和职工教育经费”“带薪缺勤”“利润分享计划”“设定提存计划”“设定受益计划义务”“辞退福利”等职工薪酬项目设置明细，并进行明细核算。

三、短期薪酬的核算

企业应当在职工为其提供服务的会计期间，将实际发生的短期薪酬确认为负债，并计入当期损益，其他会计准则要求或允许计入资产成本的除外。

（一）货币性短期薪酬

货币性短期薪酬包括职工工资、奖金、津贴和补贴，大部分的职工福利费，医疗保险费、工伤保险费和生育保险费，住房公积金，工会经费和职工教育经费等。

企业应当在职工为其提供服务的会计期间，将实际发生的短期薪酬确认为负债，并计入当期损益，其他会计准则要求或允许计入资产成本的除外。

1. 工资、奖金、津贴和补贴

对于职工工资、奖金、津贴和补贴等货币性职工薪酬，企业应当在职工为其提供服务的会计期间，根据实际发生的职工工资、奖金、津贴和补贴及职工提供服务的受益对象，将应确认的职工薪酬，借记“生产成本”“制造费用”“劳务成本”等科目，贷记“应付职工薪酬——工资、奖金、津贴和补贴”科目。

【例 10–13】2019 年 6 月，畅通公司当月应发工资 1 560 万元。其中，生产部门直接生产人员工资 1 000 万元，生产部门管理人员工资 200 万元，公司管理部门人员工资 360 万元。

根据所在地政府规定，公司分别按照职工工资总额的 10% 和 8% 计提医疗保险费和住房公积金，并缴纳给当地社会保险经办机构和住房公积金管理机构。公司分别按照职工工资总额的 2% 和 1.5% 计提工会经费和职工教育经费，且假定不考虑所得税影响。

应计入生产成本的职工薪酬金额 =1 000+1 000×（10%+8%+2%+1.5%）=1 215（万元）。

应计入制造费用的职工薪酬金额 =200+200×（10%+8%+2%+1.5%）=243（万元）。

应计入管理费用的职工薪酬金额 =360+360×（10%+8%+2%+1.5%）=437.4（万元）。

公司应根据上述业务，作如下账务处理。

借：生产成本——基本生产成本　　12 150 000
　　制造费用　　2 430 000
　　管理费用　　4 374 000
　　贷：应付职工薪酬——工资　　15 600 000
　　　　　　　　　——医疗保险费　　1 560 000
　　　　　　　　　——住房公积金　　1 248 000
　　　　　　　　　——工会经费　　312 000
　　　　　　　　　——职工教育经费　　234 000

在会计实务中，企业一般在每月发放工资前，根据“工资费用分配汇总表”中的“实发金额”栏的合计数，通过开户银行支付给职工或先从开户银行提取现金，然后再向职工发放。

企业按照有关规定向职工支付工资、奖金、津贴、补贴等，借记“应付职工薪酬——工资、奖金、津贴和补贴”科目，贷记“银行存款”“库存现金”等科目；企业从应付职工薪酬中扣还的各种款项（代垫的家属药费、个人所得税等），借记“应付职工薪酬”科目，贷记“银行存款”“库存现金”“其他应收款”“应交税费——应交个人所得税”等科目。

2. 职工福利费

对于职工福利费，企业应当在实际发生时根据实际发生额计入当期损益或相关资产成本，借记“生产成本”“制造费用”“管理费用”“销售费用”等科目，贷记“应付职工薪酬——职工福利费”科目。

【例 10–14】畅通公司下设一所职工食堂，该企业每月根据在岗职工数量及岗位分布情况、相关历史经验数据等计算需要补贴食堂的金额，从而确定其每期因补贴职工食堂需要承担的福利费金额。2019 年 9 月，企业在岗职工共计 200 人，其中管理部门 30 人，生产车间 170 人。企业的历史经验数据表明，每个职工每月需补贴食堂 150 元。畅通公司应编制如下会计分录。

借：生产成本　　25 500
　　管理费用　　4 500
　　贷：应付职工薪酬——职工福利费　　30 000

本例中，畅通公司应当计提的职工福利费 =150×200=30 000（元）。

【例 10–15】承【例 10-14】，2019 年 10 月，畅通公司支付 30 000 元补贴给食堂。畅通公司应编制如下会计分录。

借：应付职工薪酬——职工福利费　　30 000
　　贷：银行存款　　30 000

（二）带薪缺勤

对于职工带薪缺勤，企业应当根据其性质及职工享有的权利，将其分为累积带薪缺勤和非累积带薪缺勤两类，并对累积带薪缺勤和非累积带薪缺勤分别进行会计处理。如果带薪缺勤属于长期带薪缺勤的，企业应当将其作为其他长期职工福利处理。

（1）累积带薪缺勤。累积带薪缺勤是指职工的带薪缺勤权利可以结转至下期使用，即本期尚未用完的带薪缺勤权利可以在未来期间使用。企业应当在职工提供了服务从而增加了其未来享有的带薪缺勤权利时，确认与职工累积带薪缺勤相关的职工薪酬，并以累积未行使权利而增加的预期支付金额来计量相关的职工薪酬。企业确认累积带薪缺勤时，应借记“管理费用”等科目，贷记“应付职工薪酬——带薪缺勤——短期带薪缺勤——累积带薪缺勤”科目。

【例 10-16】畅通公司共有 1 000 名职工，从 2019 年 1 月 1 日起，该公司实行累积带薪缺勤制度。该制度规定，每个职工每年可享受 5 个工作日的带薪年休假，未使用的带薪年休假只能向后结转一个日历年度，超过一年未使用的带薪年休假权利作废；职工休年休假时，首先使用当年可享受的权利，不足部分再从上年结转的带薪年休假中扣除；职工离开公司时，对未使用的累积带薪年休假无权获得现金支付。

2019 年 12 月 31 日，每个职工当年平均未使用的带薪年休假为 2 天。畅通公司预计 2020 年有 950 名职工将享受不超过 5 天的带薪年休假，剩余 50 名职工每人将平均享受 6 天半的带薪年休假。假定这 50 名职工全部为总部管理人员，该公司平均每名职工每个工作日工资为 300 元。

【解析】畅通公司在 2019 年 12 月 31 日预计由于职工累积未使用的带薪年休假权利，而导致预期将支付的工资负债为 75（50×1.5）天的年休假工资金额 22 500（75×300）元，并作如下账务处理。

借：管理费用　　22 500

　　贷：应付职工薪酬——带薪缺勤——短期带薪缺勤——累积带薪缺勤　　22 500

如果是累计带薪缺勤：

【拓展一】如果 2020 年畅通公司职工休假情况与预测一致，则这 75 天的工资在支付时，应作如下账务处理。

借：应付职工薪酬　　22 500

　　贷：银行存款　　22 500

如果是非累计带薪缺勤：

【拓展二】如果 2020 年畅通公司职工休假情况与预测不一致，职工只休了 60 天，则相关会计处理如下。

①先将当初多计的费用冲回，应作如下账务处理。

借：应付职工薪酬——带薪缺勤——短期带薪缺勤——累积带薪缺勤　　4 500

　　贷：管理费用　　4 500

②再兑付这 60 天的工资，应作如下账务处理。

借：应付职工薪酬　　18 000

　　贷：银行存款　　18 000

（2）非累积带薪缺勤。非累积带薪缺勤是指带薪缺勤权利不能结转至下期使用，即本期尚未用完的带薪缺勤权利将予以取消，并且职工离开企业时也无权获得现金支付。我国企业职工休婚假、产假、丧假、探亲假、病假期间的工资通常属于非累积带薪缺勤。

由于职工提供服务本身不能增加其能够享受的福利金额，因此企业在职工未缺勤时不应当计提相关费用和负债。企业应当在职工实际发生缺勤的会计期间确认与非累积带薪缺勤相关的职工薪酬。

企业确认职工享有的、与非累积带薪缺勤权利相关的薪酬，视同职工出勤确认的当期损益或相关资产成本。通常情况下，由于与非累积带薪缺勤相关的职工薪酬已经包括在企业每期向职工发放的工资等薪酬中，因此企业不必额外作相应的账务处理。

（三）非货币性福利

企业向职工提供的非货币性福利，应当按照公允价值计量。不能可靠取得的公允价值，可以采用成本计量。

（1）若企业将其自产产品作为非货币性福利发放给职工，企业应当根据受益对象的不同，按照该产品的公允价值和相关税费，计入相关资产成本或当期损益，同时确认应付职工薪酬。企业自产产品的相关收入、成本的处理应与正常商品销售相同。

（2）若企业将购买商品作为非货币性福利发放给职工，企业应以商品的价税合计认定福利费用。

（3）若企业将拥有的房屋等资产作为非货币性福利无偿提供给职工使用，企业应当根据受益对象，将该住房每期应计提的折旧计入相关资产成本或当期损益，同时确认应付职工薪酬。若企业租赁住房等资产供职工无偿使用，企业应当根据受益对象，将每期应付的租金计入相关资产成本或当期损益，并确认应付职工薪酬。

（4）难以认定受益对象的非货币性福利，企业应直接将其计入当期损益和应付职工薪酬中。

知识点

在会计实务中，应是先支付房租，然后再居住。

【例 10–17】畅通公司为家电生产企业，共有职工 200 名，其中 170 名为直接参加生产的职工，30 名为总部管理人员。2019 年 12 月，畅通公司以其生产的每台成本为 900 元的电暖器作为春节福利发放给公司每名职工。该型号的电暖器市场售价为每台 1 000 元，畅通公司适用的增值税税率为 13%。畅通公司应编制如下会计分录。

借：生产成本	192 100	
管理费用	33 900	
贷：应付职工薪酬——非货币性福利		226 000

本例中，应确认的应付职工薪酬 =200×1 000+200×1 000×13%=226 000（元）。其中，应记入“生产成本”科目的金额 =170×1 000+170×1 000×13%=192 100（元）；应记入“管理费用”科目的金额 =30×1 000+30×1 000×13%=33 900（元）。

【例 10–18】畅通公司为总部各部门经理级别以上的职工提供汽车免费使用的福利，同时为副总裁以上的高级管理人员每人租赁一套住房。畅通公司总部共有部门经理级别以上的职工20名，公司为每人提供一辆汽车免费使用，假定每辆汽车每月计提折旧1 000元；该公司共有副总裁级别以上的高级管理人员5名，公司为每人租赁一套面积为200平方米的公寓，每套月租金为8 000元。畅通公司应编制如下会计分录。

（1）确认提供汽车的非货币性福利。

借：管理费用　　20 000

　　贷：应付职工薪酬——非货币性福利　　20 000

借：应付职工薪酬——非货币性福利　　20 000

　　贷：累计折旧　　20 000

企业提供汽车供职工使用的非货币性福利 =20×1 000=20 000（元）。

（2）确认为职工租赁住房的非货币性福利。

借：管理费用　　40 000

　　贷：应付职工薪酬——非货币性福利　　40 000

企业租赁住房供职工使用的非货币性福利 =5×8 000=40 000（元）。

当企业将自产产品作为职工薪酬发放给职工时，该类职工薪酬应确认为主营业务收入，并借记“应付职工薪酬——非货币性福利”科目，贷记“主营业务收入”科目，同时结转相关成本；涉及增值税销项税额的，还应进行相应的会计处理。企业支付租赁住房等资产供职工无偿使用所发生的租金，借记“应付职工薪酬——非货币性福利”科目，贷记“银行存款”等科目。

【例10-19】承【例10-17】和【例10-18】，畅通公司向职工发放电暖器作为福利，公司应确认主营业务收入，同时要根据相关税法规定，计算增值税销项税额。畅通公司应编制如下会计分录。

借：应付职工薪酬——非货币性福利　　226 000

　　贷：主营业务收入　　200 000

　　应交税费——应交增值税（销项税额）　　26 000

借：主营业务成本　　180 000

　　贷：库存商品——电暖器　　180 000

畅通公司应确认的主营业务收入 =200×1 000= 200 000（元）。

畅通公司应确认的增值税销项税额 =200×1 000×13%=26 000（元）。

畅通公司应结转的销售成本 =200×900=180 000（元）。

畅通公司每月支付副总裁级别以上的高级管理人员住房租金时，应编制如下会计分录。

借：应付职工薪酬——非货币性福利　　40 000

　　贷：银行存款　　40 000

（四）离职后福利

1. 离职后福利的概念

离职后福利是指企业为获得职工提供的服务而在职工退休或职工与企业解除劳动关系后，企业向其提供的各种形式的报酬和福利，属于短期薪酬和辞退福利的款项除外。

2. 离职后福利的内容

（1）设定提存计划。设定提存计划是指向独立的基金缴存固定费用后，企业不再承担进一步支付义务的离职后福利计划。

（2）设定受益计划。设定受益计划是指除设定提存计划之外的离职后福利计划。

3. 设定提存计划的会计处理

企业应当在职工为其提供服务的会计期间，将根据设定提存计划计算的应缴存金额确认为负债，并计入当期损益或相关资产成本。

【例 10-20】畅通公司根据所在地政府的规定，按照职工工资总额的 12% 计提基本养老保险费，并向当地社会保险经办机构缴存。2019 年 7 月份，畅通公司缴存的基本养老保险费，应计入生产成本的金额为 57 600 元，应计入制造费用的金额为 12 600 元，应计入管理费用的金额为 10 872 元，应计入销售费用的金额为 2 088 元。畅通公司应编制如下会计分录。

借：生产成本	57 600	
制造费用	12 600	
管理费用	10 872	
销售费用	2 088	
贷：应付职工薪酬——设定提存计划		83 160

任务四　应交税费

企业根据税法规定应缴纳的各种税费包括：增值税、消费税、城市维护建设税、资源税、所得税、土地增值税、房产税、车船使用税、土地使用税、教育费附加、矿产资源补偿费、印花税、耕地占用税等。

企业应通过“应交税费”科目，总括反映各种税费的应交、缴纳等情况。该科目贷方登记应交的各种税费等，借方登记实际缴纳的税费。该类科目的期末余额一般在贷方，反映企业尚未缴纳的税费；期末余额如在借方，则反映企业多交或尚未抵扣的税费。本科目按应交的税费项目设置明细科目，并进行明细核算。企业代扣、代交的个人所得税等，也通过“应交税费”科目核算。印花税、耕地占用税、车辆购置税、契税等不需要预计缴纳的税金不在应交税费中核算。

一、应交增值税

（一）增值税概述

增值税是以商品（含应税劳务、应税行为）在流转过程中产生的增值额作为计税依据而征收的一种流转税。按照《中华人民共和国增值税暂行条例》中的规定，在我国境内销售货物、加工修理修配劳务、服务、无形资产和不动产，以及进口货物的企业、单位和个人为增值税的纳税人。其中，“服务”是指纳税人提供的交通运输服务、建筑服务、邮政服务、电信服务、金融服务、现代服务、生活服务。

根据经营规模大小及会计核算水平的健全程度，增值税纳税人分为一般纳税人和小规模纳税人。计算增值税的方法分为一般计税方法和简易计税方法两种。

一般纳税人是指年应税销售额超过财政部、国家税务总局规定标准的增值税纳税人。小规模纳税人是指年应税销售额未超过规定标准，并且会计核算不健全、不能够提供准确税务资料的增值税纳税人。

增值税的一般计税方法是先按当期销售额和适用的税率计算出销项税额，然后以该销项税额对当期购进项目支付的税款（即进项税额）进行抵扣，间接算出当期的应纳税额的方法。应纳税额的计算公式为

应纳税额 = 当期销项税额 − 当期进项税额

公式中的“当期销项税额”是指纳税人当期销售货物，销售加工、修理、修配劳务，销售服务，销售无形资产或不动产时，按照销售额和增值税税率计算并收取的增值税税额。其中，销售额包括纳税人销售货物，加工、修理修配劳务，销售服务、无形资产或不动产时，向购买方收取的全部价款和价外费用，但是不包括收取的销项税额。当期销项税额的计算公式如下。

当期销项税额 = 销售额 × 增值税税率

应纳税款的计算公式中的“当期进项税额”是指纳税人购进货物，购进加工、修理修配劳务，购进应税服务，购进无形资产或不动产时，支付或者负担的增值税税额。

增值税一般纳税人采用的税率分为 13%、9%、6% 和零税率几种。

（二）一般纳税人的账务处理

1. 一般纳税人的增值税核算应设置的会计科目

为了核算企业应交增值税的发生、抵扣、缴纳、退税及转出等情况，增值税一般纳税人应当在“应交税费”科目下设置“应交增值税”“未交增值税”“预交增值税”“待抵扣进项税额”“待认证进项税额”“待转销项税额”“增值税留抵税额”“简易计税”“转让金融商品应交增值税”“代扣代缴增值税”等明细科目。

（1）“应交增值税”明细科目，用来核算一般纳税人进项税额、销项税额抵减、已交税金、转出未交增值税、减免税款、出口抵减内销产品应纳税额、销项税额、出口退税、进项税额转出、转出多交增值税等情况。该明细账设置以下专栏：①“进项税额”专栏，记录一般纳税人因购进货物，加工、修理、修配劳务，服务，无形资产或不动产而支付或负担的、准予从当期销项税额中抵扣的增值税税额；②“销项税额抵减”专栏，记录一般纳税人按照现行增值税制度规定因扣减销售额而减少的销项税额；③“已交税金”专栏，记录一般纳税人当月已缴纳的应交增值税税额；④“转出未交增值税”和“转出多交增值税”专栏，分别记录一般纳税人月度终了时，转出当月应交未交或多交的增值税税额；⑤“减免税款”专栏，记录一般纳税人按现行增值税制度规定准予减免的增值税税额；⑥“出口抵减内销产品应纳税额”专栏，记录实行“免、抵、退”办法的一般纳税人按规定计算出口货物的进项税抵减内销产品的应纳税额；⑦“销项税额”专栏，记录一般纳税人销售货

物，加工、修理修配劳务、销售服务、无形资产或不动产应收取的增值税税额；⑧“出口退税”专栏，记录一般纳税人出口货物、加工修理修配劳务、服务、无形资产按规定退回的增值税税额；⑨“进项税额转出”专栏，记录一般纳税人购进货物、加工修理修配劳务、服务、无形资产或不动产等发生非正常损失，以及其他原因而不应从销项税额中抵扣、按规定转出的进项税税额。

（2）“未交增值税”明细科目，核算一般纳税人月度终了从“应交增值税”或“预交增值税”明细科目转入当月应交未交、多交或预交的增值税税额，以及当月缴纳以前期间未交的增值税税额。

（3）“预交增值税”明细科目，核算一般纳税人转让不动产、提供不动产经营租赁服务、提供建筑服务、采用预收款方式销售自行开发的房地产项目等，以及其他按现行增值税制度规定应预交的增值税税额。

（4）“待抵扣进项税额”明细科目，核算一般纳税人已取得增值税扣税凭证并经税务机关认证，按照现行增值税制度规定准予后，在此期间从销项税额中抵扣的进项税额。

（5）“待认证进项税额”明细科目，核算一般纳税人由于未经税务机关认证而不得从当期销项税额中抵扣的进项税额。其中包括一般纳税人已取得增值税扣税凭证、按照现行增值税制度规定准予从销项税额中抵扣，但尚未经税务机关认证的进项税额；一般纳税人已申请稽核，但尚未取得稽核相符结果的海关缴款书进项税额。

（6）“待转销项税额”明细科目，核算一般纳税人销售货物、加工修理修配劳务、服务、无形资产或不动产，已确认相关收入（或利得）但因尚未发生增值税纳税义务而需于以后期间确认为销项税额的增值税税额。

（7）“简易计税”明细科目，核算一般纳税人因采用简易计税方法计税而发生的增值税计提、扣减、预缴、缴纳等业务。

（8）“转让金融商品应交增值税”明细科目，核算增值税纳税人转让金融商品时发生的增值税税额。

（9）“代扣代缴增值税”明细科目，核算纳税人因在境内未设经营机构的境外单位或个人购进而在境内产生的应税行为所代扣代缴的增值税。

（10）“增值税留抵税额”明细科目，核算一般纳税人试点当月按照规定不得从应税服务的销项税额中抵扣的月初增值税留抵税额。

2. 取得资产、接受劳务或服务

（1）一般纳税人购进货物，购进加工、修理、修配劳务，购进服务，购进无形资产或者不动产时，按应计入相关成本费用或资产的金额，借记“材料采购”“在途物资”“原材料”“库存商品”“生产成本”“无形资产”“固定资产”“管理费用”等科目；按当月已认证的可抵扣增值税税额，借记“应交税费——应交增值税（进项税额）”科目；按当月未认证的可抵扣增值税税额，借记“应交税费——待认证进项税额”科目；按应付或实际支付的金额，贷记“应付账款”“应付票据”“银行存款”等科目。购进货物等若发生退货，应根据税务机关开具的红字增值税专用发票编制相反的会计分录；若原增值税专用发票未做认证，应将发票退回并编制相反的会计分录。

【例 10-21】畅通公司为增值税一般纳税人，适用的增值税税率为 13%，原材料按实际成本计算，销售商品价格为不含增值税的公允价格。2019 年 6 月发生的交易或事项及相关的会计分录如下。

①6 月 5 日，购入原材料一批，增值税专用发票上注明的价款为 120 000 元，增值税税额为 15 600 元，材料尚未到达，全部款项已用银行存款支付。

借：在途物资　　120 000

　　应交税费——应交增值税（进项税额）　　15 600

　　贷：银行存款　　135 600

②6 月 10 日，收到 6 月 5 日购入的原材料并验收入库，实际成本总额为 120 000 元。同日，与运输公司结清运输费用，增值税专用发票上注明的运输费用为 5 000 元，增值税税额为 450 元，运输费用和增值税税额已用转账支票付讫。

借：原材料　　125 000

　　应交税费——应交增值税（进项税额）　　450

　　贷：银行存款　　5 450

　　　　在途物资　　120 000

③6 月 15 日，购入一批农产品，农产品收购发票上注明的买价为 200 000 元，规定扣除率为 9%，货物尚未到达，价款已用银行存款支付。

借：在途物资　　182 000

　　应交税费——应交增值税（进项税额）　　18 000

　　贷：银行存款　　200 000

进项税额 = 购买价款 × 扣除率 =200 000 × 9%=18 000（元）。

④6 月 20 日，购入不需要安装的生产设备一台，增值税专用发票上注明的价款为 30 000 元，增值税税额为 3 900 元，款项尚未支付。

借：固定资产　　30 000

　　应交税费——应交增值税（进项税额）　　3 900

　　贷：应付账款　　33 900

⑤6 月 25 日，生产车间委托外单位修理机器设备，增值税专用发票上注明修理费用为 20 000 元，增值税税额为 2 600 元，款项已用银行存款支付。

借：制造费用　　20 000

　　应交税费——应交增值税（进项税额）　　2 600

　　贷：银行存款　　22 600

（2）购进不动产或不动产在建工程的进项税额的可当年抵扣。企业作为一般纳税人，取得并按固定资产核算的不动产或者不动产在建工程，在取得增值税专用发票并通过税务机关认证时，应按增值税专用发票上注明的价款作为固定资产成本，借记“固定资产”“在建工程”科目；其进项税额按现行增值税制度规定，可一次性从销项税额中抵扣，借记“应交税费——应交增值税（进项税额）”科目；按应付或实际支付的金额，贷记“应付账款”“银行存款”等科目。

【例 10-22】承【例 10-21】，2019 年 6 月 10 日，该公司购买一处房产作为固定资产核算，并于当月投入使用。公司取得了增值税专用发票并通过认证，增值税专用发票上注明的价款为 1 800 000 元，增值税税额为 234 000 元，款项已用银行存款支付。不考虑其他相关因素，畅通公司应编制如下会计分录。

借：固定资产　　1 800 000

　　应交税费——应交增值税（进项税额）　　234 000

　　贷：银行存款　　2 034 000

（3）货物等已验收入库但尚未取得增值税扣税凭证。企业购进的货物等已到达并验收入库，但尚未收到增值税扣税凭证并未付款的，应在月末按货物清单或相关合同协议上的价格暂估入账，不需要将增值税的进项税额暂估入账。下月月初，用红字冲销原暂估入账金额，待取得相关增值税扣税凭证并经认证后，按应计入相关成本费用或资产的金额，借记“原材料”“库存商品”“固定资产”“无形资产”等科目；按可抵扣的增值税额，借记“应交税费——应交增值税（进项税额）”科目；按应付或实际支付的金额，贷记“应付账款”“应付票据”“银行存款”等科目。

【例 10-23】承【例 10-21】，2019 年 6 月 30 日，畅通公司购进一批原材料，该原材料已验收入库但尚未收到增值税扣税凭证，款项也未支付。随货同行的材料清单中列明原材料销售价格为 260 000 元。畅通公司应编制如下会计分录。

借：原材料　　260 000

　　贷：应付账款　　260 000

下月月初，用红字冲销原暂估入账金额。

借：原材料　　260 000

　　贷：应付账款　　260 000

7 月 10 日，畅通公司取得相关增值税专用发票上注明的价款为 260 000 元，增值税税额为 33 800 元，增值税专用发票已经认证，且全部款项以银行存款支付。畅通公司应编制如下会计分录。

借：原材料　　260 000

　　应交税费——应交增值税（进项税额）　　33 800

　　贷：银行存款　　293 800

（4）进项税额转出。如果企业已单独确认进项税额的购进货物，购进加工、购进修理、购进修配劳务，购进服务，购进无形资产或者不动产，但其事后发生改变用途（如用于简易计税方法计税项目、免征增值税项目、非增值税应税项目等），或非正常损失的情况，原已计入的进项税额、待抵扣进项税额或待认证进项税额，按照现行增值税制度规定不得从销项税额中抵扣。这里所说的“非正常损失”，根据现行增值税制度规定，是指因管理不善造成货物被盗、丢失、霉烂变质，以及因违反法律法规造成货物或者不动产依法被没收、销毁、拆除的情况。进项税额转出时，应借记“待处理财产损溢”“应付职工薪酬”“固定资产”“无形资产”等科目，贷记“应交税费——应交增值税（进项税额转出）”“应交税费——待抵扣进项税额”或“应交税费——待认证进项税额”科目。属于转作待处理财产损失的进项税额，应与非正常损失的购进货物、在产品或库存商品、固定资产和无形资产的成本一并处理。

知识点

购买货物的毁损如果是由于自然灾害造成的，增值税进项税额不用转出。

【例 10-24】承【例 10-21】，畅通公司 2019 年 6 月发生的进项税额转出事项及相关会计分录如下。

①6 月 10 日，畅通公司因意外火灾毁损了一批库存材料，有关增值税专用发票注明的成本为 20 000 元，增值税税额为 2 600 元。

借：待处理财产损溢——待处理流动资产损溢 22 600
　　贷：原材料 20 000
　　　　应交税费——应交增值税（进项税额转出） 2 600

②6 月 18 日，畅通公司所属的职工宿舍维修领用原材料为 60 000 元，购入原材料时支付的增值税为 7 800 元。

借：应付职工薪酬——非货币性福利 67 800
　　贷：原材料 60 000
　　　　应交税费——应交增值税（进项税额转出） 7 800

企业取得增值税专用发票时，应将待认证的、目前不可抵扣的增值税进项税额，借记“应交税费——待认证进项税额”科目，贷记“银行存款”“应付账款”等科目。经税务机关认证为不可抵扣的增值税进项税额，借记“应交税费——应交增值税（进项税额）”科目，贷记“应交税费——待认证进项税额”科目；同时，将增值税进项税额转出，借记相关成本费用或资产科目，贷记“应交税费——应交增值税（进项税额转出）”科目。

【例 10-25】承【例 10-21】，2019 年 6 月 28 日，畅通公司外购 300 台空调扇作为福利发放给直接从事生产的职工。公司取得的增值税专用发票上注明的价款为 150 000 元，增值税税额为 19 500 元，以银行存款支付了购买空调扇的价款和增值税进项税额，增值税专用发票尚未经税务机关认证。

①购入空调扇时，畅通公司应编制如下会计分录。

借：库存商品——空调扇 150 000
　　应交税费——待认证进项税额 19 500
　　贷：银行存款 169 500

②经税务机关认证增值税进项税额不可抵扣时，畅通公司应编制如下会计分录。

借：应交税费——应交增值税（进项税额） 19 500
　　贷：应交税费——待认证进项税额 19 500

同时：

借：库存商品——空调扇 19 500
　　贷：应交税费——应交增值税（进项税额转出） 19 500

③实际发放时，畅通公司应编制如下会计分录。

借：应付职工薪酬——非货币性福利 169 500
　　贷：库存商品——空调扇 169 500

3. 视同销售行为

企业有一些交易和事项从会计角度看不属于销售行为，不能确认销售收入；但是按照税法规定，应将其视同对外销售处理，计算应交增值税。视同销售需要缴纳增值税的事项：①将自产、委托加工的物资和购买的物资用于分红；②将自产、委托加工的物资和购买的物资用于对外投资；③将自产、委托加工的物资和购买的物资用于捐赠；④将自产、委托加工的物资用于集体福利和个人消费。

在这些情况下，企业应当借记“在建工程”“长期股权投资”“营业外支出”等科目，贷记“应交税费——应交增值税（销项税额）”科目等。针对企业将自产或委托加工的货物用于增值税非应税项目（如厂房建造、集体福利或个人消费）的情况，企业需要计算增值税（销项税额）。其中，企业将自产或委托加工的货物用于厂房建设时，会计上不确认收入；而用于集体福利和个人消费的，需要在会计上确认收入。

（1）作正式销售处理，应编制如下会计记录。

借：应付股利（业务内容①）

　　长期股权投资（业务内容②）

　　应付职工薪酬（业务内容④）

　　贷：主营业务收入 / 其他业务收入

　　　　应交税费——应交增值税（销项税额）(按计税价计算销项税额）

同时结转成本，应编制如下会计记录。

借：主营业务成本 / 其他业务成本

　　存货跌价准备

　　贷：库存商品 / 原材料

如果涉及消费税的，还需编制如下会计分录。

借：税金及附加

　　贷：应交税费——应交消费税

（2）不作销售处理。

当自产的、委托加工的和购买的物资用于捐赠时（业务内容③)，应编制如下会计分录。

借：营业外支出

　　存货跌价准备

　　贷：库存商品（账面余额）

　　　　应交税费——应交增值税（销项税额）(按计税价计算销项税额）

　　　　　　　　——应交消费税（按计税价计算消费税）

【例 10–26】2019 年 6 月，畅通公司发生与销售相关的交易或事项如下。

① 6 月 10 日，畅通公司将公司生产的产品对外捐赠。该批产品的实际成本为 2 000 000 元，售价为 2 500 000 元，开具的增值税专用发票上注明的增值税税额为 325 000 元。

借：营业外支出　　　　2325 000

贷：库存商品　　2 000 000

应交税费——应交增值税（销项税额）　　325 000

公司将自产产品对外捐赠应交的增值税销项税额 =2 500 000×13%=325 000（元）。

②6 月 25 日，畅通公司用一批原材料对外进行长期股权投资。该批原材料实际成本为 600 000 元，双方协商不含税价值为 750 000 元，开具的增值税专用发票上注明的增值税税额为 97 500 元。

借：长期股权投资　　847 500

贷：其他业务收入　　750 000

应交税费——应交增值税（销项税额）　　97 500

同时，

借：其他业务成本　　600 000

贷：原材料　　600 000

4. 进项税额不予抵扣

符合以下情况的，增值税进项税额将不予抵扣。

（1）将购买的物资或接受的劳务用于集体福利或个人消费。

（2）因管理不善而损耗存货。

编制如下会计分录。

借：应付职工薪酬

待处理财产损溢

存货跌价准备

贷：库存商品 / 原材料

应交税费——应交增值税（进项税额转出）

5. 出口退税

企业按规定退税的出口产品，按应收的出口退税额，借记“其他应收款”科目，贷记“应交税费——应交增值税（出口退税）”科目。

6. 缴纳增值税

企业缴纳当月应交增值税时，借记“应交税费——应交增值税（已交税金）”科目，贷记“银行存款”科目；企业缴纳以前期间未交增值税时，借记“应交税费——未交增值税”科目，贷记“银行存款”科目。

【例 10–27】承【例 10-21】至【例 10-26】，2019 年 6 月份，畅通公司当月发生的增值税进项税额为 15 600+450+3 900+18 000+2 600+234 000+19 500=294 050（元），增值税销项税额为 325 000+97 500=422 500（元），增值税进项税额转出合计为 2 600+7 800+19 500=29 900（元）。畅通公司当月应交增值税计算结果如下：当月应交增值税 =422 500+29 900-294 050=158 350（元）。

6 月 30 日，假设畅通公司用银行存款缴纳当月增值税 158 350 元，畅通公司编制如下会计分录。

借：应交税费——应交增值税（已交税金）　　158 350

　　贷：银行存款　　158 350

7. 月末转出多交增值税和未交增值税

月度终了，企业应当将当月应交未交或多交的增值税，从“应交增值税”明细科目转入“未交增值税”明细科目。当月应交未交的增值税，应借记“应交税费——应交增值税（转出未交增值税）”科目，贷记“应交税费——未交增值税”科目；当月多交的增值税，应借记“应交税费——未交增值税”科目，贷记“应交税费——应交增值税（转出多交增值税）”科目。

【例 10-28】承【例 10-27】，2019 年 6 月 30 日，畅通公司将尚未缴纳的其余增值税 550 元进行转账。畅通公司编制如下会计分录。

借：应交税费——应交增值税（转出未交增值税）　　550

　　贷：应交税费——未交增值税　　550

同年 7 月，畅通公司缴纳 6 月未交增值税 550 元时，应编制如下会计分录。

借：应交税费——未交增值税　　550

　　贷：银行存款　　550

需要说明的是，若企业购入的材料、商品等不能取得增值税专用发票，那么，因此而产生的增值税应计入材料采购成本，借记“材料采购”“在途物资”“原材料”“库存商品”等科目，贷记“银行存款”等科目。

（三）小规模纳税人的账务处理

小规模纳税人在核算增值税时一般采用简化的方法。对于购进货物、应税劳务或应税行为，小规模纳税人取得增值税专用发票上注明的增值税，一律不予抵扣，直接计入相关成本费用或资产。小规模纳税人进行销售货物、应税劳务或应税行为时，按照不含税的销售额和规定的增值税征收率计算应交的增值税（即应纳税额），但不得开具增值税专用发票。

一般来说，小规模纳税人采用销售额和应纳税额合并定价的方法向客户结算款项，在销售货物、应税劳务或应税行为后，应进行价税分离，确定不含税销售额。不含税销售额计算公式为

$$\text{不含税销售额} = \text{含税销售额} \div (1+\text{征收率})$$

$$\text{应纳税额} = \text{不含税销售额} \times \text{征收率}$$

小规模纳税人进行账务处理时，只需在“应交税费”科目下设置“应交增值税”明细科目，该明细科目不再设置增值税专栏。“应交税费——应交增值税”科目贷方登记应缴纳的增值税，借方登记已缴纳的增值税；期末贷方余额，反映小规模纳税人尚未缴纳的增值税，期末借方余额，反映小规模纳税人多缴纳的增值税。小规模纳税人购进货物、服务、无形资产或不动产，按照应付或实际支付的全部款项（包括支付的增值税税额），借记“材料采购”“在途物资”“原材料”“库存商品”等科目，贷记“应付账款”“应付票据”“银行存款”等科目；销售货物、服务、无形资产或不动产，应按全部价款（包括应交的增值税税额），借记“银行存款”等科目，按不含税的销售额，贷记“主营业务收入”等科目，按应

交增值税税额，贷记“应交税费——应交增值税”科目。

【例 10–29】畅通公司为增值税小规模纳税人，适用增值税税率为 3%，原材料按实际成本核算。该企业发生经济交易如下：购入一批原材料，取得的专用发票中注明货款 30 000 元，增值税为 3 900 元，款项以银行存款支付，材料验收入库。销售产品一批，所开出的普通发票中注明的货款（含税）为 51 500 元，款项已存入银行。用银行存款缴纳增值税 1 500 元。

（1）购入原材料时，畅通公司应编制如下会计分录。

借：原材料　　33 900

　　贷：银行存款　　33 900

（2）销售产品时，畅通公司应编制如下会计分录。

借：银行存款　　51 500

　　贷：主营业务收入　　50 000

　　　　应交税费——应交增值税　　1 500

不含税销售额 = 含税销售额 ÷（1+ 征收率）=51 500 ÷（1+3%）=50 000（元）。

应纳增值税 = 不含税销售额 × 征收率 =50 000 × 3%=1 500（元）。

（3）缴纳增值税时，畅通公司应编制如下会计分录。

借：应交税费——应交增值税　　1 500

　　贷：银行存款　　1 500

（四）差额征税的账务处理

根据财政部和国家税务总局营业税改征增值税试点政策的规定，对于企业发生的某些业务（金融商品转让、经纪代理服务、融资租赁和融资性售后回租业务、一般纳税人提供客运场站服务、试点纳税人提供旅游服务、选择简易计税方法提供建筑服务等）无法通过抵扣机制避免重复征税的，应采用差额征税方式计算缴纳增值税。

1. 企业按规定发生相关成本费用允许扣减销售额的账务处理

按照现行增值税制度规定，企业发生相关成本费用允许扣减销售额的，在发生成本费用时，按照应付或实际支付的金额，借记“主营业务成本”“工程施工”等科目，贷记“应付账款”“应付票据”“银行存款”等科目。待取得合规增值税扣税凭证且纳税义务发生时，按照允许抵扣的税额，借记“应交税费——应交增值税（销项税额抵减）”“应交税费——简易计税”科目（小规模纳税人应借记“应交税费——应交增值税”科目），贷记“主营业务成本”“工程施工”等科目。

【例 10–30】某旅行社为增值税一般纳税人，应交增值税采用差额征税方式核算。2019 年 7 月，该旅行社为畅通公司提供职工境内旅游服务，向畅通公司收取含税价款 318 000 元，其中增值税 18 000 元，全部款项已收妥入账。旅行社以银行存款支付其他接团旅游企业的旅游费用和其他单位相关费用共计 254 400 元，其中，因允许扣减销售额而减少的销项税额 14 400 元。

（1）确认旅游服务收入时，该旅行社应编制如下会计分录。

借：银行存款　　318 000

贷：主营业务收入　300 000
　　应交税费——应交增值税（销项税额）　18 000

（2）支付住宿费等旅游费用时，该旅行社应编制如下会计分录。

借：主营业务成本　254 400
　贷：银行存款　254 400

（3）根据增值税扣税凭证抵减销项税额，并调整成本时，该旅行社应编制如下会计分录。

借：应交税费——应交增值税（销项税额抵减）　14 400
　贷：主营业务成本　14 400

上述分录（2）（3）可合并编制如下会计分录。

借：主营业务成本　240 000
　　应交税费——应交增值税（销项税额抵减）　14 400
　贷：银行存款　254 400

2. 企业转让金融商品按规定以盈亏相抵后的余额作为销售额

按照现行增值税制度的规定，企业在实际转让金融商品时，月末如产生转让收益，则按应交税额，借记“投资收益”等科目，贷记“应交税费——转让金融商品应交增值税”科目；月末如产生转让损失，则按可结转下月抵扣税额，借记“应交税费——转让金融商品应交增值税”科目，贷记“投资收益”等科目。企业缴纳增值税时，应借记“应交税费——转让金融商品应交增值税”科目，贷记“银行存款”科目。年末，企业的“应交税费——转让金融商品应交增值税”科目如有借方余额，则借记“投资收益”等科目，贷记“应交税费——转让金融商品应交增值税”科目。

（五）增值税税控系统专用设备和技术维护费用抵减增值税额的账务处理

按现行增值税制度的规定，企业初次购买增值税税控系统专用设备支付的费用及缴纳的技术维护费，允许在增值税应纳税额中全额抵减。增值税税控系统专用设备，包括增值税、防伪税控系统设备（如金税卡、集成电路卡、读卡器或金税盘和报税盘）、货物运输业增值税专用发票税控系统设备（如税控盘和报税盘）、机动车销售统一发票税控系统和公路及内河货物运输业发票税控系统的设备（如税控盘和传输盘）。

企业若初次购入增值税税控系统专用设备，应按实际支付或应付的金额，借记“固定资产”科目，贷记“银行存款”“应付账款”等科目。按规定抵减的增值税应纳税额，借记“应交税费——应交增值税（减免税款）”科目（小规模纳税人应借记“应交税费——应交增值税”科目），贷记“管理费用”等科目。企业的增值税税控系统专用设备技术维护费，应按实际支付或应付的金额，借记“管理费用”科目，贷记“银行存款”等科目。按规定抵减的增值税应纳税额，借记“应交税费——应交增值税（减免税款）”科目（小规模纳税人应借记“应交税费——应交增值税”科目），贷记“管理费用”等科目。

【例 10-31】某公司为增值税一般纳税人，初次购买数台增值税税控系统专用设备作为固定资产核算。其中，取得增值税专用发票上注明的价款为 38 000 元，增值税税额为 4 940 元，价款和税款以银行存款支付。

（1）取得设备，支付价款和税款时，该公司应编制如下会计分录。

借：固定资产　　42 940

　　贷：银行存款　　42 940

（2）按规定抵减增值税应纳税额时，该公司应编制如下会计分录。

借：应交税费——应交增值税（减免税款）　　42 940

　　贷：管理费用　　42 940

小微企业在取得销售收入时，应当按照现行增值税制度的规定计算应交增值税，并将其确认为应交税费。企业缴纳的增值税在达到增值税制度规定的免征增值税条件时，企业须将有关应交增值税转入当期损益。

二、应交消费税

（一）消费税概述

消费税是指在我国境内生产、委托加工和进口应税消费品的单位和个人，按其流转额缴纳的一种税款。消费税有从价定率、从量定额、复合计税（从价定率和从量定额复合计税）三种征收方法。采取从价定率方法征收的消费税，是以不含增值税的销售额为税基，以税法规定的税率计算确定的。企业的销售额中若包含增值税，企业应将其换算为不含增值税的销售额。采取从量定额计征的消费税，是根据按税法确定的企业应税消费品的数量和单位应税消费品应缴纳的消费税计算确定的。采取复合计税计征的消费税，是以不含增值税的销售额为税基，以税法规定的税率计算的消费税与根据按税法确定的企业应税消费品的数量和单位应税消费品应缴纳的消费税计算的消费税合计确定的。

知识点

消费税属于在单一环节征税的税种，增值税是需要各个流转环节征税的税种。

消费税属于价内税，增值税属于价外税，因此，企业销售应税消费品所缴纳的消费税应记入“税金及附加”，影响利润，而企业缴纳的增值税不影响利润。

（二）应交消费税的账务处理

企业应在“应交税费”科目下设置“应交消费税”明细科目，核算应交消费税的发生、缴纳情况。该科目贷方登记应缴纳的消费税，借方登记已缴纳的消费税。期末贷方余额反映企业尚未缴纳的消费税，期末借方余额反映企业多缴纳的消费税。

1. 销售应税消费品

企业销售应税消费品应交的消费税，应借记“税金及附加”科目，贷记“应交税费——应交消费税”科目。

【例 10–32】畅通公司销售自产的化妆品，价款 1 000 000 元（不含增值税），开具的增值税专用发票上注明税额为 130 000 元，适用的消费税税率为 30%，款项已存入银行。

（1）取得价款和税款时，畅通公司应编制如下会计分录。

借：银行存款　　1 130 000
　　贷：主营业务收入　　1 000 000
　　　　应交税费——应交增值税　　130 000

（2）计算应缴纳的消费税时，畅通公司应编制如下会计分录。

借：税金及附加　　300 000
　　贷：应交税费——应交消费税　　300 000

应纳消费税额 =1 000 000×30%=300 000（元）。

2. 自产自用应税消费品

企业将自产的应税消费品用于在建工程等非生产机构时，按规定应缴纳的消费税，借记“在建工程”等科目，贷记“应交税费——应交消费税”科目。

【例 10–33】畅通公司在建工程领用自产柴油成本为 50 000 元，应交消费税 6 000 元。不考虑其他相关税费，畅通公司应编制如下会计分录。

借：在建工程　　56 000
　　贷：库存商品　　50 000
　　　　应交税费——应交消费税　　6 000

【例 10–34】畅通公司下设的职工食堂享受该公司提供的补贴，本月领用一批自产产品，该产品的账面价值为 20 000 元，市场价格为 30 000 元（不含增值税），适用的增值税税率为 13%、消费税税率为 10%。畅通公司应编制如下会计分录。

借：应付职工薪酬——职工福利费　　33 900
　　税金及附加　　3 000
　　贷：主营业务收入　　30 000
　　　　应交税费——应交增值税（销项税额）　　3 900
　　　　　　　　——应交消费税　　3 000

同时，畅通公司还应编制如下会计分录。

借：主营业务成本　　20 000
　　贷：库存商品　　20 000

3. 委托加工应税消费品

企业如有应交消费税的委托加工物资，该物资的消费税一般应由受托方代收代缴。委托加工物资收回后，若该物资直接用于销售，企业应将受托方代收代缴的消费税计入委托加工物资的成本，借记“委托加工物资”等科目，贷记“应付账款”“银行存款”等科目；该物资若用于连续生产，并按规定准予抵扣，企业应按已由受托方代收代缴的消费税，借记“应交税费——应交消费税”科目，贷记“应付账款”“银行存款”等科目。待用委托加工方式生产出应交消费税的产品在销售时，再缴纳消费税。

4. 进口应税消费品

企业进口应税物资在进口环节应交的消费税，计入该项物资的成本，借记“材料采购”“固定资产”等科目，贷记“银行存款”科目。

知识点

针对进口货物在进口环节缴纳的增值税，如果进口货物的公司属于一般纳税人，则可以抵扣进项税，不将其计入存货成本；在进口环节缴纳的关税，应计入存货成本。

【例 10-35】畅通公司从国外进口一批需要缴纳消费税的商品，商品价值 1 000 000 元（不含增值税），进口环节需要缴纳的消费税为 200 000 元（不考虑增值税），采购的商品已经验收入库，货款尚未支付，税款已经用银行存款支付。畅通公司应编制如下会计分录。

借：库存商品	1 200 000	
贷：应付账款		1 000 000
银行存款		200 000

三、其他应交税费

其他应交税费是指除上述应交税费之外的其他各种应上交国家的税费，包括应交资源税、应交城市维护建设税、应交土地增值税、应交所得税、应交房产税、应交城镇土地使用税、应交车船税、应交教育费附加、应交矿产资源补偿费、应交个人所得税等。企业应当在“应交税费”科目下设置相应的明细科目，并进行核算。在该科目中，贷方登记应缴纳的有关税费，借方登记已缴纳的有关税费，期末贷方余额反映尚未缴纳的有关税费。

（一）应交资源税

资源税是对在我国境内开采矿产品或者生产盐的单位和个人征收的税种。资源税按照应税产品的课税数量和规定的单位税额计算。对外销售的开采或生产的应税产品，以销售数量为课税数量；自用的开采或生产的应税产品，以自用数量为课税数量。对外销售的开采或生产的应税产品应缴纳的资源税应记入“税金及附加”科目，借记“税金及附加”科目，贷记“应交税费——应交资源税”科目；自用的开采或生产的应税产品应缴纳的资源税应记入“生产成本”“制造费用”等科目，借记“生产成本”“制造费用”等科目，贷记“应交税费——应交资源税”科目。

【例 10-36】畅通公司本期对外销售资源税应税矿产品 3 600 吨，又将自产资源税应税矿产品 800 吨用于其产品生产，税法规定每吨矿产品应交资源税 5 元。

（1）计算对外销售应税矿产品应交资源税时，畅通公司应编制如下会计分录。

借：税金及附加	18 000	
贷：应交税费——应交资源税		18 000

企业对外销售应税产品而应交的资源税 =3 600 × 5 =18 000（元）。

（2）计算自用应税矿产品应交资源税时，畅通公司应编制如下会计分录。

借：生产成本	4 000	
贷：应交税费——应交资源税		4 000

企业自产自用应税矿产品而应缴纳的资源税 =800 × 5=4 000（元）。

（3）缴纳资源税时，畅通公司应编制如下会计分录。

借：应交税费——应交资源税　　22 000
　　贷：银行存款　　22 000

（二）应交城市维护建设税

城市维护建设税是以增值税和消费税为计税依据征收的税种。城市维护建设税的纳税人为缴纳增值税和消费税的单位和个人，该税以纳税人实际缴纳的增值税和消费税税额为计税依据，并与两项税金同时缴纳。税率因纳税人所在地不同而有所区别，税率从1%~7%不等，其计算公式如下。

应纳税额 =（应交增值税 + 应交消费税）× 适用税率

企业按规定计算应缴纳的城市维护建设税时，借记“税金及附加”等科目，贷记“应交税费——应交城市维护建设税”科目。企业缴纳城市维护建设税时，借记“应交税费——应交城市维护建设税”科目，贷记“银行存款”科目。

【例 10–37】假设畅通公司本期实际应交增值税 360 000 元、消费税 240 000 元，适用的城市维护建设税税率为 7%。

（1）计算应交城市维护建设税时，畅通公司应编制如下会计分录。

借：税金及附加　　42 000
　　贷：应交税费——应交城市维护建设税　　42 000

应交的城市维护建设税 =（360 000+240 000）×7%=42 000（元）。

（2）用银行存款上交城市维护建设税时，畅通公司应编制如下会计分录。

借：应交税费——应交城市维护建设税　　42 000
　　贷：银行存款　　42 000

（三）应交教育费附加

教育费附加是国家为了加快发展地方教育事业、扩大地方教育经费资金来源而向企业征收的附加费用。教育费附加以各单位实际缴纳的增值税和消费税的税额为计征依据，按其一定比例（3%）分别与增值税、消费税同时缴纳。企业按规定计算出应缴纳的教育费附加，借记“税金及附加”等科目，贷记“应交税费——应交教育费附加”科目。

【例 10–38】畅通公司按税法规定计算，2019 年度第四季度应缴纳教育费附加为 18 000 元。款项已经用银行存款支付。

（1）计算应交教育费附加时，畅通公司应编制如下会计分录。

借：税金及附加　　18 000
　　贷：应交税费——应交教育费附加　　18 000

（2）缴纳教育费附加时，畅通公司应编制如下会计分录。

借：应交税费——应交教育费附加　　18 000
　　贷：银行存款　　18 000

（四）应交土地增值税

土地增值税是对转让国有土地使用权、地上的建筑物及其附着物（以下简称“转让房地产”）并取得增值性收入的单位和个人所征收的税种。

土地增值税是按照企业转让房地产所取得的增值额和规定税率计算征收的。转让房地产的增值额是转让收入减去税法规定的扣除项目金额后的余额。其中，转让收入包括货币收入、实物收入和其他收入；税法规定的扣除项目主要包括企业取得土地使用权所支付的金额、开发土地的成本及费用、新建房及配套设施的成本及费用、与转让房地产有关的税金、旧房及建筑物的评估价格、财政部确定的其他扣除项目等。土地增值税采用四级超率累进税率，其中最低税率为30%，最高税率为60%。

根据企业对房地产核算方法的不同，企业应交土地增值税的账务处理也有所区别。一并在"固定资产"科目核算的企业转让的土地使用权连同地上建筑物及其附着物，转让时应交的土地增值税，借记"固定资产清理"科目，贷记"应交税费——应交土地增值税"科目。在"无形资产"科目核算的土地使用权，企业按实际收到的金额，借记"银行存款""累计摊销""无形资产减值准备"科目；按应交的土地增值税，贷记"应交税费——应交土地增值税"科目。同时，企业冲销土地使用权的账面价值，贷记"无形资产"科目；按其差额，借记或贷记"资产处置损益"科目。房地产开发经营企业销售房地产应缴纳的土地增值税，借记"税金及附加"科目，贷记"应交税费——应交土地增值税"科目。企业缴纳的土地增值税，借记"应交税费——应交土地增值税"科目，贷记"银行存款"科目。

【例10-39】畅通公司对外转让一栋厂房，根据税法规定计算的应交土地增值税为25 000元。

（1）计算应交土地增值税时，畅通公司应编制如下会计分录。

借：固定资产清理	25 000	
贷：应交税费——应交土地增值税		25 000

（2）用银行存款缴纳土地增值税时，畅通公司应编制如下会计分录。

借：应交税费——应交土地增值税	25 000	
贷：银行存款		25 000

（五）应交房产税、应交城镇土地使用税、应交车船税和应交矿产资源补偿费

房产税是国家对在城市、县城、建制镇和工矿区征收的由产权所有人缴纳的税种。房产税依照房产原值一次减除10%~30%后的余额计算并缴纳；如果产权所有人没有房产原值作为计算依据，房产税由房产所在地税务机关参考同类房产核定；如果产权所有人的房产出租，房产税则以房产租金收入为房产税的计税依据。

城镇土地使用税是以城市、县城、建制镇、工矿区范围内使用土地的单位和个人为纳税人，以其实际占用的土地面积和规定进行税额计算征收的税种。

车船税是以车辆、船舶（以下简称"车船"）为征税对象，向车船的所有人或者管理人征收的税种。

矿产资源补偿费是对在我国领域和管辖海域开采矿产资源而征收的费用。矿产资源补偿费按照矿产品销售收入的一定比例计征，并由采矿人缴纳。

企业应交的房产税、城镇土地使用税、车船税、矿产资源补偿费，应记入"税金及附加"科目，借记"税金及附加"科目，贷记"应交税费——应交房产税（或应交城镇土地使用税、应交车船税、应交矿产资源补偿费）"科目。

【例 10-40】某企业按税法规定本期应缴纳房产税 160 000 元、车船税 38 000 元、城镇土地使用税 45 000 元。

（1）计算应缴纳上述税金时，该企业应编制如下会计分录。

借：税金及附加　243 000
　　贷：应交税费——应交房产税　160 000
　　　　　　　　——应交城镇土地使用税　45 000
　　　　　　　　——应交车船税　38 000

（2）用银行存款缴纳上述税金时，该企业应编制如下会计分录。

借：应交税费——应交房产税　160 000
　　　　　　——应交城镇土地使用税　45 000
　　　　　　——应交车船税　38 000
　　贷：银行存款　243 000

（六）应交个人所得税

企业职工按规定应缴纳的个人所得税通常由单位代扣代缴。企业按规定计算代扣代缴的职工个人所得税，借记“应付职工薪酬”科目，贷记“应交税费——应交个人所得税”科目；企业缴纳个人所得税时，借记“应交税费——应交个人所得税”科目，贷记“银行存款”等科目。

【例 10-41】某企业结算本月应付职工工资总额 300 000 元，按税法规定应代扣代缴的职工个人所得税共计 3 000 元，实发工资 297 000 元。

（1）代扣代缴个人所得税时，该企业应编制如下会计分录。

借：应付职工薪酬——职工工资、奖金、津贴和补贴　3 000
　　贷：应交税费——应交个人所得税　3 000

（2）缴纳个人所得税时，该企业应编制如下会计分录。

借：应交税费——应交个人所得税　3 000
　　贷：银行存款　3 000

任务五　应付股利及其他应付款

一、应付股利

应付股利是指企业根据股东大会或类似机构审议批准的利润分配方案，确定分配给投资者的现金股利或利润。企业通过“应付股利”科目，核算企业确定或宣告支付但尚未实际支付的现金股利或利润。该科目贷方登记应支付的现金股利或利润；借方登记实际支付的现金股利或利润，期末贷方余额反映企业应付但未付的现金股利或利润。本科目应按照投资者设置的明细科目进行明细核算。

企业根据股东大会或类似机构审议批准的利润分配方案，确认应付给投资者的现金股利或利润时，借记“利润分配——应付现金股利或利润”科目，贷记“应付股利”科目；企业向投资者实际支付现金股利或利润时，借记“应付股利”科目，贷记“银行存款”等科目。

【例 10–42】A 有限责任公司有甲、乙两个股东，分别占注册资本的 30% 和 70%。2018 年度该公司实现净利润 6 000 000 元，经过股东会批准，决定 2019 年分配股利 4 000 000 元。股利已用银行存款支付。

（1）确认应付投资者利润时，A 有限责任公司应编制如下会计分录。

借：利润分配——应付股利　　4 000 000
　　贷：应付股利——甲股东　　1 200 000
　　　　　　　　——乙股东　　2 800 000

（2）支付投资者利润时，A 有限责任公司应编制如下会计分录。

借：应付股利——甲股东　　1 200 000
　　　　　　——乙股东　　2 800 000
　　贷：银行存款　　4 000 000

甲股东应分配的股利 = 4 000 000 × 30%=1 200 000（元）。

乙股东应分配的股利 = 4 000 000 × 70%=2 800 000（元）。

此外，需要说明的是企业董事会或类似机构通过的利润分配方案中拟分配的现金股利或利润，不需要进行账务处理，但应在附注中有所显示。企业分配的股票股利不通过“应付股利”科目核算。

二、其他应付款

其他应付款是指企业除应付票据、应付账款、预收账款、应付职工薪酬、应交税费、应付股利等经营活动以外的其他各项应付、暂收的款项，如企业应付经营租赁固定资产租金、租入包装物租金、存入保证金等。企业应通过“其他应付款”科目，核算其他应付款的增减变动及其结存情况。该科目贷方登记发生的各种应付、暂收款项，借方登记偿还或转销的各种应付、暂收款项；该科目期末余额在贷方，反映企业应付但未付的其他应付款项。本科目按照其他应付款的项目和对方单位（或个人）设置明细科进行明细核算。

企业发生其他各种应付、暂收款项时，借记“管理费用”等科目，贷记“其他应付款”科目；支付或退回其他各种应付、暂收款项时，借记“其他应付款”科目，贷记“银行存款”等科目。

【例 10–43】畅通公司从 2019 年 1 月 1 日起，以经营租赁方式租入管理用一批办公设备，每月租金 8 000 元，按季支付。3 月 31 日，畅通公司以银行存款支付应付租金 24 000 元。

（1）1 月 31 日，计提应付经营租入固定资产租金时，畅通公司应编制如下会计分录。

借：管理费用　　8 000
　　贷：其他应付款　　8 000

在 2 月底，计提应付经营租入固定资产租金的会计处理同上。

（2）3 月 31 日，支付租金时，畅通公司应编制如下会计分录。

借：其他应付款　　16 000

　　管理费用　　8 000

　　贷：银行存款　　24 000

拓展阅读

关键词：信贷安全；理性借贷；遵纪守法．

短期借款是指企业从银行或其他金融机构借入的、期限在一年以下（含一年）的各种借款。

2020 年 8 月 20 日，最高人民法院召开新闻发布会，正式发布新修订的《最高人民法院关于审理民间借贷案件适用法律若干问题的规定》(以下简称《规定》)。最高人民法院审判委员会决定：以央行每月 20 日发布的一年期贷款市场报价利率（LPR）的 4 倍为标准确定民间借贷利率的司法保护上限。但是众多现金贷平台的利率远高于国家规定，以某借贷平台为例，借款 7000 元，分 9 期还款，第 1—2 期每期还款 1611. 93 元，第 3—9 期每期还款 803. 93 元，以 IRR 公式计算，该笔贷款实际年化高达 70%。

我们应该深化金融体制改革，建设现代中央银行制度，加强和完善现代金融监管，强化金融稳定保障体系，依法将各类金融活动全部纳入监管，守住不发生系统性风险底线。提高自身的安全意识、防范意识，在未来工作中提高公司的风险防范意识和守法意识。通过对每一项业务所涉及职业道德进行详细分析，更切合实际地提高自身的职业道德，从而将社会主义核心价值观“法制”“诚信”深入到专业学习中。

项目十一 非流动负债

非流动负债又称长期负债，是指偿还期在一年或者超过一年的一个营业周期以上的债务。非流动负债的主要项目有长期借款和应付债券两项。非流动负债主要是企业为筹集长期投资项目所需资金而产生的，如企业为购买大型设备而向银行借入的中长期贷款等。

学习目标

知识目标

①掌握和熟悉借款费用的概念，借款费用确认和计量的原则、标准，资本化金额的计算方法。

②了解长期借款的概念，掌握长期借款的账务处理。

③了解应付债券的概念，掌握应付债券发行的三种形式。

④掌握长期应付款的核算方法。

技能目标

①会进行长期借款利息的计算。

②能够进行长期借款业务的账务处理。

③会进行应付债券发行，计提债券利息，支付债券利息，债券溢价、折价的摊销以及还本付息的账务处理。

素质目标

①具备社会主义核心价值观：法治、诚信。

②拥有诚实守信的会计职业道德，弘扬诚信的社会主义核心价值观。

关键词

非流动负债	untransferable liabilities
长期借款	long-term borrowings
应付债券	bonds payable
长期应付款	long-term payables
债务重组	debt restructurings
债务转为资本	conversion of debt into capital
以资产清偿债务	transfer of assets in settlement of a debt

思维导图

任务一　长期借款

一、长期借款概述

长期借款是指企业向银行或其他金融机构借入的，期限在一年以上（不含一年）的各项借款。企业一般将长期借款用于购建固定资产、改扩建工程、大修理工程、对外投资，以及保持其长期经营能力等方面。与短期借款相比，长期借款除了数额大、偿还期限较长之外，其借款费用需要根据权责发生制的要求，按期预提计入所构建资产的成本或直接计入当期的财务费用。因为长期借款期限较长，至少是在一年以上，所以，企业须将其在资产负债表非流动负债项目中列示。

由于长期借款的使用关系到企业的生产经营规模和效益，因此企业必须加强对长期借款的管理与核算。企业除了要遵守有关的贷款规定、编制借款计划并要有不同形式的担保之外，还应监督借款的使用、按期支付长期借款的利息，以及按规定的期限归还借款本金等。长期借款会计处理的基本要求是反映和监督长期借款的借入、借款利息的结算和借款本息的归还情况，促使企业遵守信贷纪律、提高信用等级，同时也要确保长期借款发挥的效益。

知识点

筹建期间企业发生的借款利息支出，符合资本化条件的计入资产成本不计入管理费用，不符合资本化条件的计入管理费用。

对于分期付息到期还本的长期借款，企业计提的利息，不增加长期借款账面价值；企业计提的一次还本付息的长期借款利息，增加长期借款的账面价值。

二、长期借款的核算

企业应通过“长期借款”科目，核算长期借款的借入、归还等情况。该科目的贷方登记长期借款本息的增加额，借方登记本息的减少额，贷方余额表示企业尚未偿还的长期借款。本科目可按照贷款单位和贷款种类，设置“本金”“利息调整”等明细账户分别进行核算。

（一）长期借款的取得与使用

企业借入长期借款，应按实际收到的金额，借记“银行存款”科目，贷记“长期借款——本金”科目；如存在差额，还应借记“长期借款——利息调整”科目。

【例 11–1】畅通公司为增值税一般纳税人，于 2019 年 11 月 30 日从银行借入资金 3 000 000 元，借款期限 3 年，借款年利率为 6.9%，到期一次还本付息，不计复利，所借款项存入银行。畅通公司用该借款于当日购买一台不需要安装的设备，价款 2 400 000 元，增值税税额 312 000 元，另支付保险等费用 32 000 元，设备已于当日投入使用。

（1）取得借款时，畅通公司应编制如下会计分录。

借：银行存款	3 000 000	
贷：长期借款——本金		3 000 000

（2）支付设备款及保险费用时，畅通公司应编制如下会计分录。

借：固定资产	2 432 000	
应交税费——应交增值税（进项税额）	312 000	
贷：银行存款		2 744 000

（二）长期借款利息的确认

长期借款利息应当在资产负债表日按照实际利率法计算确定；实际利率与合同利率差异较小的，也可以采用合同利率计算确定利息费用。长期借款按合同利率计算确定的应付未付利息，如果属于分期付息的情况，应记入“应付利息”科目；如果属于到期一次还本付息的情况，应记入“长期借款——应计利息”科目。

长期借款计算确定的利息费用，应当按以下原则计入有关成本、费用：属于筹建期间的，计入管理费用；属于生产经营期间的，如果长期借款用于购建固定资产等符合资本化条件的资产，在资产尚未达到预定可使用状态前，所发生的利息支出应当资本化，计入在建工程等相关资产成本；资产达到预定可使用状态后发生的利息支出，以及按规定不予资本化的利息支出，应计入财务费用。账务处理方法为借记“在建工程”“制造费用”“财务费用”“研发支出”等科目，贷记“应付利息”或“长期借款——应计利息”科目。

【例 11–2】承【例 11-1】，畅通公司于 2020 年 12 月 31 日，计提长期借款利息。畅通公司应编制如下会计分录。

借：财务费用	17 250	
贷：长期借款——应计利息		17 250

2020 年 12 月 31 日，计提的长期借款利息 =3 000 000×6.9%÷12=17 250（元）。

2020 年 1 月至 2022 年 10 月，每月月末预提利息分录同上。

（三）长期借款的归还

企业归还长期借款的本金时，应按归还的金额，借记“长期借款——本金”科目，贷记“银行存款”科目；按归还的利息，借记“应付利息”或“长期借款——应计利息”科目，贷记“银行存款”科目。

【例 11-3】承【例 11-1】和【例 11-2】，当畅通公司于 2022 年 11 月 30 日，偿还该笔银行借款本息，畅通公司应编制如下会计分录。

借：财务费用　　17 250

　　长期借款——本金　　3 000 000

　　　　　　——应计利息　　603 750

　　贷：银行存款　　3 621 000

应计利息 =3 000 000 × 6.9% ÷ 12 × 35=603 750（元）。

任务二　应付债券及长期应付款

一、应付债券

（一）应付债券概述

应付债券是指企业为筹集（长期）资金而发行的债券。通过发行债券取得的资金，构成了企业的非流动负债，企业会在未来某一特定日期按债券所记载的利率、期限等约定还本付息。

企业的债券发行价格的高低一般取决于债券票面金额、债券票面利率、发行当时的市场利率，以及债券期限的长短等因素。债券发行有面值发行、溢价发行和折价发行三种情况。按其面值价格发行的企业债券，称为面值发行；以低于债券面值价格发行的企业债券，称为折价发行；以高于债券面值价格发行的企业债券，则称为溢价发行。债券溢价或折价不是债券发行企业的收益或损失，而是发行债券企业在债券存续期内对利息费用的一种调整。

（二）应付债券的账务处理

企业应通过设置“应付债券”科目，核算应付债券发行、计提利息、还本付息等情况。该科目贷方登记应付债券的本金和利息；借方登记归还的债券本金和利息；期末贷方余额表示企业尚未偿还的长期债券。本科目可按“面值”“利息调整”“应计利息”等设置明细科目进行明细核算。

企业应当设置“企业债券备查簿”，详细登记每一种企业债券的票面金额、债券票面利率、还本付息期限与方式、发行总额、发行日期和编号、委托代售单位、转换股份等资料。企业债券到期结清时，应当在“企业债券备查簿”内逐笔注销。

对于面值发行、溢价发行和折价发行的应付债券，应该有三种会计处理方法，本书只介绍债券按面值发行的会计处理。

1. 发行债券

企业按面值发行债券时，应按实际收到的金额，借记“银行存款”等科目，按债券票面金额，贷记“应付债券——面值”科目；存在差额的，还应借记或贷记“应付债券——利息调整”科目。

【例 11-4】畅通公司于 2016 年 7 月 1 日发行三年期、到期时一次还本付息、年利率为 8%（不计复利）、发行面值总额为 30 000 000 元的债券，假定年利率等于实际利率。该债券按面值发行。畅通公司应编制如下会计分录。

借：银行存款	30 000 000	
贷：应付债券——面值		30 000 000

2. 债券利息的确认

发行长期债券的企业应按期计提利息。对于按面值发行的债券，在每期采用票面利率计算计提利息时，应当按照与长期借款相一致的原则将其计入有关成本费用，借记“在建工程”“制造费用”“财务费用”“研发支出”等科目。其中，对于分期付息、到期一次还本的债券，其按票面利率计算确定的应付但未付利息，通过“应付利息”科目核算；对于一次还本付息的债券，其按票面利率计算确定的应付但未付利息，通过“应付债券——应计利息”科目核算。企业应付债券按实际利率（实际利率与票面利率差异较小时也可按票面利率）计算确定的利息费用，应按照与长期借款相一致的原则计入有关成本、费用。

知识点

对于分期付息债券，其计提利息不增加应付债券的账面余额；而对于到期一次还本付息的债券，其计提利息增加应付债券的账面余额。

【例 11-5】承【例 11-4】，畅通公司发行债券所筹资金于当日用于建造固定资产，至 2016 年 12 月 31 日工程尚未完工，计提本年长期债券利息。企业按照《企业会计准则第 17 号——借款费用》的规定，将该期债券产生的实际利息费用全部资本化，作为在建工程成本。畅通公司应编制如下会计分录。

借：在建工程	1 200 000	
贷：应付债券——应计利息		1 200 000

应付债券利息 =30 000 000 × 8% ÷ 12 × 6=1 200 000（元）。

由于该长期债券为到期时一次还本付息，因此利息 1 200 000 元应记入“应付债券——应计利息”科目。

3. 债券还本付息

长期债券到期，企业支付债券本息时，借记“应付债券——面值”“应付债券——应计利息”“应付利息”等科目，贷记“银行存款”等科目。

【例 11-6】承【例 11-4】和【例 11-5】，2019 年 7 月 1 日，畅通公司偿还债券本金和利息。畅通公司应编制如下会计分录。

借：应付债券——面值	30 000 000	
——应计利息	7 200 000	
贷：银行存款		37 200 000

本例中，2016 年 7 月 1 日至 2019 年 7 月 1 日，畅通公司长期债券的应计利息 =30 000 000 × 8% × 3=7 200 000（元）。

二、长期应付款

长期应付款是指企业除长期借款和应付债券之外的其他各种长期应付款项，包括应付融资租入固定资产的租赁费、以分期付款方式购入固定资产发生的应付款项等。长期应付款除具有长期负债的一般特点之外，还具有款项主要形成固定资产并分期付款的特点。

企业应设置“长期应付款”科目，核算企业融资租入固定资产和以分期付款方式购入固定资产时应付的款项及偿还情况。该科目贷方反映应付的长期应付款项；借方反映偿还的长期应付款项；期末贷方余额反映企业应付但未付的长期应付款项。本科目可按长期应付款的种类和债权人设置的明细科目进行明细核算。

（一）应付融资租赁款

应付融资租赁款是指企业融资租入固定资产而形成的非流动负债。

企业融资租入的固定资产，在租赁有效期限内，其所有权仍归出租方，但因承租方获得了租赁资产的实质控制权，于是便享有了资产在有效使用期限内带来的各种经济利益，同时，作为取得这项权利的代价，企业需要支付约等于该项资产的公允价值的金额，这些款项在支付前，构成了应付融资租赁款。

融资租入固定资产时，在租赁期开始日，按应计入固定资产成本的金额（租赁开始日租赁资产公允价值与最低租赁付款额现值两者中的较低者，加上初始直接费用），借记“在建工程”或“固定资产”科目；按最低租赁付款额，贷记“长期应付款”科目；按发生的初始直接费用，贷记“银行存款”等科目；按其差额，借记“未确认融资费用”科目。

在融资租赁下，承租人向出租人支付的租金中包含了本金和利息两部分。承租人支付租金时，一方面应减少长期应付款；另一方面应将未确认的融资费用，在租赁期内各个期间按一定的方法确认为当期融资费用。企业应当采用实际利率法计算确认当期的融资费用。

知识点

未确认的融资费用应当在租赁期内各个期间进行分摊。企业应当采用实际利率法计算确认当期的融资费用。

（二）具有融资性质的延期付款

企业购买资产有可能延期支付有关价款。如果企业延期支付的购买价款超过了正常信用条件，这实质上是具有融资性质的购买行为，此时企业所购资产的成本应当以延期支付购买价款的现值为基础确定。企业实际支付的价款与购买价款的现值之间的差额，应当在信用期间内采用实际利率法进行摊销，并计入相关资产成本或当期损益。具体来说，企业购买资产因超过正常信用条件而延期付款，在实质上具有融资性质时，企业应按购买价款的现值，借记“固定资产”“在建工程”等科目；按应支付的价款总额，贷记“长期应付款”科目；按其差额，借记“未确认融资费用”科目。

企业在信用期间内，采用实际利率法摊销未确认融资费用时，应按其摊销额，借记“在建工程”“财务费用”等科目，贷记“未确认融资费用”科目。

知识点

未确认融资费用分摊时的实际利率的选择：

（1）租赁内含利率（首先）；

（2）合同利率；

（3）同期贷款利率；

（4）以租赁资产公允价值入账的应重新计算折现率。

债务重组

拓展阅读

关键词：遵守准则；谨慎性；合规性

审计人员王 x 在对 ×× 公司的应付债券业务进行审查时了解到该公司于 2021 年 1 月 1 日以 120 万元的价格发行面值为 100 万元的五年期债券，票面利率为 12%。经审查，该公司 2021 年 12 月 30 日的第 97 号凭证的会计分录为以下内容。

借：财务费用　　120 000

　贷：应付债券—应计利息　　120 000

其摘要为计提应付债券的利息费用。经与原始凭证核对，是 2021 年 1 月 1 日以 120 万元的价格发行的票面利率为 12% 的面值为 100 万元的五年期债券。根据规定，溢价摊销应冲减财务费用。该笔业务的正确的会计分录为以下形式。

借：财务费用　　80 000

　　应付债券—债券溢价　　40 000

　贷：应付债券—应计利息　　120 000

我国会计准则在制定时以我国市场经济为基础，在执行过程中对我国企业的财务管理工作也提出了更为严格的标准和要求，企业管理者只有对会计准则拥有较强的认知度，才能更好地运用会计准则来提高企业的财务管理水平，并推动企业在市场经济中更好地发展。该企业违反了《企业会计准则》的规定，造成虚增费用。

项目十二　所有者权益

所有者权益是指企业资产扣除负债后由所有者享有的剩余权益。公司所有者权益又称为股东权益。所有者权益具有以下特征。

（1）除非发生减资、清算或分派现金股利的情况，否则企业不需要偿还所有者权益。

（2）企业清算时，只有在清偿所有的负债后，所有者权益才返还给所有者。

（3）所有者凭借所有者权益能够参与企业利润的分配。

学习目标

知识目标

①熟悉《中华人民共和国公司法》等财经法规中关于资本金制度及其他相关所有者权益项目的各项规定。

②掌握所有者权益的概念、特征和构成。

③明确实收资本、资本公积和留存收益的核算内容。

④了解盈余公积的计提方法。

技能目标

①能够分析判断所有者权益的构成。

②能够理解我国的注册资本金制度。

③能进行实收资本（或股本）、资本公积和留存收益的账务处理。

素质目标

①具备社会主义核心价值观：法治、诚信。

②具有“爱岗敬业，坚持准则，提高技能”的会计职业道德。

关键词

注册资本	registered capital
实收资本	paid-in capital
资本公积	capital surplus
留存收益	retained earnings
盈余公积	surplus reserve
未分配利润	undistributed profit

思维导图

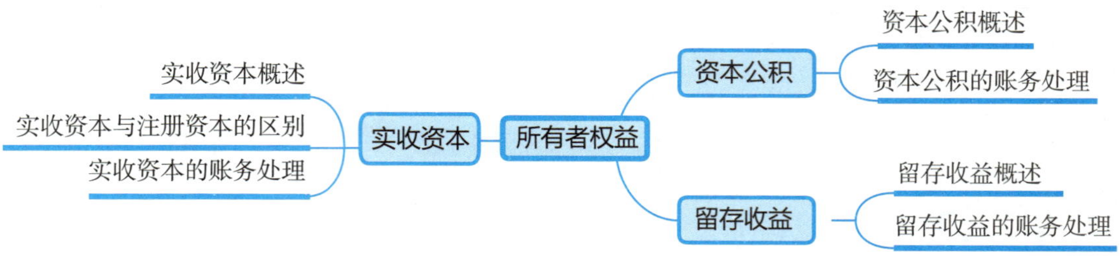

任务一　实收资本

一、实收资本概述

实收资本是指企业按照章程规定或合同协议约定，接受投资者投入企业的资本。实收资本的构成比例或股东的股份比例，是确定所有者在企业所有者权益中份额的基础，也是企业进行利润或股利分配的主要依据。

我国《中华人民共和国公司法》（以下简称《公司法》）规定，股东可以用货币出资，也可以用实物、知识产权、土地使用权等可用货币估价并依法转让的非货币财产作价出资；但法律、行政法规规定的不得作为出资的财产除外。企业应当对作为出资的非货币资产评估作价、核实财产，不得高估或者低估作价。法律、行政法规对评估作价如有规定，则应遵从其规定。全体股东的货币出资金额不得低于有限责任公司注册资本的30%。不管以何种方式出资，投资者若在投资过程中违反了投资合约或协议约定，如不按规定如期缴足出资额的，企业可以依法追究投资者的违约责任。

企业收到所有者投入企业的资本后，应根据有关原始凭证（如投资清单、银行通知单等），对不同的出资方式进行会计处理。

知识点

股份有限公司以外的企业使用“实收资本”科目；股份有限公司使用“股本”科目。

二、实收资本与注册资本的区别

（一）金额上一致，但是是两个概念

注册资本是工商管理的术语，是法律上对公司注册的登记要求；而实收资本则是实际对企业的投入。

（二）具体时间上，两者的金额不同

因为《公司法》中的注册资金采取认缴制，即约定时间的分期付款，注册资本在一般公司注册时可能小于实收资本。但一般情况下，缴纳的注册资金就是实收资本，也是如实登记。

（三）法律效力的不同

实收资本的注册资本是政府对法人的核准行为；注册资本则是对企业的偿还债务的能力、责任的一种认定。

三、实收资本的账务处理

（一）接受现金资产投资

1. 股份有限公司以外的企业接受现金资产投资

【例 12-1】甲、乙、丙共同投资设立畅通有限责任公司，注册资本为 2 000 000 元。甲、乙、丙持股比例分别为 60%、25% 和 15%。按照章程规定，甲、乙、丙投入资本分别为 1 200 000 元、500 000 元和 300 000 元。畅通有限责任公司已如期收到各投资者一次性缴足的款项。畅通有限责任公司在进行会计处理时，应编制会计分录如下。

借：银行存款	2 000 000	
贷：实收资本——甲		1 200 000
——乙		500 000
——丙		300 000

实收资本的构成比例（即投资者的出资比例或股东的股份比例），是确定所有者在企业所有者权益中所占的份额和参与企业财务经营决策的基础，也是企业进行利润分配或股利分配的依据，同时还是企业清算时确定所有者对净资产的要求权的依据。

2. 股份有限公司接受现金资产投资

股份有限公司发行股票时，既可以按面值发行股票，也可以溢价发行股票（我国目前不准许折价发行）。股份有限公司在核定的股本总额及核定的股份总额的范围内发行股票时，应在实际收到现金资产时进行会计处理。

知识点

股份有限公司发行股票时发生的手续费、佣金等交易费用，应从溢价中抵扣，即冲减资本公积（股本溢价）；无溢价发行股票或溢价金额不足冲减的情况，应将不足冲减的部分冲减盈余公积和未分配利润。

【例 12-2】畅通公司发行普通股 10 000 000 股，每股面值 1 元，每股发行价格 5 元。假定股票发行成功，股款 50 000 000 元已全部收到，不考虑发行过程中的税费等因素。

根据上述资料，畅通公司应记入“资本公积”科目的金额 =50 000 000−10 000 000=

40 000 000（元）

畅通公司应编制如下会计分录。

借：银行存款　　50 000 000

　　贷：股本　　10 000 000

　　　　资本公积——股本溢价　　40 000 000

本例中，雨阳公司发行股票实际收到的款项为 50 000 000 元，应借记“银行存款”科目；实际发行的股票面值为 10 000 000 元，应贷记“股本”科目；按其差额，贷记“资本公积——股本溢价”科目。

（二）接受非现金资产投资

企业接受非现金资产投资时，应按投资合同或协议约定价值确定非现金资产价值（但投资合同或协议约定价值不公允的除外）和在注册资本中应享有的份额。

知识点

如果投资合同或协议约定的价值不公允的，则按照公允价值入账。

1. 接受投入固定资产

企业接受投资者作价投入的房屋、建筑物、机器设备等固定资产，应按投资合同或协议约定价值确定固定资产价值（但投资合同或协议约定价值不公允的除外）和在注册资本中应享有的份额。

【例 12-3】畅通公司于设立时收到雨阳公司作为资本投入的不需要安装的机器设备一台。合同约定该机器设备的价值为 2 000 000 元，增值税进项税额为 260 000 元（假设不允许抵扣），合同约定的固定资产价值与公允价值相符。不考虑其他因素，畅通公司进行会计处理时，应编制如下会计分录。

借：固定资产　　2 260 000

　　贷：实收资本——雨阳公司　　2 260 000

本例中，该项固定资产合同约定的价值与公允价值相符，并且畅通公司接受的固定资产投资产生的相关增值税进项税额不允许抵扣。因此，企业的固定资产应按合同约定的价值与增值税进项税额的合计金额 2 260 000 元入账。由于畅通公司接受雨阳公司投入的固定资产按合同约定金额作为实收资本，因此可按照 2 260 000 元的金额，贷记“实收资本”科目。

2. 接受投入材料物资

企业接受投资者作价投入的材料物资，应按投资合同或协议约定的价值确定材料物资价值（但投资合同或协议约定价值不公允的除外）和在注册资本中应享有的份额。

【例 12-4】畅通公司于设立时收到雨阳公司作为资本投入的原材料一批。该批原材料的投资合同或协议约定价值（不含可抵扣的增值税进项税额部分）为 100 000 元，增值税进项税额为 13 000 元。雨阳公司已开具了增值税专用发票。假设合同约定的价值与公允价值相符，该进项税额允许抵扣。不考虑其他因素，畅通公司在进行会计处理时，应编制会计如下分录。

借：原材料	100 000	
应交税费——应交增值税	13 000	
贷：实收资本——雨阳公司		113 000

本例中，由于原材料的合同约定价值与公允价值相符，因此可按照 100 000 元的金额借记“原材料”科目；同时，由于该进项税额允许抵扣，因此增值税专用发票上注明的增值税税额 13 000 元，应借记“应交税费——应交增值税（进项税额）”科目；由于畅通公司接受雨阳公司投入的原材料按合同约定金额作为实收资本，因此可按照 113 000 元的金额，贷记“实收资本”科目。

3. 接受投入无形资产

企业收到以无形资产方式投入的资本，应按投资合同或协议约定的价值，确定无形资产价值（但投资合同或协议约定价值不公允的除外）和在注册资本中应享有的份额。

【例 12-5】畅通公司于设立时收到汇丰公司作为资本投入的非专利技术一项，该非专利技术投资合同约定价值为 60 000 元；同时收到雨阳公司作为资本投入的土地使用权一项，投资合同约定价值为 80 000 元。假设畅通公司接受的该非专利技术和土地使用权符合国家注册资本管理的有关规定，且可按合同约定作实收资本入账，合同约定的价值与公允价值相符。不考虑其他因素，畅通公司在进行会计处理时，应编制会计分录如下。

借：无形资产——非专利技术	60 000	
——土地使用权	80 000	
贷：实收资本——汇丰公司		60 000
——雨阳公司		80 000

本例中，由于非专利技术与土地使用权的合同约定价值与公允价值相符，因此，可分别按照 60 000 元和 80 000 元的金额借记“无形资产”科目；由于汇丰公司和雨阳公司投入的非专利技术和土地使用权按合同约定金额作为实收资本，因此可分别按照 60 000 元和 80 000 元的金额，贷记“实收资本”科目。

（三）实收资本（或股本）的增减变动

一般情况下，企业的实收资本应相对固定不变；但在某些特定情况下，企业的实收资本也可能发生增减变化。《中华人民共和国企业法人登记管理条例》中规定，企业的注册资金应当与实收资本相一致，当实收资本比原注册资金增加或减少的幅度超过 20% 时，企业应持资金信用证明或者验资证明，向原登记主管机关申请变更登记，国家另有规定的除外。企业若擅自改变注册资本或抽逃资金，要受到工商行政管理部门的处罚。

1. 实收资本（或股本）的增加

一般企业增加资本主要有三个途径：接受投资者追加投资、资本公积转增资本和盈余公积转增资本。

需要注意的是，由于资本公积和盈余公积均属于所有者权益，用其转增资本时，如果是独资企业，直接结转即可；如果是股份公司或有限责任公司，则应该按照原投资者各自出资的比例，相应增加各投资者的出资额。

【例 12-6】甲、乙、丙三人共同投资设立畅通公司，原注册资本为 4 000 000 元。其中，甲、乙、丙分别出资 500 000 元、2 000 000 元和 1 500 000 元。为扩大经营规模，经有关部门批准，畅通公司注册资本扩大为 5 000 000 元，甲、乙、丙按照原出资比例分别追加投资 125 000 元、500 000 元和 375 000 元。畅通公司如期收到甲、乙、丙追加的现金投资。畅通公司应编制如下会计分录。

借：银行存款	1 000 000	
贷：实收资本——甲		125 000
——乙		500 000
——丙		375 000

本例中，由于甲、乙、丙按照原出资比例追加实收资本，因此畅通公司应分别按照 125 000 元，500 000 元和 375 000 元的金额，贷记"实收资本"科目中甲、乙、丙的明细分类账目。

【例 12-7】承【例 12-6】，因扩大经营规模需要，经批准，畅通公司按照原出资比例将资本公积 1 000 000 元转增资本。畅通公司应编制如下会计分录。

借：资本公积	1 000 000	
贷：实收资本——甲		125 000
——乙		500 000
——丙		375 000

本例中，由于资本公积 1 000 000 元按照原出资比例转增实收资本，因此畅通公司应分别按 125 000 元、500 000 元和 375 000 元的金额，贷记"实收资本"科目中甲、乙、丙明细分类账目。

【例 12-8】承【例 12-6】，因扩大经营规模需要，经有关部门批准，畅通公司按照原出资比例将盈余公积 1 000 000 元转增资本。畅通公司应编制如下会计分录。

借：盈余公积	1 000 000	
贷：实收资本——甲		125 000
——乙		500 000
——丙		375 000

本例中，由于盈余公积 1 000 000 元按照原出资比例转增实收资本，因此畅通公司应分别按照 125 000 元、500 000 元和 375 000 元的金额，贷记"实收资本"科目中甲、乙、丙的明细分类账目。

2. 实收资本（或股本）的减少

（1）有限责任公司减少实收资本（需要按法定程序报经批准）时，应编制如下会计分录。

借：实收资本

　　贷：银行存款

（2）股份有限公司（上市公司）采用回购本公司股票方式减资。

①如果回购股票支付的价款大于面值总额（即库存股大于股本），回购时应编制如下会

计分录。

借：库存股（实际支付的回购价款）

贷：银行存款

知识点

库存股是所有者权益类的会计科目。

注销时应编制如下会计分录。

借：股本（股票面值 × 注销股数）

资本公积——股本溢价（借方差额）

贷：库存股（注销库存股的账面余额）

知识点

资本公积（股本溢价）不足冲减，应冲减留存收益，并依次借记“盈余公积”“利润分配——未分配利润”科目。

②如果回购股票支付的价款小于面值总额（即库存股小于股本），回购时应编制如下会计分录。

借：库存股（实际支付的回购价款）

贷：银行存款

注销时应编制如下会计分录。

借：股本（股票面值 × 注销股数）

贷：库存股（注销库存股的账面余额）

资本公积——股本溢价（贷方差额）

【例 12-9】畅通公司 2019 年 12 月 31 日的股本为 100 000 000 股，面值为 1 元，资本公积（股本溢价）为 30 000 000 元，盈余公积为 40 000 000 元。经股东大会批准，畅通公司以现金回购本公司股票 20 000 000 股并注销。假定畅通公司按每股 2 元回购股票，不考虑其他因素。

（1）回购本公司股票时，应编制如下会计分录。

借：库存股	40 000 000	
贷：银行存款		40 000 000

库存股成本 =20 000 000 × 2=40 000 000（元）。

（2）注销本公司股票时，应编制如下会计分录。

借：股本	20 000 000	
资本公积——股本溢价	20 000 000	
贷：库存股		40 000 000

应冲减的资本公积：20 000 000 × 2 － 20 000 000 × 1 = 20 000 000（元）。

【例 12-10】承【例 12-9】，假定畅通公司按每股 3 元回购股票，其他条件不变。

（1）回购本公司股票时，应编制如下会计分录。

借：库存股　　60 000 000

　　贷：银行存款　　60 000 000

库存股成本 =20 000 000 × 3=60 000 000（元）。

（2）注销本公司股票时，应编制如下会计分录。

借：股本　　20 000 000

　　资本公积——股本溢价　　30 000 000

　　盈余公积　　10 000 000

　　贷：库存股　　60 000 000

应冲减的资本公积 =20 000 000 × 3 – 20 000 000 × 1 = 40 000 000（元），因为应冲减的资本公积大于公司现有的资本公积，所以只能冲减资本公积 30 000 000 元，剩余的 10 000 000 元应冲减盈余公积。

【例 12–11】承【例 12-9】，假定畅通公司按每股 0.9 元回购股票。

（1）回购本公司股票时，应编制如下会计分录。

借：库存股　　18 000 000

　　贷：银行存款　　18 000 000

库存股成本 =20 000 000 × 0.9=18 000 000（元）。

（2）注销本公司股票时，应编制如下会计分录。

借：股本　　20 000 000

　　贷：库存股　　18 000 000

　　　　资本公积——股本溢价　　2 000 000

应增加的资本公积 =20 000 000 × 1–20 000 000 × 0.9=2 000 000（元），因为折价回购，股本与库存股成本的差额 2 000 000 元应作为增加资本公积处理。

任务二　资本公积

一、资本公积概述

（一）资本公积的内容

资本公积是指企业获得的投资者的超出其在企业注册资本（或股本）中所占份额的部分，以及其他资本公积等。资本公积包括资本溢价（或股本溢价）和其他资本公积等。

形成资本溢价（或股本溢价）的原因有企业溢价发行股票、投资者超额缴入资本等几种。

其他资本公积是指除净损益、其他综合收益和利润分配以外，所有者权益的其他变动。即当企业的长期股权投资采用权益法核算时，被投资单位除净损益、其他综合收益和利润分配以外的所有者权益的其他变动，投资企业按其应享有的份额增加或减少的资本公积。

根据国家有关规定实行股权激励的企业，如果在等待期内取消了国家相关部门授予的权益工具，企业应在进行权益工具加速行权处理时，将剩余等待期内应确认的金额立即计入当期损益，并同时确认资本公积。当企业集团（由母公司和其全部子公司构成）内发生股份支付交易时，若结算企业是接受服务企业的投资者，则该企业应当按照授予日权益工具的公允价值或应承担负债的公允价值确认其对接受服务企业的长期股权投资，同时确认资本公积（其他资本公积）或负债。

资本公积的核算包括资本溢价（或股本溢价）的核算、其他资本公积的核算和资本公积转增资本的核算等内容。

（二）资本公积与实收资本（或股本）、留存收益的区别

1. 资本公积与实收资本（或股本）的区别

（1）从来源和性质看上，实收资本（或股本）是指投资者按照企业章程或合同、协议的约定，实际投入企业并依法进行注册的资本，它体现了企业所有者对企业的基本产权关系。资本公积是投资者的出资金额超出其在注册资本中所占份额的部分，以及直接计入所有者权益的利得和损失，它不直接表明所有者对企业的基本产权关系。

（2）从用途上看，实收资本（或股本）的构成比例是确定所有者参与企业财务经营决策的基础，也是企业进行利润分配或股利分配的依据，同时还是企业清算时确定所有者对净资产要求权的依据。资本公积的用途主要是用来转增资本（或股本）的。资本公积不体现各所有者的占有比例，也不能作为所有者参与企业财务经营决策或进行利润分配（或股利分配）的依据。

2. 资本公积与留存收益的区别

资本公积的来源不是企业实现的利润，而是来自资本溢价（或股本溢价）等。留存收益是企业从历年实现的利润中提取或形成的留存于企业的内部积累，来源于企业生产经营活动实现的利润。

二、资本公积的账务处理

（一）资本溢价（或股本溢价）

1. 资本溢价

除股份有限公司之外的其他类型的企业，在企业创立时，若投资者认缴的出资额与注册资本一致，则一般不会产生资本溢价。但在企业重组或有新的投资者加入时，常常会产生资本溢价。这是因为在企业进行正常生产经营后，其资本利润率通常要高于企业初创阶段的利润率。另外，企业有内部积累，新投资者加入企业后，对这些积累也要分享，因此新加入的投资者往往要付出大于原投资者的出资金额，才能取得与原投资者相同的出资比例。投资者多缴的部分金额就形成了资本溢价。

【例 12–12】畅通公司由两位投资者投资 200 000 元设立，每人各出资 100 000 元。一

年后，为扩大经营规模，经相关部门批准，畅通公司注册资本增加到300 000元，并引入了第三位投资者。按照投资协议，新投资者需缴入现金110 000元，同时享有该公司三分之一的股份。畅通公司已收到该现金投资。假定不考虑其他因素，畅通公司应编制会计如下分录。

借：银行存款　　1 10 000

　　贷：实收资本　　100 000

　　　　资本公积——资本溢价　　10 000

在畅通公司收到第三位投资者的现金投资110 000元中，100 000元属于第三位投资者在注册资本中所享有的份额，应记入“实收资本”科目；10 000元属于资本溢价，应记入“资本公积——资本溢价”科目。

2. 股本溢价

股份有限公司是以发行股票的方式筹集股本的，股票可按面值发行，也可按溢价发行，我国目前不准折价发行股票。与其他类型的企业不同，股份有限公司在成立时可能会溢价发行股票，因而在成立之初，就可能会产生股本溢价。股本溢价的数额等于股份有限公司发行股票时，其实际收到的款额中超过股票面值总额的部分。

在按面值发行股票的情况下，企业发行股票取得的收入，应全部作为股本处理；在溢价发行股票的情况下，企业发行股票取得的收入中，等于股票面值的部分作为股本处理，超出股票面值的溢价收入应作为股本溢价处理。

如果是溢价发行股票的情况，企业发行股票相关的手续费、佣金等交易费用应从溢价中抵扣，用来冲减资本公积（股本溢价）；若无溢价发行股票或溢价金额不足以抵扣，企业应将不足抵扣的部分冲减盈余公积和未分配利润。

【例12-13】畅通公司首次公开发行了普通股50 000 000股，每股面值1元，每股发行价格为4元。畅通公司与证券公司约定，证券公司按发行收入的3%收取佣金，该佣金从发行收入中扣除。假定收到的股款已存入银行，畅通公司应编制如下会计分录。

应记入“资本公积”科目的金额＝溢价收入－发行佣金=50 000 000×（4–1）–50 000 000×4×3%=144 000 000（元）。

借：银行存款　　194 000 000

　　贷：股本　　50 000 000

　　　　资本公积——股本溢价　　144 000 000

公司收到证券公司转来的发行收入=50 000 000×4×（1–3%）=194 000 000（元）。

（二）其他资本公积

本书以被投资单位除净损益、其他综合收益和利润分配以外的所有者权益的其他变动为例，介绍相关的其他资本公积的核算。

若企业对被投资单位的长期股权投资采用权益法进行核算，在持股比例不变的情况下，对被投资单位除净损益、其他综合收益和利润分配之外的所有者权益的其他变动，应按照持股比例计算其应享有或应分担的被投资单位所有者权益的增减数额。在处置长期股权投资时，企业应转销与该笔投资相关的其他资本公积。

【例 12-14】畅通公司于 2019 年 1 月 1 日向华泽公司投资 8 000 000 元，因拥有华泽公司 20% 的股份，并对该公司有重大影响，因而对华泽公司长期股权投资采用权益法核算。2019 年 12 月 31 日，华泽公司除净损益、其他综合收益和利润分配之外的所有者权益增加了 1 000 000 元。假定除此以外，华泽公司的所有者权益没有变化，畅通公司的持股比例没有变化，华泽公司资产的账面价值与公允价值一致。不考虑其他因素，畅通公司应编制如下会计分录。

借：长期股权投资——华泽公司　　200 000

　　贷：资本公积——其他资本公积　　200 000

畅通公司对华泽公司投资增加的资本公积 =1 000 000×20%=200 000（元）。

本例中，畅通公司对华泽公司的长期股权投资采用权益法进行核算，持股比例未发生变化，华泽公司发生了除净损益、其他综合收益和利润分配之外的所有者权益的其他变动，畅通公司应按照其持股比例将计算的应享有华泽公司权益的数额 200 000 元，作为增加其他资本公积处理。

（三）资本公积转增资本

当公司经股东大会或类似机构决议，用资本公积转增资本时，应冲减资本公积，同时按照转增资本前的实收资本（或股本）的结构或比例，将转增的金额记入“实收资本”（或“股本”）科目下各所有者的明细分类账。

任务三 留存收益

一、留存收益概述

留存收益是指企业从历年实现的利润中提取或形成的、留存于企业的内部积累，包括盈余公积和未分配利润两类。

盈余公积是指企业按照有关规定从净利润中提取的积累资金。公司制企业的盈余公积包括法定盈余公积和任意盈余公积。法定盈余公积是指企业按照规定的比例从净利润中提取的盈余公积。任意盈余公积是指企业按照股东会或股东大会决议的比例提取的盈余公积。

企业提取的盈余公积经批准后可用于弥补亏损、转增资本、发放现金股利或利润等。

未分配利润是指企业实现的净利润经过弥补亏损、提取盈余公积和向投资者分配利润后，留存在企业的、历年结存的利润。相对于所有者权益的其他部分来说，企业对于未分配利润的使用有较大的自主权。

二、留存收益的账务处理

（一）利润分配

利润分配是指企业根据国家有关规定和企业章程、投资者协议等，对企业当年可供分配的利润进行分配。

可供分配利润的计算公式如下。

可供分配的利润 = 当年实现的净利润（或净亏损）+ 年初未分配利润
（或 – 年初未弥补亏损）+ 其他转入

利润分配的顺序依次是①提取法定盈余公积；②提取任意盈余公积；③向投资者分配利润。

企业应通过“利润分配”科目，核算企业利润的分配（或亏损的弥补）和历年分配（或弥补）后的未分配利润（或未弥补亏损）。该科目应分别设置“提取法定盈余公积”“提取任意盈余公积”“应付现金股利或利润”“盈余公积补亏”“未分配利润”等账户进行明细核算。企业的未分配利润通过“利润分配——未分配利润”明细科目进行核算。年度终了，企业应将全年实现的净利润或发生的净亏损，自“本年利润”科目转入“利润分配——未分配利润”科目，并将“利润分配”科目所属其他明细科目的余额，转入“未分配利润”明细科目。结转后，“利润分配——未分配利润”科目如为贷方余额，则表示累积未分配的利润数额；如为借方余额，则表示累积未弥补的亏损数额。

【例 12–15】畅通公司年初未分配利润为 0 元，本年实现净利润为 2 000 000 元，本年提取法定盈余公积为 200 000 元，宣告发放现金股利为 800 000 元。假定不考虑其他因素。

（1）结转实现净利润时，畅通公司应编制如下会计分录。

借：本年利润　　2 000 000
　　贷：利润分配——未分配利润　　2 000 000

如企业当年发生亏损，则应借记“利润分配——未分配利润”科目，贷记“本年利润”科目。

（2）提取法定盈余公积、宣告发放现金股利时，畅通公司应编制如下会计分录。

借：利润分配——提取法定盈余公积　　200 000
　　　　　　——应付现金股利　　800 000
　　贷：盈余公积　　200 000
　　　　应付股利　　800 000

（3）将“利润分配”科目所属其他明细科目的余额结转至“未分配利润”明细科目时，畅通公司应编制如下会计分录。

借：利润分配——未分配利润　　1 000 000
　　贷：利润分配——提取法定盈余公积　　200 000
　　　　　　　　——应付现金股利　　800 000

结转后，如果“未分配利润”明细科目的余额在贷方，则表示累积未分配的利润；如果余额在借方，则表示累积未弥补的亏损。本例中，“利润分配——未分配利润”明细科目的余额在贷方，贷方余额 1 000 000 元（本年利润 2 000 000 元 – 提取法定盈余公积 200 000 元 – 应付现金股利 800 000 元），即为畅通公司本年年末的累积未分配利润。

（二）盈余公积

按照《公司法》有关规定，公司制企业应按照净利润（减弥补以前年度亏损，下同）

的10%提取法定盈余公积。按照《中华人民共和国企业所得税法》规定，企业以前年度亏损（五年内）可用税前利润弥补，从第六年起只能用税后利润弥补。非公司制企业法定盈余公积的提取比例可超过净利润的10%，当法定盈余公积累计额已达注册资本的50%时，可以不再提取。值得注意的是，如果企业以前年度未分配利润有盈余（即年初未分配利润余额为正数），在计算提取法定盈余公积的基数时，不应包括企业年初未分配利润；如果企业以前年度有亏损（即年初未分配利润余额为负数），应先弥补以前年度亏损，再提取盈余公积。

公司制企业可根据股东会或股东大会的决议提取任意盈余公积。非公司制企业经类似权力机构批准，也可提取任意盈余公积。法定盈余公积和任意盈余公积的区别在于其各自计提的依据不同，前者以国家的法律法规为依据；后者由企业的权力机构自行决定。

企业提取的盈余公积经相关部门批准可用于弥补亏损、转增资本、发放现金股利或利润等。

1. 提取盈余公积

企业按规定提取盈余公积时，应通过“利润分配”和“盈余公积”等科目核算。

【例12-16】畅通公司本年实现净利润为5 000 000元，年初未分配利润为0元。经股东大会批准，畅通公司按当年净利润的10%提取法定盈余公积。假定不考虑其他因素，畅通公司应编制如下会计分录。

借：利润分配——提取法定盈余公积　　500 000

　　贷：盈余公积——法定盈余公积　　500 000

本年提取法定盈余公积金额=5 000 000×10%=500 000（元）。

2. 盈余公积补亏

【例12-17】经股东大会批准，畅通公司用以前年度提取的盈余公积弥补当年亏损。当年弥补亏损的数额为600 000元。假定不考虑其他因素，畅通公司应编制如下会计分录。

借：盈余公积　　600 000

　　贷：利润分配——盈余公积补亏　　600 000

3. 盈余公积转增资本

【例12-18】因需要扩大经营规模，经股东大会批准，畅通公司将盈余公积400 000元用于转增股本。假定不考虑其他因素，畅通公司应编制如下会计分录。

借：盈余公积　　400 000

　　贷：股本　　400 000

4. 用盈余公积发放现金股利或利润

【例12-19】2018年12月31日，畅通公司股本为50 000 000元（每股面值1元），可供投资者分配的利润为5 000 000元，盈余公积为20 000 000元。2019年3月20日，股东大会批准了2018年度的利润分配方案，按每10股2元发放现金股利。畅通公司共需要分派10 000 000元现金股利，其中动用可供投资者分配的利润为5 000 000元，盈余公积为5 000 000元。假定不考虑其他因素。

（1）发放现金股利时，畅通公司应编制如下会计分录。

借：利润分配——应付现金股利	5 000 000
盈余公积	5 000 000
贷：应付股利	10 000 000

（2）支付股利时，畅通公司应编制如下会计分录。

借：应付股利	10 000 000
贷：银行存款	10 000 000

本例中，畅通公司经股东大会批准，以未分配利润和盈余公积发放现金股利。其中，以未分配利润发放现金股利的 5 000 000 元，应记入“利润分配——应付现金股利”科目；以盈余公积发放现金股利的 5 000 000 元，应记入“盈余公积”科目。

拓展阅读

关键词：遵纪守法；遵守准则；尊重规律

郑 ×× 的前身是一个国有百货文化用品批发站。1996 年 4 月，经中国证监会批准，郑 ×× 成为郑州市的第一家上市企业和河南省首家商业股票上市公司。按照郑 ×× 公布的数字，1997 年其主营规模和资产收益率等指标在深沪上市的所有商业公司中均排第一，进入了国内上市企业 100 强。一时间，郑 ×× 声名大噪，成为当地企业界耀眼的改革新星和率先建立现代企业制度的典型。

然而，衰败似乎就发生在一夜之间。在被推举为改革典型的第二年，郑 ×× 即在中国股市创下每股净亏 2.54 元的最高纪录，而上一年它还宣称每股盈利 0.448 元。其实 1998 年，企业已举步维艰。年终出财务报表时，一番争论之后，郑 ×× 首次公布了重大亏损的实情，1999 年，郑 ×× 一年亏掉 9.8 亿元，再创沪深股市亏损之最。郑 ×× 的大起大落，引起从当地决策层到社会的一片哗然。

郑 ×× 利用上市后经营自主权扩大带来的方便，使其更多、更严重的违背经济规律甚至违法乱纪行为大行其道，据了解，郑 ×× 上市募集的资金数以亿计地被公司领导以投资、合作为名拆借、挪用出去，总计 10 多家公司拆借的近 2 亿元资金不仅有去无归，还使郑 ×× 陷入了一桩又一桩追款讨债的官司中。

项目十三　收　入

收入是指企业在日常活动中形成的、会导致所有者权益增加的、与所有者投入资本无关的经济利益的总流入。收入按企业从事日常活动的性质不同，分为销售商品收入、提供劳务收入和让渡资产使用权收入三种。收入按企业经营业务的主次，分为主营业务收入和其他业务收入两种。主营业务收入是指企业通过其为完成经营目标所从事的经常性活动所实现的收入。其他业务收入是指企业通过其为完成经营目标所从事的与经常性活动相关的活动实现的收入。

学习目标

知识目标

①掌握收入确认的原则、收入确认的前提条件、收入确认与计量的步骤。

②熟悉履行履约义务确认收入的账务处理。

③熟悉合同成本的分类以及含义。

技能目标

①能进行某一时点履行履约义务确认收入的核算。

②能进行某一时段履行履约义务确认收入的核算。

素质目标

①具备社会主义核心价值观：法治、诚信。

②具有踏实肯干的品质以及积极为企业创收的工作责任。

关键词

销售商品收入	sales revenue
提供劳务收入	service revenue
让渡资产所有权收入	transfer of asset ownership income
折扣	discount
销售总 / 净额	gross/ net sales
销售退回及折让	sales return and allowance
完工百分比法	percentage of completion method
经营收益	income from operations

思维导图

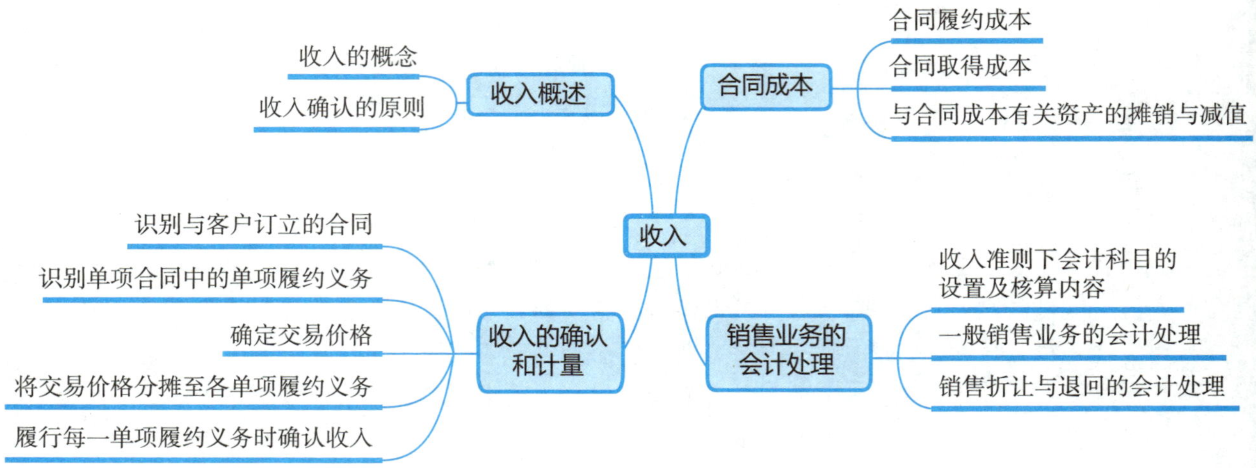

任务一 收入概述

一、收入的概念

收入是指企业在日常活动中形成的、会导致所有者权益增加的、与所有者投入资本无关的经济利益的总流入。

企业在确定固定资产、无形资产等的处置时点，以及计量处置损益时，应按照本项目的有关规定进行处理。除非特别说明，本项目所称的商品既包括商品，也包括服务。

二、收入确认的原则

企业确认收入的方式应当反映其向客户转让商品的模式，确认收入的金额应当反映企业因转让这些商品而预期有权收取的对价金额。

企业应当在履行了合同中的履约义务，即在客户取得相关商品的控制权时确认收入。客户取得相关商品的控制权，是指客户能够主导该商品的使用并从中获得几乎全部的经济利益，也包括有能力阻止其他方主导该商品的使用并从中获得经济利益。

企业收入的会计处理是以企业与客户之间的单个合同为基础的，但是为了便于实务操作，当企业能够合理预计，将收入的会计处理应用于具有类似特征的合同（或履约义务）组合或应用于该组合中的每一个合同（或履约义务），不会对企业的财务报表产生显著不同的影响时，企业可以在合同组合层面对收入进行会计处理。

任务二 收入的确认和计量

收入的确认和计量大致分为五步，如图 13-1 所示。

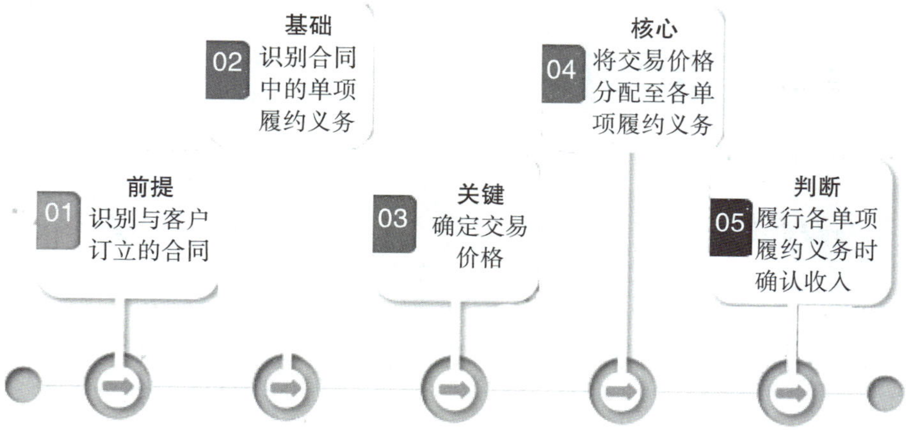

图 13-1 收入的确认和计量

知识点

控制权转移与风险报酬转移的差异主要在于视角的变化。风险报酬转移源自利润表视角，关注的是利润表中的收益是否实现；控制权转移源自资产负债表视角，关注的是资产（或服务）是否转移。

【例 13-1】畅通公司 2019 年 6 月 25 日与客户订立软件许可合同，合同总价款为 200 万元。合同内容包括：

（1）为期两年的软件许可权；

（2）标准安装服务；

（3）18 个月的售后技术支持服务。

客户于 2019 年 6 月 30 日向畅通公司支付合同价款 200 万元。畅通公司于 2019 年 7 月 1 日为客户安装软件，该服务属于标准安装服务，不涉及对软件的重大修订。

畅通公司也向其他客户单独销售上述项目，该软件为期两年的许可权的单独售价为 195 万元，标准安装服务的单独售价为 3 万元，18 个月的售后技术支持服务的单独售价为 8 万元。

要求：分析该合同如何按照五步法确认收入。

【解析】

第一步识别与客户订阅的合同：软件许可合同。

第二步识别合同中的单项履约义务：为期两年的软件许可权、标准安装服务和 18 个月的售后技术支持服务。

如果该软件许可合同中约定的软件是高度定制化的软件，此时软件许可权和软件安装服务就应当是同一项履约义务而不是两项。

第三步确定交易价格：200 万元。

第四步将交易价格分配至单项履约义务：因为三项履约义务都可以单独出售，所以按照单独售价的比例，将合同价款 200 万元分配给三个单项履约义务，具体如表 13-1 所示。

表 13-1 交易价格分配表

履约义务	单独售价	比例	分摊交易价格
软件许可权	195	94.66%	189.32 （200 × 94.66%）
标准安装服务	3	1.46%	2.92 （200 × 1.46%）
18 个月的售后技术支持服务	8	3.88%	7.76 （200 × 3.88%）
合计	206	100%	200

第五步确认收入：每完成一项义务，就确认一项收入，具体如表 13-2 所示。

（1）假定软件以后无须再升级，则交付软件确认收入。

（2）提供安装服务确认收入。

（3）售后服务，在服务期内分期确认收入。

表 13-2 收入确认表

商品 / 服务	2019 年	2020 年	合计
为期两年的软件许可权	189.32		189.32
标准安装服务	2.92		2.92
18 个月的售后技术支持服务	2.59 （7.76 × 6 ÷ 18）	5.17 （7.76 × 12 ÷ 18）	7.76
合计	194.83	5.17	200

一、识别与客户订立的合同

（一）收入确认的时点

企业应当在履行了合同中的履约义务，即在客户取得相关商品控制权时确认收入。

合同是指双方或多方之间订立的，有法律约束力的权利和义务的协议。合同的形式包括书面形式、口头形式，以及其他可验证的形式。

合同开始日是指合同开始赋予合同各方具有法律约束力的权利和义务的日期，即合同生效日。

客户是与企业订立合同以向该企业购买其日常活动产出的商品并支付对价的一方。

相关商品控制权，是指能够主导该商品的使用并从中获得几乎全部经济利益的现实权利。客户取得的商品控制权包括以下三个要素。

（1）能力。能力是指客户必须拥有主导该商品的使用并从中获得几乎全部经济利益的现实权利。如果客户只是在未来某一期间能主导该商品的使用并从中获得经济利益，则在客户实际取得对商品的控制权之前，企业不应确认收入。

（2）主导该商品的使用。主导该商品的使用是指客户拥有在其活动中使用该商品、允许在其他方的活动中使用该商品或者阻止其他方使用该商品的权利。

（3）能够获得几乎全部的经济利益。能够获得几乎全部的经济利益，是指客户能够获得该商品几乎全部的潜在现金流量，既包括现金流入的增加，也包括现金流出的减少。客户可以通过多种方式（如通过使用、消耗、出售、交换、抵押、持有等）直接或间接地获得商品的经济利益。

（二）收入确认的前提条件

在确认收入时，企业与客户之间的合同需同时满足以下五项条件。

（1）合同各方已批准该合同并承诺将履行各自义务。

对于合同各方均有权单方面终止完全未执行的合同，且无须对合同其他方作出补偿的情况，企业应当视为该合同不存在。

完全未执行的合同，是指企业尚未向客户转让任何合同中承诺的商品，也尚未收取且尚未有权收取已承诺商品的任何对价的合同。

（2）该合同明确了合同各方与所转让商品相关的权利和义务。

（3）该合同有明确的与所转让商品相关的支付条款。

（4）该合同具有商业实质，即履行该合同将改变企业未来现金流量的风险、时间分布或金额。

没有商业实质的非货币性资产交换，无论何时均不应确认为收入。从事相同业务经营的企业之间，为便于向客户或潜在客户销售商品而进行的非货币性资产交换不应当确认为收入。

（5）企业因向客户转让商品而有权取得的对价很可能无法收回。

企业在评估其因向客户转让商品而有权取得的对价能否被收回时，仅考虑客户到期时支付对价的能力和意图（即客户的信用风险）。企业预期很可能无法收回全部合同对价时，应当判断其是由于客户的信用风险还是企业向客户提供了价格折让所致。如果是因为企业向客户提供价格折让而造成对价无法收回时，应当在估计交易价格时进行考虑。

对于不符合上述五项条件的合同，企业只有在不再负有向客户转让商品的剩余义务（如合同已完成或取消），且已向客户收取的对价（包括全部或部分对价）无须退回时，才能将已收取的对价确认为收入；否则，应当将已收取的对价作为负债进行会计处理。

企业与客户之间的合同，若在合同开始日即满足上述五项条件，企业在后续期间内无须对其进行重新评估，除非有迹象表明相关事实和情况发生重大变化；在合同开始日不符合上述五项条件的，企业应当在后续期间内对其进行持续评估，以判断其能否满足上述五项条件。

知识点

收入确认的核心原则是主体确认收入的方式应当反映向客户转让商品或服务的模式（即履行义务的模式，也就是收入确认的模式），而主体确认收入的金额应反映主体预计这些商品或服务收到的对价。

（1）任何收入确认必须有合同，没有合同就没有收入，只能是生产过程。

（2）在合同产生的权利和义务中，合同权利为合同资产，合同义务为合同负债。在合同签订当日，合同权利等于合同义务，资产等于负债，此时没有收入。

（3）随着合同义务的履行，义务在减少，合同负债在减少，权利大于义务，资产大于负债，产生净资产，也就产生了收入。

（三）合同合并

企业与同一客户（或该客户的关联方）同时订立或在相近时间内先后订立两份或多份合同，在满足下列条件之一时，应当合并为一份合同并进行会计处理：一是该两份或多份合同基于同一商业目的而订立并构成“一揽子交易”，例如，一份合同在不考虑另一份合同对价的情况下将会发生亏损；二是该两份或多份合同中的一份合同的对价金额取决于其他合同的定价或履行情况，例如，一份合同如果发生违约，将会影响另一份合同的对价金额；三是该两份或多份合同中所承诺的商品（或每份合同中所承诺的部分商品）构成单项履约义务。

（四）合同变更

本项目所指的合同变更，是指经合同各方批准对原合同范围或价格做出的变更。企业应当根据下列三种情形，分别对合同变更进行会计处理。

1. 合同变更部分作为单独合同

若合同变更增加了可明确区分的商品及合同价款，且新增合同价款反映了新增商品单独售价（以下简称为“合同变更的第一种情形”），应当将该合同变更部分作为一份单独的合同进行会计处理。

【例 13–2】畅通公司承诺向客户销售 120 件产品，每件产品售价 100 元。该批产品彼此之间可明确区分，且将于未来 6 个月内陆续转让给该客户。畅通公司将其中的 60 件产品转让给客户后，双方对合同进行了变更，畅通公司承诺向客户额外销售 30 件相同的产品，这 30 件产品与原合同中的产品可明确区分，其售价为每件 95 元（假定该价格反映了合同变更时该产品的单独售价）。上述价格均不包含增值税。

本例中，由于新增的 30 件产品是可明确区分的，且新增的合同价款反映了新增产品的单独售价，因此，该合同变更实际上构成了一份单独的、在未来销售 30 件产品的新合同，该新合同并不影响对原合同的会计处理。畅通公司应当对原合同中的 120 件产品按每件产品 100 元确认为收入，对新合同中的 30 件产品按每件产品 95 元确认为收入。

2. 合同变更作为原合同终止及新合同订立

若合同变更不属于合同变更的第一种情形，且在合同变更日已转让的商品与未转让的商品之间可明确区分（以下简称为“合同变更的第二种情形”），应当视为原合同终止，同时，将原合同未履约部分与合同变更部分合并为新合同进行会计处理。

【例 13-3】沿用【例 13-2】，畅通公司新增销售的 30 件产品售价为每件 80 元（假定该价格不能反映合同变更时该产品的单独售价）。同时，由于客户发现畅通公司已转让的 60 件产品存在瑕疵，要求畅通公司对已转让的产品提供每件 15 元的销售折让以弥补损失。经协商，双方同意将价格折让在销售新增的 30 件产品的合同价款中进行抵减，金额为 900 元。上述价格均不包含增值税。

本例中，由于 900 元的折让金额与已经转让的 60 件产品有关，因此应当将其作为已销售的 60 件产品的销售价格的抵减，在该折让发生时冲减当期销售收入。对于合同变更新增的 30 件产品，由于其售价不能反映该产品在合同变更时的单独售价，因此，该合同变更不能作为单独合同进行会计处理。由于尚未转让给客户的产品（包括原合同中尚未交付的 60 件产品以及新增的 30 件产品）与已转让的产品是可明确区分的，因此，畅通公司应当将该合同变更作为原合同终止，同时，将原合同的未履约部分与合同变更合并为新合同进行会计处理。该新合同中，剩余产品为 90 件，其对价为 8 400 元，即原合同下尚未确认收入的客户已承诺对价 6 000（100×60）元与合同变更部分的对价 2 400（80×30）元之和，新合同中的 90 件产品每件产品应确认的收入为 93.33（8400÷90）元。

3. 合同变更部分作为原合同的组成部分

若合同变更不属于合同变更的第一种情形，且在合同变更日已转让的商品与未转让的商品之间不可明确区分（以下简称为“合同变更的第三种情形”），应当将该合同变更部分作为原合同的组成部分，在合同变更日重新估计履约进度，并调整当期收入和相应成本等。

【例 13-4】2019 年 1 月 15 日，畅通公司与客户签订了一项总金额为 1 000 万元的固定造价合同——在客户自有土地上为其建造一幢办公楼，预计合同总成本为 700 万元。假定该建造服务属于在某一时段内履行的履约义务，并根据累计发生的合同成本占合同预计总成本的比例确定履约进度。

截至 2019 年年末，畅通公司累计已产生成本 420 万元，履约进度为 60%[（420÷700）×100%]。因此，畅通公司在 2019 年确认收入 600（1000×60%）万元。2020 年初，合同双方同意更改该办公楼屋顶的设计，合同价格和预计总成本因此而分别增加 200 万元和 120 万元。

在本例中，由于合同变更后拟提供的剩余服务与在合同变更日或之前已提供的服务不可明确区分（即该合同仍为单项履约义务），因此，畅通公司应当将合同变更作为原合同的组成部分进行会计处理。合同变更后的交易价格为 1 200 万元（1 000+200），畅通公司重新估计的履约进度为 51.2% [420÷（700+120）×100%]，畅通公司在合同变更日应额外确认收入 14.4（51.2%×1 200−600）万元。

二、识别单项合同中的单项履约义务

（一）识别履约义务

1. 基本要求

合同开始日，企业首先应当识别合同中所包含的各单项履约义务，并确定各单项履约义务是在某一时段内履行，还是在某一时点履行。然后在履行了各单项履约义务时分别确认收入。

2. 履约义务

履约义务是指合同中企业向客户转让可明确区分商品的承诺。

知识点

履约义务是最小收入确认单元，即收入确认以履约义务为单元加以确认。

在很多情况下，合同中已承诺的商品或服务均明确列示于合同中。但在有些情况下，企业的商业惯例、公开宣布的政策、特定声明等可能隐含了提供商品或服务的承诺。

如果这些惯例或政策使得客户形成企业将向其转让商品或服务的有效预期，则企业在确定履约义务时应当考虑此类隐含的承诺。

（二）作为单项履约义务的承诺

单项履约义务包括两类：①一项可明确区分的商品或服务；②一系列实质相同且转让模式相同的、可明确区分商品或服务。

1. 一项可明确区分的商品或服务

企业向客户转让可明确区分商品（或者商品与服务的组合）的承诺，如表 13-3 所示。

表 13-3 识别合同承诺的所有商品和服务是否明确区分

步骤	原因
第一步：关注商品或服务是否可明确区分（本身可明确区分）	客户能够单独从该商品或服务中获益，或者客户能够将该商品或服务与易于获得的其他资源结合在一起获益
第二步：关注商品或服务是否可与合同中的其他承诺单独区分（合同背景中可区分）	商品或者服务合同所承诺的其他商品或者服务包括：①无整合及组合产出；②并非高度相关联；③不会导致合同所承诺的其他商品或者服务作出重大修改或定制化

（1）就商品自身而言，需同时满足下列条件，才会被认为是可明确区分的商品。

①客户能够从该商品本身或者从该商品与其他易于获得的资源一起使用中受益，即该商品能够明确区分。需要特别指出的是，在评估某项商品是否能够明确区分时，应当考虑该商品自身的特征，而无须考虑客户可能使用该商品的方式。因此，企业无须考虑合同中可能存在的阻止客户从其他来源取得相关资源的限制性条款。

②企业向客户转让该商品的承诺与合同中的其他承诺可以单独区分，即转让该商品的承诺在合同中是可以明确区分的。

企业向客户转让该商品的承诺与合同中其他承诺可以单独区分，以识别企业承诺转让的是每一项商品，还是由这些商品组成的一个或多个组合产出。

组合产出的价值通常高于或者显著不同于各单项商品的价值总和。

企业确定了商品本身能够明确区分后，还应当在合同层面继续评估转让该商品（或提供该服务，以下简称“转让该商品”）的承诺是否与合同中其他承诺彼此之间可以明确区分。

【例 13-5】2019 年 5 月 28 日，畅通公司向客户销售一部电梯，电梯已经运抵客户，发票账单已经交付，同时收到部分货款。合同约定，畅通公司应负责该电梯的安装工作，在安装工作结束并经客户验收合格后，客户应立即支付剩余货款。电梯安装尚未进行，预计 2019 年 6 月初开始安装，7 月底竣工。

电梯的安装服务属于“易于获得的资源”，即使合同未约定畅通公司负责该电梯的安装工作，客户也很容易找到其他电梯安装公司进行安装工作。该合同的两项履约义务属于可明确区分的单项履约义务，应分别进行收入的确认。2019 年 5 月 28 日，电梯已经运抵客户，发票账单已经交付，同时收到部分货款，畅通公司应将其确认电梯的销售收入。

（2）在合同层面，下列情形通常表明企业向客户转让该商品的承诺与合同中的其他承诺不可明确区分。

①企业需提供重大的服务以将该商品与合同中承诺的其他商品进行整合，形成合同约定的某个或某些组合产出并转让给客户。

如果企业提供整合服务，则转让个别商品或服务所产生的风险是不可分割的，因为企业向客户做出的承诺的主要内容是确保将个别商品或服务形成组合产出。个别商品或服务是生产单一组合产出所需的投入。组合产出的价值应当高于各单独项目的加总。

【例 13-6】畅通公司为客户建造写字楼的合同中，畅通公司向客户提供的砖头、水泥、人工等都能够使客户获益，但是在该合同下，畅通公司对客户承诺的是为其建造一栋写字楼，而并非提供这些砖头、水泥和人工等。因此，在该合同中，砖头、水泥和人工等商品或服务彼此之间不能单独区分。

②该商品将对合同中承诺的其他商品予以重大修改或定制。

如果某些商品或服务对合同中的其他商品或服务作出修改或定制，则每一项商品或服务将被整合在一起（即作为投入），以生产客户合同约定的组合产出。

【例 13-7】畅通公司签订一项五年期的合同，根据合同，畅通公司需根据客户要求生产设备并提供安装服务，以及设备的维护服务；安装服务是指在客户现场将各种零件组装起来，使其成为一个可单独运行的设备，安装过程需要根据客户现场条件对设备进行修改与调整，设备无法在未安装的情况下运作。以往的实务表明，企业将设备同安装服务一同进行售卖，未将安装服务单独售卖，但其他供应商也可提供安装服务；此外，企业以往将维护服务进行单独售卖。在本合同中，企业需要为客户提供设备并进行安装。维护服务是企业单独售卖的。因此该合同中，企业两个单项履约义务分别为：设备生产与安装、售后的维护服务。

③该商品与合同中承诺的其他商品具有高度关联性。也就是说，合同中承诺的每一项商品均受到合同中其他商品的重大影响。

某些情况下，合同中所承诺的部分商品或服务，因高度依赖于合同所承诺的其他商品或服务，或者与其高度关联，从而导致客户无法在不对合同承诺的其他商品或服务造成重大影响的情况下选择购买其中某一项商品或服务。尽管每一项承诺本身均可使客户获益，但基于合同进行考虑时，这些承诺无法单独区分开来。

在评估多项商品或服务之间是否高度依赖或关联时，不应着重在功能上的关联度，而应重点关注这些商品或服务之间在履约过程中是否存在相互改变的影响。

【例 13-8】畅通公司承诺为客户设计一种新产品并负责生产 10 个样品。畅通公司在生产和测试样品的过程中需要对产品的设计进行不断地修正，导致已生产的样品均可能需要进行不同程度的返工。畅通公司提供的设计服务和生产样品的服务是不断交替反复进行的，两者高度关联，因此在合同层面，两者是不可明确区分的。

企业向客户销售商品时，往往约定企业需要将商品运送至客户指定的地点。在通常情况下，商品控制权转移给客户之前发生的运输活动不构成单项履约义务。

相反，商品控制权转移给客户之后发生的运输活动可能表明企业向客户提供了一项运输服务，企业应当考虑该项服务是否构成单项履约义务。

2. 一系列实质相同且转让模式相同的、可明确区分的商品或服务

企业向客户转让一系列实质相同且转让模式相同的、可明确区分商品的承诺，也应当作为单项履约义务。

（1）转让模式相同，是指每一项可明确区分的商品均满足准则规定的、在某一时段内履行履约义务的条件，且采用相同的方法确定其履约进度。

【例 13-9】某物业管理公司与客户签订一份服务合同，合同期限为一年，打包价格为 150 万元，合同内容包括保洁服务、保安服务和设备维护服务以及清扫道路积雪服务。

按照履约义务的定义，合同中的每一项服务都属于可明确区分的商品，因此都可以作为一项单独履约义务。但是，因为保洁服务、保安服务和设备维护服务实质相同，每一项服务均满足在某一时段内履行履约义务的条件，而且可采用相同方法确定其履约进度，所以应当将保洁服务、保安服务和设备维护服务合并作为一个单项履约义务看待。对于清扫道路积雪服务，因为只有在冬季才会下雪，且清扫时间短暂，该项服务与保洁服务、保安服务和设备维护服务的实质不相同，转让模式也不相同，所以应将清扫道路积雪服务作为一个单项履约义务看待。

（2）实质上相同的商品和服务的认定。在考虑一系列可明确区分的商品或服务是否实质上相同时，企业应当先确定企业承诺为客户提供服务的性质。

如果承诺的性质是提供特定数量的服务（如在合同期内提供每月的薪酬外包服务），评估时应当考虑每项服务是否可明确区分且实质上相同。

如果企业承诺的性质是在一段时间内提供单一服务，但提供服务的数量不确定（如酒店管理服务），评估时应当考虑每个时间增量（如每小时或每天）而非潜在的活动是否可明确区分且实质上相同。

例如，如果企业向客户提供两年的酒店管理服务，具体包括保洁、维修、安保等，但没有具体服务次数或时间的要求。虽然企业每天提供的具体服务不一定相同，但是企业每

天对于客户的承诺都是相同的，因此该服务符合“实质上相同”的条件。

三、确定交易价格

交易价格是指企业因向客户转让商品而预期有权收取的对价金额。企业代第三方收取的款项（如增值税）以及企业预期将退还给客户的款项，应当作为负债进行会计处理，不计入交易价格。

（一）可变对价

企业与客户的合同中约定的对价金额可能是固定的，也可能会因折扣、价格折让、返利、退款、奖励积分、激励措施、业绩奖金、索赔、未来事项等因素而变化。此外，企业有权收取的对价金额，将根据一项或多项事项的发生而有所不同，这也属于可变对价的情形。

1. 可变对价最佳估计数的确定

企业应当根据期望值或最可能发生金额确定可变对价的最佳估计数。期望值是指按照各种可能发生的对价金额及相关概率计算确定的金额。

【例 13–10】畅通公司生产和销售洗衣机。2019 年 3 月，畅通公司向雨阳公司销售 1 000 台洗衣机，每台价格为 2 000 元，合同价款合计 200 万元。同时，畅通公司承诺在未来六个月内，如果同类洗衣机售价下降，则按照合同价格与最低售价之间的差额向雨阳公司支付差价。畅通公司根据以往执行类似合同的经验，预计未来六个月内，不降价的概率为 50%；每台降价 200 元的概率为 40%；每台降价 500 元的概率为 10%。假定上述价格均不包含增值税。

本例中，畅通公司认为期望值能够更好地预测其有权获取的对外金额。假定不考虑下述有关“计入交易价格的可变对价金额的限制”要求，畅通公司估计交易价格为每台 1 870 元（2 000 × 50%+1 800 × 40%+1 500 × 10%）。

最可能发生金额是一系列可能发生的对价金额中最可能发生的单一金额，即合同最可能产生的单一结果。

【例 13–11】畅通公司为其客户建造一栋厂房，合同约定的价款为 100 万元，若畅通公司不能在合同签订之日起的 120 天内竣工，须支付 10 万元罚款，该罚款从合同价款中扣除。畅通公司对合同结果的估计如下：工程按时完工的概率为 90%，工程延期的概率为 10%。假定上述金额均不含增值税。

本例中，由于该合同涉及两种可能的结果，畅通公司认为按照最可能发生金额能够更好地预测其有权获取的对价金额。因此，畅通公司估计的交易价格为 100 万元，即最可能发生的单一金额。

2. 计入交易价格的可变对价金额的限制（上限）

企业按照期望值或最可能发生金额确定可变对价金额之后，计入交易价格的可变对价金额还应该满足限制条件，即包含可变对价的交易价格，应当不超过在相关不确定性消除时，累计已确认的收入极可能不会发生重大转回的金额。

每一资产负债表日，企业应当重新估计可变对价金额（包括重新评估对可变对价的估计是否受到限制），以如实反映报告期末存在的情况以及报告期内发生的情况变化。

【例 13-12】2019 年 1 月 1 日，畅通公司与雨阳公司签订合同，向其销售 A 产品。合同约定，若雨阳公司在 2019 年的采购量不超过 2 000 件，每件产品的价格为 80 元；若雨阳公司在 2019 年的采购量超过 2 000 件，每件产品的价格为 70 元。雨阳公司在第一季度的采购量为 150 件，畅通公司预计雨阳公司全年的采购量不会超过 2000 件。2019 年 4 月，雨阳公司因完成产能升级而增加了原材料的采购量，第二季度共向畅通公司采购 A 产品 1 000 件，畅通公司预计雨阳公司全年的采购量将超过 2 000 件，因此，全年采购量适用的产品单价均将调整为 70 元。

本例中，2019 年第一季度中，畅通公司根据以往经验估计雨阳公司全年的采购量将不会超过 2 000 件，畅通公司按照 80 元的单价确认收入，满足在不确定性消除之后（即雨阳公司全年的采购量确定之后），累计已确认的收入将极可能不会发生重大转回的要求，因此，畅通公司在第一季度确认的收入金额为 12 000 元（80×150）。2019 年第二季度中，畅通公司对交易价格进行重新估计，由于预计雨阳公司全年的采购量将超过 2 000 件，畅通公司按照 70 元的单价确认收入，才满足极可能不会导致累计已确认的收入发生重大转回。因此，畅通公司在第二季度确认收入 68 500 元 [70×（1 000+150）−12 000]。

（二）合同中存在的重大融资成分

当企业将商品控制权转移给客户的时间与客户实际付款的时间不一致时（如企业以赊销的方式销售商品，或者要求客户支付预付款等），如果各方以在合同中明确（或者以隐含的方式）约定的付款时间为客户或企业就转让商品的交易提供了重大融资利益，则合同中即包含了重大融资成分。合同中存在重大融资成分的，企业应当按照假定客户在取得商品控制权时即以现金支付的应付金额（即现销价格）确定交易价格。

企业向客户转让商品与客户支付相关款项之间虽然存在时间间隔，但两者之间的合同没有包含重大融资成分的情形有以下几种情况。

（1）客户就商品支付了预付款，且可以自行决定这些商品的转让时间。例如，企业向客户出售其发行的储值卡，客户可随时到该企业持卡购物；再如，企业向客户授予奖励积分，客户可随时到该企业兑换这些积分等。

（2）客户承诺支付的对价中有相当大的部分是可变的，该对价金额或付款时间取决于某一未来事项是否发生，且该事项实质上不受客户或企业控制。例如，按照实际销售量收取的特许权使用费。

（3）合同承诺的对价金额与现销价格之间的差额是向客户或企业提供融资利益以外的其他原因所导致的，且这一差额与产生该差额的原因是相称的。例如，合同约定的支付条款是为了向企业或客户提供保护，以防止另一方未能依照合同充分履行其部分或全部义务。

【例 13-13】2018 年 1 月，畅通公司与客户签订了一项施工总承包合同。合同约定的工期为 30 个月，工程造价为 8 亿元（不含税价）。双方每个季度进行一次工程结算，并于完工时进行竣工结算。每次工程结算额（除质保金及相应的增值税之外）由客户于工程结算后5个工作日内支付；除质保金之外的工程尾款于竣工结算后10个工作日内支付；合同金额的3%作为质保金，用以保证项目在竣工后两年内正常运行，在质保期满后5个工作日内支付。

本例中，客户保留了3%的质保金直到项目竣工两年后支付，虽然服务完成的时间与客户付款的时间间隔较长，但是，该质保金旨在为客户提供工程质量保证，以防畅通公司未能完成其合同义务，而并非向客户提供融资。因此，畅通公司认为该合同中不包含重大融资成分，无须就延期支付质保金的影响调整交易价格。

企业确定的交易价格与合同承诺的对价金额之间的差额，应当在合同期间内采用实际利率法摊销。企业应当在单个合同层面考虑融资成分是否重大，而不应在合同组合层面考虑这些合同中融资成分的汇总影响对企业整体而言是否重大。

为简化实务操作，如果在合同开始日，企业预计客户取得商品控制权与客户支付价款间隔不超过一年的，可以不考虑合同中存在的重大融资成分。

【例13-14】2019年1月1日，畅通公司与雨阳公司签订合同，向其销售一批产品。合同约定，该批产品将于两年之后交货。合同中包含两种可供选择的付款方式，即雨阳公司可以在两年后交付产品时支付449.44万元，或者在合同签订时支付400万元。雨阳公司选择在合同签订时支付货款。该批产品的控制权在交货时转移。畅通公司于2019年1月1日收到雨阳公司支付的货款。上述价格均不包含增值税，且假定不考虑相关税费影响。

本例中，按照上述两种付款方式计算的内含利率为6%。考虑到雨阳公司付款时间和产品交付时间之间的间隔以及现行市场的利率水平，畅通公司认为该合同包含重大融资成分，在确定交易价格时，应当对合同承诺的对价金额进行调整，以反映该重大融资成分的影响。假定该融资费用不符合借款费用资本化的要求。

（1）2019年1月1日，收到货款时的账务处理如下。

借：银行存款	4 000 000	
未确认融资费用	494 400	
贷：合同负债		4 494 400

（2）2019年12月31日，确认融资成分的影响时的账务处理如下。

借：财务费用——利息支出	（4 000 000 × 6%）240 000	
贷：未确认融资费用		240 000

（3）2020年12月31日，交付产品时的账务处理如下。

借：财务费用——利息支出	（4 240 000 × 6%）254 400	
贷：未确认融资费用		254 400
借：合同负债	4 494 400	
贷：主营业务收入		4 494 400

合同负债是指企业已收或应收客户对价而应向客户转让商品的义务。合同资产，是指企业已向客户转让商品而获得的收取对价的权利，且该权利取决于时间流逝之外的其他因素。应收款项是指企业无条件收取合同对价的权利。只有在合同对价到期支付之前仅仅随着时间的流逝即可收款的权利，才是无条件的收款权。合同资产和应收款项都是企业拥有的收取对价的合同权利，两者的区别在于应收款项代表的是无条件收取合同对价的权利，

即企业仅仅随着时间的流逝即可收款（信用风险）；而合同资产并不是一项无条件收款权，该权利除了时间流逝之外，还需根据其他条件（如履行合同中的其他履约义务）才能收取相应的合同对价（信用风险和履约风险）。

合同资产和合同负债应当在资产负债表中单独列示，并按照流动性，分别列示为“合同资产”或“其他非流动资产”以及“合同负债”或“其他非流动负债”。同一合同下的合同资产和合同负债应当以净额列示，不同合同下的合同资产和合同负债不能互相抵销。

（三）非现金对价

当企业因转让商品而有权向客户收取的对价是非现金形式时，如实物资产、无形资产、股权、客户提供的广告服务等，企业通常应当按照非现金对价在合同开始日的公允价值确定交易价格。

合同开始日之后，因对价形式以外的原因而发生变动的非现金对价的公允价值，应当作为可变对价，按照与计入交易价格的可变对价金额的限制条件的相关规定进行处理。合同开始日之后，若非现金对价的公允价值因对价形式而发生变动（股价变动），该变动金额不应计入交易价格。

【例 13-15】甲企业为客户生产一台专用设备。双方约定，如果甲企业能够在 30 天内交货，则可以额外获得 100 股客户的股票作为奖励。合同开始日时，该股票的价格为每股 5 元；由于缺乏执行类似合同的经验，当日甲企业估计，该 100 股股票的公允价值计入交易价格，将不满足累计已确认的收入极可能不会发生重大转回的限制条件。合同开始日之后的第 25 天，企业将该设备交付给客户，从而获得了 100 股股票，该股票在此时的价格为每股 6 元。假定企业将该股票作为公允价值计量且将其变动计入当期损益的金融资产。

本例中，合同开始日时，该股票的价格为每股 5 元，由于缺乏执行类似合同的经验，当日甲企业估计，该 100 股股票的公允价值计入交易价格将不满足累计已确认收入极可能不会发生重大转回的限制条件，因此，甲企业不应将该 100 股股票的公允价值 500 元计入交易价格。合同开始日之后的第 25 天，甲企业获得了 100 股股票，该股票在此时的价格为每股 6 元。甲企业应当将股票（非现金对价）的公允价值因对价形式以外的原因而发生的变动，即 500 元（5×100）确认为收入；因对价形式原因而发生的变动，即 100 元（600−500）计入公允价值变动损益。

（四）应付客户对价

企业在向客户转让商品的同时，若需要向客户或第三方支付对价，除客户取得的其他可明确区分商品的款项之外，应当将该应付对价冲减交易价格。这里的应付客户对价还包括可以抵减应付企业金额的相关项目金额如优惠券、兑换券等。

【例 13-16】畅通公司与大型连锁超市签订了一年期合同，约定超市在一年内至少向畅通公司购买价值 1 500 万元的产品。合同规定：畅通公司需要在合同开始日向超市支付 150 万元的不可返还款项，以补偿超市为了摆放商品更改货架发生的支出。

本例中，畅通公司支付给超市的 150 万元并未取得可明确区分的商品或服务，因此该款项为交易价格的抵减。畅通公司应在确认商品销售收入的同时，按比例抵减销售收入的 10%（150÷1 500）。例如，畅通公司在某月实现了发票金额为 240 万元的销售，则确认的收入需减去给超市的对价 24 万元，从而确认收入为 216 万元。

四、将交易价格分摊至各单项履约义务

当合同中包含两项或多项履约义务时，为了使企业分摊至每一单项履约义务的交易价格能够反映其因向客户转让已承诺的相关商品（或提供已承诺的相关服务）而预期有权收取的对价金额，企业应当在合同开始日，按照各单项履约义务所承诺商品的单独售价的相对比例，将交易价格分摊至各单项履约义务中。

单独售价是指企业向客户单独销售商品的价格。

（1）企业应当最大限度地采用可观察的输入值，并对类似的情况采用一致的估计方法。观察法，是指向类似环境、类似客户单独销售商品或服务的价格，是单独售价的最佳证据。

（2）无法直接观察的单独售价，企业应当综合考虑其能够合理取得的全部相关信息，采用市场调整法、成本加成法、余值法等方法合理估计单独售价。

市场调整法，是指企业根据某商品或类似商品的市场售价，考虑本企业的成本和毛利等情况后，确定其单独售价的方法。

成本加成法，是指企业根据某商品的预计成本加上其合理毛利后，确定其单独售价的方法。

余值法，是指企业根据合同交易价格减去合同中其他商品可观察的单独售价后的余值，确定某商品单独售价的方法。

企业确定单独售价时，应当主要选择前两种方法，前两种方法无法选择的情况下，再选择第三种。前两种方法没有先后级次，企业可选择最适合的方法；而第三种方法级次最低。

企业在商品近期售价波动幅度巨大，或者因未定价且未曾单独销售而使售价无法可靠确定时，可采用余值法估计其单独售价。

【例 13-17】2019 年 3 月 1 日，畅通公司与雨阳公司签订合同，畅通公司要向雨阳公司交付 A、B 两项商品，合同价款为 2 000 元。合同约定，A 商品于合同开始日交付，B 商品在一个月之后交付，只有当 A、B 两项商品全部交付之后，畅通公司才有权收取 2 000 元的合同对价。假定 A 商品和 B 商品构成两项单独履约义务，其控制权在交付时转移给客户。分摊至 A 商品和 B 商品的交易价格分别为 500 元和 2 000 元，合计 2 500 元。上述价格均不包含增值税，且假定不考虑相关税费影响。

本例中，根据交易价格分摊原则，A 商品应当分摊的交易价格为 400（500÷2 500×2 000）元，B 产品应当分摊的交易价格为 1 600（2 000÷2 500×2 000）元，畅通公司将 A 商品交付给雨阳公司之后，与该商品相关的履约义务已经履行，但是需要等到后续交付 B 商品时，畅通公司才具有无条件收取合同对价的权利，因此，畅通公司应当将因交付 A 商品而有权收取的 400 元确认为合同资产，而不是应收账款。

（1）交付 A 商品时的账务处理如下。

借：合同资产　　　　400

贷：主营业务收入　　400

（2）交付B商品时的账务处理如下。

借：应收账款——雨阳公司　　2 000

贷：合同资产　　400

主营业务收入　　1 600

五、履行每一单项履约义务时确认收入

合同开始日，企业应当在对合同进行评估并识别该合同所包含的各单项履约义务的基础上，确定各单项履约义务是在某一时段内履行，还是在某一时点履行，然后在履行了各单项履约义务（即客户取得相关商品控制权）时分别确认收入。企业应当先判断履约义务是否满足在某一时段内履行的条件，如果不能满足，则属于在某一时点履行的履约义务。

满足下列条件之一的，属于在某一时段内履行的履约义务。

（1）客户在企业履约的同时即取得并消耗企业履约所带来的经济利益。如果企业在履约过程中是持续地向客户转移该服务控制权，则表明客户在企业履约的同时即取得并消耗企业履约所带来的经济利益，该履约义务属于在某一时段内履行的履约义务。

（2）客户能够控制企业在履约过程中的在建商品。企业在履约过程中的在建商品包括在产品、在建工程、尚未完成的研发项目、正在进行的服务等。如果在企业创建这些商品的过程中，客户就能够控制这些在建商品，则表明该履约义务属于在某一时段内履行的履约义务。

（3）企业履约过程中所产出的商品具有不可替代用途，且该企业在整个合同期间内有权就累计至今已完成的履约部分收取款项。具有不可替代用途，是指因合同限制或实际可行性限制，企业不能轻易地将商品用于其他用途。有权就累计至今已完成的履约部分收取款项，是指在客户原因或其他原因终止合同的情况下，企业有权就累计至今已完成的履约部分收取能够补偿其已发生的成本和合理利润的款项，并且该权利具有法律约束力。

任务三　合同成本

一、合同履约成本

企业为履行合同可能会产生各种成本，如果这些成本不属于存货、固定资产、无形资产等资产的取得成本且同时满足下列三个条件，应当作为合同履约成本，确认为一项资产。

（1）该成本与一份当前或预期取得的合同直接相关，包括直接人工、直接材料、制造费用（或类似费用）、明确由客户承担的成本以及仅因该合同而发生的其他成本。

（2）该成本增加了企业未来用于履行履约义务的资源。

（3）该成本预期能够收回。

企业应当在下列支出发生时，将其计入当期损益。

（1）管理费用。

（2）非正常消耗的直接材料、直接人工和制造费用（或类似费用）。这些支出为履行合同时发生，但未反映在合同价格中。

（3）与履约义务中已履行部分相关的支出。

（4）无法在“尚未履行的”与“已履行的”履约义务之间区分的相关支出。

二、合同取得成本

企业为取得合同发生的、预期能够收回的增量成本，应当作为合同取得成本，确认为一项资产；但是，该资产摊销期限如果不超过一年，可以在发生时计入当期损益。

增量成本，是指企业不取得合同就不会发生的成本（如销售佣金等）。

企业为取得合同发生的、除预期能够收回的增量成本之外的其他支出（如无论是否取得合同均会发生的差旅费、投标费等），应当在发生时计入当期损益，但是明确由客户承担的除外。

三、与合同成本有关资产的摊销与减值

与合同成本有关的资产，是指按合同履约成本确认的资产和按合同取得成本确认的资产。

与合同成本有关的资产应当采用与该资产相关商品收入确认相同的基础（即按照履约进度或者履约时点）进行摊销，并计入当期损益。

与合同成本有关的资产，若其账面价值高于下列两项的差额，超出部分应当计提减值准备，并确认为资产减值损失。

（1）企业因转让与该资产相关的商品预期能够取得的剩余对价。

（2）为转让该相关商品估计将要发生的成本。

合同期间减值的因素之后发生变化，使得上列两项的差额高于该资产账面价值，超出部分应当转回原已计提的资产减值准备，并计入当期损益。但转回后的资产账面价值不应超过假定不计提减值准备情况下该资产在转回日的账面价值。

在确定与合同成本有关的资产的减值损失时，企业应当先对与合同有关的存货、固定资产、无形资产等资产进行减值损失的确定。后按照上述与合同成本有关的资产减值要求，确定与合同成本有关的资产的减值损失。

【例 13-18】畅通公司与客户签订了一项为期五年的合同，合同内容为客户的信息中心提供管理服务。畅通公司为取得合同发生的成本如表 13-4。

表 13-4 合同取得成本

单位：元

成本项目	金额
与尽职调查相关的外部法律费用	35 000

续表

成本项目	金额
参加投标发生的差旅费	40 000
因签订合同而支付给员工的销售佣金	25 000
合计	100 000

此外，畅通公司根据年度销售目标、企业整体营利情况以及个人业绩，酌情向销售主管支付年度奖金 50 000 元。

在向客户提供服务之前，畅通公司设计并搭建了一个供其内部使用的、与客户信息系统相连接的技术平台。该平台并不会转让给客户，但将用于向客户提供信息中心管理服务。畅通公司为搭建技术平台发生的初始成本如表 13-5 所示。

表 13-5　搭建技术平台的初始成本

单位：元

成本项目	金额
设计服务	100 000
硬件	300 000
软件	200 000
数据中心测试	150 000
合计	750 000

除构建技术平台的初始成本之外，畅通公司还委派了两名员工。这两名员工主要负责向客户提供日常服务，畅通公司每月需向其支付工资等费用 18 000 元。

畅通公司对发生的上列支出所作的分析及相应的会计处理如下。

（1）外部法律费用和差旅费。由于无论企业是否取得合同均将产生该成本，因而该成本不属于增量成本，应当在合同发生时计入当期损益。

（2）销售佣金。由于企业不取得合同就不会产生销售佣金，因而该成本属于取得合同的增量成本。畅通公司预期将在未来通过向客户收取的信息中心管理服务费时收回该成本，因而应确认为一项资产，记入“合同取得成本”科目，并在未来提供服务的五年内分期摊销。

（3）向销售主管支付的年度奖金。由于该奖金是根据年度销售目标、企业整体营利情况以及个人业绩酌情支付的，并不能直接归属于所取得的合同，因此该成本应当作为职工薪酬，在发生时计入当期损益。

（4）企业购买的硬件应作为固定资产进行会计处理，购买的软件应作为无形资产进行会计处理。

（5）设计服务成本和数据中心测试成本。由于该成本与所取得的合同直接相关、增加了企业未来用于履行履约义务的资源并且畅通公司预期能够收回，因此该成本应确认为一项资产，记入“合同履约成本”科目，并在未来提供服务的五年内分期摊销。

（6）由于企业向负责日常管理的员工支付的工资，并不会增加企业未来用于履行履约义务的资源，属于与履约义务中已履行部分的相关支出，因此该成本应当作为职工薪酬，于合同发生时计入当期损益。

任务四 销售业务的会计处理

一、收入准则下会计科目的设置及核算内容

（1）“主营业务收入”科目核算企业经常性的、主要业务所产生的基本收入，如制造业的销售产品、非成品和提供工业性劳务作业的收入。“主营业务收入”科目属于损益类科目，其借方表示减少，贷方表示增加。

（2）“主营业务成本”科目核算企业确认销售商品、提供服务等主营业务收入时应结转的成本。若企业采用计划成本或售价核算库存商品，月末还应结转本月销售商品应分摊的产品成本差异或商品进销差价。

（3）“其他业务收入”科目核算企业确认的除主营业务活动之外的其他经营活动实现的收入，包括出租固定资产、出租无形资产、出租包装物和商品、销售材料、用材料进行非货币性交换（非货币性资产交换具有商业实质且公允价值能够可靠计量）或债务重组等实现的收入。企业（保险）经营受托管理业务收取的管理费，也通过本科目核算。

（4）“其他业务成本”科目核算企业确认的除主营业务活动之外的其他经营活动所发生的支出，包括销售材料的成本、出租固定资产的折旧额、出租无形资产的摊销额、出租包装物的成本或摊销额等。除主营业务活动之外的其他经营活动发生的相关税费，在“税金及附加”科目中核算。若企业采用成本模式计量投资性房地产，其投资性房地产计提的折旧额或摊销额，也通过本科目核算。企业发生的其他业务成本，借记“其他业务成本”，贷记“原材料”“周转材料”等科目。

（5）“应收退货成本”科目核算销售商品时预期将退回商品的账面价值扣除收回该商品预计发生成本（包括退回商品的价值减损）后的余额。“应收退货成本”可按照合同相关约定进行明细核算。

（6）“应收退货成本”科目期末显示为借方余额，反映企业预期将退回商品转让时账面价扣除收回该商品预计发生的成本（包括退回商品的价值减损）后的余额。在资产负债表中，按其流动性应记入“其他流动资产”或“其他非流动资产”科目。

（7）“合同资产”是指企业已向客户转让商品而获得的收取对价的权利，且该权利取决于时间流逝之外的其他因素。该科目核算企业已向客户转让商品而有权收取的对价，应按照合同相关约定进行明细核算。

合同资产不同于应收款项，应收款项是企业拥有的、无条件向客户收取对价的权利，即企业仅仅随着时间的流逝即可收取的款项。合同资产并不是一项无条件的收款权利，该权利除了时间流逝之外，还取决于其他条件（如履行合同中的其他履约义务）是否得以满

足，只有当这些其他条件也得以满足时，该项有条件的收款权利才能转化为无条件的收款权利，即合同资产才能转化为应收款项。因此，合同资产和应收款项的风险是不同的，两者虽都面临着信用风险，但是合同资产同时还面临着其他风险，如履约风险。应收款项是企业无条件收取合同对价的权利。只有在合同对价到期支付之前，仅仅随着时间的流逝即可收款的权利，才是无条件的收款权利。

合同资产和应收款项都是企业拥有的收取对价的权利，两者的对比如表 13-6 所示。

表 13-6　应收款项与合同资产对比

项目	权利	收款条件	风险
应收款项	无条件收取合同对价	时间的流逝	信用风险
合同资产	附条件收取合同对价	约定的时间和其他约定条件	信用风险和履约风险等

二、一般销售业务的会计处理

收入确认与计量的五步法模型是为了满足企业在各种合同安排下，特别是在某些包含多重交易、可变对价等复杂合同安排下，对相关收入进行确认和计量的需要而设定的一种模型。在会计实务中，企业转让商品的交易合同在很多情况下并不复杂，属于履约义务相对单一、交易价格基本固定的简单合同。

对于简单合同，企业在应用五步法模型时，可以简化或者省略其中的某些步骤。例如，在区分属于“在某一时点履行的履约义务”还是“某一时段内履行的履约义务”时，重点关注企业是否已经履行了履约义务，即客户是否已经取得了相关商品的控制权（确认收入的时点）、企业因向客户转让商品而有权取得的对价是否很可能收回（确认收入的前提条件）等等。

（一）在某一时点履行的履约义务

对于在某一时点履行的履约义务，企业应当在客户取得相关商品控制权的时点确认收入。在判断客户是否已取得商品控制权时，企业应当考虑下列情况。

（1）企业就该商品享有现时收款权利，即客户就该商品负有现时付款义务。

（2）企业已将该商品的法定所有权转移给客户，即客户已拥有该商品的法定所有权。

（3）企业已将该商品实物转移给客户，即客户已占有该商品实物。

（4）企业已将该商品所有权上的主要风险和报酬转移给客户，即客户已取得该商品所有权上的主要风险和报酬。

（5）客户已接受该商品。

（6）其他表明客户已取得商品控制权的迹象。

需要注意的是，以上判断客户是否已取得商品控制权所应当考虑的迹象中，没有哪一项是决定性的，企业应当根据合同条款和交易实质进行综合分析，以判断客户是否以及何时取得的商品控制权，据以确定收入确认的时点。

当客户取得相关商品控制权时，企业应当按已收或预期有权收取的合同价款确认销售收入，同时在资产负债表日，按照已销商品的账面价值结转销售成本。如果销售的商品已经发出，但客户尚未取得相关商品的控制权或者尚未满足收入确认的条件，则发出的商品应通过“发出商品”科目进行核算，企业不应确认销售收入。在资产负债表日，“发出商品”科目的余额，应在资产负债表的“存货”项目中反映。

【例 13-19】2019 年 1 月 20 日，畅通公司与客户签订合同，向客户销售一批 A 产品。产品的生产成本为 120 000 元，合同约定的销售价格为 150 000 元，增值税销项税额为 19 500 元。畅通公司开出发票并按合同约定的品种和质量发出产品，客户收到 A 产品并验收入库。根据合同约定，客户须于 30 天内付款。在这项交易中，畅通公司已按照合同约定的品种和质量发出商品，客户也已将该批商品验收入库，这表明畅通公司已经履行了合同中的履约义务，客户也已经取得了该批商品的控制权。同时，畅通公司判断，因向客户转让 A 产品而有权取得的对价很可能会收回。因此，畅通公司应于客户取得该批商品控制权时确认收入。

借：应收账款——XX 公司	169 500	
贷：主营业务收入		150 000
应交税费——应交增值税（进项税额）		19 500
借：主营业务成本	120 000	
贷：库存商品		120 000

【例 13-20】承【例 13-19】，现假定畅通公司在向客户销售 A 产品时，已知悉客户资金周转发生困难，近期内难以收回货款，但为了减少存货积压以及考虑到与客户长期的业务往来关系，仍将 A 产品发运给客户并开出发票账单。客户于 2018 年 12 月 1 日给畅通公司开出、承兑一张面值 169 500 元、为期 6 个月的不带息商业汇票。2019 年 6 月 1 日，畅通公司收回票款。本例与【例 13-19】唯一不同的是，畅通公司在向客户销售 A 产品时已知悉客户资金周转发生困难，近期内几乎不可能收回货款，而能否收回货款以及何时收回货款，尚存在重大不确定因素，即不能满足“企业因向客户转让商品而有权取得的对价很可能收回”的条件。因此，畅通公司在发出商品时不能确认销售收入，而应待将来满足上列条件后再确认销售收入。

（1）2018 年 1 月 20 日，发出商品时，畅通公司的相关会计处理如下。

借：发出商品	120 000	
贷：库存商品		120 000
借：应收账款——XX 公司	19 500	
贷：应交税费——应交增值税（销项税额）		19 500

（2）2018 年 12 月 1 日，畅通公司收到客户开来的不带息商业汇票，畅通公司判断已经满足“企业因向客户转让商品而有权取得的对价很可能收回”的条件，因而据以确认销售收入时，畅通公司的相关会计处理如下。

借：应收票据	169 500	

贷：主营业务收入　150 000

　　应收账款——畅通公司　19 500

借：主营业务成本　120 000

　　贷：发出商品　120 000

（3）2019 年 6 月 1 日，收回票款时，畅通公司的相关会计处理如下。

借：银行存款　169 500

　　贷：应收票据　169 500

【例 13-21】2019 年 4 月 1 日，畅通公司与客户签订了一项合同，以 195 000 元的价格（不含增值税）向客户出售 A、B、C 三种产品。A、B、C 三种产品的生产成本依次为 65 000 元、50 000 元和 35 000 元；单独售价（不含增值税）依次为 80 000 元、70 000 元和 50 000 元。畅通公司按合同约定的品种和质量向客户发出 A、B、C 三种产品，客户收到以上产品并验收入库。根据合同约定，客户须于 2019 年 4 月 1 日、6 月 30 日、9 月 30 日和 12 月 31 日分四次等额付款（包括相应的增值税），畅通公司按付款进度给客户开具增值税专用发票并产生增值税纳税义务。因为 A、B、C 三种产品单独售价之和 200 000 元（80 000+70 000+50 000）超过了合同对价 195 000 元，所以，畅通公司实际上是给予了客户折扣。畅通公司认为，没有可观察的证据表明该项折扣是针对一项或多项特定产品的，因此，将该项折扣在 A、B、C 三种产品之间按比例进行分摊。A、B、C 三种产品合同折扣的分摊，如表 13-7 所示。

表 13-7　合同折扣分摊表

单位：元

合同产品	按比例分摊	单独售价
A 产品	80 000 ÷ 200 000 × 195 000	78 000
B 产品	70 000 ÷ 200 000 × 195 000	68 250
C 产品	50 000 ÷ 200 000 × 195 000	48 750
合计	195 000	195 000

在这项交易中，畅通公司采用的是分期收款销售方式。分期收款销售，是指商品已经交付客户，但货款分期收回的一种销售方式。在分期收款销售方式下，如果企业仅仅是为了确保到期收回货款而保留了商品的法定所有权，则企业保留的这项权利通常不会对客户取得对所购商品的控制权形成障碍。因此，企业将商品交付给客户，通常可以表明客户已经取得了对商品的控制权，企业应于向客户交付商品时确认销售收入。需要注意的是，在分期收款销售方式下，货款按照合同约定的收款日期分期收回，强调的只是分期结算货款而已，与客户是否取得对商品的控制权没有关系，企业不应当按照合同约定的收款日期分期确认收入。

（1）2019 年 4 月 1 日，销售商品并收到客户支付的货款时，畅通公司的相关会计处理如下。

已收合同价款 =195 000 ÷ 4=48 750（元）。

已收增值税销项税额 =48 750×13%=6 337.50（元）。

已收账款 =48 750+6 337.50=55 087.50（元）。

应收合同价款 =195 000–48 750=146 250（元）。

应收增值税销项税额 =146 250×13%=19 012.50（元）。

应收账款 =146 250+19 012.50=165 262.50（元）。

借：银行存款	55 087.50	
应收账款——XX 公司	165 262.50	
贷：主营业务收入——A 产品	78 000	
——B 产品	68 250	
——C 产品	48 750	
应交税费——应交增值税（销项税额）	6 337.50	
——待转销项税额	19 012.50	

其中，“待转销项税额”明细科目核算一般纳税人销售货物，提供加工、修理修配劳务，销售服务、无形资产或不动产，已确认相关收入（或利得）但尚未发生增值税纳税义务而需以后确认为销项税额的增值税税额。

借：主营业务成本——A 产品	65 000	
——B 产品	50 000	
——C 产品	35 000	
贷：库存商品——A 产品		65 000
——B 产品		50 000
——C 产品		35 000

（2）2019 年 6 月 30 日，收到客户支付的货款时，有关的会计处理如下。

借：银行存款	55 087.50	
应交税费——待转销项税额	6 337.50	
贷：应收账款——XX 公司		55 087.50
应交税费——应交增值税（销项税额）		6 337.50

（3）2019 年 9 月 30 日，收到客户支付的货款时，有关的会计处理如下。

借：银行存款	55 087.50	
应交税费——待转销项税额	6 337.50	
贷：应收账款——XX 公司		55 087.50
应交税费——应交增值税（销项税额）		6 337.50

（4）2019 年 12 月 31 日，收到客户支付的货款时，有关的会计处理如下。

借：银行存款	55 087.50	
应交税费——待转销项税额	6 337.50	
贷：应收账款——XX 公司		55 087.50
应交税费——应交增值税（销项税额）		6 337.50

【例 13-22】2019 年 6 月 1 日，畅通公司与雨阳公司签订了一项合同，以 30 000 元的价格（不含增值税）向雨阳公司出售 A、B 两种产品。A、B 两种产品的生产成本依次为 13 500 元和 9 000 元；单独售价（不含增值税）依次为 18 000 元和 12 000 元。合同约定，A 产品于 6 月 1 日交付雨阳公司，B 产品于 7 月 1 日交付给雨阳公司，只有当 A、B 两种产品全部交付给雨阳公司后，畅通公司才有权收取 30 000 元的合同对价。畅通公司按合同约定的日期先后发出 A 产品和 B 产品，雨阳公司收到产品后验收入库。在这项交易中，畅通公司于 6 月 1 日将 A 产品交付给雨阳公司后，其收取对价的权利还要取决于时间流逝之外的其他因素，如必须向雨阳公司交付 B 产品，因此，该项收款权利是有条件的，从而形成一项合同资产。

（1）2019 年 6 月 1 日，向雨阳公司交付 A 产品时，畅通公司的相关会计处理如下。

借：合同资产——雨阳公司	20 340	
贷：主营业务收入		18 000
应交税费——应交增值税（销项税额）		2 340
借：主营业务成本	13 500	
贷：库存商品		13 500

（2）2019 年 7 月 1 日，向雨阳公司交付 B 产品时，畅通公司的相关会计处理如下。

借：应收账款——雨阳公司	33 900	
贷：主营业务收入		12 000
应交税费——应交增值税（销项税额）		1 560
合同资产——雨阳公司		20 340
借：主营业务成本	9 000	
贷：库存商品		9 000

（二）在某一时段内履行的履约义务

对于在某一时段内履行的履约义务，企业应当在该段时间内按照履约进度确认收入，但履约进度不能合理确定的除外。资产负债表日，企业应当按照合同收入总额乘以履约进度再扣除以前会计期间累计确认的合同收入后的金额，确认当期收入。同时，按照履行合同估计发生的总成本乘以履约进度再扣除以前会计期间累计确认的合同成本后的金额，结转当期成本。其计算公式如下。

本期确认的收入 = 合同总收入 × 本期末止履约进度 − 以前期间已确认的收入

本期确认的成本 = 合同总成本 × 本期末止履约进度 − 以前期间已确认的成本

企业应当考虑商品的性质，采用产出法或投入法确定恰当的履约进度。其中，产出法是根据已转移给客户的商品对于客户的价值（如实际测量的完工进度、已实现的结果、已达到的里程碑、已完成的时间进度、已生产或已交付的产品单位等）确定履约进度；投入法是根据企业为履行履约义务的投入（如已消耗的资源、已花费的工时、已发生的成本、已完成的时间进度等）确定履约进度。对于类似情况下的履约义务，企业应当采用相同的方法确定履约进度。

当履约进度不能合理确定时，若企业已经发生的成本预计能够得到补偿，应当按照已经发生的成本金额确认收入，直到履约进度能够合理确定为止。

【例 13-23】2018 年 8 月 20 日，畅通公司与雨阳公司签订了一项为期三年的服务合同：畅通公司为雨阳公司写字楼提供保洁、维修服务。合同约定的服务费总额为 1 800 000 元，雨阳公司在合同开始日预付 600 000 元，其余服务费分三次、于每年的 8 月 31 日等额支付。该合同于 2018 年 9 月 1 日开始执行。畅通公司为雨阳公司提供的保洁服务和维修服务属于一系列实质上相同且转让模式相同、可明确区分的服务承诺，因此应作为单项履约义务进行会计处理。由于畅通公司在履约过程中是持续地向客户提供服务的，表明雨阳公司在畅通公司履约的同时即取得并消耗畅通公司履约所带来的经济利益，因此该项服务属于在某一时段内履行的履约义务。畅通公司判断，因向雨阳公司提供保洁、维修服务而有权取得的对价很可能收回。畅通公司按已完成的时间进度确定履约进度，并于每年的 12 月 31 日确认收入。假定不考虑相关税费。

（1）2018 年 8 月 31 日，收到合同价款时畅通公司的相关会计处理如下。

借：银行存款　　600 000

　　贷：合同负债——雨阳公司　　600 000

其中，合同负债是指企业已收或应收客户对价而应向客户转让商品的义务。

（2）2018 年 12 月 31 日，确认收入时畅通公司的相关会计处理如下。

应确认收入 =1 800 000 × [4 ÷（3 × 12）]=200 000（元）

借：合同负债——雨阳公司　　200 000

　　贷：主营业务收入　　200 000

（3）2019 年 8 月 31 日，收到合同价款时畅通公司的相关会计处理如下。

应收合同价款 =（1 800 000–600 000）÷ 3=400 000（元）

借：银行存款　　400 000

　　贷：合同负债——雨阳公司　　400 000

（4）2019 年 12 月 31 日，确认收入时畅通公司的相关会计处理如下。

应确认收入 =1 800 000 × [（4+12）÷（3 × 12）]–200 000=600 000（元）

借：合同负债——雨阳公司　　600 000

　　贷：主营业务收入　　600 000

（5）2020 年 8 月 31 日，收到合同价款时畅通公司的相关会计处理如下。

借：银行存款　　400 000

　　贷：合同负债——雨阳公司　　400 000

（6）2020 年 12 月 31 日，确认收入时畅通公司的相关会计处理如下。

应确认收入 =1 800 000 × [（4+12 × 2）÷（3 × 12）]–（200 000+600 000）=600 000（元）

借：合同负债——雨阳公司　　600 000

　　贷：主营业务收入　　600 000

（7）2021 年 8 月 31 日，合同到期，收到剩余合同价款并确认收入时畅通公司的相关会计处理如下。

借：银行存款 400 000

贷：合同负债——雨阳公司 400 000

应确认收入 =1 800 000-（20 000+600 000×2）=400 000（元）

借：合同负债——雨阳公司 400 000

贷：主营业务收入 400 000

【例 13-24】2019 年 11 月 25 日，畅通公司与雨阳公司签订了一项设备安装服务合同：雨阳公司将其购买的一套大型设备交由畅通公司安装。根据合同约定，设备安装费总额为 200 000 元，雨阳公司预付 50%，其余 50% 待设备安装完成、验收合格后支付。2019 年 12 月 1 日，畅通公司开始进行设备安装，并收到雨阳公司预付的安装费。至 2019 年 12 月 31 日，实际发生安装成本为 60 000 元，其中，支付安装人员薪酬 36 000 元，领用库存原材料 5 000 元，以银行存款支付其他费用 19 000 元；据合理估计，至设备安装完成，还会发生安装成本 90 000 元。2020 年 2 月 10 日，设备安装完成，本年实际发生安装成本 92 000 元，其中，支付安装人员薪酬 65 000 元，领用库存原材料 2 000 元，以银行存款支付其他费用 25 000 元。设备经检验合格后，雨阳公司如约支付剩余安装费。由于雨阳公司在畅通公司履约过程中并未取得设备的控制权，因而该项安装服务属于在某一时段内履行的履约义务。畅通公司判断，因向雨阳公司提供安装服务而有权取得的对价很可能收回。畅通公司按已经发生的成本占估计总成本的比例确定履约进度。假定不考虑相关税费。

（1）2019 年 12 月 1 日，预收 50% 的合同价款时畅通公司的相关会计处理如下。

借：银行存款 100 000

贷：合同负债——雨阳公司 100 000

（2）支付 2019 年实际发生的安装成本时畅通公司的相关会计处理如下。

借：合同履约成本——服务成本 36 000

贷：应付职工薪酬 36 000

借：合同履约成本——服务成本 5 000

贷：原材料 5 000

借：合同履约成本——服务成本 19 000

贷：银行存款 19 000

（3）2019 年 12 月 31 日，确认收入并结转成本时畅通公司的相关会计处理如下。

履约进度 =60 000÷（60 000+90 000）×100%=40%。

应确认收入 =200 000×40%=80 000（元）。

应结转成本 =150 000×40%=60 000（元）。

借：合同负债——雨阳公司 80 000

贷：主营业务收入 80 000

借：主营业务成本 60 000

贷：合同履约成本——服务成本 60 000

（4）支付2020年发生的成本时畅通公司的相关会计处理如下。

借：合同履约成本——服务成本 65 000

贷：应付职工薪酬 65 000

借：合同履约成本——服务成本 2 000

贷：原材料 2 000

借：合同履约成本——服务成本 25 000

贷：银行存款 25 000

（5）设备经检验合格后，雨阳公司如约支付剩余安装费时畅通公司的相关会计处理如下。

借：银行存款 100 000

贷：合同负债——雨阳公司 100 000

（6）2020年2月10日，确认收入并结转成本时畅通公司的相关会计处理如下。

应确认收入 =200 000-80 000=120 000（元）。

应结转成本 =152 000-60 000=92 000（元）。

借：合同负债——雨阳公司 120 000

贷：主营业务收入 120 000

借：主营业务成本 92 000

贷：合同履约成本——服务成本 92 000

三、销售折让与退回的会计处理

（一）销售折让

销售折让，是指企业因售出质量不合格的商品等原因而给予客户的价格减让。销售折让可能发生在企业确认收入之前，也可能发生在企业确认收入之后。如果销售折让发生在企业确认收入之前，企业应直接从原定的销售价格中扣除给予客户的销售折让并将其作为实际销售的价格，据以确认收入；如果销售折让发生在企业确认收入之后，企业应按实际给予客户的销售折让，冲减当期销售收入。销售折让属于资产负债表日后事项的，应当按照资产负债表日后事项的相关规定进行会计处理。

【例13-25】2019年12月15日，畅通公司向客户销售一批产品。产品生产成本为15 000元，合同约定的销售价格为20 000元，增值税销项税额为2 600元。

（1）假定合同约定验货付款，畅通公司于客户验货并付款后向其开具发票账单。2019年12月20日，客户在验货时发现产品质量存在问题，要求畅通公司给予15%的价格折让，畅通公司同意给予折让，客户按折让后的金额支付货款。在验货付款销售方式下，由于畅通公司在客户验货并付款之前，无法判断客户是否会接受该批商品，也无法判断因向客户转让商品而有权取得的对价是否很可能收回，因此，畅通公司在发出产品时不能确认销售收入。畅通公司发出的产品应从“库存商品”科目转入“发出商品”科目核算；待客户验货并付款后，畅通公司按扣除销售折让后的实际交易价格给客户开具发票账单，并据以确认销售收入。

① 2019 年 12 月 15 日，畅通公司发出产品时，畅通公司的相关会计处理如下。

借：发出商品　　15 000

　　贷：库存商品　　15 000

② 2019 年 12 月 20 日，客户按折让后的价格付款时，畅通公司的相关会计处理如下。

实际销售价格 =20 000 ×（1−15%）=17 000（元）。

增值税销项税额 =2 600 ×（1−15%）=2 210（元）。

借：银行存款　　19 210

　　贷：主营业务收入　　17 000

　　　　应交税费——应交增值税（销项税额）　　2 210

借：主营业务成本　　15 000

　　贷：发出商品　　15 000

（2）假定合同约定交款提货，畅通公司于客户付款后向其开具发票及提货单。2019 年 12 月 20 日，客户在验货时发现产品质量存在问题，要求畅通公司给予 15% 的价格折让，畅通公司同意给予折让，并退回多收货款。在交款提货销售方式下，由于畅通公司在向客户收取货款并开具发票、提货单时，已将商品的控制权转移给了客户，因此可以确认销售收入。待客户提出给予价格折让时，畅通公司应按照给客户的销售折让冲减销售收入。

① 2019 年 12 月 15 日，畅通公司收款后向客户开具发票、提货单时，畅通公司的相关会计处理如下。

借：银行存款　　22 600

　　贷：主营业务收入　　20 000

　　　　应交税费——应交增值税（销项税额）　　2 600

借：主营业务成本　　15 000

　　贷：库存商品　　15 000

② 2019 年 12 月 20 日，畅通公司退回多收货款时，相关会计处理如下。

销售价格折让 =20 000 × 15%=3 000（元）。

增值税额折让 =2 600 × 15%=390（元）。

借：主营业务收入　　3 000

　　应交税费——应交增值税（销项税额）　　390

　　贷：银行存款　　3 390

（3）假定根据合同约定交款提货，畅通公司于客户付款后向其开具发票及提货单。2020 年 1 月 5 日，客户在验货时发现产品质量存在问题，要求畅通公司给予 15% 的价格折让，畅通公司同意给予折让，并退回多收货款。畅通公司按净利润的 10% 计提法定盈余公积，所得税税率为 25%。

由于客户提出折让货款的时间是2020年1月5日，因而属于资产负债表日后事项。

①2019年12月15日，畅通公司收款后给客户开具发票、提货单时，相关会计处理如下。

借：银行存款　22 600
　贷：主营业务收入　20 000
　　应交税费——应交增值税（销项税额）　2 600
借：主营业务成本　15 000
　贷：库存商品　15 000

②2020年1月5日，畅通公司退回多收货款时，相关会计处理如下。

销售价格折让=20 000×15%=3 000（元）。

增值税额折让=2 600×15%=390（元）。

销售折让影响所得税金额=3 000×25%=750（元）。

销售折让影响净利润金额=3 000−750=2 250（元）。

销售折让影响提取法定盈余公积金额=2 250×10%=225（元）。

借：以前年度损益调整　3 000
　应交税费——应交增值税（销项税额）　390
　贷：银行存款　3 390
借：应交税费——应交所得税　750
　贷：以前年度损益调整　750
借：利润分配——未分配利润　2 250
　贷：以前年度损益调整　2 250
借：盈余公积——法定盈余公积　225
　贷：利润分配——未分配利润　225

同时，调整2019年度会计报表相关项目的数字，此处略。

（二）销售退回

销售退回，是指企业售出的商品由于质量、品种不符合要求等原因而发生的退货行为。发生销售退回时，如果企业尚未确认销售收入，应将已记入“发出商品”等科目的商品成本转回“库存商品”科目；如果企业已经确认销售收入，则不论是本年销售本年退回，还是以前年度销售本年退回，除属于资产负债表日后事项的销售退回之外，均应冲减退回当月的销售收入和销售成本；如果属于资产负债表日后事项，应按照资产负债表日后事项的相关规定进行会计处理。

【例13-26】2019年12月10日，畅通公司向客户销售一批产品，产品生产成本为400 000元，销售价格为500 000元，增值税销项税额为65 000元。

（1）假定根据合同约定客户验货付款，畅通公司于客户验货并付款后，开出增值税专用发票。2019年12月20日，客户在验货时发现产品质量存在问题，要求退货，畅通公司同意退货，并于当日为客户办理了退货。

在验货付款销售方式下，畅通公司发出产品时不能确认销售收入，发出的产品应从“库存商品”科目转入“发出商品”科目进行核算。待客户付款、畅通公司给客户开具发票账单后，再据以确认销售收入。如果发生销售退回，则直接将发出商品转回为库存商品。

① 2019 年 12 月 10 日，发出产品时，畅通公司的相关会计处理如下。

借：发出商品　　400 000

　　贷：库存商品　　400 000

② 2019 年 12 月 20 日，为客户办理退货时，畅通公司的相关会计处理如下。

借：库存商品　　400 000

　　贷：发出商品　　400 000

（2）假定合同约定货款采用托收承付方式进行结算。2019 年 12 月 10 日，畅通公司发出产品并向其开户银行办妥托收手续：客户在验货时，发现产品的品种、规格与合同要求不符，向其开户银行提出拒付，并要求畅通公司予以退货，畅通公司于 2019 年 12 月 20 日为客户办理了退货。

托收承付，是指收款人根据购销合同发货后委托其开户银行向异地付款人收取款项，付款人验单或验货后向其开户银行承诺付款的一种结算方式。采用托收承付方式销售商品时，企业在发出商品并办妥托收手续后，通常可以认为商品的控制权已经转移给了客户，并且销售商品的价款很可能收回，因此，企业应当于发出商品并办妥托收手续时确认收入。

① 2019 年 12 月 10 日，发出产品并办妥托收手续时，畅通公司的相关会计处理如下。

借：应收账款　　565 000

　　贷：主营业务收入　　500 000

　　　　应交税费——应交增值税（销项税额）　　65 000

借：主营业务成本　　400 000

　　贷：库存商品　　400 000

② 2019 年 12 月 20 日，为客户办理退货时，畅通公司的相关会计处理如下。

借：主营业务收入　　500 000

　　应交税费——应交增值税（销项税额）　　65 000

　　贷：应收账款　　565 000

借：库存商品　　400 000

　　贷：主营业务成本　　400 000

（3）假定合同约定采用赊销方式销售商品，赊销期为一个月，客户应于 2020 年 1 月 10 日之前付款。畅通公司根据与客户以往的交易经验，认为赊销商品的价款很可能收回，因而在将商品的控制权转移给客户后确认收入。客户在验货时，发现产品质量存在问题，要求退货，畅通公司于 2020 年 1 月 5 日为客户办理了退货。另外，畅通公司按应收账款年末余额的 5% 计提坏账准备（假定计提的坏账准备不允许在所得税前扣除），按净利润的 10% 计提法定盈余公积，所得税税率为 25%。由于该项销售退回发生在年度资产负债表日至财务报告批准报出日之间，因此，属于资产负债表日后事项。畅通公司办理退货后，应进行如下会计处理。

①调整销售收入时，畅通公司应进行如下会计处理。

借：以前年度损益调整　500 000

　　应交税费——应交增值税（销项税额）　65 000

　　贷：应收账款　565 000

②调整销售成本时，畅通公司应进行如下会计处理。

借：库存商品　400 000

　　贷：以前年度损益调整　400 000

③调整坏账准备余额时，畅通公司应进行如下会计处理。

借：坏账准备　28 250

　　贷：以前年度损益调整　28 250

④调整应交所得税时，畅通公司应进行如下会计处理。

调整金额 =（500 000–400 000）×25%=25 000（元）。

借：应交税费——应交所得税　25 000

　　贷：以前年度损益调整　25 000

⑤调整递延所得税时，畅通公司应进行如下会计处理。

调整金额 =28 250×25%=7 062.50（元）。

借：以前年度损益调整　7 062.50

　　贷：递延所得税资产　7 062.50

⑥将“以前年度损益调整”科目余额转入“利润分配”科目时，畅通公司应进行如下会计处理。

借：利润分配——未分配利润　53 812.50

　　贷：以前年度损益调整　53 812.50

⑦调整利润分配时，畅通公司应进行如下会计处理。

调整金额 =53 812.50×10%=5 381.25（元）。

借：盈余公积　5 381.25

　　贷：利润分配——未分配利润　5 381.25

同时，调整 2019 年度会计报表相关项目的数字，此处略。

特定交易的会计处理

拓展阅读

关键词：虚增收入：诚信守法：失信违法

2020年，证监会依法对时任JGBL财务总监的林某采取5年市场禁入措施。经调查，2015年QSYJ确认烟花生产线的销售收入不符合《企业会计准则第14号——收入》（财会〔2006〕3号）以及公司对外披露的收入确认会计政策，上述行为导致公司2015年虚增收入8974.36万元，虚增利润5 769.37万元；2016年虚增收入22435.90万元，虚增利润13733.16万元。

由JGBL虚增收入的案例可知，会计人员不能因眼前利益违法乱纪，应当脚踏实地，以诚信守法为荣，以失信违法为耻。财务造假，严重偏离了“依法诚信”的基本底线，终将会受到法律的严惩。财政部《关于加强会计人员诚信建设的指导意见》中指出，会计人员要坚持客观公正、诚实守信、廉洁自律、不做假账，不断提高职业操守，使会计诚信内化于心，外化于行。

项目十四　费　用

费用是指企业在日常活动中发生的、会导致所有者权益减少的、与向所有者分配利润无关的经济利益的总流出。广义费用泛指企业各种日常活动所发生的各种耗费，是指企业为销售商品、提供劳务等日常活动所发生的经济利益的流出，包括企业各种费用和损失。狭义费用仅指与当期营业收入直接相配比的耗费。

学习目标

知识目标

①理解费用的概念、分类和特点。

②熟悉费用的确认方法。

③掌握费用的核算内容。

技能目标

①能根据主营业务成本核算的业务程序进行实务处理。

②能根据其他业务成本核算的业务程序进行实务处理。

③能根据期间费用核算的业务程序进行实务处理。

素质目标

①具备社会主义核心价值观：法治、诚信。

②养成“杜绝铺张浪费”的良好意识。

③具有正确的消费观。

关键词

生产成本	cost of manufacture
劳务成本	service costs
制造费用	manufacturing overhead
主营业务成本	main business costs
其他业务成本	other operational costs
税金及附加	tax and surcharges
销售费用	selling expense
管理费用	administrative expenses
财务费用	finance expenses

思维导图

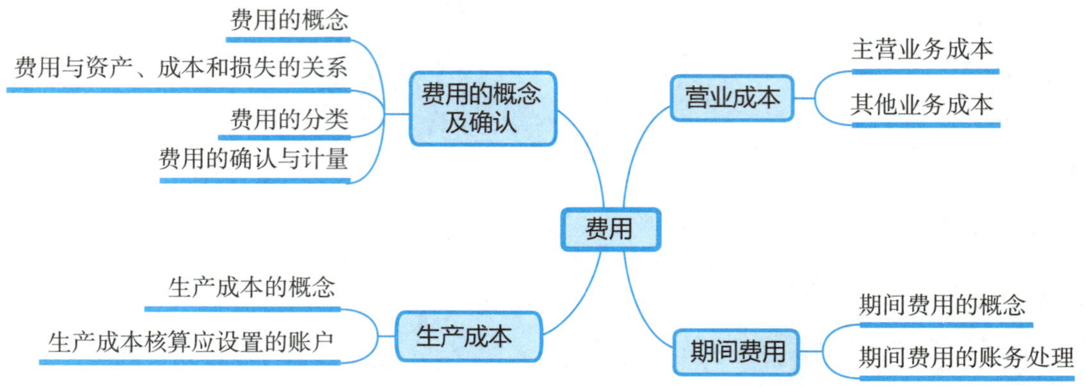

任务一 费用的概念及确认

一、费用的概念

费用是企业在生产经营过程中发生的各项耗费，即企业在生产经营过程中为取得收入而支付或耗费的各项资产。费用的发生意味着资产的减少或负债的增加，收入表示企业经济利益的增加，而费用表示企业经济利益的减少。正如国际会计准则中所说，费用是指会计期间经济利益的减少，其形式表现为由资产流出、资产递耗或是发生负债而引起业主产权的减少。美国财务会计准则委员会对费用所下的定义是费用是某一个体在其持续的、主要的或核心的业务中，因交付或生产了货品、提供了劳务，或进行了其他活动，而付出的或其他耗用的资产，或因而承担的负债（或两者兼而有之）。我国的《企业会计准则——基本准则》（2014 年）将费用表述为费用是指企业在日常活动中发生的、会导致所有者权益减少的、与向所有者分配利润无关的经济利益的总流出。

上述对费用的定义，虽然存在一定的差异，但一般认为费用具有以下两项特征。

（一）费用最终将导致企业经济资源的减少

费用的发生会引起企业经济资源的减少，这种减少可具体表现为一个企业实际的现金或非现金支出，也可以是预期的现金支出。因此，也可以将这种减少看作企业资源的流动，但它表现为资源流出企业，与形成一个企业的收入不同。收入虽然也是企业资源的流动，但它表现为资源流入企业。如果将现金及现金等价物流入视作企业未来经济利益的最终体现，那么，费用的本质就是一种现实或预期的现金流出。例如，支付销售费用和工资是现实的现金流出；消耗原材料或机器设备等同样是现金流出，但却是过去的现金流出。承担一项负债，在未来期间履行相应义务时，也将导致现金的流出，但这是一项预期的或未来的现金流出。

（二）费用最终会减少企业的所有者权益

企业的收入会导致企业经济利益流入企业，因此，会使企业所有者权益增加。费用会导致企业经济利益流出企业，因此，会使企业所有者权益减少。但是，企业在生产经营过程中发生的支出并非都会引起企业所有者权益的减少，有两类支出是不应归入费用的，一类是企业偿债性支出。例如，企业以银行存款偿付一项债务，只是一项资产和一项负债的等额减少，对所有者权益没有影响，因此，不应归入费用。另一类是向所有者分配利润或股利。这一现金流出虽然减少了企业的净资产，但按照“所有权理论”，向所有者分配利润或股利不是费用，因为它不是经营活动的结果，而属于最终利润的分配。费用的这一特征表明，费用应同营利活动相联系，即费用是企业在取得收入过程中所发生的各项支出。

二、费用与资产、成本和损失的关系

（一）费用与资产的关系

从上述定义可以看出，费用与资产有着密切联系，但两者又有着明显的区别。按照我国会计准则对资产的定义，资产是指由过去的交易、事项形成，并由企业拥有或控制的资源，该资源预期会给企业带来经济利益。资产从本质上讲是一种经济资源，并且能在未来给企业带来经济利益。企业为了得到这种未来的经济利益，通常要发生费用。也就是说，通过交换从其他个体取得资产时，要牺牲别的资产或者要承诺负债，而这项负债将来要用某项资产来偿还。从这个意义上讲，费用是为取得某项资产而耗费的另一项资产。例如，产品成本中的材料费是已耗费的原材料，折旧费是已耗费的固定资产。

（二）费用与成本的关系

费用与成本既有区别，也有联系。虽然两者都是支付或耗费的各项资产，但是严格来讲，成本并不等于费用。费用是相对于收入而言的，当这些支出和耗费与当期收入相配比时，即计入当期损益时，才成为当期的费用。费用与一定期间相联系，而成本与一定的成本计算对象相联系。当期的成本不一定是当期的费用。例如，产品的生产成本在生产产品的报告期内不能确认为费用，而只有在销售产品的报告期内才能确认为费用。也就是说，生产产品的生产成本在产品没有销售之前，只是一种资产（在产品或产成品），只有产品销售以后才能作为产品销售成本，转作当期费用。成本和费用的关系可以通过以下公式加以说明

期初在产品成本
加：本期生产费用
减：期末在产品成本
———————————————
本期完工产品成本

期初产成品成本
加：本期完工产品成本
减：期末产成品成本
本期销售产品成本
（本期费用）

从上式可以看出，本期为生产产品而支付或消耗的资产，先形成在产品的成本，待产品完工后形成产成品的成本，并且只有产品销售后才形成当期费用。

（三）费用与损失的关系

费用与损失也有区别。从广义上讲，费用包括了损失。损失和费用一样都是经济利益的减少，但从狭义上讲，费用与损失是有区别的。费用是相对于收入而言的，两者存在着配比关系；而损失与利得是相对应的，但两者不存在配比关系。损失是某一个体除了费用或派给业主款项之外的一些边缘性或偶发性支出。

三、费用的分类

企业发生的各项费用根据其性质，可以按照标准进行分类。其中最基本的是按照经济内容和经济用途分类。此外，还有一些其他的分类方法，下面加以具体说明。

（一）按照经济内容分类

费用按照经济内容（或性质）进行分类，可分为劳动对象方面的费用、劳动手段方面的费用和活劳动方面的费用三大类。这三大类又可细分为以下九类。

（1）外购材料：企业为进行生产而耗用的一切从外部购入的原材料及主要材料、半成品、辅助材料、包装物、修理用备件和低值易耗品等。

（2）外购燃料：企业为进行生产而耗用的从外部购进的各种燃料。

（3）外购动力：企业为进行生产而耗用的从外部购进的各种动力。

（4）工资：企业应计入成本费用的职工工资。

（5）提取的职工福利费用：按照一定比例从成本费用中提取的职工福利费用。

（6）折旧费：企业按照核定的固定资产折旧率计算提取的折旧基金。

（7）利息支出：企业应计入成本费用的利息支出减去利息收入后的净额。

（8）税金：企业应计入成本费用的各种税金。

（9）其他支出：不属于以上各要素的费用支出。

（二）按照经济用途分类

费用按照经济用途分类，可分为直接材料、直接工资、其他直接支出、制造费用和期间费用。

（1）直接材料：构成产品实体，或有助于产品形成的各项原料及主要材料、辅助材料、燃料、备品备件、外购半成品和其他直接材料。

（2）直接工资：直接从事产品生产人员的工资、奖金、津贴和补贴。

（3）其他直接支出：直接从事产品生产人员的职工福利费。

（4）制造费用：企业各生产单位为组织和管理生产所发生的各项费用。

（5）期间费用：企业在生产经营过程中发生的销售费用、管理费用和财务费用。

（三）按照费用同产量之间的关系分类

按照费用同产量之间的关系，可以把费用分为固定费用和变动费用。固定费用是指产品产量在一定范围内，费用总额不随着产品产量的变动而变动的费用，如固定资产折旧费、管理人员工资、办公费等。变动费用是指费用总额随着产品产量的变动而变动的费用，如原材料费用和生产工人计件工资等。

四、费用的确认与计量

（一）费用的确认

企业发生的费用如何进行确认，这是正确计算企业损益的重要问题。国际会计准则提出了费用确认标准，即“如果资产的减少或负债的增加关系到了经济利益的减少，并且能够可靠地加以计量，就应当在利润表中确认费用”。也就是说，确认费用的标准主要有两点。一是某项资产的减少或负债的增加，如果不会减少企业的经济利益，就不能确认为费用。例如，生产产品领用的材料、支付的工资和其他支出，虽然减少了存货和货币资金，即某种资金已经减少，但是，它却转化为另一种资产形式，企业经济利益并没有因此而减少。因此，它只是成本而不是费用。只有产品已完工并销售时，才能确认为费用。二是某项资产的减少或负债的增加必须能够准确地加以计量。如果某项资产的耗费不能够加以计量，也无法作出合理的估计，那么就不能在利润表中确认为费用。费用的确认一般以权责发生制和配比原则为基础。在费用的确认过程中，先要为费用的确认划定一个时间上的总体界限，即按照支出效益涉及的期间来确认费用。如果某项支出的效益仅涉及本会计年度（或一个营业周期），就应将其作为收益性支出，在一个会计期间内确认为费用；如果某项支出的效益涉及几个会计年度（或几个营业周期），则该项支出应予以资本化，不能作为当期费用，而应在以后各期逐渐确认为费用。在此基础上，再按照费用与收入的关联关系来确认费用的实现。也就是说，按照与费用有关联的收入的实现期间来确认费用的实现期间。费用与收入之间的关联或一致性不仅表现在经济性质上的因果性方面，也表现在时间方面，因此，联系收入来确认费用的配比原则也就表现为以下几个方面。

1. 按因果关系直接确认

这种确认方法是以所发生的费用与所取得的具体收益项目之间的直接联系为基础，直接将来自相同交易或其他事项的营业收入与费用合并起来予以确认。例如，在确认产品销售收入时，同时确认构成产品销售成本的各种费用，包括销售产品的生产成本、销售费用等。费用与收入之间的因果关系除了直接的因果关系，还存在着间接的因果关系。

2. 按系统且合理的分配方法加以确认

这种确认方法是以系统、合理的分配程序为基础，在利润表中确认费用。收入与费用之间的内在联系不仅表现为经济性质上的因果性，而且表现为时间上的一致性。收入与费用的期间性特征决定了费用必须与同一期间的收入相配比，即本期确认的收入应该与本期费用相配比。如果收入要等到未来期间实现，相应的费用或已耗成本就要递延到未来的实际受益期间。这时，费用应当系统合理地分配于各个受益期间。例如，许多资产是跨及若干会计期间使得企业受益的，并且只能大致、间接地确定费用与收益的联系，如固定资产、无形资产等资产。使用这些资产而发生的费用，一般使用“系统而合理”的分配方法，在估计的有效期限内进行分配。可见，系统且合理的分配确认原则实质上仍然体现了收入与费用之间的内在联系，从时间上反映了收入与费用之间的关联性。

3. 按期间配比确认

在现实工作中，有些费用很难找到直接相关、对应的收入，它们不能与特定营业收入相关联，在其发生期内消耗，但不产生未来的经济利益，或者是其受益期间难以确定。有些费用与当期收入虽然存在着间接联系，但却找不出一个系统而合理的分配基础。会计中将这些费用与其发生的期间相联系，称为“期间配比”。例如，企业管理人员的工资，管理部门的办公费、水电费、差旅费等。我们一般将这类费用称为期间费用，应当在它们的发生期内确认为费用。

（二）费用的计量

因为费用一般被视为资产价值的减少，而理论上已耗用的资产又可以从不同的角度来计量，所以，与之相适应的费用也可采用不同的计量属性来计量。不过，通常的费用计量标准是实际成本。费用采用实际成本计量属性来计量，是由于实际成本代表了企业获得商品或劳务时的交换价值由交易双方认可，具有客观性和可验证性，从而能够使会计信息具有足够的可靠性。费用的实际成本是按企业为取得商品和劳务而放弃的资源的实际价值来计量的，即按交换价值或市场价格计量。这种市场价格的确定取决于交易中所具体采取的支付方式。交易中最基本的支付方式是现金支付，但费用的发生与现金支出在时间上有时是不一致的，一般有三种可能：现金支出与费用同时发生；费用发生在先；费用发生在后。在第一种情况下，市场价格可恰当地用于确认现金支出时所发生的费用，如用现金支付的管理部门的办公费和水电费等，费用的实际成本就代表了当时的市场价格。但在费用先于或晚于现金支出的情况下，费用的实际成本与费用发生时的市场价格可能会出现一定的偏离。例如，费用发生晚于现金支出的最常见例证是固定资产折旧，固定资产折旧的计提基础是固定资产的购入成本，它在取得资产时是当时的市场价格，但一经入账就固定下来，成为了历史成本。费用发生时，费用的实际成本并非固定资产现时的市场价格。又如，对那些先于现金支出而发生的费用来说，由于实际的交易尚未发生，没有市场价格可以计量，因而一般采用预计价值确认入账。常见的情况有预提借款利息、预提大修理费用、预提产品保证费用等。这些费用只有实际支付时才能确认其市场价格。因此，费用的实际成本不一定是费用发生时所支出或耗费资产的现行成本。完全采用现行成本来计量费用是难以操作的，这是因为在实际工作中，对于以前取得的同类商品和劳务可能没有现行成本，即使有现行成本，也会缺少可以验证的计量标准。

任务二 生产成本

一、生产成本的概念

生产成本是指一定期间生产产品所发生的直接费用和间接费用的总和。生产成本与费用是一个既有联系又有区别的概念。成本是对象化的费用，生产成本是相对于一定的产品而言所发生的费用，它是按照产品品种等成本计算对象对当期发生的费用进行归集所形成的。在按照费用的经济用途所进行的分类中，企业一定期间发生的直接费用和间接费用的总和构成了一定期间产品的生产成本。费用的发生过程同时也是产品成本的形成过程，成本与费用是相互转化的。企业在一定期间发生的直接费用应按照成本计算对象进行归集；间接费用则通过分配计入各成本计算对象，使本期发生的费用予以对象化，并转化为成本。

企业的产品成本项目可以根据企业的具体情况自行设定，一般包括直接材料、燃料及动力、直接人工和制造费用等。

（一）直接材料

直接材料是指构成产品实体的原料、主要材料以及有助于产品形成的辅助材料、设备配件、外购半成品。

（二）燃料及动力

燃料及动力是指直接用于产品生产的外购和自制的燃料及动力。

（三）直接人工

直接人工是指直接参加生产的工人工资及按生产工人工资和规定比例计提的职工福利费、住房公积金、工会经费、职工教育经费等。

（四）制造费用

制造费用是指直接用于产品生产，但不直接计入产品成本，因而没有专设成本项目的费用，以及间接用于产品生产的各项费用，如生产单位管理人员的职工薪酬、生产单位固定资产的折旧费和修理费、物料消耗、办公费、水电费、保险费、劳动保护费等费用项目。

二、生产成本核算应设置的账户

企业为了核算各种产品所发生的各项生产费用，应设置“生产成本”和“制造费用”

账户。“生产成本”账户是用来核算企业进行工业性生产所发生的各项生产费用，包括生产各种产成品、自制半成品、提供劳务、自制材料、自制工具以及自制设备等所发生的各项费用。该账户借方反映了企业发生的各项直接材料、直按人工和制造费用；贷方反映了期末按实际成本计价且生产完工入库的工业产品、自制材料、自制工具，以及提供工业性劳务的成本结转。期末余额一般在借方，表示期末尚未加工完成的在产品制造成本。“生产成本”账户应按不同的成本计算对象（包括产品的品种、产品的批次和产品生产的步骤等）来设置明细分类账户，并按直接材料、直接人工和制造费用等成本项目设置专栏。进行明细核算，以便于分别归集各成本计算对象所发生的各项生产费用，然后计算各成本计算对象的总成本、单位成本和期末在产品成本。企业可以根据本身生产特点和管理要求，将“生产成本”账户分为“基本生产成本”和“辅助生产成本”两个明细账户。“基本生产成本”明细账户是用来核算企业为完成主要生产目的而进行的产品生产所发生的费用，即计算基本生产的产品成本。“辅助生产成本”明细账户是用来核算企业为基本生产服务而进行的产品生产和劳务供应所发生的费用，即计算辅助生产成本和劳务成本。“制造费用”账户是用来核算企业为生产产品和提供劳务而发生的各项间接费用，包括生产车间管理人员的职工薪酬、折旧费、修理费、办公费、水电费、机物料消耗、劳动保护费、租赁费、保险费、季节性和修理期间的停工损失等。该账户借方反映了企业发生的各项制造费用，贷方反映了期末按一定的分配方法和分配标准将制造费用在各成本计算对象间的分配结转，期末结转后本账户一般无余额。“制造费用”账户通常按照不同的车间、部门设置明细账，并且按照费用的经济用途和费用的经济性质设置专栏，而不应将各车间、部门的制造费用汇总起来，在整个企业范围内统一进行分配。

任务三 营业成本

营业成本是指企业为生产产品、提供劳务等发生的可归属于产品成本、劳务成本等的费用，应当在确认销售商品收入、提供劳务收入等时，将已销售商品、已提供劳务的成本等计入当期损益。营业成本包括主营业务成本和其他业务成本两类。

一、主营业务成本

主营业务成本是指企业销售商品、提供劳务等经常性活动所产生的成本。企业一般在确认销售商品、提供劳务等主营业务收入时（或在月末），将已销售商品、已提供劳务的成本转入主营业务成本。企业应当设置“主营业务成本”科目，按照主营业务的种类进行明细核算，用于核算企业因销售商品、提供劳务或让渡资产使用权等日常活动而发生的实际成本，借记该科目，贷记“库存商品”“劳务成本”等科目。期末，将主营业务成本的余额转入“本年利润”科目，借记“本年利润”，贷记该科目，结转后该科目无余额。

二、其他业务成本

其他业务成本是指企业确认的除主营业务活动之外的其他经营活动所发生的支出。其他业务成本包括销售材料的成本、出租固定资产的折旧额、出租无形资产的摊销额、出租包装物的成本或摊销额等。企业若采用成本模式计量投资性房地产，其投资性房地产计提的折旧额或摊销额，也构成其他业务成本。

企业应当设置“其他业务成本”科目，核算企业确认的除主营业务活动之外的其他经营活动所发生的支出，包括销售材料的成本、出租固定资产的折旧额、出租无形资产的摊销额、出租包装物的成本或摊销额等。企业发生的其他业务成本，借记该科目，贷记“原材料”“周转材料”“累计折旧”“累计摊销”“应付职工薪酬”“银行存款”等科目。本科目按其他业务成本的种类进行明细核算。期末，本科目余额转入“本年利润”科目，结转后本科目无余额。

知识点

随同商品出售且单独计价的包装物成本，计入其他业务成本。

出租无形资产或固定资产使用权获得的收入，记入“其他业务收入”科目；对应发生的摊销或折旧额，记入“其他业务成本”科目。

采用成本模式进行后续计量的投资性房地产在计提折旧或进行摊销时，借记“其他业务成本”科目或“主营业务成本”科目，贷记“投资性房地产累计折旧（摊销）”科目。

【例 14-1】2019 年 5 月 2 日，某公司销售一批原材料，开具的增值税专用发票上注明的售价为 10 000 元，增值税税额为 1 300 元，款项已由银行收妥。该批原材料的实际成本为 7 000 元。

（1）销售实现时，该公司应编制如下会计分录。

借：银行存款	11 300	
贷：其他业务收入		10 000
应交税费——应交增值税（销项税额）		1 300
借：其他业务成本	7 000	
贷：原材料		7 000

（2）期末，将其他业务成本结转至本年利润时，该公司应编制如下会计分录。

借：本年利润	7 000	
贷：其他业务成本		7 000

【例 14-2】2019 年 1 月 1 日，畅通公司将自行开发完成的非专利技术出租给另一家公司，该非专利技术成本为 240 000 元，双方约定的租赁期限为 10 年，畅通公司每月应摊销 2 000 元（240 000 ÷ 10 ÷ 12）。

（1）每月摊销非专利技术成本时，畅通公司应编制如下会计分录。

借：其他业务成本　　2 000

　　贷：累计摊销　　2 000

（2）期末，将其他业务成本结转至本年利润时，畅通公司应编制如下会计分录。

借：本年利润　　2 000

　　贷：其他业务成本　　2 000

【例 14-3】2019 年 11 月 22 日，某公司销售商品领用单独计价的包装物成本 40 000 元，增值税专用发票上注明价款为 100 000 元，增值税税额为 13 000 元，款项已存入银行。假设不考虑材料成本差异。

（1）出售包装物时，该公司应编制如下会计分录。

借：银行存款　　113 000

　　贷：其他业务收入　　100 000

　　　　应交税费——应交增值税（销项税额）　　13 000

（2）结转出售包装物成本时，该公司应编制如下会计分录。

借：其他业务成本　　40 000

　　贷：周转材料——包装物　　40 000

（3）期末，将其他业务成本结转至本年利润时，该公司应编制如下会计分录。

借：本年利润　　40 000

　　贷：其他业务成本　　40 000

【例 14-4】2019 年 5 月 11 日，畅通公司出租一幢办公楼给雨阳公司使用，已确认为投资性房地产，采用成本模式进行后续计量。出租的办公楼成本为 24 000 000 元，按直线法计提折旧，使用寿命为 40 年，预计净残值为零。按照合同规定，雨阳公司按月支付畅通公司租金。

畅通公司计提折旧时应编制如下会计分录。

计算每月应计提的折旧额：24 000 000 ÷ 40 ÷ 12=50 000（元）。

借：其他业务成本　　50 000

　　贷：投资性房地产累计折旧　　50 000

任务四　期间费用

一、期间费用的概念

期间费用是指企业日常活动发生的不能计入特定核算对象的成本，而应计入发生当期损益的费用。

期间费用是企业日常活动中所发生的经济利益的流出。不计入特定的成本核算对象，主要是由于期间费用是企业为组织和管理整个经营活动所发生的费用，与可以确定特定成本核算对象的材料采购、产成品生产等没有直接关系。期间费用不计入有关核算对象的成本，而是应直接计入当期损益。

期间费用包括以下两种情况：一是企业发生的支出不产生经济利益，或者即使产生经济利益但不符合或者不再符合资产确认条件的，应当在发生时确认为费用，计入当期损益；二是企业发生的交易或者事项导致其承担了一项费用，而又不确认为一项资产的，应当在发生时确认为费用，计入当期损益。

二、期间费用的账务处理

期间费用包括销售费用、管理费用和财务费用三种。

（一）销售费用

销售费用是指企业在销售商品和材料、提供劳务过程中发生的各项费用，包括保险费、包装费、展览费、广告费、商品维修费、预计产品质量保证损失、运输费、装卸费等以及为销售本企业商品而专设的销售机构（销售网点、销售服务网点等）的职工薪酬、业务费、折旧费等经营费用。企业发生的与专设销售机构相关的固定资产修理费用等后续支出也属于销售费用。

销售费用是与企业销售商品活动有关的费用，但不包括销售商品本身的成本和劳务成本。

企业应通过“销售费用”科目，核算销售费用的发生和结转情况。该科目的借方登记企业所发生的各项销售费用，贷方登记期末转入“本年利润”科目的销售费用，结转后该科目应无余额。该科目应按照销售费用的费用项目进行明细核算。

【例 14-5】畅通公司 8 月发生的销售费用包括：以银行存款支付广告费 5 000 元；以现金支付应由公司负担的销售 A 产品的运输费 800 元；本月分配给专设销售机构的职工工资 4 000 元，提取职工福利费 560 元。月末，将全部销售费用予以结转。假设不考虑相关税费。

（1）支付广告费时，畅通公司应编制如下会计分录。

借：销售费用——广告费	5 000	
贷：银行存款		5 000

（2）支付运输费时，畅通公司应编制如下会计分录。

借：销售费用——运输费	800	
贷：库存现金		800

（3）分配给职工工资以及提取福利费时，畅通公司应编制如下会计分录。

借：销售费用——工资及福利费	4 560	
贷：应付职工薪酬——工资		4 000
——福利费		560

（4）月末，结转销售费用时，畅通公司应编制如下会计分录。

借：本年利润 10 360

　　贷：销售费用 10 360

（二）管理费用

管理费用是指企业为组织和管理生产经营发生的各种费用，包括企业在筹建期间发生的开办费、董事会和行政管理部门在企业的经营管理中发生的应由企业统一负担的公司经费（包括行政管理部门职工工资及福利费、物料消耗、低值易耗品摊销、办公费和差旅费等）、行政管理部门负担的工会经费、董事会费（包括董事会成员津贴、会议费和差旅费等）、聘请中介机构费、咨询费（含顾问费）、诉讼费、业务招待费、技术转让费、矿产资源补偿费、研究费用、排污费等。企业行政管理部门发生的固定资产修理费用等后续支出，也可作为管理费用核算。

企业应设置“管理费用”科目，核算管理费用的发生和结转情况。该科目的借方登记企业发生的各项管理费用，贷方登记期末转入“本年利润”科目的管理费用，结转后该科目应无余额。该科目按照管理费用的费用项目进行明细核算。商品流通企业管理费用不多的，可不设置本科目，将相关核算内容并入“销售费用”科目核算。

【例 14-6】畅通公司 8 月发生管理费用：以银行存款支付业务招待费 7 200 元；计提管理部门使用的固定资产折旧费 8 000 元；分配管理人员工资 12 000 元，提取职工福利费 1 680 元；以银行存款支付董事会成员的差旅费 3 500 元；摊销无形资产 2 000 元。月末，结转管理费用。

（1）支付业务招待费时，畅通公司应编制如下会计分录。

借：管理费用——业务招待费 7 200

　　贷：银行存款 7 200

（2）计提折旧费时，畅通公司应编制如下会计分录。

借：管理费用——折旧费 8 000

　　贷：累计折旧 8 000

（3）分配工资及集体福利费时，畅通公司应编制如下会计分录。

借：管理费用——工资及福利费 13 680

　　贷：应付职工薪酬——工资 12 000

　　　　　　　　　——福利费 1 680

（4）支付董事会成员差旅费时，畅通公司应编制如下会计分录。

借：管理费用——董事会费 3 500

　　贷：银行存款 3 500

（5）摊销无形资产时，畅通公司应编制如下会计分录。

借：管理费用——无形资产摊销 2 000

　　贷：累计摊销 2 000

（6）结转管理费用时，畅通公司应编制如下会计分录。

借：本年利润 34 380

　　贷：管理费用 34 380

（三）财务费用

财务费用是指企业为筹集生产经营所需资金等所发生的筹资费用，包括利息支出（减利息收入）、汇兑损益以及相关的手续费、企业发生的现金折扣等。

企业应通过“财务费用”科目，核算财务费用的发生和结转情况。该科目的借方登记企业发生的各项财务费用，贷方登记期末转入“本年利润”科目的财务费用，结转后该科目应无余额。该科目应按照财务费用的费用项目进行明细核算。

【例 14-7】畅通公司 8 月发生的财务费用：接到银行通知，以划拨本月银行借款利息 5 000 元；银行转来存款利息 2 000 元。月末，结转财务费用。

（1）支付利息时，畅通公司应编制如下会计分录。

借：财务费用——利息支出 5 000

　　贷：银行存款 5 000

（2）收到存款利息时，畅通公司应编制如下会计分录。

借：银行存款 2 000

　　贷：财务费用——利息收入 2 000

（3）结转财务费用时，畅通公司应编制如下会计分录。

借：本年利润 3 000

　　贷：财务费用 3 000

拓展阅读

关键词：遵守准则；诚信；社会责任

2020 年 7 月 31 日，HEP 收到中国证券监督管理委员会下发的《行政处罚决定书》，对 HEP 给予警告，并处 40 万元罚款：对直接负责的主管人员金某给予警告，并处以 20 万元罚款；对其他责任人员给予警告并处罚款。具体情况见表 14-1。

表 14-1　HEP 违规具体情况

典型违规事实	造假方式	财务报表影响
HEP 在产品销售中会提供给客户不同形式的销售折扣，销售折扣为营业收入的抵减项。销售折扣一般由双方协商一致确认，如有未协商一致的销售折扣，根据《企业会计准则》的相关规定，HEP 应在年底时进行预提，2015 年度和 2016 年度，HEP 未确认也未预提相应费用的销售折扣	少记销售折扣	2015 年度虚增营业收入和利润 124371 688.12 元、2016 年度虚增营业收入和利润 43980407.72 元

续表

典型违规事实	造假方式	财务报表影响
HEP通过淘宝平台销售产品时产生的应付淘宝费用未及时确认，由此导致该部分销售费用确认滞后	延迟确认营业费用	2015年虚增利润7144 145.36元；2016年虚增利润18021 590.83元
2016年一季度，HEP IT部门排查发现财务系统故障导致营业成本多结转，财务部门根据IT部门提供的数据将营业成本相应调减，后期IT部门在解决系统问题后，原因财务系统故障导致的多结转的营业成本已恢复，而财务部门未将前期调减的营业成本及时冲销	少记营业成本	2016年度营业成本少记20 342 500.00元，利润虚增20342 500.00元

项目十五 利 润

利润是指企业在一定会计期间的经营成果。利润包括收入减去费用后的净额、直接计入当期利润的利得和损失等。未计入当期利润的利得和损失、扣除所得税影响后的净额计入其他综合收益项目。净利润与其他综合收益的合计金额为综合收益总额。利得是指由企业非日常活动所形成的、会导致所有者权益增加的、与所有者投入资本无关的经济利益的流入。损失是指由企业非日常活动所发生的、会导致所有者权益减少的、与向所有者分配利润无关的经济利益的流出。

学习目标

知识目标

①熟悉利润的构成。

②理解利润分配的程序和内容。

③掌握企业所得税的核算。

④掌握利润形成和利润分配基本业务的会计核算方法。

技能目标

①能用利润核算的内容进行账务处理方法。

②能对利润分配进行正确的账务处理。

③能对企业所得税进行正确的账务处理。

素质目标

①具备社会主义核心价值观：法治、诚信。

②能够理解利润不是可以操纵的，应据实反映企业的财务成果。

③明确企业纳税的重要性，使学生深刻认识到纳税是企业的责任与义务，只有合理地纳税。

关键词

营业利润	operating profit
利润总额	total profit
净利润	net profit
营业外收入	non-operating income
营业外支出	non-operating expense
政府补助	government subsidy
所得税费用	income tax expense

思维导图

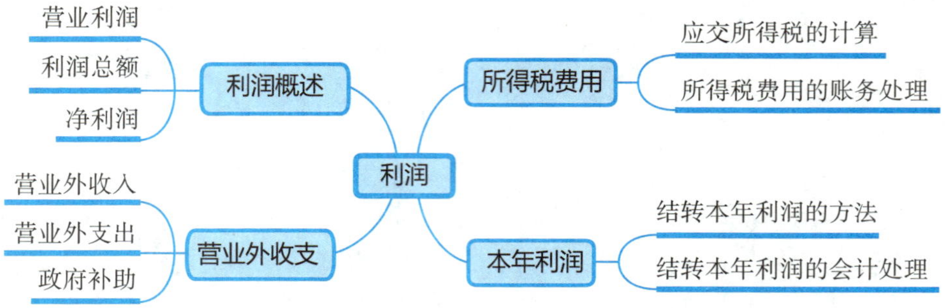

任务一 利润概述

利润是指企业在一定会计期间的经营成果。利润包括收入减去费用后的净额、直接计入当期利润的利得和损失等。未计入当期利润的利得和损失、扣除所得税影响后的净额计入其他综合收益项目。净利润与其他综合收益的合计金额为综合收益总额。

利得是指由企业非日常活动所形成的、会导致所有者权益增加的、与所有者投入资本无关的经济利益的流入。

损失是指由企业非日常活动所发生的、会导致所有者权益减少的、与向所有者分配利润无关的经济利益的流出。

一、营业利润

营业利润的计算公式如下。

营业利润 = 营业收入 – 营业成本 – 税金及附加 – 销售费用 – 管理费用 – 财务费用 – 信用减值损失 – 资产减值损失 + 公允价值变动收益（或 – 公允价值变动损失）+ 投资收益（或 – 投资损失）+ 其他收益 + 资产处置收益（或 – 资产处置损失）

其中，营业收入是指企业经营业务所确认的收入总额，包括主营业务收入和其他业务收入；营业成本是指企业经营业务所发生的实际成本总额，包括主营业务成本和其他业务成本；资产减值损失是指企业计提各项资产减值准备所形成的损失；公允价值变动收益 / 损失是指企业交易性金融资产等公允价值变动形成的应计入当期损益的利得 / 损失；投资收益 / 损失是指企业以各种方式对外投资所取得的收益 / 损失；其他收益主要是指与企业日常活动相关，除冲减相关成本费用以外的政府补助；资产处置收益 / 损失反映企业出售划分为持有待售的非流动资产（金融工具、长期股权投资和投资性房地产除外）或处置组（子公司和业务除外）时确认的处置利得或损失，以及处置未划分为持有待售的固定资产、在建工程，生产性生物资产及无形资产而产生的处置利得或损失，还包括债务重组中因处置非流动资产产生的利得或损失、非货币性资产交换中换出非流动资产产生的利得或损失。

二、利润总额

利润总额的计算公式如下。

利润总额 = 营业利润 + 营业外收入 – 营业外支出

其中，营业外收入是指企业发生的与其日常活动无直接关系的各项利得，营业外支出是指企业发生的与其日常活动无直接关系的各项损失。

三、净利润

净利润的计算公式如下。

净利润 = 利润总额 – 所得税费用

其中，所得税费用是指企业确认的应从当期利润总额中扣除的所得税费用。

任务二 营业外收支

一、营业外收入

（一）营业外收入的核算内容

营业外收入是指企业确认的与其日常活动无直接关系的各项利得。营业外收入不是企业经营资金耗费所产生的，实际上是经济利益的净流入，不需要与有关的费用进行配比。营业外收入主要包括非流动资产毁损报废收益、盘盈利得、捐赠利得、非货币性资产交换利得、债务重组利得等几类。

其中，非流动资产毁损报废收益，是指因自然灾害等发生毁损、已丧失使用功能而报废的非流动资产所产生的清理收益；盘盈利得，是指企业对现金等资产清查盘点时发生盘盈，报经批准后计入营业外收入的利得；捐赠利得，是指企业接受捐赠产生的利得。

（二）营业外收入的账务处理

企业应通过“营业外收入”科目，核算营业外收入的取得以及结转情况。该科目可根据“营业外收入”项目进行明细核算。

（1）企业确认处置非流动资产毁损报废收益时，借记“固定资产清理”“银行存款”“待处理财产损溢”“无形资产”等科目，贷记“营业外收入”科目。

【例 15–1】某企业将固定资产报废清理的净收益 179 800 元转入营业外收入，应编制如下会计分录。

借：固定资产清理	179 800	
贷：营业外收入——非流动资产毁损报废收益		179 800

（2）企业确认盘盈利得、捐赠利得计入营业外收入时，借记“库存现金”“待处理财产损溢”等科目，贷记“营业外收入”科目。

【例 15-2】某企业在现金清查中盘盈 200 元，报经批准后转入营业外收入。

发现盘盈时应编制如下会计分录。

借：库存现金　　200

　　贷：待处理财产损溢　　200

经批准转入营业外收入时应编制如下会计分录。

借：待处理财产损溢　　200

　　贷：营业外收入　　200

（3）期末，应将“营业外收入”科目余额转入“本年利润”科目，借记“营业外收入”科目，贷记“本年利润”科目。结转后，“营业外收入”科目应无余额。

【例 15-3】承【例 15-1】和【例 15-2】，某企业本期营业外收入总额为 180 000 元，期末结转本年利润，应编制如下会计分录。

借：营业外收入　　180 000

　　贷：本年利润　　180 000

二、营业外支出

（一）营业外支出的核算内容

营业外支出是指企业发生的与其日常活动无直接关系的各项损失，主要包括非流动资产毁损报废损失、公益性捐赠支出、盘亏损失、非常损失、罚款支出、债务重组损失等。

其中，非流动资产毁损报废损失，是指因自然灾害等发生毁损、已丧失使用功能而报废非流动资产所产生的清理损失；公益性捐赠支出，是指企业对外进行公益性捐赠发生的支出；盘亏损失，是指对于财产清查盘点中盘亏的资产，查明原因并报经批准计入营业外支出的损失；非常损失，是指企业因客观因素（如自然灾害等）造成的损失，扣除保险公司赔偿后应计入营业外支出的净损失；罚款支出，是指企业支付的行政罚款、税务罚款，以及其他违反法律法规、合同协议等而支付的罚款、违约金、赔偿金等支出；债务重组损失，是指企业按照债务重组会计处理规定应记入营业外支出的债务重组损失。

知识点

投资性房地产的处置价款计入主营业务收入或其他业务收入；其账面价值计入主营业务成本或其他业务成本，不计入营业外收入或营业外支出。

（二）营业外支出的账务处理

企业应通过“营业外支出”科目，核算营业外支出的发生及结转情况。该科目可根据“营业外支出”项目进行明细核算。

（1）企业确认处置非流动资产毁损报废损失时，借记“营业外支出”科目，贷记“固定资产清理”“无形资产”等科目。

【例 15-4】2018 年 1 月 1 日，某公司取得一项价值 1 000 000 元的非专利技术并确认为无形资产，采用直线法推销，摊销期限为 10 年。2020 年 1 月 1 日，由于该技术已被其他新技术所替代，公司决定将其转入报废处理，报废时已累计摊销 200 000 元，未计提减值准备。该公司应编制如下会计分录。

借：累计摊销　200 000

　　营业外支出　800 000

　　贷：无形资产　1 000 000

（2）确认盘亏、罚款支出计入营业外支出时，借记“营业外支出”科目，贷记“待处理财产损益”“库存现金”等科目。

【例 15-5】某企业发生原材料自然灾害损失 270 000 元，经批准全部转作营业外支出。该企业对原材料采用实际成本进行日常核算。

发生原材料自然灾害损失时，应编制如下会计分录。

借：待处理财产损益　270 000

　　贷：原材料　270 000

经批准转入营业外支出时，应编制如下会计分录。

借：营业外支出　270 000

　　贷：待处理财产损益　270 000

【例 15-6】某企业用银行存款支付税款滞纳金 30 000 元，应编制如下会计分录。

借：营业外支出　30 000

　　贷：银行存款　30 000

（3）期末，应将“营业外支出”科目余额转入“本年利润”科目，借记“本年利润”科目，贷记“营业外支出”科目。结转后，“营业外支出”科目应无余额。

【例 15-7】某企业本期营业外支出总额为 840 000 元，期末结转本年利润，应编制如下会计分录。

借：本年利润　840 000

　　贷：营业外支出　840 000

三、政府补助

（一）政府补助的定义

政府补助是指企业从政府无偿取得的货币性资产或非货币性资产。政府补助主要形式包括政府对企业的无偿拨款、税收返还、财政贴息以及无偿给予非货币性资产等。通常情况下，直接减征、免征、增加计税抵扣额、抵免部分税额等不涉及资产直接转移的经济资源，不适用政府补助准则。

增值税出口退税不属于政府补助。增值税出口退税实际上是政府退回企业事先垫付的进项税，不属于政府补助。例如，一般纳税人的加工型企业根据税法规定招用自主就业退役士兵，并按定额扣减增值税，其会计处理如下。

借：应交税费——应交增值税（减免税额）

贷：其他收益（减征的税额）

（二）政府补助的特征

（1）政府补助是来源于政府的经济资源。政府主要是指行政事业单位及类似机构。对于企业收到的来源于其他方的补助，有确凿证据表明政府是补助的实际拨付者，其他方只起到代收代付作用的，该项补助也属于来源于政府的经济资源。

（2）政府补助是无偿的，即企业取得来源于政府的经济资源，不需要向政府交付商品或服务等对价。无偿性是政府补助的基本特征，这一特征将政府补助与政府作为企业所有者投入的资本、政府购买服务等政府与企业之间的互惠性交易区别开来。

①政府以投资者身份向企业投入资本，享有相应的所有权权益，政府与企业之间是投资者与被投资者的关系，属于互惠性交易，不适用政府补助准则。

②企业从政府取得的经济资源，如果与企业销售商品或提供劳务等活动密切相关，且是企业商品或服务的对价或者是对价的组成部分，应当适用《企业会计准则第 14 号——收入》等相关会计准则。

③所得税减免，应当按照《企业会计准则第 18 号——所得税》的规定。

（3）判断一项补贴资金是否属于政府补助和政府购买服务时，有时还需要考虑与补贴相关的最终成果归谁所有。

以研发补贴为例，如果根据有关协议、合同，与研发补贴相关的研发成果完全归企业所有，即企业可以占有、使用、收益、处置该成果，则该项交易属于政府无偿向企业提供资源以支持企业的研发活动，具备无偿性特征，补贴资金应当作为政府补助处理。

如果根据有关协议、合同，该研发成果归政府所有，由政府决定研发成果的使用范围以及该成果如何处置等，这实际上是政府委托企业进行研发，属于政府购买服务，应当按照收入等准则的规定进行会计处理。

（三）政府补助的分类及会计处理

政府补助应当划分为与资产相关的政府补助和与收益相关的政府补助两种。政府补助的无偿性决定了其应当最终计入损益而非直接计入所有者权益。政府补助有两种会计处理方法：总额法和净额法。

（1）总额法是在确认政府补助时将其全额确认为收益，而不是作为相关资产账面价值或者费用的扣减。

（2）净额法是将政府补助确认为对相关资产账面价值或所补偿费用的扣减。

通常情况下，对同类或类似政府补助业务只能选用一种方法，同时，企业对该业务应当一直运用该方法，不得随意变更。

与企业日常活动相关的政府补助，应当按照经济业务实质，计入其他收益（总额法）或冲减相关成本费用（净额法）。与企业日常活动无关的政府补助，应计入营业外收支。

与日常活动无关的政府补助，通常由企业常规经营之外的原因所产生，具备偶发性的特征，如政府因企业受不可抗力的影响发生停工、停产损失而给予补助等，因此，这类补助计入营业外收支。

知识点

通常情况下，若政府补助补偿的成本费用是营业利润之中的项目，或该补助与日常销售等经营行为密切相关，如增值税即征即退等，则认为该政府补助与日常活动相关。

1. 与资产相关的政府补助

与资产相关的政府补助，是指企业取得的、用于购建或以其他方式形成长期资产的政府补助。

通常情况下，相关补助文件会要求企业将补助资金用于取得长期资产。长期资产将在较长期间内为企业带来经济利益，因此，相应政府补助的受益期也较长。

在会计实务中，企业通常先收到补助资金，再按照政府要求将补助资金用于购建固定资产或无形资产等长期资产。企业在取得与资产相关的政府补助时，应当选择下列方法之一进行会计处理。

1）总额法

按照补助资金的金额借记“银行存款”等科目，贷记“递延收益”科目；然后在相关资产使用寿命内按合理、系统的方法分期计入损益。

收到政府补助时，其账务处理如下。

借：银行存款

　　贷：递延收益

结转递延收益时，其账务处理如下。

借：递延收益

　　贷：其他收益 / 营业外收入

知识点

与资产相关的政府补助在摊销时应尽可能与资产的使用情况相对应，即与相关资产折旧或摊销方法对应。例如，当企业选择加速折旧法计提固定资产折旧时，因与该资产相关的政府补助而确认的递延收益也可加速摊销。

（1）如果企业先收到补助资金，再购建长期资产，则应当在开始对相关资产计提折旧或摊销时，将递延收益分期计入损益。

（2）如果企业先开始购建长期资产，再收到补助资金，则应当在相关资产的剩余使用寿命内按照合理、系统的方法将递延收益分期计入损益。

相关资产在使用寿命结束时或结束前被处置（出售、报废等），尚未分摊的递延收益余额应一次性转入资产处置当期的损益，不再予以递延。

2）净额法

按照补助资金的金额冲减相关资产的账面价值，企业按照扣减了政府补助后的资产价值对相关资产进行计提折旧或摊销。

在会计实务中，存在着政府无偿给予企业长期非货币性资产的情况，如无偿给予土地使用权、天然起源的天然林等。企业取得的政府补助为非货币性资产的，应当按照公允价值计量；公允价值不能可靠取得的，应按照名义金额（1元）计量。对以名义金额计量的政府补助，在取得时应计入当期损益。

2. 与收益相关的政府补助

与收益相关的政府补助，是指除与资产相关之外的政府补助。此类补助主要是用于补偿企业已发生或即将发生的相关费用或损失，受益期相对较短。通常在满足补助所附条件时计入当期损益或冲减相关成本。

对于与收益相关的政府补助，应当采用总额法或净额法进行会计处理。选择总额法进行会计处理时，应当计入其他收益或营业外收入；选择净额法进行会计处理时，应当冲减相关成本费用或营业外支出。

（1）与收益相关的政府补助，如果用于补偿企业以后期间的相关成本费用或损失，企业应当将其确认为递延收益，并在确认相关费用或损失的期间，计入当期损益或冲减相关成本。

用补助发放高管奖金的会计分录（净额法）如表15-1所示。

表15-1　用补助发放高管奖金的会计分录（净额法）

计提高管奖金时	结转递延收益时	发放奖金时
借：管理费用 　贷：应付职工薪酬	借：递延收益 　贷：管理费用	借：应付职工薪酬 　贷：银行存款等

如果畅通公司选择按总额法对此类政府补助进行会计处理，则应当在确认相关管理费用的期间，借记“递延收益”科目，贷记“其他收益”科目。

用补助发放高管奖金的会计分录（总额法）如表15-2所示。

表15-2　用补助发放高管奖金的会计分录（总额法）

计提高管奖金时	结转递延收益时	发放奖金时
借：管理费用 　贷：应付职工薪酬	借：递延收益 　贷：其他收益	借：应付职工薪酬 　贷：银行存款等

（2）与收益相关的政府补助，如果用于补偿企业已发生的相关成本费用或损失，企业应当将其直接计入当期损益或冲减相关成本。

任务三　所得税费用

企业的所得税费用包括当期所得税和递延所得税两个部分。其中，当期所得税是指当期应交所得税；递延所得税包括递延所得税资产和递延所得税负债。递延所得税资产是指未来期间预计可抵扣暂时性差异的应纳税所得额。递延所得税负债是指根据应纳税暂时性差异计算未来期间应付所得税的金额。

一、应交所得税的计算

应交所得税是指企业按照税法规定计算确定的针对当期发生的交易和事项，应缴纳给税务部门的所得税金额，即当期应交所得税。应纳税所得额是在企业税前会计利润（即利润总额）的基础上调整确定的，其计算公式为

应纳税所得额 = 税前会计利润 + 纳税调整增加额 – 纳税调整减少额

账面价值与计税基础关系比较如表 15-3 所示。

表 15–3 账面价值与计税基础关系比较表

项目	资产	负债
账面价值 > 计税基础	应纳税暂时性差异（递延所得税负债）	可抵扣暂时性差异（递延所得税资产）
账面价值 < 计税基础	可抵扣暂时性差异（递延所得税资产）	应纳税暂时性差异（递延所得税负债）

企业当期应交所得税的计算公式为

应交所得税 = 应纳税所得额 × 所得税税率

纳税调整增加额：

（1）实际发生的超过税法规定标准的业务招待费支出；

（2）企业已计入当期损失但税法规定不允许扣除项目的金额（如税收滞纳金、罚款、罚金）等；

（3）超过税法规定标准的职工福利费（工资薪金总额的 14%）、工会经费（工资薪金总额的 2%）、职工教育经费（工资薪金总额的 2.5%）、公益性捐赠支出、广告费和业务宣传费等。

纳税调整减少额：①国债利息收入；②财政补助（财政拨款等）；③前五年内未弥补亏损。

【例 15–8】畅通公司 2019 年度按企业会计准则计算的税前会计利润为 19 800 000 元，所得税税率为 25%。畅通公司全年实发工资、薪金为 2 000 000 元，职工福利费 300 000 元，工会经费 50 000 元，职工教育经费 100 000 元；经查畅通公司当年营业外支出中有 120 000 元为税收滞纳罚金。假定畅通公司全年无其他纳税调整因素。

税法规定，企业发生的合理的工资、薪金支出准予据实扣除；企业发生的职工福利费支出，不超过工资、薪金总额 14% 的部分准予扣除；企业拨缴的工会经费，不超过工资、薪金总额 2% 的部分准予扣除；除国务院财政、税务主管部门另有规定之外，企业发生的职工教育经费支出，不超过工资、薪金总额 2.5% 的部分准予扣除，超过部分准予结转以后纳税年度扣除。

本例中，按税法规定，企业在计算当期应纳税所得额时，可以扣除工资、薪金支出 2 000 000 元，扣除职工福利费支出 280 000 元（2 000 000 × 14%），工会经费支出 40 000 元

（2 000 000×2%），职工教育经费支出 50 000 元（2 000 000×2.5%）。畅通公司有两种纳税调整因素，一是已计入当期费用但超过税法规定标准的费用支出；二是已计入当期营业外支出但按税法规定不允许扣除的税收滞纳金。这两种因素均应调整增加应纳税所得额。畅通公司当期所得税的计算如下。

纳税调整数 =（300 000–280 000）+（50 000–40 000）+（100 000–50 000）+120 000=200 000（元）。

应纳税所得额 =19 800 000+200 000=20 000 000（元）。

当期应交所得税额 =20 000 000×25%=5 000 000（元）。

【例 15–9】畅通公司 2019 年全年利润总额（即税前会计利润）为 10 200 000 元，其中包括本年收到的国债利息收入 200 000 元，所得税税率为 25%，假定畅通公司全年无其他纳税调整因素。

按照税法的有关规定，企业购买国债的利息收入免交所得税，即在计算应纳税所得额时可将其扣除。畅通公司当期所得税的计算如下。

应纳税所得额 =10 200 000–200 000=10 000 000（元）。

当期应交所得税额 =10 000 000×25%=2 500 000（元）。

二、所得税费用的账务处理

企业根据会计准则的规定，计算确定的当期所得税和递延所得税之和，即应从当期利润总额中扣除的所得税费用。

所得税费用 = 当期所得税 + 递延所得税

企业通过“所得税费用”科目，核算企业所得税费用的确认及其结转情况。期末，应将“所得税费用”科目的余额转入“本年利润”科目，借记“本年利润”科目，贷记“所得税费用”科目，结转后本科目应无余额。

递延所得税分为递延所得税资产和递延所得税负债两项。

递延所得税负债属于负债类科目，增加计入贷方，减少计入借方；递延所得税资产属于资产类科目，增加计入借方，减少计入贷方。递延所得税分录如表 15-4 所示。

表 15–4　递延所得税分录

项　目	核算内容
递延所得税资产（增加额）	借：递延所得税资产 　　贷：所得税费用
递延所得税资产（减少额）	借：所得税费用 　　贷：递延所得税资产
递延所得税负债（增加额）	借：所得税费用 　　贷：递延所得税负债
递延所得税负债（减少额）	借：递延所得税负债 　　贷：所得税费用

递延所得税资产的发生额（增加额或减少额）= 递延所得税资产的年末余额 – 递延所得税资产的年初数

递延所得税负债的发生额（增加额或减少额）= 递延所得税负债的年末余额
– 递延所得税负债的年初数

知识点

所得税费用 = 当期所得税 + 递延所得税（费用或减收益）
递延所得税收益 = 递延所得税资产增加发生额 + 递延所得税负债减少发生额
递延所得税费用 = 递延所得税资产减少发生额 + 递延所得税负债增加发生额

【例 15–10】承【例 15-9】，畅通公司递延所得税负债年初数为 400 000 元，年末数为 500 000 元，递延所得税资产年初数为 250 000 元，年末数为 200 000 元。畅通公司应编制如下会计分录。

畅通公司所得税费用的计算如下。

递延所得税费用 =（500 000–400 000）+（250 000–200 000）=150 000（元）。

所得税费用 = 当期所得税 + 递延所得税费用 =2 500 000+150 000=2 650 000（元）。

借：所得税费用	2 650 000	
贷：应交税费——应交所得税		2 500 000
递延所得税负债		100 000
递延所得税资产		50 000

任务四　本年利润

一、结转本年利润的方法

会计期末结转本年利润的方法有表结法和账结法两种。

（一）表结法

在表结法下，各损益类科目每月月末只需结算出本月发生额和月末累计余额，不结转到“本年利润”科目，只有在年末时，才将全年累计余额结转入“本年利润”科目。但每月月末要将损益类科目的本月发生额合计数填入利润表的本月数栏，同时将本月月末累计余额填入利润表的本年累计数栏，通过利润表计算各期的利润（或亏损）。在表结法下，年中损益类科目无须结转入“本年利润”科目，从而减少了转账环节和工作量，同时不影响利润表的编制及有关损益指标的利用。

（二）账结法

在账结法下，每月月末均需编制转账凭证，将在账上结计出的各损益类科目的余额结转入“本年利润”科目。结转后“本年利润”科目的本月余额反映了当月实现的利润或发生的亏损；“本年利润”科目的本年余额反映了本年累计实现的利润或发生的亏损。在账结法下，各月均可通过“本年利润”科目提供当月及本年累计的利润（或亏损）额，但增加了转账环节和工作量。

二、结转本年利润的会计处理

企业应设置“本年利润”科目，核算企业本年度实现的净利润（或发生的净亏损）。

会计期末，企业应将“主营业务收入”“其他业务收入”“营业外收入”等科目的余额分别转入“本年利润”科目的贷方，将“主营业务成本”“其他业务成本”“税金及附加”“销售费用”“管理费用”“财务费用”“资产减值损失”“营业外支出”“所得税费用”等科目的余额分别转入“本年利润”科目的借方。企业还应将“公允价值变动损益”“投资收益”科目的净收益转入“本年利润”科目的贷方，将“公允价值变动损益”“投资收益”科目的净损失转入“本年利润”科目的借方。结转后“本年利润”科目如为贷方余额，表示当年实现的净利润；如为借方余额，表示当年发生的净亏损。

年度终了时，企业还应将“本年利润”科目的本年累计余额转入“利润分配——未分配利润”科目。如“本年利润”为贷方余额，借记“本年利润”科目，贷记“利润分配——未分配利润”科目；如为借方余额，作相反的会计分录。结转后“本年利润”科目应无余额。

【例 15-11】畅通公司 2019 年有关损益类科目的年末余额如表 15-5 所示（该企业采用表结法在年末一次结转损益类科目，所得税税率为 25%）。

表 15-5　2019 年有关损益类科目的年末余额表

科目名称	借或贷	结账前余额
主营业务收入	贷	6 000 000
其他业务收入	贷	700 000
公允价值变动损益	贷	150 000
投资收益	贷	600 000
营业外收入	贷	50 000
主营业务成本	借	4 000 000
其他业务成本	借	400 000
税金及附加	借	80 000
销售费用	借	500 000
管理费用	借	770 000
财务费用	借	200 000
资产减值损失	借	100 000
营业外支出	借	250 000

2019 年年末，畅通公司结转本年利润。

（1）将各损益类科目年末余额结转入“本年利润”科目。

①结转各项收入、利得类科目时，应编制如下会计分录。

借：主营业务收入 6 000 000
　　其他业务收入 700 000
　　公允价值变动损益 150 000
　　投资收益 600 000
　　营业外收入 50 000
　　贷：本年利润 7 500 000

②结转各项费用、损失类科目时，应编制如下会计分录。

借：本年利润 6 300 000
　　贷：主营业务成本 4 000 000
　　　　其他业务成本 400 000
　　　　税金及附加 80 000
　　　　销售费用 500 000
　　　　管理费用 770 000
　　　　财务费用 200 000
　　　　资产减值损失 100 000
　　　　营业外支出 250 000

（2）经过上述结转后，“本年利润”科目的贷方发生额合计 7 500 000 元减去借方发生额合计 6 300 000 元即为税前会计利润 1 200 000 元。

（3）假设畅通公司 2019 年度不存在所得税纳税调整因素。

（4）应交所得税 =1 200 000 × 25%=300 000（元）。

①确认所得税费用时，应编制如下会计分录。

借：所得税费用 300 000
　　贷：应交税费——应交所得税 300 000

②将所得税费用结转入“本年利润”科目时，应编制如下会计分录。

借：本年利润 300 000
　　贷：所得税费用 300 000

（5）将“本年利润”科目年末余额转入“利润分配——未分配利润”科目时，应编制如下会计分录。

借：本年利润 （7 500 000–6 300 000–300 000）900 000
　　贷：利润分配——未分配利润 900 000

拓展阅读

关键词：诚信经营；社会责任

根据《行政处罚及市场禁入事先告知书》，×× 互动通过虚增子公司上海 ×× 桩业股份有限公司（以下简称“××桩业”）的方式虚增利润，2013 年虚增利润总额为 27 676 356. 32 元，2014 年虚增利润总额为 109 247 855. 43 元，2015 年虚增利润总额为 140246 009. 53 元，2016 年 1~9 月虚增利润总额为 73 607010. 01 元。

公司被顶格处罚 60 万元，公司实际控制人采取终身证券市场禁入措施，财务总监被采取 5 年禁入处罚，两任董事长被采取 3 年禁入等处罚。

该公司未在定期报告中披露管理交易，通过虚增子公司在定期报告中虚增利润总额，未及时披露未在定期报告中披露对外担保等违法经济活动，影响了市场经济的公平公正交易环境。作为会计人员应该严守法纪，坚持原则，执行有关的会计法规，维护国家利益，抵制一切违法乱纪、贪污盗窃的行为，要勇于负责，不怕得罪人，不怕打击报复。

项目十六 财务报告

财务报告是指企业对外提供的反映企业某一特定日期的财务状况和某一会计期间的经营成果、现金流量等会计信息的文件。财务报告包括财务报表和其他应当在财务报告中披露的相关信息和资料。

学习目标

知识目标

①理解财务报表的概念、种类和编制要求。

②掌握资产负债表的内容、格式和编制方法。

③掌握利润表的内容、格式和编制方法。

④掌握现金流量表的内容、格式和编制方法。

⑤掌握编制会计报表附注的方法。

技能目标

①具备编制资产负债表的能力。

②具备编制利润表的能力。

③具备编制所有者权益变动表的能力。

④具备编制现金流量表的能力。

⑤具备编制会计报表附注的能力。

素质目标

①具备社会主义核心价值观：法治、诚信。

②对国家利益进行保护，为保证社会与集体利益提供真实可靠的会计报表，做到客观公正。

③具有社会责任感。

关键词

财务报告	financial report
资产负债表	balance sheet
利润表	income statement
现金流量表	cash flow statement
所有者权益变动表	statement of changes in equity

思维导图

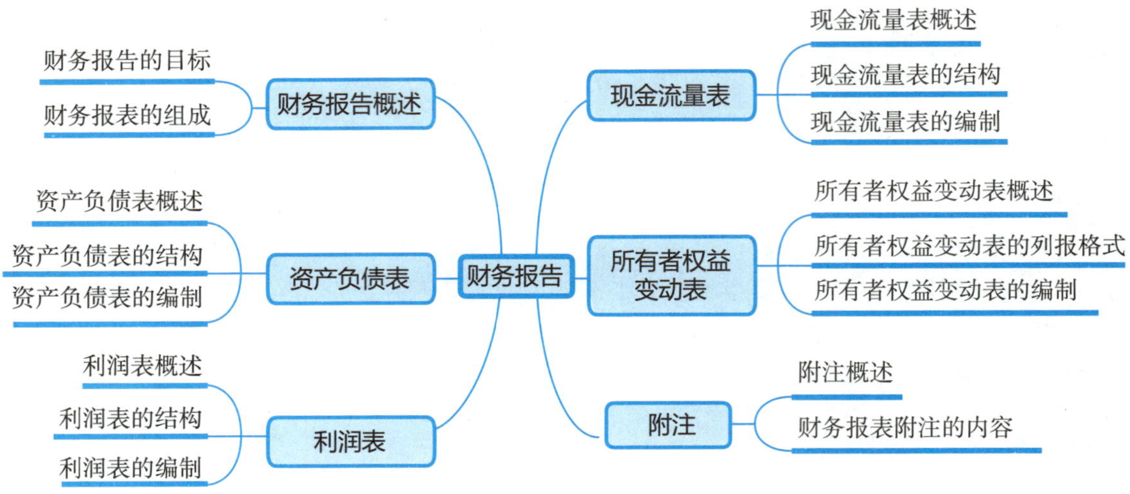

任务一 财务报告概述

一、财务报告的目标

财务报告的目标，是向财务报告使用者提供与企业财务状况、经营成果和现金流量等有关的会计信息，反映企业管理层受托责任的履行情况，有助于财务报告使用者作出经济决策。财务报告使用者通常包括投资者、债权人、政府及其有关部门和社会公众等。

二、财务报表的组成

财务报表是对企业财务状况、经营成果和现金流量的结构性表述。一套完整的财务报表至少应当包括资产负债表、利润表、现金流量表、所有者权益（或股东权益）变动表以及附注等几部分。

资产负债表、利润表和现金流量表分别从不同角度反映企业的财务状况、经营成果和现金流量。资产负债表反映了企业特定日期所拥有的资产、需偿还的债务以及股东（投资者）拥有的净资产情况；利润表反映了企业一定期间的经营成果，即利润或亏损的情况，表明企业运用所拥有的资产的获利能力；现金流量表反映了企业在一定会计期间现金和现金等价物流入和流出的情况。

所有者权益变动表反映了构成所有者权益的各组成部分当期的增减变动情况。企业的净利润及其分配情况是所有者权益变动的组成部分，相关信息已经在所有者权益变动表及其附注中有所反映，企业不需要再单独编制利润分配表。

附注是财务报表不可或缺的组成部分，是对在资产负债表、利润表、现金流量表和所有者权益变动表等报表中列示项目的文字描述或明细资料，以及对未能在这些报表中列示项目的说明等。

任务二　资产负债表

一、资产负债表概述

资产负债表是反映企业在某一特定日期财务状况的报表。资产负债表主要反映资产、负债和所有者权益三个方面的内容，并满足“资产 = 负债 + 所有者权益”。

二、资产负债表的结构

我国企业的资产负债表采用账户式结构。账户式资产负债表分为左、右两方，左方为资产项目，一般按资产的流动性大小排列，流动性大的资产如“货币资金”“以公允价值计量且其变动计入当期损益的金融资产”等项目排在前面，流动性小的资产如“长期股权投资”“固定资产”等项目排在后面。右方为负债及所有者权益项目，一般按要求清偿时间的先后顺序进行排列，“短期借款”“应付票据”“应付账款”等需要在一年以内或者长于一年的一个正常营业周期内偿还的流动负债项目排在前面，“长期借款”等在一年以上才需偿还的非流动负债项目排在中间，在企业清算之前不需要偿还的所有者权益项目排在后面。

具有重要性的企业衍生金融工具业务，应当在资产负债表资产项下的“以公允价值计量且其变动计入当期损益的金融资产”项目和“应收票据”项目之间增设“衍生金融资产”项目，在资产负债表负债项下的“以公允价值计量且其变动计入当期损益的金融负债”项目和“应付票据”项目之间增设“衍生金融负债”项目，分别反映企业衍生工具形成资产和负债的期末余额。

账户式资产负债表中的资产各项目的合计等于负债和所有者权益各项目的合计，即资产负债表左方和右方平衡。因此，通过账户式资产负债表，可以反映资产、负债、所有者权益之间的内在关系，即“资产 = 负债 + 所有者权益”。我国企业资产负债表如表 16-1 所示。

表 16-1　资产负债表

会企 01 表

编制单位：　　　　__年__月__日　　　　单位：元

资产	期末余额	上年年末余额	负债和所有者权益（或股东权益）	期末余额	上年年末余额
流动资产：			流动负债：		
货币资金			短期借款		
交易性金融资产			交易性金融负债		
衍生金融资产			衍生金融负债		

续表

资产	期末余额	上年年末余额	负债和所有者权益（或股东权益）	期末余额	上年年末余额
应收票据			应付票据		
应收账款			应付账款		
应收款项融资			预收款项		
预付款项			合同负债		
其他应收款			应付职工薪酬		
存货			应交税费		
合同资产			其他应付款		
持有待售资产			持有待售负债		
一年内到期的非流动资产			一年内到期的非流动负债		
其他流动资产			其他流动负债		
流动资产合计			流动负债合计		
非流动资产：			非流动负债：		
债权投资			长期借款		
其他债权投资			应付债券		
长期应收款			其中：优先股		
长期股权投资			永续债		
其他权益工具投资			租赁负债		
其他非流动金融资产			长期应付款		
投资性房地产			预计负债		
固定资产			递延收益		
在建工程			递延所得税负债		
生产性生物资产			其他非流动负债		
油气资产			非流动负债合计		
使用权资产			负债合计		
无形资产			所有者权益（或股东权益）：		
开发支出			实收资本（或股本）		
商誉			其他权益工具		
长期待摊费用			其中：优先股		
递延所得税资产			永续债		
其他非流动资产			资本公积		
非流动资产合计			减：库存股		
			其他综合收益		

续表

资产	期末余额	上年年末余额	负债和所有者权益（或股东权益）	期末余额	上年年末余额
			专项储备		
			盈余公积		
			未分配利润		
			所有者权益（或股东权益）合计		
资产总计			负债和所有者权益（或股东权益）总计		

注：1. 本表适用于已执行新金融准则、新收入准则和新租赁准则的企业。
2. 本表出自《关于修订印发 2019 年度一般企业财务报表格式的通知》(财会〔2019〕6 号)。

三、资产负债表的编制

（一）资产负债表项目的填列方法

资产负债表各项目均需填列“上年年末余额”和“期末余额”两栏。

“上年年末余额”栏内各项数字，应根据上年年末资产负债表“期末余额”栏内所列数字填列。如果上年度资产负债表规定的各个项目的名称和内容同本年度不一致，应对上年年末资产负债表各项目的名称和数字按照本年度的规定进行调整，填入表中“上年年末余额”栏内。

“上年年末余额”栏主要有以下几种填列方法。

1. 根据总账科目余额填列

“交易性金融资产”“短期借款”“应付票据”等项目，根据“以公允价值计量且其变动计入当期损益的金融资产”“短期借款”“应付票据”各总账科目的余额直接填列；有些项目则需根据几个总账科目的期末余额进行计算填列，如“货币资金”项目，需根据“库存现金”“银行存款”“其他货币资金”三个总账科目的期末余额的合计数填列。

2. 根据明细账科目余额计算填列

如“应付账款”项目，需要根据“应付账款”和“预付款项”两个科目所属相关明细科目的期末贷方余额进行计算填列；“应收账款”项目，需要根据“应收账款”和“预收款项”两个科目所属相关明细科目的期末借方余额进行计算填列。

3. 根据总账科目和明细账科目余额分析计算填列

如“长期借款”项目，需要根据“长期借款”总账科目余额扣除“长期借款”科目所属的明细科目中将在一年内到期且企业不能自主地将清偿义务展期的长期借款后的金额计算填列。

4. 根据有关科目余额减去其备抵科目余额后的净额填列

如资产负债表中“应收票据”“应收账款”“长期股权投资”“在建工程”等项目，应当根据“应收票据”“应收账款”“长期股权投资”“在建工程”等科目的期末余额减去“坏账准备”“长期股权投资减值准备”“在建工程减值准备”等科目余额后的净额填列；“投资性房地产”“固定资产”项目，应当根据“投资性房地产”“固定资产”科目的期末余额减去“投资性房地产累计折旧”“累计折旧”“投资性房地产减值准备”“固定资产减值准备”等科目余额后的净额填列；“无形资产”项目，应当根据“无形资产”科目的期末余额减去“累计摊销”“无形资产减值准备”等科目余额后的净额填列。

5. 综合运用上述填列方法分析填列

如资产负债表中的“存货”项目，需要根据“原材料”“委托加工物资”“周转材料”“材料采购”“在途物资”“发出商品”“材料成本差异”等总账科目期末余额的分析汇总数减去“存货跌价准备”科目余额后的净额填列。

知识点

“未分配利润”项目应根据“本年利润”科目和“利润分配”科目的余额进行计算填列。

（二）资产负债表项目的填列说明

资产负债表中资产、负债和所有者权益主要项目的填列说明如下。

（1）“货币资金”项目，反映企业库存现金、银行结算户存款、外埠存款、银行汇票存款、银行本票存款、信用卡存款、信用证保证金存款等的合计数。本项目应根据“库存现金”“银行存款”“其他货币资金”科目期末余额的合计数填列。

（2）“交易性金融资产”项目，反映资产负债表日企业分类为以公允价值计量且其变动计入当期损益的金融资产，以及企业持有的直接指定为以公允价值计量且其变动计入当期损益的金融资产的期末账面价值。该项目应根据“交易性金融资产”科目的相关明细科目期末余额分析填列。自资产负债表日起超过一年到期且预期持有超过一年的以公允价值计量且其变动计入当期损益的非流动金融资产的期末账面价值，应在“其他非流动金融资产”项目中反映。

（3）“衍生金融资产”项目，反映衍生金融工具的资产价值。本项目应根据“衍生金融资产”科目的期末余额填列。

（4）“应收票据”项目，反映资产负债表日以摊余成本计量的、企业因销售商品或提供服务等收到的商业汇票价值，包括银行承兑汇票和商业承兑汇票。本项目应根据“应收票据”科目的期末余额，减去“坏账准备”科目中相关坏账准备期末余额后的金额分析填列。

（5）“应收账款”项目，反映资产负债表日以摊余成本计量的、企业因销售商品或提供服务等经营活动应收取的款项。本项目应根据“应收账款”科目的期末余额，减去“坏账准备”科目中相关坏账准备期末余额后的金额分析填列。

（6）“应收款项融资”项目，反映资产负债表日以公允价值计量且其变动计入其他综合收益的应收票据和应收账款等。本项目应根据“应收款项融资”科目的余额分析填列。

（7）“预付款项”项目，反映企业按照购货合同规定预付给供应单位的款项等。本项目应根据“预付账款”和“应付账款”科目所属各明细科目的期末借方余额合计数，减去

“坏账准备”科目中有关预付款项计提的坏账准备期末余额后的金额填列；“预付账款”科目所属各明细科目期末有贷方余额，应在资产负债表“应付账款”项目内填列。

（8）“其他应收款”项目，反映企业除应收票据、应收账款、预付账款等经营活动以外的其他各种应收、暂付的款项。本项目应根据“其他应收款”“应收股利”“应收利息”科目的期末余额分析填列。

（9）“存货”项目，反映企业期末在库、在途和在加工中的各种存货的成本或可变现净值。本项目应根据“材料采购”“原材料”“低值易耗品”“库存商品”“周转材料”“委托加工物资”“生产成本”等科目的期末余额合计数，减去“存货跌价准备”科目期末余额后的金额填列；材料采用计划成本核算的，还应根据加上或减去材料成本差异后的金额填列。

（10）“合同资产”项目，反映企业已向客户转让商品而有权收取对价的权利（该权利取决于时间流逝之外的其他因素）的价值。本项目应根据“合同资产”科目及相关明细科目的期末余额填列。同一合同下的合同资产和合同负债应当以净额列示，其中净额若为借方余额，应当根据其流动性在“合同资产”或“其他非流动资产”项目中填列；若已计提减值准备，还应减去“合同资产减值准备”科目中相关期末余额后的金额填列。在资产负债表日，“合同结算”科目的期末余额若在借方，则应根据其流动性在“合同资产”或“其他非流动资产”项目中填列。

（11）“持有待售资产”项目，反映资产负债表日划分为持有待售类别的非流动资产及被划分为持有待售类别的处置组中的流动资产和非流动资产的期末账面价值。本项目应根据“持有待售资产”科目的期末余额，减去“持有待售资产减值准备”科目余额后的金额填列。

（12）“一年内到期的非流动资产”项目，反映预计自资产负债表日起一年内变现的非流动资产项目金额。本项目应根据有关科目的期末余额分析填列。

（13）“其他流动资产”项目，反映企业除货币资金、交易性金融资产、应收票据及应收账款、存货等流动资产以外的其他流动资产。本项目应根据有关科目的期末余额填列。

（14）“债权投资”项目，反映资产负债表日企业以摊余成本计量的长期债权投资的账面价值。本项目应根据“债权投资”科目的相关明细科目期末余额，减去“债权投资减值准备”科目中相关减值准备的期末余额后的金额分析填列。

（15）“其他债权投资”项目，反映资产负债表日企业分类为以公允价值计量且其变动计入其他综合收益的长期债权投资的期末账面价值。本项目应根据“其他债权投资”科目的相关明细科目期末余额分析填列。自资产负债表日起一年内到期的长期债权投资的期末账面价值，在“一年内到期的非流动资产”项目中反映。企业购入的以公允价值计量且其变动计入其他综合收益的一年内到期的债权投资的期末账面价值，在“其他流动资产”项目反映。

（16）“长期应收款”项目，反映企业融资租赁产生的应收款项、采用递延方式具有融资性质的销售商品和提供劳务等产生的长期应收款项等。本项目应根据“长期应收款”科目的期末余额，减去相应的“未实现融资收益”科目和“坏账准备”科目所属相关明细科目期末余额后的金额填列。

（17）“长期股权投资”项目，反映企业持有的对子公司、联营企业和合营企业的长期股权投资。本项目应根据“长期股权投资”科目的期末余额，减去“长期股权投资减值准备”科目期末余额后的金额填列。

（18）“其他权益工具投资”项目，反映资产负债表日企业指定为以公允价值计量且其变动计入其他综合收益的非交易性权益工具投资的期末账面价值。本项目应根据“其他权益工具投资”科目的期末余额填列。

（19）“其他非流动金融资产”项目，反映企业自资产负债表日起超过一年到期且预期持有超过一年的以公允价值计量且其变动计入当期损益的非流动金融资产的期末账面价值。本项目应根据“交易性金融资产”的发生额分析填列。

（20）“投资性房地产”项目，反映企业持有的投资性房地产。企业采用成本模式计量投资性房地产的，本项目应根据“投资性房地产”科目的期末余额，减去“投资性房地产累计折旧（或摊销）”和“投资性房地产减值准备”科目期末余额后的金额填列。企业采用公允价值模式计量投资性房地产的，本项目应根据“投资性房地产”科目的期末余额填列。

（21）“固定资产”项目，反映资产负债表日企业固定资产的期末账面价值和企业尚未清理完毕的资产清理净损益。本项目应根据“固定资产”科目的期末余额，减去“累计折旧”和“固定资产减值准备”科目期末余额后的金额以及“固定资产清理”科目的期末余额填列。

（22）“在建工程”项目，反映资产负债表日企业尚未达预定可使用状态的在建工程期末账面价值和企业为在建工程准备的各种物资的期末账面价值。本项目应根据“在建工程”科目的期末余额，减去“在建工程减值准备”科目的期末余额后的金额，以及“工程物资”科目的期末余额，减去“工程物资减值准备”科目的期末余额后的金额填列。

（23）“生产性生物资产”项目，反映企业持有的生产性生物资产。本项目应根据“生产性生物资产”科目的期末余额，减去“生产性生物资产累计折旧”和“生产性生物资产减值准备”科目的期末余额后的金额填列。

（24）“油气资产”项目，反映企业持有的矿区权益和油气井及相关设施的原价减去累计折耗和累计减值准备后的净额。本项目应根据“油气资产”科目的期末余额，减去“累计折耗”科目的期末余额和相应减值准备后的金额填列。

（25）“使用权资产”项目，反映资产负债表日承租人企业持有的使用权资产的期末账面价值。本项目应根据“使用权资产”科目的期末余额，减去“使用权资产累计折旧”和“使用权资产减值准备”科目的期末余额后的金额填列。

（26）“无形资产”项目，反映企业持有的无形资产，包括专利权、非专利技术、商标权、著作权、土地使用权等。本项目应根据“无形资产”科目的期末余额，减去“累计摊销”和“无形资产减值准备”科目期末余额后的金额填列。

（27）“开发支出”项目，反映企业开发无形资产过程中能够资本化形成无形资产成本的支出部分。本项目应根据“研发支出”科目中所属的“资本化支出”明细科目的期末余额填列。

（28）“商誉”项目，反映企业在合并中形成的商誉的价值。本项目应根据“商誉”科目的期末余额，减去相应减值准备后的金额填列。

（29）“长期待摊费用”项目，反映企业已经发生但应由本期和以后各期负担的分摊期限在一年以上的各项费用。长期待摊费用中在一年内（含一年）摊销的部分，在资产负债表的“一年内到期的非流动资产”项目填列。本项目应根据“长期待摊费用”科目的期末余额减去将于一年内（含一年）摊销的数额后的金额填列。

（30）“递延所得税资产”项目，反映企业确认的可抵扣暂时性差异产生的递延所得税资产。本项目应根据“递延所得税资产”科目的期末余额填列。

（31）“其他非流动资产”项目，反映企业除长期股权投资、固定资产、在建工程、工程物资、无形资产等资产以外的其他非流动资产。本项目应根据有关科目的期末余额填列。

（32）“短期借款”项目，反映企业向银行或其他金融机构等借入的期限在一年以下（含一年）的各种借款。本项目应根据“短期借款”科目的期末余额填列。

（33）“交易性金融负债”项目，反映资产负债表日企业承担的交易性金融负债，以及企业持有的指定以公允价值计量且其变动计入当期损益的金融负债的期末账面价值。本项目应根据“交易性金融负债”科目的相关明细科目的期末余额填列。

（34）“衍生金融负债”项目，反映衍生金融工具的负债价值。本项目根据“衍生金融负债”科目的期末余额填列。

（35）“应付票据”项目，反映在资产负债表日以摊余成本计量的、企业因购买材料、商品和接受服务等而开出、承兑的商业汇票，包括银行承兑汇票和商业承兑汇票。本项目应根据“应付票据”科目的期末余额填列。

（36）“应付账款”项目，反映在资产负债表日以摊余成本计量的、企业因购买材料、商品和接受服务等经营活动应支付的款项。本项目应根据“应付账款”和“预付账款”科目所属的相关明细科目的期末贷方余额合计数填列。

（37）“预收款项”项目，反映企业按照销货合同规定预收购买单位的款项。本项目应根据“预收账款”和“应收账款”科目所属各明细科目的期末贷方余额合计数填列。

（38）“合同负债”项目，反映企业已收客户对价而应向客户转让商品的义务的价值。本项目应根据“合同负债”科目及相关明细科目的期末余额填列。同一合同下的合同资产和合同负债应当以净额列示，其中净额为贷方余额的，应当根据其流动性在“合同负债”或“其他非流动负债”项目中填列。在资产负债表日，“合同结算”科目的期末余额在贷方的，根据其流动性在“合同负债”或“其他非流动负债”项目中填列。

（39）“应付职工薪酬”项目，反映企业根据有关规定应付给职工的工资、职工福利、社会保险费、住房公积金、工会经费、职工教育经费、非货币性福利、辞退福利等各种薪酬。

（40）“应交税费”项目，反映企业按照税法规定计算应缴纳的各种税费，包括增值税、消费税、所得税、资源税、土地增值税、城市维护建设税、房产税、城镇土地使用税、车船税、教育费附加、矿产资源补偿费等。本项目应根据“应交税费”科目的期末贷方余额填列。如“应交税费”科目期末为借方余额，应以负号填列。

（41）“其他应付款”项目，反映企业除应付票据、应付账款、预收账款、应付职工薪酬、应交税费等经营活动之外的其他各项应付、暂收的款项。本项目应根据“其他应付款”“应付股利”“应付利息”科目的期末余额合计数填列。

（42）“持有待售负债”项目，反映资产负债表日处置组中与划分为持有待售类别的资产直接相关的负债的期末账面价值。本项目应根据“持有待售负债”科目的期末余额填列。

（43）“一年内到期的非流动负债”项目，反映企业非流动负债中将于资产负债表日后一年内到期部分的金额，如将于一年内偿还的长期借款。本项目应根据有关科目的期末余额填列。

（44）“其他流动负债”项目，反映企业除短期借款、交易性金融负债、应付票据、应付账款、应付职工薪酬、应交税费等流动负债之外的其他流动负债。本项目应根据有关科目的期末余额填列。

（45）“长期借款”项目，反映企业向银行或其他金融机构借入的期限在一年以上（不含年）的各项借款。本项目应根据“长期借款”科目的期末余额填列。

（46）“应付债券”项目，反映企业为筹集长期资金而发行的债券本金和利息。本项目应根据“应付债券”科目的期末余额填列。

（47）“租赁负债”项目，反映在资产负债日承租人企业尚未支付的租赁付款额的期末账面价值。本项目应根据“租赁负债”科目的期末余额填列。自资产负债表日起一年内到期应予以清偿的租赁负债的期末账面价值，在“一年内到期的非流动负债”项目反映。

（48）“长期应付款”项目，反映在资产负债表日企业除长期借款和应付债券之外的其他各种长期应付款项的期末账面价值。本项目应根据“长期应付款”科目的期末余额，减去相关“未确认融资费用”科目期末余额后的金额以及“专项应付款”科目的期末余额填列。

（49）“预计负债”项目，反映企业确认的对外提供担保、未决诉讼、产品质量保证、重组义务、亏损性合同等预计负债。本项目应根据“预计负债”科目的期末余额填列。

（50）“递延收益”项目，反映企业应当在以后期间计入当期损益的政府补助。本项目应根据“递延收益”科目的期末余额填列。本项目中摊销期限若只剩一年或不足一年，或预计在一年内（含一年）进行摊销的部分，不得归类为流动负债，应在该项目中填列，不转入“一年内到期的非流动负债”项目。

（51）“递延所得税负债”项目，反映企业确认的应纳税暂时性差异产生的所得税负债。本项目应根据“递延所得税负债”科目的期末余额填列。

（52）“其他非流动负债”项目，反映企业除长期借款、应付债券等负债之外的其他非流动负债。本项目应根据有关科目的期末余额减去将于一年内（含一年）到期偿还数后的余额填列。非流动负债各项目中将于一年内（含一年）到期的非流动负债，应在“一年内到期的非流动负债”项目内单独反映。

（53）“实收资本（或股本）”项目，反映企业各投资者实际投入的资本（或股本）总额。本项目应根据“实收资本（或股本）”科目的期末余额填列。

（54）“其他权益工具”项目，反映在资产负债表日企业发行在外的除普通股之外分类为权益工具的金融工具的期末账面价值。对于资产负债表日企业发行的金融工具，分类为金融负债的，应在“应付债券”项目填列，对于优先股和永续债，还应在“应付债券”科目下的“优先股”项目和“永续债”项目分别填列；分类为权益工具的，应在“其他权益工具”项目填列，对于优先股和永续债，还应在“其他权益工具”项目下设的“优先股”项目和“永续债”项目分别填列。

（55）“资本公积”项目，反映企业资本公积的期末余额。本项目应根据“资本公积”科目的期末余额填列。

（56）“库存股”项目，反映企业持有尚未转让或注销的本公司股份金额。本项目应根据“库存股”科目的期末余额填列。

（57）“其他综合收益”项目，反映企业根据其他会计准则规定未在当期损益中确认的各项利得和损失。本项目应根据“其他综合收益”科目的期末余额填列。

（58）“专项储备”项目，反映高危行业企业根据国家规定提取的安全生产费的期末账面价值。本项目应根据“专项储备”科目的期末余额填列。

（59）“盈余公积”项目，反映企业盈余公积的期末余额。本项目应根据“盈余公积”科目的期末余额填列。

（60）“未分配利润”项目，反映企业尚未分配的利润。本项目应根据“本年利润”科目和“利润分配”科目的余额计算填列。未弥补的亏损在本项目内以负号填列。

任务三　利润表

一、利润表概述

利润表是反映企业在一定会计期间的经营成果的报表。利润表反映了企业在一定会计期间收入、费用、利润（或亏损）的数额和构成情况，帮助财务报表使用者全面了解企业的经营成果，分析企业的获利能力及盈利增长趋势，从而为其作出经济决策提供依据。

二、利润表的结构

我国企业的利润表采用多步式格式，如表 16-2 所示。

表 16-2　利润表

会企 02 表

编制单位：　　　　__年__月　　　　单位：元

项目	本期金额	上期金额
一、营业收入		
减：营业成本		
税金及附加		
销售费用		
管理费用		
研发费用		
财务费用		
其中：利息费用		
利息收入		
加：其他收益		
投资收益（损失以“-”号填列）		
其中：对联营企业和合营企业的投资收益		
以摊余成本计量的金融资产终止确认收益（损失以“-”号填列）		

续表

项目	本期金额	上期金额
净敞口套期收益（损失以“-”号填列）		
公允价值变动收益（损失以“-”号填列）		
信用减值损失（损失以“-”号填列）		
资产减值损失（损失以“-”号填列）		
资产处置收益（损失以“-”号填列）		
二、营业利润（亏损以“-”号填列）		
加：营业外收入		
减：营业外支出		
三、利润总额（亏损总额以“-”号填列）		
减：所得税费用		
四、净利润（净亏损以“-”号填列）		
（一）持续经营净利润（净亏损以“-”号填列）		
（二）终止经营净利润（净亏损以“-”号填列）		
五、其他综合收益的税后净额		
（一）不能重分类进损益的其他综合收益		
1．重新计量设定受益计划变动额		
2．权益法下不能转损益的其他综合收益		
3．其他权益工具投资公允价值变动		
4．企业自身信用风险公允价值变动		
……		
（二）将重分类进损益的其他综合收益		
1．权益法下可转损益的其他综合收益		
2．其他债权投资公允价值变动		
3．金融资产重分类计入其他综合收益的金额		
4．其他债权投资信用减值准备		
5．现金流量套期储备		
6．外币财务报表折算差额		
……		
六、综合收益总额		
七、每股收益：		
（一）基本每股收益		
（二）稀释每股收益		

注：该表出自《关于修订印发2019年度一般企业财务报表格式的通知》(财会〔2019〕6号)。

三、利润表的编制

（一）利润表项目的填列方法

我国企业利润表的主要编制步骤和内容如下。

第一步，以营业收入为基础，减去营业成本、税金及附加、销售费用、管理费用、财务费用、资产减值损失，加上公允价值变动收益（减去公允价值变动损失）和投资收益（减去投资损失），计算营业利润。

第二步，以营业利润为基础，加上营业外收入，减去营业外支出，计算出利润总额。

第三步，以利润总额为基础，减去所得税费用，计算出净利润（或净亏损）。

第四步，以净利润（或净亏损）为基础，计算每股收益。

第五步，以净利润（或净亏损）和其他综合收益为基础，计算综合收益总额。

利润表各项目均需填列“本期金额”和“上期金额”两栏。其中“上期金额”栏内各项数字，应根据上年该期利润表的“本期金额”栏内所列数字填列，“本期金额”栏内各期数字，除“基本每股收益”和“稀释每股收益”项目之外，应当按照相关科目的发生额分析填列。例如，“营业收入”项目，根据“主营业务收入”“其他业务收入”科目的发生额分析计算填列；“营业成本”项目，根据“主营业务成本”“其他业务成本”科目的发生额分析计算填列。

（二）利润表项目的填列说明

1. 利润表各项目的列报

（1）“营业收入”项目，反映企业经营主要业务和其他业务所确认的收入总额。本项目应根据“主营业务收入”和“其他业务收入”科目的发生额分析填列。

（2）“营业成本”项目，反映企业经营主要业务和其他业务所发生的成本总额。本项目应根据“主营业务成本”和“其他业务成本”科目的发生额分析填列。

（3）“税金及附加”项目，反映企业经营业务应负担的消费税、城市维护建设税、资源税、土地增值税和教育费附加等。本项目应根据“税金及附加”科目的发生额分析填列。

（4）“销售费用”项目，反映企业在销售商品过程中发生的包装费、广告费等费用和为销售本企业商品而专设的销售机构的职工薪酬、业务费等经营费用。本项目应根据“销售费用”科目的发生额分析填列。

（5）“管理费用”项目，反映企业为组织和管理生产经营发生的管理费用。本项目应根据“管理费用”科目的发生额分析填列。

（6）“研发费用”项目，反映企业进行研究与开发过程中发生的费用化支出，以及计入管理费用的自行开发无形资产的摊销。本项目应根据“管理费用”科目下的“研究费用”明细科目的发生额，以及“管理费用”科目下的“无形资产摊销”明细科目的发生额分析填列。

（7）“财务费用”项目下的“利息费用”项目，反映企业为筹集生产经营所需资金等而发生的予以费用化的利息支出。“财务费用”项目下的“利息收入”项目，反映企业按相关会计准则确认的应冲减财务费用的利息收入。“利息费用”和“利息收入”项目，应根据

“财务费用”科目相关明细科目的发生额分析填列。两个项目作为“财务费用”的其中项，均以正数填列。

（8）“其他收益”项目，反映计入其他收益的政府补助，以及其他与日常活动相关且计入其他收益的项目。本项目应根据“其他收益”科目的发生额分析填列。

（9）“投资收益”项目，反映企业以各种方式对外投资所取得的收益。本项目应根据“投资收益”科目的发生额分析填列；如为投资损失，本项目以负号填列。其中“以摊余成本计量的金融资产终止确认收益”项目，反映企业因转让等情形导致终止确认以摊余成本计量的金融资产而产生的利得或损失。本项目应根据“投资收益”科目的有关明细科目的发生额分析填列；如为损失，以负号填列。

（10）“净敞口套期收益”项目，反映净敞口套期下被套期项目累计公允价值变动转入当期损益的金额或现金流量套期储备转入当期损益的金额。本项目应根据“净敞口套期损益”科目的发生额分析填列；如为套期损失，以负号填列。

（11）“公允价值变动收益”项目，反映企业应当计入当期损益的资产或负债的公允价值变动收益。本项目应根据“公允价值变动损益”科目的发生额分析填列；如为净损失，本项目以负号填列。

（12）“信用减值损失”项目，反映企业按照《企业会计准则第22号——金融工具确认和计量》（财会〔2017〕7号）的要求计提的各项金融工具信用减值准备所确认的信用损失。本项目应根据“信用减值损失”科目的发生额分析填列。

（13）“资产减值损失”项目，反映企业各项资产发生的减值损失。本项目应根据“资产减值损失”科目的发生额分析填列。

（14）“资产处置收益”项目，反映企业出售划分为持有待售的非流动资产或处置组时确认的处置利得或损失，以及处置未划分为持有待售的固定资产、在建工程、生产性生物资产及无形资产而产生的处置利得或损失。本项目应根据“资产处置损益”科目的发生额分析填列；如为处置损失，以负号填列。

（15）“营业利润”项目，反映企业实现的营业利润；如为亏损，本项目以负号填列。

（16）“营业外收入”项目，反映企业发生的除营业利润以外的收益，主要包括与企业日常活动无关的政府补助、盘盈利得、捐赠利得等。本项目应根据“营业外收入”科目的发生额分析填列。

（17）“营业外支出”项目，反映企业发生的除营业利润以外的支出，主要包括公益性捐赠支出、非常损失、盘亏损失、非流动资产毁损报废损失等。本项目应根据“营业外支出”科目的发生额分析填列。非流动资产毁损报废损失通常包括因自然灾害发生毁损、已丧失使用功能等而报废清理产生的损失。企业在不同的交易中形成的非流动资产毁损报废利得和损失，不得相互抵销，应分别在“营业外收入”项目和“营业外支出”项目进行填列。

（18）“利润总额”项目，反映企业实现的利润；如为亏损，本项目以负号填列。

（19）“所得税费用”项目，反映企业应从当期利润总额中扣除的所得税费用。本项目应根据“所得税费用”科目的发生额分析填列。

（20）“净利润”项目，反映企业实现的净利润；如为亏损，本项目以负号填列。其中，“（一）持续经营净利润”和“（二）终止经营净利润”项目，分别反映了净利润中与持续经营相关的净利润和与终止营业相关的净利润；如为净亏损，以负号填列。该两个项目应按照《企业会计准则第 42 号——持有待售的非流动资产、处置组和终止经营》的相关规定分别列报。

（21）“其他综合收益的税后净额”项目，反映企业根据其他会计准则规定未在当期损益中确认的各项利得和损失扣除所得税影响后的净额的合计数。

其中，“其他权益工具投资公允价值变动”项目，反映企业指定为以公允价值计量且变动计入其他综合收益的非交易性权益工具投资发生的公允价值变动。本项目应根据“其他综合收益”科目的相关明细科目的发生额分析填列。“企业自身信用风险公允价值变动”项目，反映企业指定为以公允价值计量且变动计入当期损益的金融负债，由企业自身信用风险变动引起的公允价值变动而计入其他综合收益的金额，本项目应根据“其他综合收益”科目的相关明细科目的发生额分析填列。“其他债权投资公允价值变动”项目，反映企业分类为以公允价值计量且变动计入其他综合收益的债权投资发生的公允价值变动；企业将一项以公允价值计量且变动计入其他综合收益的金融资产重分类为以摊余成本计量的金融资产，或重分类为以公允价值计量且变动计入当期损益的金融资产时，之前计入其他综合收益的累计利得或损失从其他综合收益中转出的金额作为该项目的减项；本项目应根据“其他综合收益”科目下的相关明细科目的发生额分析填列。“金融资产重分类计入其他综合收益的金额”项目，反映企业将一项以摊余成本计量的金融资产重分类为以公允价值计量且变动计入其他综合收益的金融资产时，计入其他综合收益的原账面价值与公允价值之间的差额；本项目应根据“其他综合收益”科目下的相关明细科目的发生额分析填列。“其他债权投资信用减值准备”项目，反映企业按照《企业会计准则第 22 号——金融工具确认和计量》（财会〔2017〕7 号）第十八条分类为以公允价值计量且其变动计入其他综合收益的金融资产的损失准备；本项目应根据“其他综合收益”科目下“信用减值准备”明细科目的发生额分析填列。“现金流量套期储备”项目，反映企业套期工具产生的利得或损失中属于套期有效的部分；本项目应根据“其他综合收益”科目下“套期储备”明细科目的发生额分析填列。

（22）“综合收益总额”项目，反映企业在某一期间除与所有者以其所有者身份进行的交易之外的其他交易或事项所引起的所有者权益变动。本项目根据净利润和其他综合收益税后净额的合计金额分析填列。

（23）“基本每股收益”项目，只考虑当期实际发行在外的普通股股份，按照归属于普通股股东的当期净利润除以当期实际发行在外普通股的加权平均数计算确定。在计算基本每股收益时，分子为归属于普通股股东的当期净利润，即企业当期实现的可供普通股股东分配的净利润或应由普通股股东分担的净亏损金额。发生亏损的企业，每股收益以负数列示。在计算基本每股收益时，分母为当期发行在外普通股的算术加权平均数，即期初发行在外普通股股数根据当期新发行或回购的普通股股数与相应时间权数的乘积进行调整后的股数。其中，作为权数的已发行时间、报告期时间和已回购时间通常按天数计算，在不影响计算结果合理性的前提下，也可以采用简化的计算方法，如按月数计算。公司库存股不属于发行在外的普通股，且无权参与利润分配，应当在计算分母时扣除。例如，某公司 2020 年期初发行在外的普通股为 40 000 万股，2 月 29 日新发行普通股 21 600 万股，12 月 1 日回购普通股 9 600 万股，以备将来奖励职工之用。该公司当年实现净利润 13 000 万元。2020 年度基本每股收益计算如下：发行在外普通股加权平均数 =40 000 × 12 ÷ 12+21 600 × 10 ÷ 12−9 600 × 1 ÷ 12=57 200（万股）或者 40 000 × 2 ÷ 12+61 600 × 9 ÷ 12+52 000 × 1 ÷ 12=57 200（万股）；基本每股收益 =13 000 ÷ 57 200 ≈ 0.227（元 / 股）。

（24）“稀释每股收益”项目，是以基本每股收益为基础，假设企业所有发行在外的稀释性潜在普通股均已转换为普通股，从而分别调整归属于普通股股东的当期净利润以及发行在外普通股的加权平均数计算而得的每股收益。潜在普通股是指赋予其持有者在报告期或以后期间享有普通股权利的一种金融工具或其他合同。目前，我国企业发行的潜在普通股主要有可转换公司债券、认股权证、股份期权等。稀释性潜在普通股，是指假设当期转换为普通股会减少每股收益的潜在普通股。对于亏损企业而言，稀释性潜在普通股是指假设当期转换为普通股会增加每股亏损金额的潜在普通股。计算稀释每股收益时只考虑稀释性潜在普通股的影响，不考虑不具有稀释性的潜在普通股。

2. 上期金额的列报

利润表“上期金额”栏内各项数字，应根据上年同期利润表“本期金额”栏内所列数字填列。如果上年该期利润表规定的各个项目的名称和内容同本期不一致，应对上年该期利润表各项目的名称和数字按本期的规定进行调整，填入利润表“上期金额”栏内。

任务四 现金流量表

一、现金流量表概述

现金流量表是反映企业在一定会计期间内现金和现金等价物流入和流出的报表。通过现金流量表，可以为报表使用者提供企业一定会计期间内现金和现金等价物流入和流出的信息，便于使用者了解和评价企业获取现金和现金等价物的能力，据以预测企业未来现金流量。

现金流量是指一定会计期间内企业现金和现金等价物的流入和流出。企业从银行提取现金、用现金购买短期到期的国债等现金和现金等价物之间的转换不属于现金流量。

现金是指企业库存现金以及可以随时用于支付的存款，包括库存现金、银行存款和其他货币资金（如外埠存款、银行汇票存款、银行本票存款等）等。不能随时用于支付的存款不属于现金。现金等价物是指企业持有的期限短、流动性强、易于转换为已知金额现金、价值变动风险很小的投资。期限短，一般是指从购买日起三个月内到期。现金等价物通常包括三个月内到期的债券投资等。权益性投资变现的金额通常不确定，因而不属于现金等价物。企业应当根据具体情况，确定现金等价物的范围，现金等价物的范围一经确定不得随意变更。

企业产生的现金流量分为以下三类。

（一）经营活动产生的现金流量

经营活动是指企业投资活动和筹资活动以外的所有交易和事项。经营活动主要包括销售商品、提供劳务、购买商品、接受劳务、支付工资和缴纳税费等流入或流出现金及现金等价物的活动或事项。

（二）投资活动产生的现金流量

投资活动是指企业长期资产的购建和不包括在现金等价物范围内的投资及其处置活动。投资活动主要包括购建固定资产、处置子公司及其他营业单位等流入或流出现金及现金等价物的活动或事项。

（三）筹资活动产生的现金流量

筹资活动是指导致企业资本及债务规模和构成发生变化的活动。筹资活动主要包括吸收投资、发行股票、分配利润、发行债券、偿还债务等流入或流出现金及现金等价物的活动或事项。偿付应付账款、应付票据等商业应付款属于经营活动，不属于筹资活动。

二、现金流量表的结构

我国企业现金流量表采用报告式结构，分类反映了经营活动产生的现金流量、投资活动产生的现金流量和筹资活动产生的现金流量，最后汇总反映了企业某一期间现金及现金等价物的净增加额。我国企业现金流量表如表 16-3 所示。

表 16-3　现金流量表

会企 03 表

编制单位　　　　　　　　　　＿年＿月　　　　　　　　　　单位：元

项　目	本期金额	上期金额
一、经营活动产生的现金流量：		
销售商品、提供劳务收到的现金		
收到的税费返还		
收到的其他与经营活动有关的现金		
经营活动现金流入小计		
购买商品、接受劳务支付的现金		
支付给职工以及为职工支付的现金		
支付的各项税费		
支付的其他与经营活动有关的现金		
经营活动现金流出小计		
经营活动产生的现金流量净额		
二、投资活动产生的现金流量：		
收回投资所收到的现金		
取得投资收益所收到的现金		
处置固定资产、无形资产和其他长期资产所收回的现金净额		
处置子公司及其他营业单位收到的现金净额		

续表

项　目	本期金额	上期金额
收到的其他与投资活动有关的现金		
投资活动现金流入小计		
购建固定资产、无形资产和其他长期资产所支付的现金		
投资所支付的现金		
取得子公司与其他营业单位支付的现金净额		
支付的其他与投资活动有关的现金		
投资活动现金流出小计		
投资活动产生的现金流量净额		
三、筹资活动产生的现金流量：		
吸收投资收到的现金		
取得借款收到的现金		
收到的其他与筹资活动有关的现金		
筹资活动现金流入小计		
偿还债务支付的现金		
分配股利、利润或偿付利息支付的现金		
支付的其他与筹资活动有关的现金		
筹资活动现金流出小计		
筹资活动产生的现金流量净额		
四、汇率变动对现金及现金等价物的影响		
五、现金及现金等价物净增加额		
加：期初现金及现金等价物余额		
六、期末现金及现金等价物余额		

注：该表出自《关于修订印发2019年度一般企业财务报表格式的通知》(财会〔2019〕6号)。

三、现金流量表的编制

(一) 现金流量表的编制方法

企业一定期间的现金流量可分为三部分，即经营活动现金流量、投资活动现金流量和筹资活动现金流量。编制现金流量表时，核算经营活动现金流量的方法有两种：一是直接法，二是间接法。这两种方法通常也被称为编制现金流量表的直接法和间接法。直接法和间接法各有特点。

在直接法下，一般是以利润表中的营业收入为起算点，调节与经营活动有关项目的增减变动，然后计算出经营活动产生的现金流量。在间接法下，则是以净利润为起算点，调整不涉及现金的收入、费用、营业外收支等有关项目，剔除投资活动、筹资活动对现金流量的影响，据此计算出经营活动产生的现金流量。相对而言，采用直接法编制的现金流量表，便于分析企业经营活动产生的现金流量的来源和用途，预测企业现金流量的未来前景。而采用间接法不易做到这一点。

企业会计准则规定，企业应当采用直接法列示经营活动产生的现金流量。采用直接法具体编制现金流量表时，可以采用工作底稿法或T型账户法，也可以根据有关科目记录分析填列。

工作底稿法是以工作底稿为手段，以利润表和资产负债表数据为基础，结合有关科目的记录，对现金流量表的每一项目进行分析并编制调整分录，从而编制出现金流量表的一种方法。第一步，将资产负债表项目的年初余额和期末金额过入工作底稿中与之对应项目期初数栏和期末数栏。第二步，对当期业务进行分析并编制调整分录。在调整分录中，有关现金及现金等价物的事项分别计入“经营活动产生的现金流量”“投资活动产生的现金流量”“筹资活动产生的现金流量”等项目，借记表明现金流入，贷记表明现金流出。第三步，将调整分录过入工作底稿中的相应部分。第四步，核对调整分录，借贷合计应当相等，资产负债表项目期初数加或减调整分录中的借贷金额以后应当等于期末数。

现金流量表各项目均需填列“本期金额”和“上期金额”两栏。现金流量表“上期金额”栏内各项数字，应根据上一期间的现金流量表“本期金额”栏内所列数字填列。

（二）现金流量表主要项目说明

1. 经营活动产生的现金流量

（1）“销售商品、提供劳务收到的现金”项目，反映企业本期销售商品、提供劳务收到的现金，以及前期销售商品、提供劳务本期收到的现金（包括应向购买者收取的增值税销项税额）和本期预收的款项，减去本期销售本期退回商品、前期销售本期退回商品支付的现金。企业销售材料和代购代销业务收到的现金，也在本项目中反映。

（2）“收到的税费返还”项目，反映企业收到返还的所得税、增值税、消费税、关税和教育费附加等各种税费返还款。

（3）“收到的其他与经营活动有关的现金”项目，反映企业经营租赁收到的租金等其他与经营活动有关的现金流入，金额较大的应当单独列示。

（4）“购买商品、接受劳务支付的现金”项目，反映企业本期购买商品、接受劳务实际支付的现金（包括增值税进项税额），以及本期支付前期购买商品、接受劳务的未付款项和本期预付款项，减去本期发生的购货退回收到的现金。企业购买材料和代购代销业务支付的现金，也在本项目中反映。

（5）“支付给职工以及为职工支付的现金”项目，反映企业实际支付给职工的工资、奖金、各种津贴和补贴等职工薪酬（包括代扣代缴的职工个人所得税）。

（6）“支付的各项税费”项目，反映企业发生并支付、前期发生本期支付以及预交的各项税费，包括所得税、增值税、消费税、印花税、房产税、土地增值税、车船税、教育费附加等。

（7）“支付的其他与经营活动有关的现金”项目，反映企业经营支付的租金、差旅费、业务招待费、保险费、罚款等其他与经营活动有关的现金流出，金额较大的应当单独列示。

2. 投资活动产生的现金流量

（1）“收回投资所收到的现金”项目，反映企业出售、转让或到期收回除现金等价物以外的对其他企业的长期股权投资等收到的现金，但处置子公司及其他营业单位收到的现金净额除外。

（2）“取得投资收益所收到的现金”项目，反映企业除现金等价物之外的对其他企业的长期股权投资等分回的现金股利和利息等。

（3）“处置固定资产、无形资产和其他长期资产所收回的现金净额”项目，反映企业出售、报废固定资产、无形资产和其他长期资产所取得的现金（包括因资产毁损而收到的保险赔偿收入），减去为处置这些资产而支付的有关费用后的净额。

（4）“处置子公司及其他营业单位收到的现金净额”项目，反映企业处置子公司及其他营业单位所取得的现金，减去相关处置费用与子公司及其他营业单位持有的现金以及现金等价物后的净额。

（5）“购建固定资产、无形资产和其他长期资产所支付的现金”项目，反映企业购买、建造固定资产，取得无形资产和其他长期资产所支付的现金（含增值税等），以及用现金支付的应由在建工程和无形资产负担的职工薪酬。

（6）“投资所支付的现金”项目，反映企业取得除现金等价物以外的对其他企业的长期股权投资等所支付的现金以及支付的佣金、手续费等附加费用，但取得子公司及其他营业单位支付的现金净额除外。

（7）“取得子公司与其他营业单位支付的现金净额”项目，反映企业购买子公司及其他营业单位的出价中以现金支付的部分，减去子公司及其他营业单位持有的现金和现金等价物后的净额。

（8）“收到的其他与投资活动有关的现金”“支付的其他与投资活动有关的现金”项目，反映企业除上述（1）至（7）项目之外收到或支付的其他与投资活动有关的现金。金额较大的应当单独列示。

3. 筹资活动产生的现金流量

（1）“吸收投资收到的现金”项目，反映企业以发行股票、债券等方式筹集资金实际收到的款项（发行收入减去支付的佣金等发行费用后的净额）。

（2）“取得借款收到的现金”项目，反映企业举借各种短期、长期借款而收到的现金。

（3）“偿还债务支付的现金”项目，反映企业为偿还债务本金而支付的现金。

（4）“分配股利、利润或偿付利息支付的现金”项目，反映企业实际支付的现金股利、支付给其他投资单位的利润或用现金支付的借款利息、债券利息。

（5）“收到的其他与筹资活动有关的现金”“支付的其他与筹资活动有关的现金”项目，反映企业除上述（1）至（4）项目之外收到或支付的其他与筹资活动有关的现金，金额较大的应当单独列示。

4.“汇率变动对现金及现金等价物的影响”项目

“汇率变动对现金及现金等价物的影响”项目，反映下列两个金额之间的差额。

（1）企业外币现金流量折算为记账本位币时，采用现金流量发生日即期汇率或按照系统合理的方法确定的、与现金流量发生日即期汇率近似的汇率折算的金额（编制合并现金流量表时折算境外子公司的现金流量，应当比照处理）。

（2）企业外币现金及现金等价物净增加额按资产负债表日即期汇率折算的金额。

任务五 所有者权益变动表

一、所有者权益变动表概述

所有者权益变动表是指反映构成所有者权益各组成部分当期增减变动情况的报表。

所有者权益变动表既可以为报表使用者提供所有者权益总量增减变动的信息，也能为其提供所有者权益增减变动的结构性信息，特别是能够让报表使用者理解所有者权益增减变动的根源。

二、所有者权益变动表的列报格式

（1）以矩阵的形式列报。为了清楚地表明构成所有者权益的各组成部分当期的增减变动情况，所有者权益变动表应以矩阵的形式列示。一方面，列示了导致所有者权益变动的交易或事项，改变了以往仅仅按照所有者权益的各组成部分反映所有者权益变动情况，而是按照所有者权益变动的来源对一定时期所有者权益变动情况进行全面的反映；另一方面，按照所有者权益各组成部分（包括实收资本、资本公积、盈余公积、其他综合收益、未分配利润和库存股）及其总额，列示交易或事项对所有者权益的影响。

（2）列示所有者权益变动的比较信息。根据财务报表列报准则的规定，企业需要提供并比较所有者权益变动表，因此，所有者权益变动表需要根据各项目，再分为“本年金额”和“上年金额”两栏分别填列。我国企业所有者权益变动表如表 16-4 所示。

表 16-4　所有者权益变动表

会企 04 表

编制单位　　　　　　　　　　　　　　　　　＿＿＿年度　　　　　　　　　　　　　　　　　单位：元

项目	本年金额										上年金额									
	实收资本（或股本）	其他权益工具			资本公积	减：库存股	其他综合收益	盈余公积	未分配利润	所有者权益合计	实收资本（或股本）	其他权益工具			资本公积	减：库存股	其他综合收益	盈余公积	未分配利润	所有者权益合计
		优先股	永续债	其他								优先股	永续债	其他						
一、上年年末余额																				
加：会计政策变更																				
前期差错更正																				
其他																				
二、本年年初余额																				
三、本年增减变动金额（减少以“－”号填列）																				
（一）综合收益总额																				
（二）所有者投入和减少资本																				
1. 所有者投入的普通股																				
2. 其他权益工具持有者投入资本																				
3. 股份支付计入所有者权益的金额																				
4. 其他																				
（三）利润分配																				
1. 提取盈余公积																				

续表

项目	本年金额										上年金额									
	实收资本（或股本）	其他权益工具			资本公积	减：库存股	其他综合收益	盈余公积	未分配利润	所有者权益合计	实收资本（或股本）	其他权益工具			资本公积	减：库存股	其他综合收益	盈余公积	未分配利润	所有者权益合计
		优先股	永续债	其他								优先股	永续债	其他						
2. 对所有者（或股东）的分配																				
3. 其他																				
（四）所有者权益内部结转																				
1. 资本公积转增资本（或股本）																				
2. 盈余公积转增资本（或股本）																				
3. 盈余公积弥补亏损																				
4. 设定受益计划变动额结转留存收益																				
5. 其他综合收益结转留存收益																				
6. 其他																				
四、本年年末余额																				

注：该表出自《关于修订印发2019年度一般企业财务报表格式的通知》（财会〔2019〕6号）

三、所有者权益变动表的编制

（一）所有者权益变动表各项目的列报说明

1.“上年年末余额”项目

“上年年末余额”项目，反映企业上年资产负债表中实收资本（或股本）、其他权益工具、资本公积、库存股、其他综合收益、盈余公积、未分配利润的上年年末余额。

2.“会计政策变更”和“前期差错更正”项目

“会计政策变更”和“前期差错更正”项目，分别反映企业采用追溯调整法处理的会计政策变更的累积影响金额和采用追溯重述法处理的会计差错更正的累积影响金额。为了体现会计政策变更和前期差错更正的影响，企业应当在上期期末所有者权益余额的基础上进行调整，得出本期期初的所有者权益，根据“盈余公积”“利润分配”“以前年度损益调整”等科目的发生额进行分析填列。

3.“本年增减变动金额”项目

“本年增减变动金额”项目分别反映了如下内容。

（1）“综合收益总额”项目，反映企业在某一期间除与所有者以其所有者身份进行的交易之外的其他交易或事项所引起的所有者权益变动，其金额为净利润和其他综合收益扣除所得税影响后的净额相加后的合计金额。

（2）“所有者投入和减少资本”项目，反映企业当年所有者投入的资本或减少的资本。其中，“所有者投入的普通股”项目，反映企业接受投资者投入形成的股本和股本溢价，并对应列示在“实收资本”和“资本公积”栏；“其他权益工具持有者投入资本”项目，反映企业发行的除普通股之外分类为权益工具金融工具的持有者投入的资本金额。本项目应根据金融工具类科目相关明细科目的发生额进行分析填列。

（3）“利润分配”项下各项目，反映当年对所有者（或股东）分配的利润（或股利）金额和按照规定提取的盈余公积金额，并对应列示在“未分配利润”和“盈余公积”栏。其中，“提取盈余公积”项目，反映了企业按照规定提取的盈余公积；“对所有者（或股东）的分配”项目，反映了对所有者（或股东）分配的利润（或股利）金额。

（4）“所有者权益内部结转”项下各项目，反映不影响当年所有者权益总额的所有者权益各组成部分之间档期的增减变动，包括资本公积转增资本（或股本）、盈余公积转增资本（或股本）、盈余公积弥补亏损等项目金额。为了全面反映所有者权益各组成部分的增减变动情况，所有者权益内部结转也是所有者权益变动表的重要组成部分。其中，“资本公积转增资本（或股本）”项目，反映了企业以资本公积转增资本（或股本）的金额；“盈余公积弥补亏损”项目反映了企业以盈余公积弥补亏损的金额。“其他综合收益结转留存收益”项目，主要反映：①企业指定为以公允价值计量且其变动计入其他综合收益的非交易性权益工具投资终止确认时，之前计入其他综合收益的累计利得或损失从其他综合收益中转入留存收益的金额；②企业指定为以公允价值计量且其变动计入当期损益的金融负债终止确认时，之前由企业自身信用风险变动引起而计入其他综合收益的累计利得或损失从其他综合收益中转入留存收益的金额。本项目应根据“其他综合收益”科目相关明细科目的发生额进行分析填列。

（二）上年金额栏的列报方法

所有者权益变动表“上年金额”栏内各项数字，应根据上年度所有者权益变动表“本年金额”栏内所列的数字填列。如果上年度所有者权益变动表规定的各个项目名称和内容同本年度不一致，应对上年度所有者权益变动表的各个项目名称和数字，按照本年度规定进行调整，并填入所有者权益变动表“上年金额”栏内。

（三）本年金额栏的列报方法

所有者权益变动表“本年金额”栏内各项数字一般应根据“实收资本（或股本）”“资本公积”“盈余公积”“利润分配”“库存股”和“以前年度损益调整”等科目的发生额进行分析填列。

任务六 附注

一、附注概述

（一）提供财务报表附注的原因

附注是财务报表不可或缺的组成部分，是对在资产负债表、利润表、现金流量表和所有者权益变动表等报表中列示项目的文字描述或明细资料，以及对未能在这些报表中列示项目的说明等。由于企业日常发生的经济业务千差万别、数量繁多，每个企业都必须按照一定的程序、方法，把日常发生的大量的、不同性质的经济交易和事项进行分类汇总，加工成系统的会计核算记录，并定期编制以表格形式表现的财务报表。为了便于使用者理解，一些在报表中被高度浓缩的项目需要进一步分解或补充，这样，附注就逐渐成为财务报表的重要组成部分。

提供财务报表附注，其主要原因有以下三个方面。

1. 突出财务报表信息的重要性

财务报表中所含有的数量信息已比较全面，但内容繁多，导致报表用户可能抓不住重点，从而对其中重要信息了解得不够全面、详细。通过注释，可将财务报表中的重要数据进一步分解、说明，有助于报表用户了解哪些是重要的信息，应当引起注意，并在决策中有所考虑。

2. 提高报表内信息的可比性

财务报表通常根据会计准则编制而成，会计准则在许多方面规定了多种会计处理方法，并允许企业根据本行业特点及其所处的经济环境选择能最恰当、最公允地反映财务状况和经营成果的会计原则、程序和方法，结果导致不同行业或同一行业各企业所提供的会计信息产生较大差异。此外，为使财务报表编制所采用的方法具有一贯性，使产生的信息具有可比性，会计准则要求企业慎重选择其所采用的会计原则、程序和方法，不得随意变更，但这并不意味着这些原则、程序和方法在确定后就绝对不能变更。只要新的经济环境表明，采用另一种会计原则、程序或方法，能更为恰当地反映企业的经济情况，那么改变原来的会计原则、程序和方法就是合理的。这种改变会影响信息的可比性，因而，在财务报告附注中用适当的方式来说明企业所采用的会计方法及其变更，有助于提高财务报表的可比性。

3. 增加报表内信息的可理解性

企业财务报表的使用者为数颇多，其知识结构必然有异、信息需求及侧重点各不相同，仅有财务报表肯定不能满足所有报表用户的需要，对表中数据进行解释，将一个抽象的数据分解成若干的具体项目，并说明产生各项目的会计方法，有助于报表用户理解财务报表中的信息。由于会计管理机构加强了对企业信息披露的管理，近年来，报表附注中提供的信息有日益增多的趋势。尽管注释专业性很强，不易为非专业人员理解，但它确实向报表用户提供了许多富有意义的信息。必须指出，尽管附注与表内信息不可分割，共同组成财务报表的整体，但附注中的定量或定性说明不能用来更正表内的错误，也不能用以代替报表正文中的正常分类、计价和描述，也不能与正文数据发生矛盾。此外，附注作为一种会计信息的披露手段，还存在以下缺陷：①如果使用者对附注不做认真研究，便难以阅读和理解，从而可能忽视这项资料；②附注的文字叙述，比报表中所汇总的数据资源更难以用于决策；③随着企业业务复杂性的增加，存在着过多使用附注的危险，这样势必会削弱基本报表的作用。

（二）财务报表附注披露的基本要求

（1）附注披露的信息应是定量、定性信息的结合，从而能从量和质两个角度对企业经济事项完整地反映，也才能满足信息使用者的决策需求。

（2）附注应当按照一定的结构进行系统合理的排列和分类，有顺序地披露信息。因为附注的内容繁多，所以更应按逻辑顺序排列、分类披露、条理清晰，并具有一定的组织结构，以便于使用者理解和掌握，也更好地实现财务报表的可比性。

（3）附注中的相关信息应当与资产负债表、利润表、现金流量表和所有者权益变动表等报表中列示的项目相互参照，有助于使用者联系相关联的信息，并由此从整体上更好地理解财务报表。

（三）财务报表附注的形式

在会计实务中，财务报表附注可采用旁注、附表和底注等形式。

1. 旁注

旁注是指在财务报表的有关项目旁直接用括号加注说明。旁注是最简单的报表注释方法，如果报表上有关项目的名称或金额受到限制或需简要补充时，可以直接用括号加注说明。为了保持报表项目的简明扼要、清晰明了，旁注只适用个别只需简单补充的项目。

2. 附表

附表是指为了保持财务报表的简明易懂而另行编制的一些反映其构成项目及年度内的增减来源与数额的表格。附表反映的内容，有些已直接包括在脚注之内，有些则附在报表和脚注之后，作为财务报告的一个单独组成部分。必须注意的是，附表与补充报表的含义并不相同。附表所反映的是财务报表中某一项目的明细信息，而补充报表则往往反映一些附加的信息或按不同基础编制的信息。最常见的补充报表是揭示物价变动对企业财务状况和经营成果影响的表格。

3. 底注

底注也称脚注，是指在财务报表后面用一定文字和数字所做的补充说明。一般而言，每一种报表都可以有一定的底注，其篇幅大小随各种报表的复杂程度而定。底注的主要作用是揭示那些不便于列入报表正文的有关信息。但是，底注作为财务报表的组成部分，仅是对报表正文的补充，它不能取代或更正报表正文中的正常分类、计价和描述。凡列入财务报表正文部分的项目都必须符合会计要素的定义和一系列确认与计量的标准。财务报表正文主要是以表格形式描述有关企业财务状况与经营成果的定量信息，这一特征使报表正文所能包含的信息受到限制；而底注则比较灵活，它可提供有关报表编制基础等方面的定性信息、报表项目的性质、比报表正文更为详细的信息、一些相对次要的信息，这些信息对理解和使用报表信息是十分有益的。由于这一优点，底注在财务报表中已发挥越来越重要的作用。

二、财务报表附注的内容

按照《企业会计准则第 30 号——财务报表列报》的规定，财务报表附注披露的内容如下。

（一）企业的基本情况

企业注册地、组织形式和总部地址；企业的业务性质和主要经营活动，如企业所处的行业、所提供的主要产品或服务、客户的性质、销售策略、监管环境的性质等；母公司以及集团最终母公司的名称；财务报告的批准报出者和财务报告的批准报出日；营业期限有限的企业，还应当披露有关其营业期限的信息。

（二）财务报表的编制基础

财务报表的编制基础包括会计年度、记账本位币、会计计量所运用的计量基础、现金及现金等价物的构成。

（三）遵循企业会计准则的声明

企业应当明确说明编制的财务报表符合企业会计准则体系的要求，真实、完整地反映企业的财务状况、经营成果和现金流量等有关信息。

（四）重要会计政策和会计估计

重要会计政策的说明，包括财务报表项目的计量基础和在运用会计政策过程中所做的重要判断等。重要会计估计的说明，包括可能导致下一个会计期间内资产、负债账面价值重大调整的会计估计的确定依据等。企业应当披露采用的重要会计政策和会计估计，并结合企业的具体实际披露其重要会计政策的确定依据和财务报表项目的计量基础，及其会计估计所采用的关键假设和不确定因素。

（五）会计政策和会计估计变更以及差错更正的说明

企业应当按照《企业会计准则第 28 号——会计政策、会计估计变更和差错更正》的规定，披露会计政策和会计估计变更以及差错更正的情况，具体内容如下所示。

1. 企业应当在附注中披露与会计政策变更有关的信息

（1）会计政策变更的性质、内容和原因。

（2）当期和各个列报前期财务报表中受影响的项目名称和调整金额。

（3）无法进行追溯调整的，说明该事实和原因以及开始应用变更后的会计政策的时点、具体应用情况。

2. 企业应当在附注中披露与会计估计变更有关的信息

（1）会计估计变更的内容和原因。

（2）会计估计变更对当期和未来期间的影响数。

（3）会计估计变更的影响数不能确定的，披露这一事实和原因。

3. 企业应当在附注中披露与前期差错更正有关的信息

（1）前期差错的性质。

（2）各个列报前期财务报表中受影响的项目名称和更正金额。

（3）无法进行追溯重述的，说明该事实和原因以及对前期差错开始进行更正的时点、具体更正情况。

拓展阅读

关键词：遵守准则；社会责任；合法合规

根据中国证券监督管理委员会下发的《行政处罚决定书》及《市场禁入决定书》，2016 年 1 月 1 日至 2018 年 6 月 30 日，×× 药业通过财务不记账、虚假记账，伪造、变造大额定期存单或银行对账单，配合营业收入造假伪造销售回款等方式虚增货币资金。通过上述方式，×× 药业《2016 年年度报告》中虚增货币资金 22 548 513 485. 42 元，占公司披露总资产保障的 41. 13% 和净资产的 76. 74%；《2017 年年度报告》中虚增货币资金 29 944 309 821. 45 元，占公司披露总资产的 43. 57% 和净资产的 93. 18%；《2018 年半年度报告》中虚增货币资金 36 188 038 359. 50 元，占公司披露总资产的 45. 96% 和净资产的 108. 24%。

×× 药业在《2018 年年度报告》中将前期未纳入报表的亳州 ×× 国际中药城、××

中药城、××中药城中医馆、××新世界、甘肃××中药城、××中药产业园6个工程项目纳入表内，分别调增固定资产11.89亿元、在建工程4.01亿元、投资性房地产20.15亿元，合计调增资产总额36.05亿元。

该公司董事长、总经理等人因操纵证券市场罪、违规披露重要信息罪、不披露重要信息罪及单位行贿罪数罪并罚，分别被判处有期徒刑和罚金。近年来我们开展了史无前例的反腐败斗争，以“得罪千百人、不负十四亿”的使命担当祛疴治乱，不敢腐、不能腐、不想腐一体推进，“打虎”“拍蝇”“猎狐”多管齐下，反腐败斗争取得压倒性胜利并全面巩固，确保党和人民赋予的权力始终用来为人民谋幸福。对于会计人员需要做到忠于职守、严守职业道德，熟悉法律、法规和统一的会计制度，始终坚持按照法律法规要求进行会计核算，实施会计监督。

参考文献

[1] 刘永泽，陈立军．中级财务会计 [M]．6 版．大连：东北财经大学出版社，2018.

[2] 财政部会计资格评价中心．初级会计实务 [M]．北京：经济科学出版社，2020.

[3] 财政部会计资格评价中心．中级会计实务 [M]．北京：经济科学出版社，2020.

[4] 中华人民共和国财政部．企业会计准则：合订本 [M]．北京：经济科学出版社，2019.

[5] 中华人民共和国财政部．企业会计准则应用指南：2023 年版 [M]．上海：立信会计出版社，2022.